2011年重庆市高等教育教学改革研究重点项目
2013年重庆师范大学教材建设基金资助项目

“中国近现代史纲要”阅读文献汇编与导读（第三版）

主　　编：陈　洪

参编人员：李茂蓉　周绍英　邓　斌
伍林生　兰桂萍　孔庆茵
刘旭东　唐世刚　张诗波

参编单位：重庆师范大学　西南政法大学
重庆医科大学　长江师范学院
重庆三峡学院

重庆大学出版社

图书在版编目（CIP）数据

“中国近现代史纲要”阅读文献汇编与导读 / 陈洪主编.--3版.--重庆：重庆大学出版社，2019.1（2020.1重印）

ISBN 978-7-5624-8015-0

Ⅰ.①中… Ⅱ.①陈… Ⅲ.①中国历史—近现代—高等学校—教学参考资料 Ⅳ.①K25

中国版本图书馆CIP数据核字（2019）第006953号

“中国近现代史纲要”阅读文献汇编与导读

（第三版）

主 编 陈 洪

策划编辑：唐启秀

责任编辑：唐启秀　　版式设计：唐启秀

责任校对：张红梅　　责任印制：张 策

*

重庆大学出版社出版发行

出版人：饶帮华

社址：重庆市沙坪坝区大学城西路21号

邮编：401331

电话：（023）88617190　88617185（中小学）

传真：（023）88617186　88617166

网址：http://www.cqup.com.cn

邮箱：fxk@cqup.com.cn（营销中心）

全国新华书店经销

重庆华林天美印务有限公司印刷

*

开本：787mm×1092mm　1/16　印张：19.75　字数：496千

2019年1月第3版　2020年1月第7次印刷

ISBN 978-7-5624-8015-0　定价：45.00元

修订前言

2018年9月10日，习近平在全国教育大会上明确指出："培养什么人，是教育的首要问题。我国是中国共产党领导的社会主义国家，这就决定了我们的教育必须把培养社会主义建设者和接班人作为根本任务，培养一代又一代拥护中国共产党领导和我国社会主义制度、立志为中国特色社会主义奋斗终身的有用人才。这是教育工作的根本任务，也是教育现代化的方向目标。"高校作为青年人才的汇聚之地，肩负着学习研究宣传马克思主义、培养德智体美劳全面发展的中国特色社会主义事业建设者和接班人的重大任务。

2015年7月，中宣部、教育部在《普通高校思想政治理论课建设体系创新计划》中明确指出："思想政治理论课是巩固马克思主义在高校意识形态领域指导地位，坚持社会主义办学方向的重要阵地，是全面贯彻落实党的教育方针，培养中国特色社会主义事业合格建设者和可靠接班人，落实立德树人根本任务的主干渠道，是进行社会主义核心价值观教育、帮助大学生树立正确世界观人生观价值观的核心课程。办好思想政治理论课，事关意识形态工作大局，事关中国特色社会主义事业后继有人，事关实现中华民族伟大复兴的中国梦，必须始终摆在突出位置，持之以恒、常抓不懈。"2015年9月10日，教育部印发了《高等学校思想政治理论课建设标准》，使高校思想政治理论课步入更加规范化的轨道。2018年4月12日，教育部又印发了《新时代高校思想政治理论课教学工作基本要求》，强调要"贯彻落实习近平新时代中国特色社会主义思想和党的十九大精神，进一步巩固马克思主义在高校意识形态领域的指导地位，坚持社会主义办学方向，全面贯彻党的教育方针，加强新时代高校思想政治理论课建设，全面推动习近平新时代中国特色社会主义思想进教材进课堂进学生头脑，培养担当民族复兴大任的时代新人"。因此，抓好高校思想政治理论课教学研究和建设工作，其重要性不言而喻。

2005年，中宣部、教育部在《关于进一步加强和改进高等学校思想政治理论课的意见》及其实施方案中，把"中国近现代史纲要"作为高校思想政治理论课四门新课程之一。于是，"中国近现代史纲要"作为全国高等院校本科专业必修的一门思想政治理论课，于2007年开始在各高校本科学生中普遍开设。作为一门思想政治理论课，该课程注重以"史"为基础、以"史"为借鉴，重思想政治教育、重内在规律探索、重问题事件归纳是其显著特征。该课程的宗旨在于通过史实的讲解，帮助大学生认识中国近现代社会发展和革命、建设、改革发展的历史进程及其内在规律性，深刻领会中国人民选择马克思主义、选择中国共产党、选择社会主义道路、选择改革开放的历史必然性，同时增强中国特色社会主义道路自信、理论自信、制度自信、文化自信，深刻理解作为中国特色社会主义事业的合格建设者和可靠接班人所肩负的光荣责任和神圣使命。

《中国近现代史纲要》教材是“马克思主义理论研究和建设工程重点教材”，由国家组织有关专家，在高校思想政治理论课教材编写领导小组的领导下统一组织编写，在全国各高等院校本科专业学生中使用。应该说，该教材既有点线面的结合，也有最新的研究成果；史论结合，以史为鉴，既让学生学习和了解中国的近现代史，懂得中国近现代的社会发展规律，也让学生通过对历史进程、事件和人物的分析，提高用科学的历史观和方法论分析和评价历史问题、辨别历史是非和社会发展方向的能力。

该教材不可回避的一个问题是，尽管在每章后面都列出了阅读文献，如果教师没有对学生进行硬性的要求，并且学生缺乏阅读的自觉性，那么这些阅读文献就无法真正起到深化教材认识、拓展学生知识、增加知识厚度的作用。另外，这么多的阅读文献也让学生在查找时面临诸多的困难，加上学生对原著的学习本来就有畏难情绪，因而使得这些阅读文献往往成为一种摆设而没有发挥其应有的作用。

按照《中国近现代史纲要》教材关于“教师应引导大学生认真阅读教材和指定的阅读文献”的要求，我们于2011年申报了重庆市高等教育教学改革研究项目——“中国近现代史纲要”课程教学改革与建设研究，并被立项为重点项目。按照项目的建设要求，其中一个重要的成果就是编辑出版《“中国近现代史纲要”阅读文献汇编与导读》，作为“中国近现代史纲要”课程的辅助教材。该辅助教材符合中宣部、教育部关于“组织编写与本专科思想政治理论课统编教材相配套的教师参考书、疑难问题解析、教学案例解析、学生辅学读本等教学用书，更好地促进统编教材的使用”的要求。该辅助教材的特点，一是把教材后面的阅读文献汇编成册，方便学生对文献的查找和阅读；二是有助于教师把教材与辅助教材结合起来，深化课堂教学的内容；三是结合学生实际，对文献进行了必要的删减，并根据历史发展的需要增加了必要的文献，体现了与时俱进的要求；四是在每篇阅读文献的前面增加了“导读”，帮助学生理解文献的历史背景和主要内容，帮助学生克服阅读文献的畏难情绪。从目前情况看，全国尚无同类辅助教材，这也是本辅助教材的创新之处。

2016年12月，全国高校思想政治工作会在北京召开，中共中央总书记、国家主席、中央军委主席习近平出席会议并发表重要讲话。讲话站位高、方向明、立意远、举措实，从全局和战略高度，深刻回答了事关高等教育事业发展和高校思想政治工作的一系列重大问题，是指导做好新形势下高校思想政治工作的纲领性文献。总书记在讲话中指出，“要用好课堂教学这个主渠道，思想政治理论课要坚持在改进中加强，提升思想政治教育亲和力和针对性，满足学生成长发展需求和期待”。这对高校思想政治理论课教学改革和建设具有重要指导意义，对高校思想政治工作者和思想政治理论课教师也是巨大的鼓舞和鞭策，“中国近现代史纲要”课程必须以讲话为根本遵循，努力为学生成长、成才、成器奠定科学的思想基础。

当然，由于本辅助教材具有开创性，实施的效果还需要在教学实践中经受教师和学生的检验。本书是对中国近现代史上有关经典文献的原文选编或节选，在编辑过程中，我们严格遵照当年的著作版本，忠实地对照原文进行编辑。若选编或节选的原文中个别表述与现行说法有差异，应放在当时的时代背景和客观环境加以考察，请老师和同学们在学习过程中根据现行精神做相关解读。

我们相信，只要认真去阅读，认真去思考，认真去研究，就一定会学有所悟，学有所用，学有所获，就一定会体验到品读经典、遨游书海的快乐！

目　录

第一专题　外来侵略与民族抗争…………1

中国革命和中国共产党（节选）…………2

英人在华的残暴行动…………12

对华战争…………15

《南京条约》…………18

《海国图志》序…………20

檀香山兴中会章程…………21

论持久战（节选）…………22

中共中央关于目前形势与党的任务的决定…………36

论联合政府（节选）…………38

在纪念中国人民抗日战争暨世界反法西斯战争胜利70周年大会上的讲话……41

把我国建设成为社会主义的现代化强国（一）…………44

第二专题　艰辛奋斗与苦苦求索…………45

中国革命和欧洲革命…………46

天朝田亩制度（节选）…………50

资政新篇（节选）…………53

上清帝第二书（节选）…………57

变法通议自序…………61

原强（节选）…………62

中国的民主主义与民粹主义…………64

《革命军》（节选）…………68

《猛回头》（节选）…………75

《民报》发刊词…………79

《民报》与《新民丛报》辩驳之纲要…………80

中华民国临时约法…………82

纪念孙中山先生 …… 86
在纪念孙中山先生诞辰 150 周年大会上的讲话 …… 87
第三专题　从开天辟地到开国大典 …… 93
敬告青年 …… 94
我的马克思主义观（上篇） …… 98
中国共产党第一次全国代表大会 …… 109
中国共产党第二次全国代表大会宣言（节选） …… 112
中国国民党第一次全国代表大会宣言 …… 116
反对本本主义 …… 122
在纪念红军长征胜利 80 周年大会上的讲话 …… 127
中国革命战争的战略问题（节选） …… 136
论新阶段（节选） …… 144
新民主主义论 …… 152
关于若干历史问题的决议 …… 173
唯心历史观的破产 …… 193
抗日战争胜利后的时局和我们的方针 …… 197
中国土地法大纲 …… 203
中国民主同盟一届三中全会宣言 …… 205
论人民民主专政 …… 207
中国人民政治协商会议共同纲领 …… 214
第四专题　从新中国成立到社会主义现代化建设新时期 …… 220
在中国共产党第七届中央委员会第二次全体会议上的报告 …… 221
论十大关系 …… 228
答意大利记者奥琳埃娜·法拉奇问 …… 238
中共中央《关于建国以来党的若干历史问题的决议》 …… 243
在武昌、深圳、珠海、上海等地的谈话要点 …… 268
在庆祝改革开放 40 周年大会上的讲话 …… 275
在庆祝中国共产党成立 95 周年大会上的讲话 …… 286
在同各界优秀青年代表座谈时的讲话 …… 296
青年要自觉践行社会主义核心价值观 …… 300
后　记 …… 305

第一专题　外来侵略与民族抗争

从 1840 年英国殖民主义者发动侵略中国的鸦片战争开始到 20 世纪 40 年代中期的一百多年里，西方列强和帝国主义国家先后对中国多次发动侵略战争，包括 1857 年的英法联军第二次鸦片战争、1884 年的中法战争、1894 年的中日甲午战争、1900 年的八国联军侵华战争、1905 年日俄在中国领土上的战争，直至 1931 年日本发动的“九一八”事变和 1937 年的全面侵华战争，全世界几乎一切大中小帝国主义国家都侵略过我国。西方列强和帝国主义对中国的侵略，给古老的中华民族带来了深重的灾难，他们通过签订《南京条约》等一系列不平等条约，割占中国土地，勒索巨额赔款，强制开埠通商，操控内政外交，剥夺关税主权，享有领事裁判权，镇压人民反抗，大肆抢掠财富，进行文化渗透，使古老而具有灿烂文明的中国沦为了一个畸形的半殖民地半封建社会。中国长期处于四分五裂的状态，中国人民过着饥寒交迫和毫无政治权利的生活，其贫困和不自由的程度世所罕见。一部中国近代史就是中华民族苦难深重、屈辱心酸的历史。

帝国主义和中国封建主义相结合，把中国沦为半殖民地和殖民地的过程，也就是中国人民反抗帝国主义及其走狗的过程。从林则徐领导虎门销烟到清朝爱国官兵的反抗，从广东三元里人民抗英到沿海人民抗击侵略，从西藏军民抗英到台湾军民反割台斗争，从太平天国农民起义到义和团运动，从戊戌变法到辛亥革命，从抗击日本侵略的“九一八”事变到全中华民族的抗日斗争，中国各党派、各阶级、各阶层、各民族不屈不挠的民族抗争都充分表现了中国人民不甘屈服于帝国主义及其走狗的顽强反抗精神。这种爱国主义精神始终是我们中华民族立于不败之地的强大精神力量。

本专题选取《中国革命和中国共产党》《英人在华的残暴行动》《对华战争》《南京条约》《〈海国图志〉序》《檀香山兴中会章程》《论持久战》《中共中央关于目前形势与党的任务的决定》《论联合政府》《在纪念中国人民抗日战争暨世界反法西斯战争胜利 70 周年大会上的讲话》《把我国建设成为社会主义的现代化强国》著作 11 篇。

中国革命和中国共产党（节选）

毛泽东 · 1939 年 12 月

《中国革命和中国共产党》是 1939 年冬毛泽东和其他几个在延安的同志合写的一个课本。第一章《中国社会》，是其他人起草，然后经过毛泽东修改的。第二章《中国革命》，是毛泽东自己写的。第三章准备写《党的建设》，因为担任写作的同志没有完稿而停止。于是第一章、第二章作为毛泽东的著作单独成篇，题目定为《中国革命和中国共产党》。作为教材，其目的是用来培养党的骨干，提高全党的马克思主义理论水平，以担负起领导抗日战争和整个新民主主义革命的伟大历史使命。文章既叙述了中国社会历史及其特点，尤其是中国半殖民地半封建社会的形成和历史特点，又阐述了中国革命的基本理论即中国革命的对象、革命的任务、革命的动力、革命的性质、革命的前途、革命的阶段等，成为中国共产党新民主主义革命理论形成和发展的重要组成部分，为新民主主义革命理论的成熟打下了坚实的基础。其中第二章关于新民主主义革命的观点，在 1940 年 1 月毛泽东所写的《新民主主义论》中得到进一步完善和发展。全文约 2.1 万字，本文节选了第一章第三节和第二章一、二、三、四、七节。

第一章　中国社会

第三节　现代的殖民地、半殖民地和半封建社会

中国过去三千年来的社会是封建社会，前面已经说明了。那末，中国现在的社会是否还是完全的封建社会呢？不是，中国已经变化了。自从一八四〇年的鸦片战争以后，中国一步一步地变成了一个半殖民地半封建的社会。自从一九三一年九一八事变日本帝国主义武装侵略中国以后，中国又变成了一个殖民地、半殖民地和半封建的社会。现在我们就来说明这种变化的过程。

如第二节所述，中国的封建社会继续了三千年左右。直到十九世纪的中叶，由于外国资本主义的侵入，这个社会的内部才发生了重大的变化。

中国封建社会内的商品经济的发展，已经孕育着资本主义的萌芽，如果没有外国资本主义的影响，中国也将缓慢地发展到资本主义社会。外国资本主义的侵入，促进了这种发展。外国资本主义对于中国的社会经济起了很大的分解作用，一方面，破坏了中国自给自足的自然经济的基础，破坏了城市的手工业和农民的家庭手工业；又一方面，则促进了中国城乡商品经济的发展。

这些情形，不仅对中国封建经济的基础起了解体的作用，同时又给中国资本主义生产的发展造成了某些客观的条件和可能。因为自然经济的破坏，给资本主义造成了商品的市场，而大量农民和手工业者的破产，又给资本主义造成了劳动力的市场。

事实上，由于外国资本主义的刺激和封建经济结构的某些破坏，还在十九世纪的下半

期，还在六十年前，就开始有一部分商人、地主和官僚投资于新式工业。到了同世纪末年和二十世纪初年，到了四十年前，中国民族资本主义便开始了初步的发展。到了二十年前，即第一次帝国主义世界大战的时期，由于欧美帝国主义国家忙于战争，暂时放松了对于中国的压迫，中国的民族工业，主要是纺织业和面粉业，又得到了进一步的发展。

中国民族资本主义发生和发展的过程，就是中国资产阶级和无产阶级发生和发展的过程。如果一部分的商人、地主和官僚是中国资产阶级的前身，那末，一部分的农民和手工业工人就是中国无产阶级的前身了。中国的资产阶级和无产阶级，作为两个特殊的社会阶级来看，它们是新产生的，它们是中国历史上没有过的阶级。它们从封建社会脱胎而来，构成了新的社会阶级。它们是两个互相关联又互相对立的阶级，它们是中国旧社会（封建社会）产出的双生子。但是，中国无产阶级的发生和发展，不但是伴随中国民族资产阶级的发生和发展而来，而且是伴随帝国主义在中国直接地经营企业而来。所以，中国无产阶级的很大一部分较之中国资产阶级的年龄和资格更老些，因而它的社会力量和社会基础也更广大些。

可是，上面所述的这一资本主义的发生和发展的新变化，只是帝国主义侵入中国以来所发生的变化的一个方面。还有和这个变化同时存在而阻碍这个变化的另一个方面，这就是帝国主义勾结中国封建势力压迫中国资本主义的发展。

帝国主义列强侵入中国的目的，决不是要把封建的中国变成资本主义的中国。帝国主义列强的目的和这相反，它们是要把中国变成它们的半殖民地和殖民地。

帝国主义列强为了这个目的，曾经对中国采用了并且还正在继续地采用着如同下面所说的一切军事的、政治的、经济的和文化的压迫手段，使中国一步一步地变成了半殖民地和殖民地：

一、向中国举行多次的侵略战争，例如一八四〇年的英国鸦片战争，一八五七年的英法联军战争，一八八四年的中法战争，一八九四年的中日战争，一九〇〇年的八国联军战争。用战争打败了中国之后，帝国主义列强不但占领了中国周围的许多原由中国保护的国家，而且抢去了或“租借”去了中国的一部分领土。例如日本占领了台湾和澎湖列岛，“租借”了旅顺，英国占领了香港，法国“租借”了广州湾。割地之外，又索去了巨大的赔款。这样，就大大地打击了中国这个庞大的封建帝国。

二、帝国主义列强强迫中国订立了许多不平等条约，根据这些不平等条约，取得了在中国驻扎海军和陆军的权利，取得了领事裁判权，并把全中国划分为几个帝国主义国家的势力范围。

三、帝国主义列强根据不平等条约，控制了中国一切重要的通商口岸，并把许多通商口岸划出一部分土地作为它们直接管理的租界。它们控制了中国的海关和对外贸易，控制了中国的交通事业（海上的、陆上的、内河的和空中的）。因此它们便能够大量地推销它们的商品，把中国变成它们的工业品的市场，同时又使中国的农业生产服从于帝国主义的需要。

四、帝国主义列强还在中国经营了许多轻工业和重工业的企业，以便直接利用中国的原料和廉价的劳动力，并以此对中国的民族工业进行直接的经济压迫，直接地阻碍中国生产力的发展。

五、帝国主义列强经过借款给中国政府，并在中国开设银行，垄断了中国的金融和财政。因此，它们就不但在商品竞争上压倒了中国的民族资本主义，而且在金融上、财政上扼住了中国的咽喉。

六、帝国主义列强从中国的通商都市直至穷乡僻壤，造成了一个买办的和商业高利贷的剥削网，造成了为帝国主义服务的买办阶级和商业高利贷阶级，以便利其剥削广大的中国农民和其他人民大众。

七、于买办阶级之外，帝国主义列强又使中国的封建地主阶级变为它们统治中国的支柱。它们“首先和以前的社会制度的统治阶级——封建地主、商业和高利贷资产阶级联合起来，以反对占大多数的人民。帝国主义到处致力于保持资本主义前期的一切剥削形式（特别是在乡村），并使之永久化，而这些形式则是它的反动的同盟者生存的基础”。“帝国主义及其在中国的全部财政军事的势力，乃是一种支持、鼓舞、栽培、保存封建残余及其全部官僚军阀上层建筑的力量。”

八、为了造成中国军阀混战和镇压中国人民，帝国主义列强供给中国反动政府以大量的军火和大批的军事顾问。

九、帝国主义列强在所有上述这些办法之外，对于麻醉中国人民的精神的一个方面，也不放松，这就是它们的文化侵略政策。传教，办医院，办学校，办报纸和吸引留学生等，就是这个侵略政策的实施。其目的，在于造就服从它们的知识干部和愚弄广大的中国人民。

十、从一九三一年“九一八”以后，日本帝国主义的大举进攻，更使已经变成半殖民地的中国的一大块土地沦为日本的殖民地。

上述这些情形，就是帝国主义侵入中国以后的新的变化的又一个方面，就是把一个封建的中国变为一个半封建、半殖民地和殖民地的中国的血迹斑斑的图画。

由此可以明白，帝国主义列强侵略中国，在一方面促使中国封建社会解体，促使中国发生了资本主义因素，把一个封建社会变成了一个半封建的社会；但是在另一方面，它们又残酷地统治了中国，把一个独立的中国变成了一个半殖民地和殖民地的中国。

将这两个方面的情形综合起来说，我们这个殖民地、半殖民地、半封建的社会，有如下的几个特点：

一、封建时代的自给自足的自然经济基础是被破坏了；但是，封建剥削制度的根基——地主阶级对农民的剥削，不但依旧保持着，而且同买办资本和高利贷资本的剥削结合在一起，在中国的社会经济生活中，占着显然的优势。

二、民族资本主义有了某些发展，并在中国政治的、文化的生活中起了颇大的作用；但是，它没有成为中国社会经济的主要形式，它的力量是很软弱的，它的大部分是对于外国帝国主义和国内封建主义都有或多或少的联系的。

三、皇帝和贵族的专制政权是被推翻了，代之而起的先是地主阶级的军阀官僚的统治，接着是地主阶级和大资产阶级联盟的专政。在沦陷区，则是日本帝国主义及其傀儡的统治。

四、帝国主义不但操纵了中国的财政和经济的命脉，并且操纵了中国的政治和军事的力量。在沦陷区，则一切被日本帝国主义所独占。

五、由于中国是在许多帝国主义国家的统治或半统治之下，由于中国实际上处于长期的不统一状态，又由于中国的土地广大，中国的经济、政治和文化的发展，表现出极端的不平衡。

六、由于帝国主义和封建主义的双重压迫，特别是由于日本帝国主义的大举进攻，中国的广大人民，尤其是农民，日益贫困化以至大批地破产，他们过着饥寒交迫的和毫无政治权利的生活。中国人民的贫困和不自由的程度，是世界所少见的。

这些就是殖民地、半殖民地、半封建的中国社会的特点。

决定这种情况的，主要是日本帝国主义和其他帝国主义的势力，是外国帝国主义和国内封建主义相结合的结果。

帝国主义和中华民族的矛盾，封建主义和人民大众的矛盾，这些就是近代中国社会的主要的矛盾。当然还有别的矛盾，例如资产阶级和无产阶级的矛盾，反动统治阶级内部的矛盾。而帝国主义和中华民族的矛盾，乃是各种矛盾中的最主要的矛盾。这些矛盾的斗争及其尖锐化，就不能不造成日益发展的革命运动。伟大的近代和现代的中国革命，是在这些基本矛盾的基础之上发生和发展起来的。

第二章　中国革命

第一节　百年来的革命运动

帝国主义和中国封建主义相结合，把中国变为半殖民地和殖民地的过程，也就是中国人民反抗帝国主义及其走狗的过程。从鸦片战争、太平天国运动、中法战争、中日战争、戊戌变法、义和团运动、辛亥革命、五四运动、五卅运动、北伐战争、土地革命战争，直至现在的抗日战争，都表现了中国人民不甘屈服于帝国主义及其走狗的顽强的反抗精神。

中国人民，百年以来，不屈不挠、再接再厉的英勇斗争，使得帝国主义至今不能灭亡中国，也永远不能灭亡中国。

现在，虽然日本帝国主义竭其全力大举进攻中国，虽然中国有许多地主和大资产阶级分子，例如公开的汪精卫和暗藏的汪精卫之流，已经投降敌人或者准备投降敌人，但是英勇的中国人民必然还要奋战下去。不到驱逐日本帝国主义出中国，使中国得到完全的解放，这个奋战是决不会停止的。

中国人民的民族革命斗争，从一八四〇年的鸦片战争算起，已经有了整整一百年的历史了；从一九一一年的辛亥革命算起，也有了三十年的历史了。这个革命的过程，现在还未完结，革命的任务还没有显著的成就，还要求全国人民，首先是中国共产党，担负起坚决奋斗的责任。

那末，这个革命的对象究竟是谁？这个革命的任务究竟是什么呢？这个革命的动力是什么？这个革命的性质是什么？这个革命的前途又是什么呢？这些问题，就是我们在下面要来说明的。

第二节　中国革命的对象

依照第一章第三节的分析，我们已经知道中国现时的社会，是一个殖民地、半殖民地、半封建性质的社会。只有认清中国社会的性质，才能认清中国革命的对象、中国革命的任务、中国革命的动力、中国革命的性质、中国革命的前途和转变。所以，认清中国社会的性质，就是说，认清中国的国情，乃是认清一切革命问题的基本的根据。

中国现时社会的性质，既然是殖民地、半殖民地、半封建的性质，那末，中国现阶段革命的主要对象或主要敌人，究竟是谁呢？

不是别的，就是帝国主义和封建主义，就是帝国主义国家的资产阶级和本国的地主阶级。因为，在现阶段的中国社会中，压迫和阻止中国社会向前发展的主要的东西，不是别的，正是它们二者。二者互相勾结以压迫中国人民，而以帝国主义的民族压迫为最大的压迫，因而帝国主义是中国人民的第一个和最凶恶的敌人。

在日本武力侵入中国以后，中国革命的主要敌人是日本帝国主义和勾结日本公开投降或准备投降的一切汉奸和反动派。

中国资产阶级本来也是受着帝国主义压迫的，它也曾经领导过革命斗争，起过主要的领导作用，例如辛亥革命；也曾经参加过革命斗争，例如北伐战争和当前的抗日战争。但是，这个资产阶级的上层部分，即以国民党反动集团为代表的那个阶层，它曾经在一九二七年至一九三七年这一个长时期内勾结帝国主义，并和地主阶级结成反动的同盟，背叛了曾经援助过它的朋友——共产党、无产阶级、农民阶级和其他小资产阶级，背叛了中国革命，造成了革命的失败。所以，当时革命的人民和革命的政党（共产党），曾经不得不把这些资产阶级分子当作革命的对象之一。在抗日战争中，大地主大资产阶级的一部分，以汪精卫为代表，已经叛变，已经变成汉奸。所以，抗日的人民，也已经不得不把这些背叛民族利益的大资产阶级分子当作革命的对象之一。

由此也可以明白，中国革命的敌人是异常强大的。中国革命的敌人不但有强大的帝国主义，而且有强大的封建势力，而且在一定时期内还有勾结帝国主义和封建势力以与人民为敌的资产阶级的反动派。因此，那种轻视中国革命人民的敌人的力量的观点，是不正确的。

在这样的敌人面前，中国革命的长期性和残酷性就发生了。因为我们的敌人是异常强大的，革命力量就非在长期间内不能聚积和锻炼成为一个足以最后地战胜敌人的力量。因为敌人对于中国革命的镇压是异常残酷的，革命力量就非磨练和发挥自己的顽强性，不能坚持自己的阵地和夺取敌人的阵地。因此，那种以为中国革命力量瞬间就可以组成，中国革命斗争顷刻就可以胜利的观点，是不正确的。

在这样的敌人面前，中国革命的主要方法，中国革命的主要形式，不能是和平的，而必须是武装的，也就决定了。因为我们的敌人不给中国人民以和平活动的可能，中国人民没有任何的政治上的自由权利。斯大林说：“在中国，是武装的革命反对武装的反革命。这是中国革命的特点之一，也是中国革命的优点之一。”这是完全正确的规定。因此，那种轻视武装斗争，轻视革命战争，轻视游击战争，轻视军队工作的观点，是不正确的。

在这样的敌人面前，革命的根据地问题也就发生了。因为强大的帝国主义及其在中国的反动同盟军，总是长期地占据着中国的中心城市，如果革命的队伍不愿意和帝国主义及其走狗妥协，而要坚持地奋斗下去，如果革命的队伍要准备积蓄和锻炼自己的力量，并避免在力量不够的时候和强大的敌人作决定胜负的战斗，那就必须把落后的农村造成先进的巩固的根据地，造成军事上、政治上、经济上、文化上的伟大的革命阵地，借以反对利用城市进攻农村区域的凶恶敌人，借以在长期战斗中逐步地争取革命的全部胜利。在这种情形下面，由于中国经济发展的不平衡（不是统一的资本主义经济），由于中国土地的广大（革命势力有回旋的余地），由于中国的反革命营垒内部的不统一和充满着各种矛盾，由于中国革命主力军的农民的斗争是在无产阶级政党共产党的领导之下，这样，就使得在一方面，中国革命有在农村区域首先胜利的可能；而在另一方面，则又造成了革命的不平衡状态，给争取革命全部胜利的事业带来了长期性和艰苦性。由此也就可以明白，在这种革命根据地上进行的长期的革命斗争，主要的是在中国共产党领导之下的农民游击战争。因此，忽视以农村区域作革命根据地的观点，忽视对农民进行艰苦工作的观点，忽视游击战争的观点，都是不正确的。

但是着重武装斗争，不是说可以放弃其他形式的斗争；相反，没有武装斗争以外的各种形式的斗争相配合，武装斗争就不能取得胜利。着重农村根据地上的工作，不是说可以放弃城市工作和尚在敌人统治下的其他广大农村中的工作；相反，没有城市工作和其他农村工作，农村根据地就处于孤立，革命就会失败。而且革命的最后目的，是夺取作为敌人主要根据地的城市，没有充分的城市工作，就不能达此目的。

由此也就可以明白，为要使革命在农村和城市都得到胜利，不破坏敌人用以向人民作斗争的主要的工具，即敌人的军队，也是不可能的。因此，除了战争中消灭敌军以外，瓦解敌军的工作也就成为重要的工作。

由此也就可以明白，在敌人长期占领的反动的黑暗的城市和反动的黑暗的农村中进行共产党的宣传工作和组织工作，不能采取急性病的冒险主义的方针，必须采取荫蔽精干、积蓄力量、以待时机的方针。其领导人民对敌斗争的策略，必须是利用一切可以利用的公开合法的法律、命令和社会习惯所许可的范围，从有理、有利、有节的观点出发，一步一步地和稳扎稳打地去进行，决不是大唤大叫和横冲直撞的办法所能成功的。

第三节　中国革命的任务

既然现阶段上中国革命的敌人主要的是帝国主义和封建地主阶级，那末，现阶段上中国革命的任务是什么呢？

毫无疑义，主要地就是打击这两个敌人，就是对外推翻帝国主义压迫的民族革命和对内推翻封建地主压迫的民主革命，而最主要的任务是推翻帝国主义的民族革命。

中国革命的两大任务，是互相关联的。如果不推翻帝国主义的统治，就不能消灭封建地主阶级的统治，因为帝国主义是封建地主阶级的主要支持者。反之，因为封建地主阶级是帝国主义统治中国的主要社会基础，而农民则是中国革命的主力军，如果不帮助农民推翻封建地主阶级，就不能组成中国革命的强大的队伍而推翻帝国主义的统治。所以，民族革命和民主革命这样两个基本任务，是互相区别，又是互相统一的。

中国今天的民族革命任务，主要地是反对侵入国土的日本帝国主义，而民主革命任务，又是为了争取战争胜利所必须完成的，两个革命任务已经联系在一起了。那种把民族革命和民主革命分为截然不同的两个革命阶段的观点，是不正确的。

第四节　中国革命的动力

根据现阶段中国社会的性质、中国革命的对象、中国革命的任务的分析和规定，中国革命的动力是什么呢？

既然中国社会是一个殖民地、半殖民地、半封建的社会，既然中国革命所反对的对象主要的是外国帝国主义在中国的统治和内部的封建主义，既然中国革命的任务是推翻这两个压迫者，那末，在中国社会的各个阶级和各个阶层中，有些什么阶级有些什么阶层可以充当反对帝国主义和封建主义的力量呢？这就是现阶段上中国革命的动力问题。认清这个革命的动力问题，才能正确地解决中国革命的基本策略问题。

现阶段的中国社会里，有些什么阶级呢？有地主阶级，有资产阶级；地主阶级和资产阶级的上层部分都是中国社会的统治阶级。又有无产阶级，有农民阶级，有农民以外的各种类型的小资产阶级；这三个阶级，在今天中国的最广大的领土上，还是被统治阶级。

所有这些阶级，它们对于中国革命的态度和立场如何，全依它们在社会经济中所占的地位来决定。所以，社会经济的性质，不仅规定了革命的对象和任务，又规定了革命的动力。

我们现在就来分析一下中国社会的各阶级。

一　地主阶级

地主阶级是帝国主义统治中国的主要的社会基础，是用封建制度剥削和压迫农民的阶级，是在政治上、经济上、文化上阻碍中国社会前进而没有丝毫进步作用的阶级。

因此，作为阶级来说，地主阶级是革命的对象，不是革命的动力。

在抗日战争中，一部分大地主跟着一部分大资产阶级（投降派）已经投降日寇，变为汉奸了；另一部分大地主，跟着另一部分大资产阶级（顽固派），虽然还留在抗战营垒内，亦已非常动摇。但是许多中小地主出身的开明绅士即带有若干资本主义色彩的地主们，还有抗日的积极性，还需要团结他们一道抗日。

二　资产阶级

资产阶级有带买办性的大资产阶级和民族资产阶级的区别。

带买办性的大资产阶级，是直接为帝国主义国家的资本家服务并为他们所豢养的阶级，他们和农村中的封建势力有着千丝万缕的联系。因此，在中国革命史上，带买办性的大资产阶级历来不是中国革命的动力，而是中国革命的对象。

但是，因为中国带买办性的大资产阶级是分属于几个帝国主义国家的，在几个帝国主义国家间的矛盾尖锐地对立着的时候，在革命主要地是反对某一个帝国主义的时候，属于别的帝国主义系统之下的买办阶级也有可能在一定程度上和一定时间内参加当前的反帝国主义战线。但是一到他们的主子起来反对中国革命时，他们也就立即反对革命了。

在抗日战争中，亲日派大资产阶级（投降派）已经投降，或准备投降了。欧美派大资产阶级（顽固派）虽然尚留在抗日营垒内，也是非常动摇，他们就是一面抗日一面反共的两面派人物。我们对于大资产阶级投降派的政策是把他们当作敌人看待，坚决地打倒他们。而对于大资产阶级的顽固派，则是用革命的两面政策去对待，即：一方面是联合他们，因为他们还在抗日，还应该利用他们和日本帝国主义的矛盾；又一方面是和他们作坚决的斗争，因为他们执行着破坏抗日和团结的反共反人民的高压政策，没有斗争就会危害抗日和团结。

民族资产阶级是带两重性的阶级。

一方面，民族资产阶级受帝国主义的压迫，又受封建主义的束缚，所以，他们同帝国主义和封建主义有矛盾。从这一方面说来，他们是革命的力量之一。在中国革命史上，他们也曾经表现过一定的反帝国主义和反官僚军阀政府的积极性。

但是又一方面，由于他们在经济上和政治上的软弱性，由于他们同帝国主义和封建主义并未完全断绝经济上的联系，所以，他们又没有彻底的反帝反封建的勇气。这种情形，特别是在民众革命力量强大起来的时候，表现得最为明显。

民族资产阶级的这种两重性，决定了他们在一定时期中和一定程度上能够参加反帝国主义和反官僚军阀政府的革命，他们可以成为革命的一种力量。而在另一时期，就有跟在买办大资产阶级后面，作为反革命的助手的危险。

在中国的民族资产阶级，主要的是中等资产阶级，他们虽然在一九二七年以后，一九三一年（九一八事变）以前，跟随着大地主大资产阶级反对过革命，但是他们基本上还没有掌握过政权，而受当政的大地主大资产阶级的反动政策所限制。在抗日时期内，他们不但和大地主大资产阶级的投降派有区别，而且和大资产阶级的顽固派也有区别，至今仍然是我们的较好的同盟者。因此，对于民族资产阶级采取谨慎的政策，是完全必要的。

三　农民以外的各种类型的小资产阶级

农民以外的小资产阶级，包括广大的知识分子、小商人、手工业者和自由职业者。

所有这些小资产阶级，和农民阶级中的中农的地位有某些相像，都受帝国主义、封建主义和大资产阶级的压迫，日益走向破产和没落的境地。

因此，这些小资产阶级是革命的动力之一，是无产阶级的可靠的同盟者。这些小资产阶级也只有在无产阶级领导之下，才能得到解放。

我们现在就来分析一下各种类型的没有把农民包括在内的小资产阶级。

第一是知识分子和青年学生。知识分子和青年学生并不是一个阶级或阶层。但是从他们的家庭出身看，从他们的生活条件看，从他们的政治立场看，现代中国知识分子和青年学生的多数是可以归入小资产阶级范畴的。数十年来，中国已出现了一个很大的知识分子群和青年学生群。在这一群人中间，除去一部分接近帝国主义和大资产阶级并为其服务而反对民众的知识分子外，一般地是受帝国主义、封建主义和大资产阶级的压迫，遭受着失业和失学的威胁。因此，他们有很大的革命性。他们或多或少地有了资本主义的科学知识，富于政治感觉，他们在现阶段的中国革命中常常起着先锋的和桥梁的作用。辛亥革命前的留学生运动，一九一九年的五四运动，一九二五年的五卅运动，一九三五年的一二九运动，就是显明的例证。尤其是广大的比较贫苦的知识分子，能够和工农一道，参加和拥护革命。马克思列宁主义思想在中国的广大的传播和接受，首先也是在知识分子和青年学生中。革命力量的组织和革命事业的建设，离开革命的知识分子的参加，是不能成功的。但是，知识分子在其未和群众的革命斗争打成一片，在其未下决心为群众利益服务并与群众相结合的时候，往往带有主观主义和个人主义的倾向，他们的思想往往是空虚的，他们的行动往往是动摇的。因此，中国的广大的革命知识分子虽然有先锋的和桥梁的作用，但不是所有这些知识分子都能革命到底的。其中一部分，到了革命的紧急关头，就会脱离革命队伍，采取消极态度；其中少数人，就会变成革命的敌人。知识分子的这种缺点，只有在长期的群众斗争中才能克服。

第二是小商人。他们一般不雇店员，或者只雇少数店员，开设小规模的商店。帝国主义、大资产阶级和高利贷者的剥削，使他们处在破产的威胁中。

第三是手工业者。这是一个广大的群众。他们自有生产手段，不雇工，或者只雇一二个学徒或助手。他们的地位类似中农。

第四是自由职业者。有各种业务的自由职业者，医生即是其中之一。他们不剥削别人，或对别人只有轻微的剥削。他们的地位类似手工业者。

上述各项小资产阶级成分，构成广大的人群，他们一般地能够参加和拥护革命，是革命的很好的同盟者，故必须争取和保护之。其缺点是有些人容易受资产阶级的影响，故必须注意在他们中进行革命的宣传工作和组织工作。

四　农民阶级

农民在全国总人口中大约占百分之八十，是现时中国国民经济的主要力量。

农民的内部是在激烈地分化的过程中。

第一是富农。富农约占农村人口百分之五左右（连地主一起共约占农村人口百分之十左右），被称为农村的资产阶级。中国的富农大多有一部分土地出租，又放高利贷，对于雇农的剥削也很残酷，带有半封建性。但富农一般都自己参加劳动，在这点上它又是农民的一部分。富农的生产在一定时期中还是有益的。富农一般地在农民群众反对帝国主义的斗争中可能参加一分力量，在反对地主的土地革命斗争中也可能保持中立。因此，我们不应把富农看成和地主无分别的阶级，不应过早地采取消灭富农的政策。

第二是中农。中农在中国农村人口中约占百分之二十左右。中农一般地不剥削别人，在经济上能自给自足（但在年成丰收时能有些许盈余，有时也利用一点雇佣劳动或放一点小债），而受帝国主义、地主阶级和资产阶级的剥削。中农都是没有政治权利的。一部分中农土地不足，只有一部分中农（富裕中农）土地略有多余。中农不但能够参加反帝国主义革命和土地革命，并且能够接受社会主义。因此，全部中农都可以成为无产阶级的可靠的同盟者，是重要的革命动力的一部分。中农态度的向背是决定革命胜负的一个因素，尤其在土地革命之后，中农成了农村中的大多数的时候是如此。

第三是贫农。中国的贫农，连同雇农在内，约占农村人口百分之七十。贫农是没有土地或土地不足的广大的农民群众，是农村中的半无产阶级，是中国革命的最广大的动力，是无产阶级的天然的和最可靠的同盟者，是中国革命队伍的主力军。贫农和中农都只有在无产阶级的领导之下，才能得到解放；而无产阶级也只有和贫农、中农结成坚固的联盟，才能领导革命到达胜利，否则是不可能的。农民这个名称所包括的内容，主要地是指贫农和中农。

五　无产阶级

中国无产阶级中，现代产业工人约有二百五十万至三百万，城市小工业和手工业的雇佣劳动者和商店店员约有一千二百万，农村的无产阶级（即雇农）及其他城乡无产者，尚有一个广大的数目。

中国无产阶级除了一般无产阶级的基本优点，即与最先进的经济形式相联系，富于组织性纪律性，没有私人占有的生产资料以外，还有它的许多特殊的优点。

中国无产阶级有哪些特殊的优点呢？

第一，中国无产阶级身受三种压迫（帝国主义的压迫、资产阶级的压迫、封建势力的压迫），而这些压迫的严重性和残酷性，是世界各民族中少见的；因此，他们在革命斗争中，比任何别的阶级来得坚决和彻底。在殖民地半殖民地的中国，没有欧洲那样的社会改良主义的经济基础，所以除极少数的工贼之外，整个阶级都是最革命的。

第二，中国无产阶级开始走上革命的舞台，就在本阶级的革命政党——中国共产党领导之下，成为中国社会里比较最有觉悟的阶级。

第三，由于从破产农民出身的成分占多数，中国无产阶级和广大的农民有一种天然的联系，便利于他们和农民结成亲密的联盟。

因此，虽然中国无产阶级有其不可避免的弱点，例如人数较少（和农民比较），年龄较轻（和资本主义国家的无产阶级比较），文化水准较低（和资产阶级比较）；然而，他们终究成为中国革命的最基本的动力。中国革命如果没有无产阶级的领导，就必然不能胜利。远的如辛亥革命，因为那时还没有无产阶级的自觉的参加，因为那时还没有共产党，所以流产了。近的如一九二四年至一九二七年的革命，因为这时有了无产阶级的自觉的参加和领导，因为这时已经有了共产党，所以能在一个时期内取得了很大的胜利；但又因为大资产阶级后来背叛了它和无产阶级的联盟，背叛了共同的革命纲领，同时也由于那时中国无产阶级及其政党还没有丰富的革命经验，结果又遭到了失败。抗日战争以来，因为无产阶级和共产党对于抗日民族统一战线的领导，所以团结了全民族，发动了和坚持了伟大的抗日战争。

中国无产阶级应该懂得：他们自己虽然是一个最有觉悟性和最有组织性的阶级，但是如果单凭自己一个阶级的力量，是不能胜利的。而要胜利，他们就必须在各种不同的情形下团结一切可能的革命的阶级和阶层，组织革命的统一战线。在中国社会的各阶级中，农民是工人阶级的坚固的同盟军，城市小资产阶级也是可靠的同盟军，民族资产阶级则是在一定时期中和一定程度上的同盟军，这是现代中国革命的历史所已经证明了的根本规律之一。

六　游　民

中国的殖民地和半殖民地的地位，造成了中国农村中和城市中的广大的失业人群。在这个人群中，有许多人被迫到没有任何谋生的正当途径，不得不找寻不正当的职业过活，这就是土匪、流氓、乞丐、娼妓和许多迷信职业家的来源。这个阶层是动摇的阶层：其中一部分容易被反动势力所收买，其另一部分则有参加革命的可能性。他们缺乏建设性，破坏有余而建设不足，在参加革命以后，就又成为革命队伍中流寇主义和无政府思想的来源。因此，应该善于改造他们，注意防止他们的破坏性。

以上这些，就是我们对于中国革命动力的分析。

第七节　中国革命的两重任务和中国共产党

总结本章各节所述，我们可以明白，整个中国革命是包含着两重任务的。这就是说，中国革命是包括资产阶级民主主义性质的革命（新民主主义的革命）和无产阶级社会主义性质的革命、现在阶段的革命和将来阶段的革命这样两重任务的。而这两重革命任务的领导，都是担负在中国无产阶级的政党——中国共产党的双肩之上，离开了中国共产党的领导，任何革命都不能成功。

完成中国资产阶级民主主义的革命（新民主主义的革命），并准备在一切必要条件具备的时候把它转变到社会主义革命的阶段上去，这就是中国共产党光荣的伟大的全部革命任务。每个共产党员都应为此而奋斗，绝对不能半途而废。有些幼稚的共产党员，以为我们只有在现在阶段的民主主义革命的任务，没有在将来阶段的社会主义革命的任务，或者以为现在的革命或土地革命即是社会主义的革命。应该着重指出，这些观点是错误的。每个共产党员须知，中国共产党领导的整个中国革命运动，是包括民主主义革命和社会主义革命两个阶段在内的全部革命运动；这是两个性质不同的革命过程，只有完成了前一个革命过程才有可能去完成后一个革命过程。民主主义革命是社会主义革命的必要准备，社会主义革命是民主主义革命的必然趋势。而一切共产主义者的最后目的，则是在于力争社会主义社会和共产主义社会的最后的完成。只有认清民主主义革命和社会主义革命的区别，同时又认清二者的联系，才能正确地领导中国革命。

领导中国民主主义革命和中国社会主义革命这样两个伟大的革命到达彻底的完成，除了中国共产党之外，是没有任何一个别的政党（不论是资产阶级的政党或小资产阶级的政党）能够担负的。而中国共产党则从自己建党的一天起，就把这样的两重任务放在自己的双肩之上了，并且已经为此而艰苦奋斗了整整十八年。

这样的任务是非常光荣的，但同时也是非常艰巨的。没有一个全国范围的、广大群众性的、思想上政治上组织上完全巩固的、布尔什维克化的中国共产党，这样的任务是不能完成的。因此，积极地建设这样一个共产党，乃是每一个共产党员的责任。

——选自《毛泽东选集》第二卷，人民出版社 1991 年版

英人在华的残暴行动

马克思·1857 年 3 月

1856 年 10 月 8 日，清政府广东水师在广州城外停泊的中国船“亚罗”号上逮捕了两名海盗和十名有海盗嫌疑的水手。该船曾在香港登记但已经过期，而英国驻广州领事巴夏礼强词夺理，硬说“亚罗”号是英国船，还说船上的英国国旗被中国水师侮辱，借此挑起事端，要求两广总督叶名琛立即送回被捕水手并向英国公开道歉。叶名琛怕事态扩大，送回了水手，而巴夏礼却故意拒不接收，至 10 月 23 日，3 艘英国军舰进而进犯广州附近各炮台，并一度攻入广州城，第二次鸦片战争实际上由此开始。这场战争是英国挑起的，但英国朝野上下却极力进行掩盖，为他们的残暴行为进行辩护。为此，马克思于 1857 年 3 月 22 日前后写下了这篇文章，原文是英文，作为社论载于 1857 年 4 月 10 日的《纽约每日论坛报》第 4984 号。文章对 1856 年英国制造的“亚罗号事件”借以发动第二次鸦片战争的借口进行了澄清，称这是英国对中国发动的“极端不义的战争”，并谴责了英人在华的种种暴行。全文约 2300 字。本篇全文选读。

几年以前，当在印度施行的可怕的刑罚制度在议会中被揭露的时候，极可尊敬的东印度公司的董事之一詹姆斯·霍格爵士曾厚颜无耻地硬说这种说法是没有根据的。可是后来的调查证明，这种说法有事实作根据，而且这些事实对东印度公司的董事们来说应当是十分清楚的。因此，詹姆斯爵士对于东印度公司被指控的那些可怕的事情，只有或者承认是“有意不闻”，或者承认是“明知故纵”。

看来，英国现任首相帕麦斯顿勋爵和外交大臣克拉伦登伯爵现在也处于同样的窘境。首相在市长不久前举行的宴会上的演说中，企图为施于中国人的残暴行为进行辩护，他说：

“如果政府在这件事情上赞同采取无理的行动，毫无疑问，它走的就是一条应受议会和全国谴责的道路。但是相反地，我们深信这些行动是必需的和至关重要的。我们认为，我国受到了严重的欺凌。我们认为，我国同胞在地球的遥远地方遭到了种种侮辱、迫害和暴虐，对此我们不能默不作声。（喝采声）我们认为，我国根据条约应享有的权利已遭到破坏，而在当地负责保护我国在世界那个地区利益的人员，不仅有理由而且有义务尽量利用他们所能采取的手段来表示对这些暴行的义愤。我们认为，如果我们不赞同采取那些在我们看来是正确的，而且我们设身处地也会认为自己有责任采取的行动，那我们就是辜负了我国同胞对我们所寄予的信任。（喝采声）”

但是，无论英国人民和全世界怎样为这些讲得头头是道的解释所欺骗，勋爵大人自己肯定不会相信这些解释的真实性，要是他认为这些都是真的，那就暴露出他是有意不去了解真实情况，同“明知故纵”几乎同样是不可原谅的。自从英国人在中国采取军事行动的第一个消息传来以后，英国政府报纸和一部分美国报刊就连篇累牍地对中国人进行了大量的斥责，它们大肆攻击中国人违背条约的义务、侮辱英国的国旗、羞辱旅居中国的外国人，如此等等。可是，除了亚罗号划艇事件以外，它们举不出一个明确的罪名，举不出一件事实来证实这些指责。而且就连这个事件的实情也被议会中的花言巧语歪曲得面目全非，以致那些真正想弄清这个问题真相的人深受其误。

亚罗号划艇是一只中国小船，船员都是中国人，但是为几个英国人所雇用。这只船曾经取得暂时悬挂英国国旗航行的执照，可是在所谓的“侮辱事件”发生以前，这张执照就已经满期了。据说，这只船曾被用来偷运私盐，船上有几名歹徒——中国的海盗和走私贩子，当局早就因为他们是惯犯而在设法缉捕。当这只船不挂任何旗帜下帆停泊在广州城外时，缉私水师得知这些罪犯就在船上，便逮捕了他们。要是我们的港口警察知道附近某一只本国船或外国船上隐匿水贼和走私贩子，也一定会这样做的。可是因为这次逮捕妨碍了货主的商务，船长就向英国领事控告。这位领事是个就职不久的年轻人，据我们了解是一个性情暴躁的人。他亲自跑到船上，同只是履行自己职责的缉私水师大吵大闹，结果一无所得。随后他急忙返回领事馆，用命令式的口吻向两广总督提出书面要求：放回被捕者并道歉，同时致书香港的约翰·包令爵士和海军将军西马糜各厘，说什么他和英国国旗遭到了不可容忍的侮辱，并且相当明显地暗示说，期待已久的向广州来一次示威的良机到来了。

叶总督有礼貌地、心平气和地答复了激动的年轻英国领事的蛮横要求。他说明捕人的理由，并对因此而引起的误会表示遗憾。同时他断然否认有丝毫侮辱英国国旗的意图，而且送回了水手，因为尽管这些人是依法逮捕的，但他不愿为拘留他们而招致这样严重的误会。然而这一切并没有使巴夏礼领事先生感到满意，他坚持要求正式道歉和以隆重礼节送回被捕者，否则叶总督必须承担一切后果。接着西马糜各厘将军率领英国舰队抵达，旋即开始了另一轮公函往来：海军将军态度蛮横，大肆恫吓，中国总督则心平气和、冷静沉着、彬彬有礼。西马糜各厘将军要求在广州城内当面会商。叶总督说，这违反先例，而且乔治·文翰爵士曾答应不提这种要求。如果有必要，他愿意按照常例在城外会晤，或者采取其他不违反中国习惯与相沿已久的礼节的方式来满足海军将军的愿望。但是这一切都未能使这位英国强权在东方的好战的代表称心如意。

这场极端不义的战争就是根据上面简单叙述的理由而进行的——现在向英国人民提出的官方报告完全证实了这种叙述。广州城的无辜居民和安居乐业的商人惨遭屠杀，他们的住宅被炮火夷为平地，人权横遭侵犯，这一切都是在“中国人的挑衅行为危及英国人的生命和财产”这种站不住脚的借口下发生的！英国政府和英国人民——至少那些愿意弄清这个问题的人们——都知道这些非难是多么虚伪和空洞。有人企图转移对主要问题的追究，给公众造成一个印象：似乎在亚罗号划艇事件以前就有大量的伤害行为足以构成宣战的理由。可是这些不分青红皂白的说法是毫无根据的。英国人控告中国人一桩，中国人至少可以控告英国人九十九桩。

英国报纸对于旅居中国的外国人在英国庇护下每天所干的破坏条约的可恶行为真是讳莫如深！非法的鸦片贸易年年靠摧残人命和败坏道德来填满英国国库的事情，我们一点也听不到。外国人经常贿赂下级官吏而使中国政府失去在商品进出口方面的合法收入的事情，我们一点也听不到。对那些被卖到秘鲁沿岸去当不如牛马的奴隶、被卖到古巴去当契约奴隶的受骗契约华工横施暴行“以致杀害”的情形，我们一点也听不到。外国人常常欺凌性情柔弱的中国人的情形以及这些外国人带到各通商口岸去的伤风败俗的弊病，我们一点也听不到。我们所以听不到这一切以及更多得多的情况，首先是因为在中国以外的大多数人很少关心这个国家的社会和道德状况；其次是因为按照精明和谨慎的原则不宜讨论那些不能带来钱财的问题。因此，坐在家里而眼光不超出自己买茶叶的杂货店的英国人，完全可以把政府和报纸塞给公众的一切胡说吞咽下去。

与此同时在中国，压抑着的、鸦片战争时燃起的仇英火种，爆发成了任何和平和友好的表示都未必能扑灭的愤怒烈火。

——选自《马克思恩格斯选集》第一卷，人民出版社 2006 年版

对华战争

列　宁・1900 年 9—10 月

本文载于 1900 年 12 月《火星报》创刊号。西方列强不断对中国发动侵略战争，强占租借地，划分势力范围，掀起瓜分中国的狂潮，沙皇俄国也多次参与了侵华战争，通过许多不平等条约成为侵占中国领土最多的国家，并还获得了赔款、通商等巨大的利益。列宁在文章中对沙皇俄国的阴险嘴脸进行了揭露，指出“要想打碎战争强加在劳动人民身上的新的枷锁，唯一的办法就是召开人民代表会议”，以结束沙皇政府的专制统治。全文约 3100 字，本篇全文选读。

俄国正在结束对中国的战争：动员了好些军区，耗费了数亿卢布，派遣了几万名士兵到中国去，打了许多次仗，取得了一连串的胜利，——的确，这些胜利与其说是战胜了敌人的正规军，不如说是战胜了中国的起义者，更不如说是战胜了手无寸铁的中国人。淹死和屠杀他们，不惜残杀妇孺，更不用说抢劫皇宫、住宅和商店了。而俄国政府以及奉承它的报纸，却庆祝胜利，欢呼勇敢的军队的新战功，欢呼欧洲文化击败中国野蛮，欢呼俄罗斯“文明传播者使命”在远东的新成功。

在这一片欢呼声中，只是听不到千百万劳动人民的先进代表——觉悟工人的声音。但是，这次新的胜利征战的重担，完全是由劳动人民承担的，从他们中间抽了许多人到远方去。为了弥补庞大的开支，向他们征收了重税。那末，社会主义者对于这次战争应该采取什么态度呢？这次战争对谁有利呢？俄国政府的政策的真正意义是什么呢？我们现在试来分析一下这个问题。

我国政府首先想使人相信，它甚至不是在同中国打仗，它只是在平定暴乱，镇压叛乱者，帮助合法的中国政府恢复正常的秩序。虽然是不宣而战，但是问题的本质并没有因此而有丝毫改变，因为战争毕竟是在进行。试问，中国人对欧洲人的袭击，这次遭到英国人、法国人、德国人、俄国人和日本人等等疯狂镇压的暴动，究竟是由什么引起的呢？主战派硬说，这是由于“黄种人敌视白种人”，“中国人仇视欧洲的文化和文明引起的”。是的，中国人的确憎恶欧洲人，然而他们究竟憎恶哪一种欧洲人呢？并且为什么要憎恶呢？中国人并不是憎恶欧洲人民，因为他们之间并无冲突，他们是憎恶欧洲资本家和唯资本家之命是从的欧洲各国政府。那些到中国来只是为了大发横财的人，那些利用自己的所谓文明来进行欺骗、掠夺和镇压的人，那些为了取得贩卖毒害人民的鸦片的权利而同中国作战（1856 年英法对华的战争）的人，那些用传教的鬼话来掩盖掠夺政策的人，中国人难道能不痛恨他们吗？欧洲各国资产阶级政府早就对中国实行这种掠夺政策了，现在俄国专制政府也参加了进去。我们通常把这种掠夺政策叫做殖民政策。凡是资本主义工业发展很快的国家，都要急于找寻殖民地，也就是找寻一些工业不很发达、还多少保留着宗法制度特点的国家，它们可以向这里倾销工业品，从中牟利。为了让一小撮资本家大发横财，各资产阶级政府进行了连年不断的战争，把士兵整团整团地开到有损健康的热带国家去送命，耗费了从人民身上搜刮来的大量钱财，使居民的起义风起云涌，使他们濒于饿死的边缘。我们不妨回忆一下印度土著的抗英起义和印度的饥荒，以及现在英国人对布尔人的战争。

欧洲资本家的贪婪的魔掌现在已经伸向中国了。俄国政府恐怕是最先伸出魔掌的，但是它现在却扬言自己“毫无私心”。它“毫无私心地”占领了中国旅顺口，并且在俄国军队保护下开始在满洲修筑铁路。欧洲各国政府一个接一个地拼命掠夺（所谓“租借”）中国领土，瓜分中国的议论并不是无的放矢。如果直言不讳，就应当说：欧洲各国政府（最先恐怕是俄国政府）已经开始瓜分中国了。不过它们在开始时不是公开瓜分的，而是像贼那样偷偷摸摸进行的。它们盗窃中国，就像盗窃死人的财物一样，一旦这个假死人试图反抗，它们就像野兽一样猛扑到他身上。它们杀人放火，把村庄烧光，把老百姓驱入黑龙江中活活淹死，枪杀和刺死手无寸铁的居民和他们的妻子儿女。就在这些基督教徒立功的时候，他们却大叫大嚷反对野蛮的中国人，说他们胆敢触犯文明的欧洲人。俄国专制政府在1900年8月12日给各国的照会中宣称：俄国军队占领牛庄并且开入满洲境内，乃是临时的措施；采取这些措施，“完全是由于必须击退中国叛乱者的侵略行动”；“绝对不能说明帝国政府有任何违反政策的自私计划”。

好一个可怜的帝国政府！它简直像基督教徒那样毫无私心，人们竟冤枉了它，简直太不公平了！几年以前，它毫无私心地侵占了旅顺口，现在又毫无私心地侵占满洲，毫无私心地把大批包工头、工程师和军官集结在与俄国接壤的中国地区，不得不引起以温顺出名的中国人的愤怒。在修筑中东铁路时，每天只付给中国工人十戈比的生活费，这难道还不是俄国毫无私心的表现吗？

但是，我国政府为什么要对中国实行这种狂妄的政策呢？这种政策对谁有利呢？它对一小撮同中国做生意的资本家大亨有利，对一小撮为亚洲市场生产商品的厂主有利，对一小撮现在靠紧急军事订货大发横财的包工头有利（有些生产武器、军需品等等的工厂正在拼命地干，并且增雇成千的日工）。这种政策对一小撮身居军政要职的贵族有利。他们所以需要实行冒险政策，是因为通过这种政策可以升官发财，建立“功勋”扬名于世。我国政府为了这一小撮资本家和狡猾的官吏的利益，竟断然牺牲了全国人民的利益。沙皇专制政府这一次也和往常一样，暴露出自己是甘愿充当资本家大亨和贵族的奴才的昏官的政府。

侵略中国对俄国工人阶级和全体劳动人民有什么好处呢？成千上万个家庭因劳动力被拉去打仗而破产，国债和国家开支激增，捐税加重，剥削工人的资本家的权力扩张，工人的状况恶化，农民的死亡有增无减，西伯利亚大闹饥荒——这就是对中国的战争能够带来而且已经带来的灾难。俄国的一切出版物、一切报刊，都处于奴隶的地位，不得到政府官吏的许可，它们就不敢登载任何东西，因此，在对中国的战争中人民付出了多少代价，我们没有确切的材料，但是，这次战争的费用达**好几亿卢布**，这是没有疑问的。有消息说，政府遵照一项没有公布的指令，一次就拨出军费一亿五千万卢布，而目前的战费开支每三四天就要耗掉**一百万卢布**。政府大把大把地花钱，但是给饥饿的农民的救济金却一扣再扣，斤斤计较每一个戈比，不愿意把钱用在国民教育上，它和一切富农一样，从官办工厂的工人和邮政机关小职员等等的身上榨取血汗。

财政大臣维特曾宣称，截至1900年1月1日，国库尚存闲置现款两亿五千万卢布，但是现在这笔钱已经没有了，都投入了战争，政府正在发行公债，增加捐税，因财政拮据而缩减必要的开支，停止修筑铁路。沙皇政府虽然面临破产的危险，仍然拼命实行侵略政策，这不但需要大量资金，而且有卷入更可怕的战争的危险。进攻中国的欧洲列强，已经在分赃问题上争吵起来了，谁也不能断定这次争吵会怎样收场。

沙皇政府对中国实行的政策不仅侵犯人民的利益，而且还竭力毒害人民群众的政治意识。凡是只靠刺刀才能维持的政府，凡是不得不经常压制或遏止人民愤怒的政府，都早就懂得一个真理：人民的不满是无法消除的，必须设法把这种对政府的不满转移到别人身上去。例如煽起对犹太人的仇恨，卑鄙的报纸中伤犹太人，说犹太工人似乎不像俄国工人那样受资本和警察政府的压迫。目前在报刊上大肆攻击中国人，叫嚣黄种人野蛮，仇视文明，俄国负有开导的使命，还说什么俄国士兵去打仗是如何兴高采烈，如此等等。向政府和大财主摇尾乞怜的记者们，拼命在人民中间煽风点火，挑起对中国的仇恨。但是中国人民从来也没有压迫过俄国人民，中国人民也遭到俄国人民所遭到的那种苦难，他们遭受到向饥饿农民横征暴敛和用武力压制自由愿望的亚洲式政府的压迫，遭受到侵入中国的资本的压迫。

俄国工人阶级已经开始从人民群众所处的那种政治上受压迫和愚昧无知的状态中挣脱出来。因此，一切觉悟的工人就有责任全力起来反对那些挑拨民族仇恨和使劳动人民的注意力离开其真正敌人的人们。沙皇政府在中国的政策是一种犯罪的政策，它更使人民破产，更使人民腐败和受压迫。沙皇政府不仅使我国人民变成奴隶，而且还派他们去镇压那些不愿做奴隶的别国人民（如 1849 年，俄国军队曾镇压匈牙利革命）。它不仅帮助俄国资本家剥削本国工人，把工人的双手捆起来，使他们不能团结自卫，而且还为了一小撮富人和显贵的利益出兵掠夺别国人民。要想打碎战争强加在劳动人民身上的新的枷锁，唯一的办法就是召开人民代表会议，以结束政府的专制统治，迫使政府不光是照顾宫廷奸党的利益。

——选自《列宁选集》第一卷（上），人民出版社 1972 年版

《南京条约》

1840年6月，英国发动了侵略中国的鸦片战争，揭开了中国近代历史的序幕。两年后，清政府战败，于1842年8月29日在南京英国舰船汗华丽号上，由耆英、伊里布与璞鼎查签订了《南京条约》。该条约共12条，内容涉及开埠通商、割地、赔款、司法、领事裁判等，严重侵犯了中国的领土和主权。该条约也是中国近代史上第一个不平等条约，标志着中国沦为半殖民地半封建社会的开始。全文共1600余字，本篇全文选读。

兹因大清大皇帝，大英君主，欲以近来之不和之端解释，息止肇衅，为此议定设立永久和约。是以大清大皇帝特派钦差便宜行事大臣、太子少保、镇守广东广州将军宗室耆英，头品顶戴花翎、前阁督部堂、乍浦副都统红带子伊里布；大英伊耳兰等国君主特派全权公使大臣、英国所属印度等处三等将军、世袭男爵璞鼎查；公同各将所奉之上谕便宜行事及敕赐全权之命互相较阅，俱属善当，即便议拟各条，陈列于左：

一、嗣后大清大皇帝、大英国君主永存平和，所属华英人民彼此友睦，各住他国者，必受该国保佑身家全安。

一、自今以后，大皇帝恩准英国人民带同所属家眷，寄居大清沿海之广州、福州、厦门、宁波、上海等五处港口，贸易通商无碍。且大英国君主派设领事、管事等官住该五处城邑，专理商贾事宜，与各该地方官公文往来，令英人按照下条开叙之列，清楚交纳货税、钞饷等费。

一、因大英商船远路涉洋，往往有损坏须修补者，自应给予沿海一处，以便修船及存守所用物料。今大皇帝准将香港一岛给予大英国君主暨嗣后世袭主位者常远据守主掌，任便立法治理。

一、因大清钦差大臣等于道光十九年（1839年）二月间经将大英国领事官及民人等强留粤省，吓以死罪，索出鸦片以为赎命，今大皇帝准以洋银六百万银元偿补原价。

一、凡大英商民在粤贸易，向例全归额设行商，亦称公行者承办，今大皇帝准以嗣后不必仍照向例，乃凡有英商等赴各该口贸易者，勿论与何商交易，均听其便。且向例额设行商等内有累欠英商甚多无措清还者，今酌定洋银三百万银元，作为商欠之数，准明由中国官为偿还。

一、因大清钦命大臣等向大英官民人等不公强办，致须拨发军士讨求伸理，今酌定水陆军费洋银一千二百万银元，大皇帝准为偿补，惟自道光二十一年六月十五日以后，英国因赎各城收过银两之数，大英全权公使大臣为君主准可，按数扣除。

一、以上三条酌定银数共二千一百万银元应如何分期交清开列于左：

此时交银六百万银元；

癸卯年六月间交银三百万银元，十二月间交银三百万银元，共银六百万银元；

甲辰年六月间交银二百五十万银元，十二月间交银二百五十万银元，共银五百万银元；

乙巳年六月间交银二百万银元，十二月间交银二百万银元，共银四百万银元；

自壬寅年起至乙巳年止，四年共交银二千一百万银元。

倘有按期未能交足之数，则酌定每年每百元加息五银元。

一、凡系大英国人，无论本国、属国军民等，今在中国所管辖各地方被禁者，大清大皇帝准即释放。

一、凡系中国人，前在英人所据之邑居住者，或与英人有来往者，或有跟随及伺候英国官人者，均由大皇帝俯降御旨，誊录天下，恩准全然免罪。且凡系中国人，为英国事被拿监禁受难者，亦加恩释放。

一、前第二条内言明开关俾英国商民居住通商之广州等五处，应纳进口、出口货税、饷费，均宜秉公议定则例，由部颁发晓示，以便英商按例交纳。今又议定，英国货物自在某港按例纳税后，即准由中国商人遍运天下，而路所经过税关不得加重税例，只可按估价则例若干，每两加税不过分。

一、议定英国住中国之总管大员，与大清大臣无论京内、京外者，有文书来往，用“照会”字样；英国属员，用“申陈”字样；大臣批复用“劄行”字样；两国属员往来，必当平行照会。若两国商贾上达官宪，不在议内，仍用“禀明”字样为着。

一、俟奉大清大皇帝允准和约各条施行，并以此时准交之六百万银元交清，大英水陆军士当即退出江宁、京口等处江面，并不再行拦阻中国各省商贾贸易。至镇海之招宝山，亦将退让。惟有定海县之舟山海岛、厦门厅之古浪屿小岛，仍归英兵暂为驻守；迨及所议洋银全数交清，而前议各海口均已开辟俾英人通商后，即将驻守二处军士退出，不复占据。

一、以上各条均关议和要约，应俟大臣等分别奏明大清大皇帝、大英君主各用朱、亲笔批准后，即速行相交，俾两国分执一册，以昭信守。惟两国相离遥远，不得一旦而到，是以另缮二册，先由大清钦差便宜行事大臣等、大英钦奉全权公使大臣各为君上定事，盖用关防印信，各执一册为据，俾即日按照和约开载之条，施行妥办无碍矣。要至和约者。

道光二十二年七月二十四日，即英国记年之一千八百四十二年八月二十九日，由江宁省会行大英君主汗华丽船上钤关防。

——选自《中国革命史参考资料精选》（上），重庆大学出版社 1988 年版

《海国图志》序

魏 源

魏源（1794—1857），名远达，字默深，湖南邵阳人，著名学者，中国近代启蒙思想家、政治家、文学家。曾参加过抗英斗争，是地主阶级改革派的代表人物。他根据林则徐的《四洲志》和历代史志、岛志、地图，编写了《海国图志》一书，共60卷，此书被称为中国的“武备大全”而备受推崇。本文选读的是《海国图志》序，他明确提出了“师夷长技以制夷”的思想，实为“创榛辟莽，前驱先路”，成为地主阶级改革派探索中国出路的先声。全文约700字。

《海国图志》六十卷，何所据？一据前两广总督林尚书所译西夷之《四洲志》，再据历代史志，及明以来岛志，及近日夷图、夷语。钩稽贯串，创榛辟莽，前驱先路。大都东南洋、西南洋，增于原书者十之八；大、小西洋、北洋、外大西洋，增于原书者十之六。又图以经之，表以纬之，博参群议以发挥之。

何以异于昔人海图之书？曰：彼皆以中土人谭西洋，此则以西洋人谭西洋也。是书何以作？曰：为以夷攻夷而作，为以夷款夷而作，为师夷长技以制夷而作。《易》曰：“爱恶相攻而吉凶生，远近相取而悔吝生，情伪相感而得害生。”故同一御敌，而知其形与不知其形，利害相百焉；同一款敌，而知其情与不知其情，利害相百焉。古之驭外者，诹以敌形，形同几席；诹以敌情，情同寝馈。

然则执此书即可驭外夷乎？曰：唯唯，否否。此兵机也，非兵本也；有形之兵也，非无形之兵也。明臣有言：“欲平海上之倭患，先平人心之积患。”人心之积患如之何？非水非火，非刃非金，非沿海之奸民，非吸烟贩烟之莠民。故君子读《云汉》、《车攻》，先于《常武》、《江汉》，而知二《雅》诗人之所发愤；玩卦爻内外消息，而知大《易》作者之所忧患。愤与忧，天道所以倾否而之泰也；人心所以违寐而之觉也；人才所以革虚而之实也。

昔准噶尔跳踉于康熙、雍正之两朝，而电扫于乾隆之中叶。夷烟流毒，罪万准夷。吾皇仁勤，上符列祖，天时人事，倚伏相乘。何患攘剔之无期，何患奋武之无会？此凡有血气者所宜愤悱，凡有耳目心知者所宜讲画也。去伪去饰、去畏难、去养痈去营窟，则人心之寐患袪，其一。以实事程实功，以实功程实事，艾三年而蓄之，网临渊而结之，毋冯河，毋画饼，则人才之虚患袪，其二。寐患去而天日昌，虚患去而风雷行。传曰：“孰荒于门，孰治于田，四海既均，越裳是臣。”叙《海国图志》。

——选自《中国近代政治思想史函授教学参考资料》第一分册，中国人民大学出版社1984年版

檀香山兴中会章程

孙中山·1894年11月24日

1894年，孙中山上李鸿章书石沉大海，开始由主张改良转向主张革命。他11月到达檀香山，联合二十余名进步华侨成立了中国近代史上第一个革命团体——“兴中会”，并拟定了《兴中会章程》。该章程共九条，阐述了建立兴中会的原因、宗旨、目的和活动办法，首次喊出了“振兴中华”的口号。全文660余字，本篇全文选读。

中国积弱，非一日矣！上则因循苟且，粉饰虚张；下则蒙昧无知，鲜能远虑。近之辱国丧师，剪藩压境，堂堂华夏不齿于列邦，文物冠裳被轻于异族。有志之士，能无抚膺！夫以四百兆苍生之众，数万里土地之饶，固可发奋为雄，无敌于天下。乃以庸奴误国，涂毒苍生，一蹶不兴，如斯之极。方今强邻环列，虎视鹰瞵，久垂涎于中华五金之富、物产之饶。蚕食鲸吞，已效尤于接踵；瓜分豆剖，实堪虑于目前。有心人不禁大声疾呼，亟拯斯民于水火，切扶大厦之将倾。用特集会众以兴中，协贤豪而共济，抒此时艰，奠我中夏。仰诸同志，盍自勉旃！谨订规条，胪列如左：

一、是会之设，专为振兴中华、维持国体起见。盖我中华受外国欺凌，已非一日。皆由内外隔绝，上下之情罔通，国体抑损而不知，子民受制而无告。苦厄日深，为害何极！兹特联络中外华人，创兴是会，以申民志而扶国宗。

一、凡入会之人，每名捐会底银五元。另有义捐以助经费，随人惟力是视，务宜踊跃赴义。

一、本会公举正副主席各一位，正副文案各一位，管库一位，值理八位，差委二位，以专司理会中事务。

一、每逢礼拜四晚，本会集议一次。正副主席必要一位赴会，方能开议。

一、凡会中所收会底各银，必要由管库存贮妥当，或贮银行以备有事调用。惟管库须有殷商二名担保，以昭郑重。

一、凡会中捐助各银，皆为帮助国家之用，在此不得动支，以省浮费。如或会中偶遇别事要用小费者，可由会友集议妥允，然后支给。

一、凡新入会者，须要会友一位引荐担保，方得准他入会。

一、凡会内所议各事，当照舍少从多之例而行，以昭公允。

一、凡以上所订规条，各友须要恪守。倘有善法，亦可随时当众议订加增，以臻完美。

——选自《孙中山全集》第一卷，中华书局1981年版

论持久战（节选）

毛泽东 · 1938 年 5 月

该文是毛泽东 1938 年 5 月写的一篇研究抗日战争的军事论著，同年 5 月 26 日—6 月 3 日在延安战争研究会上作了讲演。这篇著作是毛泽东思想体系中关于军事战略的代表作之一，也是一部马克思主义的哲学著作，被称为“应用哲学”或“实践哲学”。毛泽东在文章中详细分析了抗日战争是持久战、最后胜利属于中国的依据，预见了抗日战争要经过的三个阶段，对如何争取抗日战争的最后胜利指明了方向，极大地鼓舞和增强了中国人民的抗战信心。它对战争规律的阐释及其对战争发展的预见，使这部著作享有盛誉，被列入了“世界十大军事论著”之一（世界十大军事论著包括：中国 · 孙武《孙子兵法》，德国 · 克劳塞维茨《战争论》，美国 · 马汉《制海权对 1660—1783 年历史的影响》，中国 · 毛泽东《论持久战》，法国 · 戴高乐《机械化战争》，普鲁士 · 毛奇《军事训练》，苏联 · 索科洛夫《军事战略》，意大利 · 杜黑《制空权》，美国 · 富勒《战争指导》，俄国 · 苏沃洛夫《制胜的科学》）。全文 5 万多字，是收入毛泽东选集中最长的一篇著作。本篇选读其中 8 个部分。

问题的提起

（一）伟大抗日战争的一周年纪念，七月七日，快要到了。全民族的力量团结起来，坚持抗战，坚持统一战线，同敌人作英勇的战争，快一年了。这个战争，在东方历史上是空前的，在世界历史上也将是伟大的，全世界人民都关心这个战争。身受战争灾难、为着自己民族的生存而奋斗的每一个中国人，无日不在渴望战争的胜利。然而战争的过程究竟会要怎么样？能胜利还是不能胜利？能速胜还是不能速胜？很多人都说持久战，但是为什么是持久战？怎样进行持久战？很多人都说最后胜利，但是为什么会有最后胜利？怎样争取最后胜利？这些问题，不是每个人都解决了的，甚至是大多数人至今没有解决的。于是失败主义的亡国论者跑出来向人们说：中国会亡，最后胜利不是中国的。某些性急的朋友们也跑出来向人们说：中国很快就能战胜，无需乎费大气力。这些议论究竟对不对呢？我们一向都说：这些议论是不对的。可是我们说的，还没有为大多数人所了解。一半因为我们的宣传解释工作还不够，一半也因为客观事变的发展还没有完全暴露其固有的性质，还没有将其面貌鲜明地摆在人们之前，使人们无从看出其整个的趋势和前途，因而无从决定自己的整套的方针和做法。现在好了，抗战十个月的经验，尽够击破毫无根据的亡国论，也尽够说服急性朋友们的速胜论了。在这种情形下，很多人要求做个总结性的解释。尤其是对持久战，有亡国论和速胜论的反对意见，也有空洞无物的了解。“卢沟桥事变以来，四万万人一齐努力，最后胜利是中国的。”这样一种公式，在广大的人们中流行着。这个公式是对的，但有加以充实的必要。抗日战争和统一战线之所以能够坚持，是由于许多的因素：全国党派，从共产党到国民党；全国人民，从工人农民到资产阶级；全国军队，从主力军到游击队；国际方面，从社会主义国家到各国爱好正义的人民；敌国方面，从某些国内反战的人民到前线反战的兵士。总而言之，所有这些因素，在我们的抗战中都尽了他们各种程度的努力。每一个有良心的人，都应向他们表示敬意。我们共产党人，同其他抗战党派和全国人民一道，唯一的方向，是努力团结一切力量，战胜万恶的日寇。今年七月一日，是中国共产党建立的十七周年纪念日。为了使每个共产党员在抗日战争中能够尽其更好和更大的努力，也有着重地研究持久战的必要。因此，我的讲演就来研究持久战。和持久战这个题目有关的问题，我都准备说到；但是不能一切都说到，因为一切的东西，不是在一个讲演中完全说得了的。

（二）抗战十个月以来，一切经验都证明下述两种观点的不对：一种是中国必亡论，一种是中国速胜论。前者产生妥协倾向，后者产生轻敌倾向。他们看问题的方法都是主观的和片面的，一句话，非科学的。

（三）抗战以前，存在着许多亡国论的议论。例如说：“中国武器不如人，战必败。”“如果抗战，必会作阿比西尼亚。”抗战以后，公开的亡国论没有了，但暗地是有的，而且很多。例如妥协的空气时起时伏，主张妥协者的根据就是“再战必亡”。有个学生从湖南写信来说：“在乡下一切都感到困难。单独一个人作宣传工作，只好随时随地找人谈话。对象都不是无知无识的愚民，他们多少也懂得一点，他们对我的谈话很有兴趣。可是碰了我那几位亲戚，他们总说：‘中国打不胜，会亡。’讨厌极了。好在他们还不去宣传，不然真糟。农民对他们的信仰当然要大些啊！”这类中国必亡论者，是妥协倾向的社会基础。这类人中国各地都有，因此，抗日阵线中随时可能发生的妥协问题，恐怕终战争之局也不会消灭的。当此徐州失守武汉紧张的时候，给这种亡国论痛驳一驳，我想不是无益的。

（四）抗战十个月以来，各种表现急性病的意见也发生了。例如在抗战初起时，许多人有一种毫无根据的乐观倾向，他们把日本估计过低，甚至以为日本不能打到山西。有些人轻视抗日战争中游击战争的战略地位，他们对于“在全体上，运动战是主要的，游击战是辅助的；在部分上，游击战是主要的，运动战是辅助的”这个提法，表示怀疑。他们不赞成八路军这样的战略方针：“基本的是游击战，但不放松有利条件下的运动战。”认为这是“机械的”观点。上海战争时，有些人说：“只要打三个月，国际局势一定变化，苏联一定出兵，战争就可解决。”把抗战的前途主要地寄托在外国援助上面。台儿庄胜利之后，有些人主张徐州战役应是“准决战”，说过去的持久战方针应该改变。说什么“这一战，就是敌人的最后挣扎”，“我们胜了，日阀就在精神上失了立场，只有静候末日审判”。平型关一个胜仗，冲昏了一些人的头脑；台儿庄再一个胜仗，冲昏了更多的人的头脑。于是敌人是否进攻武汉，成为疑问了。许多人以为：“不一定”；许多人以为：“断不会”。这样的疑问可以牵涉一切重大的问题。例如说：抗日力量是否够了呢？回答可以是肯定的，因为现在的力量已使敌人不能再进攻，还要增加力量干什么呢？例如说：巩固和扩大抗日民族统一战线的口号是否依然正确呢？回答可以是否定的，因为统一战线的现时状态已够打退敌人，还要什么巩固和扩大呢？例如说：国际外交和国际宣传工作是否还应该加紧呢？回答也可以是否定的。例如说：改革军队制度，改革政治制度，发展民众运动，厉行国防教育，镇压汉奸托派，发展军事工业，改良人民生活，是否应该认真去做呢？例如说：保卫武汉、保卫广州、保卫西北和猛烈发展敌后游击战争的口号，是否依然正确呢？回答都可以是否定的。甚至某些人在战争形势稍为好转的时候，就准备在国共两党之间加紧摩擦一下，把对外的眼光转到对内。这种情况，差不多每一个较大的胜仗之后，或敌人进攻暂时停顿之时，都要发生。所有上述一切，我们叫它做政治上军事上的近视眼。这些话，讲起来好像有道理，实际上是毫无根据、似是而非的空谈。扫除这些空谈，对于进行胜利的抗日战争，应该是有好处的。

（五）于是问题是：中国会亡吗？答复：不会亡，最后胜利是中国的。中国能够速胜吗？答复：不能速胜，抗日战争是持久战。

……

（八）战争问题中的唯心论和机械论的倾向，是一切错误观点的认识论上的根源。他们看问题的方法是主观的和片面的。或者是毫无根据地纯主观地说一顿；或者是只根据问题的一侧面、一时候的表现，也同样主观地把它夸大起来，当作全体看。但是人们的错误观点可分为两类：一类是根本的错误，带一贯性，这是难于纠正的；另一类是偶然的错误，带暂时性，这是易于纠正的。但既同为错误，就都有纠正的必要。因此，反对战争问题中的唯心论和机械论的倾向，采用客观的观点和全面的观点去考察战争，才能使战争问题得出正确的结论。

问题的根据

（九）抗日战争为什么是持久战？最后胜利为什么是中国的呢？根据在什么地方呢？

中日战争不是任何别的战争，乃是半殖民地半封建的中国和帝国主义的日本之间在二十世纪三十年代进行的一个决死的战争。全部问题的根据就在这里。分别地说来，战争的双方有如下互相反对的许多特点。

（一〇）日本方面：第一，它是一个强的帝国主义国家，它的军力、经济力和政治组织力在东方是一等的，在世界也是五六个著名帝国主义国家中的一个。这是日本侵略战争的基本条件，战争的不可避免和中国的不能速胜，就建立在这个日本国家的帝国主义制度及其强的军力、经济力和政治组织力上面。然而第二，由于日本社会经济的帝国主义性，就产生了日本战争的帝国主义性，它的战争是退步的和野蛮的。时至二十世纪三十年代的日本帝国主义，由于内外矛盾，不但使得它不得不举行空前大规模的冒险战争，而且使得它临到最后崩溃的前夜。从社会行程说来，日本已不是兴旺的国家，战争不能达到日本统治阶级所期求的兴旺，而将达到它所期求的反面——日本帝国主义的死亡。这就是所谓日本战争的退步性。跟着这个退步性，加上日本又是一个带军事封建性的帝国主义这一特点，就产生了它的战争的特殊的野蛮性。这样就要最大地激起它国内的阶级对立、日本民族和中国民族的对立、日本和世界大多数国家的对立。日本战争的退步性和野蛮性是日本战争必然失败的主要根据。还不止此，第三，日本战争虽是在其强的军力、经济力和政治组织力的基础之上进行的，但同时又是在其先天不足的基础之上进行的。日本的军力、经济力和政治组织力虽强，但这些力量之量的方面不足。日本国度比较地小，其人力、军力、财力、物力均感缺乏，经不起长期的战争。日本统治者想从战争中解决这个困难问题，但同样，将达到其所期求的反面，这就是说，它为解决这个困难问题而发动战争，结果将因战争而增加困难，战争将连它原有的东西也消耗掉。最后，第四，日本虽能得到国际法西斯国家的援助，但同时，却又不能不遇到一个超过其国际援助力量的国际反对力量。这后一种力量将逐渐地增长，终究不但将把前者的援助力量抵消，并将施其压力于日本自身。这是失道寡助的规律，是从日本战争的本性产生出来的。总起来说，日本的长处是其战争力量之强，而其短处则在其战争本质的退步性、野蛮性，在其人力、物力之不足，在其国际形势之寡助。这些就是日本方面的特点。

（一一）中国方面：第一，我们是一个半殖民地半封建的国家。从鸦片战争，太平天国，戊戌维新，辛亥革命，直至北伐战争，一切为解除半殖民地半封建地位的革命的或改良的运动，都遭到了严重的挫折，因此依然保留下这个半殖民地半封建的地位。我们依然是一个弱国，我们在军力、经济力和政治组织力各方面都显得不如敌人。战争之不可避免和中国之不能速胜，又在这个方面有其基础。然而第二，中国近百年的解放运动积累到了今日，已经不同于任何历史时期。各种内外反对力量虽给了解放运动以严重挫折，同时却锻炼了中国人民。今日中国的军事、经济、政治、文化虽不如日本之强，但在中国自己比较起来，却有了比任何一个历史时期更为进步的因素。中国共产党及其领导下的军队，就是这种进步因素的代表。中国今天的解放战争，就是在这种进步的基础上得到了持久战和最后胜利的可能性。中国是如日方升的国家，这同日本帝国主义的没落状态恰是相反的对照。中国的战争是进步的，从这种进步性，就产生了中国战争的正义性。因为这个战争是正义的，就能唤起全国的团结，激起敌国人民的同情，争取世界多数国家的援助。第三，中国又是一个很大的国家，地大、物博、人多、兵多，能够支持长期的战争，这同日本又是一个相反的对比。最后，第四，由于中国战争的进步性、正义性而产生出来的国际广大援助，同日本的失道寡助又恰恰相反。总起来说，中国的短处是战争力量之弱，而其长处则在其战争本质的进步性和正义性，在其是一个大国家，在其国际形势之多助。这些都是中国的特点。

（一二）这样看来，日本的军力、经济力和政治组织力是强的，但其战争是退步的、野蛮的，人力、物力又不充足，国际形势又处于不利。中国反是，军力、经济力和政治组织力是比较地弱的，然而正处于进步的时代，其战争是进步的和正义的，又有大国这个条件足以支持持久战，世界的多数国家是会要援助中国的。——这些，就是中日战争互相矛盾着的基本特点。这些特点，规定了和规定着双方一切政治上的政策和军事上的战略战术，规定了和规定着战争的持久性和最后胜利属于中国而不属于日本。战争就是这些特点的比赛。这些特点在战争过程中将各依其本性发生变化，一切东西就都从这里发生出来。这些特点是事实上存在的，不是虚造骗人的；是战争的全部基本要素，不是残缺不全的片段；是贯彻于双方一切大小问题和一切作战阶段之中的，不是可有可无的。观察中日战争如果忘记了这些特点，那就必然要弄错；即使某些意见一时有人相信，似乎不错，但战争的经过必将证明它们是错的。我们现在就根据这些特点来说明我们所要说的一切问题。

为什么是持久战?

（三〇）现在我们来把持久战问题研究一下。“为什么是持久战”这一个问题，只有依据全部敌我对比的基本因素，才能得出正确的回答。例如单说敌人是帝国主义的强国，我们是半殖民地半封建的弱国，就有陷入亡国论的危险。因为单纯地以弱敌强，无论在理论上，在实际上，都不能产生持久的结果。单是大小或单是进步退步、多助寡助，也是一样。大并小、小并大的事都是常有的。进步的国家或事物，如果力量不强，常有被大而退步的国家或事物所灭亡者。多助寡助是重要因素，但是附随因素，依敌我本身的基本因素如何而定其作用的大小。因此，我们说抗日战争是持久战，是从全部敌我因素的相互关系产生的结论。敌强我弱，我有灭亡的危险。但敌尚有其他缺点，我尚有其他优点。敌之优点可因我之努力而使之削弱，其缺点亦可因我之努力而使之扩大。我方反是，我之优点可因我之努力而加强，缺点则因我之努力而克服。所以我能最后胜利，避免灭亡，敌则将最后失败，而不能避免整个帝国主义制度的崩溃。

（三一）既然敌之优点只有一个，余皆缺点，我之缺点只有一个，余皆优点，为什么不能得出平衡结果，反而造成了现时敌之优势我之劣势呢？很明显的，不能这样形式地看问题。事情是现时敌我强弱的程度悬殊太大，敌之缺点一时还没有也不能发展到足以减杀其强的因素之必要的程度，我之优点一时也没有且不能发展到足以补充其弱的因素之必要的程度，所以平衡不能出现，而出现的是不平衡。

（三二）敌强我弱，敌是优势而我是劣势，这种情况，虽因我之坚持抗战和坚持统一战线的努力而有所变化，但是还没有产生基本的变化。所以，在战争的一定阶段上，敌能得到一定程度的胜利，我则将遭到一定程度的失败。然而敌我都只限于这一定阶段内一定程度上的胜或败，不能超过而至于全胜或全败，这是什么缘故呢？因为一则敌强我弱之原来状况就是相对的，不是绝对的；二则由于我之坚持抗战和坚持统一战线的努力，更加造成这种相对的形势。拿原来状况来说，敌虽强，但敌之强已为其他不利的因素所减杀，不过此时还没有减杀到足以破坏敌之优势的必要的程度；我虽弱，但我之弱已为其他有利的因素所补充，不过此时还没有补充到足以改变我之劣势的必要的程度。于是形成敌是相对的强，我是相对的弱；敌是相对的优势，我是相对的劣势。双方的强弱优劣原来都不是绝对的，加以战争过程中我之坚持抗战和坚持统一战线的努力，更加变化了敌我原来强弱优劣的形势，因而敌我只限于一定阶段内的一定程度上的胜或败，造成了持久战的局面。

（三三）然而情况是继续变化的。战争过程中，只要我能运用正确的军事的和政治的策略，不犯原则的错误，竭尽最善的努力，敌之不利因素和我之有利因素均将随战争之延长而发展，必能继续改变着敌我强弱的原来程度，继续变化着敌我的优劣形势。到了新的一定阶段时，就将发生强弱程度上和优劣形势上的大变化，而达到敌败我胜的结果。

（三四）目前敌尚能勉强利用其强的因素，我之抗战尚未给他以基本的削弱。其人力、物力不足的因素尚不足以阻止其进攻，反之，尚足以维持其进攻到一定的程度。其足以加剧本国阶级对立和中国民族反抗的因素，即战争之退步性和野蛮性一因素，亦尚未造成足以根本妨碍其进攻的情况。敌人的国际孤立的因素也方在变化发展之中，还没有达到完全的孤立。许多表示助我的国家的军火资本家和战争原料资本家，尚在唯利是图地供给日本以大量的战争物资，他们的政府亦尚不愿和苏联一道用实际方法制裁日本。这一切，规定了我之抗战不能速胜，而只能是持久战。中国方面，弱的因素表现在军事、经济、政治、文化各方面的，虽在十个月抗战中有了某种程度的进步，但距离足以阻止敌之进攻及准备我之反攻的必要的程度，还远得很。且在量的方面，又不得不有所减弱。其各种有利因素，虽然都在起积极作用，但达到足以停止敌之进攻及准备我之反攻的程度则尚有待于巨大的努力。在国内，克服腐败现象，增加进步速度；在国外，克服助日势力，增加反日势力，尚非目前的现实。这一切，又规定了战争不能速胜，而只能是持久战。

持久战的三个阶段

（三五）中日战争既然是持久战，最后胜利又将是属于中国的，那末，就可以合理地设想，这种持久战，将具体地表现于三个阶段之中。第一个阶段，是敌之战略进攻、我之战略防御的时期。第二个阶段，是敌之战略保守、我之准备反攻的时期。第三个阶段，是我之战略反攻、敌之战略退却的时期。三个阶段的具体情况不能预断，但依目前条件来看，战争趋势中的某些大端是可以指出的。客观现实的行程将是异常丰富和曲折变化的，谁也不能造出一本中日战争的“流年”来；然而给战争趋势描画一个轮廓，却为战略指导所必需。所以，尽管描画的东西不能尽合将来的事实，而将为事实所校正，但是为着坚定地有目的地进行持久战的战略指导起见，描画轮廓的事仍然是需要的。

（三六）第一阶段，现在还未完结。敌之企图是攻占广州、武汉、兰州三点，并把三点联系起来。敌欲达此目的，至少出五十个师团，约一百五十万兵员，时间一年半至两年，用费将在一百万万日元以上。敌人如此深入，其困难是非常之大的，其后果将不堪设想。至欲完全占领粤汉铁路和西兰公路，将经历非常危险的战争，未必尽能达其企图。但是我们的作战计划，应把敌人可能占领三点甚至三点以外之某些部分地区并可能互相联系起来作为一种基础，部署持久战，即令敌如此做，我也有应付之方。这一阶段我所采取的战争形式，主要的是运动战，而以游击战和阵地战辅助之。阵地战虽在此阶段之第一期，由于国民党军事当局的主观错误把它放在主要地位，但从全阶段看，仍然是辅助的。此阶段中，中国已经结成了广大的统一战线，实现了空前的团结。敌虽已经采用过并且还将采用卑鄙无耻的劝降手段，企图不费大力实现其速决计划，整个地征服中国，但是过去的已经失败，今后的也难成功。此阶段中，中国虽有颇大的损失，但是同时却有颇大的进步，这种进步就成为第二阶段继续抗战的主要基础。此阶段中，苏联对于我国已经有了大量的援助。敌人方面，士气已开始表现颓靡，敌人陆军进攻的锐气，此阶段的中期已不如初期，末期将更不如初期。敌之财政和经济已开始表现其竭蹶状态，人民和士兵的厌战情绪已开始发生，战争指导集团的内部已开始表现其“战争的烦闷”，生长着对于战争前途的悲观。

（三七）第二阶段，可以名之曰战略的相持阶段。第一阶段之末尾，由于敌之兵力不足和我之坚强抵抗，敌人将不得不决定在一定限度上的战略进攻终点，到达此终点以后，即停止其战略进攻，转入保守占领地的阶段。此阶段内，敌之企图是保守占领地，以组织伪政府的欺骗办法据之为己有，而从中国人民身上尽量搜括东西，但是在他的面前又遇着顽强的游击战争。游击战争在第一阶段中乘着敌后空虚将有一个普遍的发展，建立许多根据地，基本上威胁到敌人占领地的保守，因此第二阶段仍将有广大的战争。此阶段中我之作战形式主要的是游击战，而以运动战辅助之。此时中国尚能保有大量的正规军，不过一方面因敌在其占领的大城市和大道中取战略守势，一方面因中国技术条件一时未能完备，尚难迅即举行战略反攻。除正面防御部队外，我军将大量地转入敌后，比较地分散配置，依托一切敌人未占区域，配合民众武装，向敌人占领地作广泛的和猛烈的游击战争，并尽可能地调动敌人于运动战中消灭之，如同现在山西的榜样。此阶段的战争是残酷的，地方将遇到严重的破坏。但是游击战争能够胜利，做得好，可能使敌只能保守占领地三分之一左右的区域，三分之二左右仍然是我们的，这就是敌人的大失败，中国的大胜利。那时，整个敌人占领地将分为三种地区：第一种是敌人的根据地，第二种是游击战争的根据地，第三种是双方争夺的游击区。这个阶段的时间的长短，依敌我力量增减变化的程度如何及国际形势变动如何而定，大体上我们要准备付给较长的时间，要熬得过这段艰难的路程。这将是中国很痛苦的时期，经济困难和汉奸捣乱将是两个很大的问题。敌人将大肆其破坏中国统一战线的活动，一切敌之占领地的汉奸组织将合流组成所谓“统一政府”。我们内部，因大城市的丧失和战争的困难，动摇分子将大倡其妥协论，悲观情绪将严重地增长。此时我们的任务，在于动员全国民众，齐心一致，绝不动摇地坚持战争，把统一战线扩大和巩固起来，排除一切悲观主义和妥协论，提倡艰苦斗争，实行新的战时政策，熬过这一段艰难的路程。此阶段内，必须号召全国坚决地维持一个统一政府，反对分裂，有计划地增强作战技术，改造军队，动员全民，准备反攻。此阶段中，国际形势将变到更于日本不利，虽可能有张伯伦一类的迁就所谓“既成事实”的“现实主义”的调头出现，但主要的国际势力将变到进一步地援助中国。日本威胁南洋和威胁西伯利亚，将较之过去更加严重，甚至爆发新的战争。敌人方面，陷在中国泥潭中的几十个师团抽不出去。广大的游击战争和人民抗日运动将疲惫这一大批日本军，一方面大量地消耗之，又一方面进一步地增长其思乡厌战直至反战的心理，从精神上瓦解这个军队。日本在中国的掠夺虽然不能说它绝对不能有所成就，但是日本资本缺乏，又困于游击战争，急遽的大量的成就是不可能的。这个第二阶段是整个战争的过渡阶段，也将是最困难的时期，然而它是转变的枢纽。中国将变为独立国，还是沦为殖民地，不决定于第一阶段大城市之是否丧失，而决定于第二阶段全民族努力的程度。如能坚持抗战，坚持统一战线和坚持持久战，中国将在此阶段中获得转弱为强的力量。中国抗战的三幕戏，这是第二幕。由于全体演员的努力，最精彩的结幕便能很好地演出来。

（三八）第三阶段，是收复失地的反攻阶段。收复失地，主要地依靠中国自己在前阶段中准备着的和在本阶段中继续地生长着的力量。然而单只自己的力量还是不够的，还须依靠国际力量和敌国内部变化的援助，否则是不能胜利的，因此加重了中国的国际宣传和外交工作的任务。这个阶段，战争已不是战略防御，而将变为战略反攻了，在现象上，并将表现为战略进攻；已不是战略内线，而将逐渐地变为战略外线。直至打到鸭绿江边，才算结束了这个战争。第三阶段是持久战的最后阶段，所谓坚持战争到底，就是要走完这个阶段的全程。这个阶段我所采取的主要的战争形式仍将是运动战，但是阵地战将提到重要地位。如果说，第一阶段的阵地防御，由于当时的条件，不能看作重要的，那末，第三阶段的阵地攻击，由于条件的改变和任务的需要，将变成颇为重要的。此阶段内的游击战，仍将辅助运动战和阵地战而起其战略配合的作用，和第二阶段之变为主要形式者不相同。

（三九）这样看来，战争的长期性和随之而来的残酷性，是明显的。敌人不能整个地吞并中国，但是能够相当长期地占领中国的许多地方。中国也不能迅速地驱逐日本，但是大部分的土地将依然是中国的。最后是敌败我胜，但是必须经过一段艰难的路程。

（四〇）中国人民在这样长期和残酷的战争中间，将受到很好的锻炼。参加战争的各政党也将受到锻炼和考验。统一战线必须坚持下去；只有坚持统一战线，才能坚持战争；只有坚持统一战线和坚持战争，才能有最后胜利。果然是这样，一切困难就能够克服。跨过战争的艰难路程之后，胜利的坦途就到来了，这是战争的自然逻辑。

（四一）三个阶段中，敌我力量的变化将循着下述的道路前进。第一阶段敌是优势，我是劣势。我之这种劣势，须估计抗战以前到这一阶段末尾，有两种不同的变化。第一种是向下的。中国原来的劣势，经过第一阶段的消耗将更为严重，这就是土地、人口、经济力量、军事力量和文化机关等的减缩。第一阶段的末尾，也许要减缩到相当大的程度，特别是经济方面。这一点，将被人利用作为亡国论和妥协论的根据。然而必须看到第二种变化，即向上的变化。这就是战争中的经验，军队的进步，政治的进步，人民的动员，文化的新方向的发展，游击战争的出现，国际援助的增长等等。在第一阶段，向下的东西是旧的量和质，主要地表现在量上。向上的东西是新的量和质，主要地表现在质上。这第二种变化，就给了我们以能够持久和最后胜利的根据。

（四二）第一阶段中，敌人方面也有两种变化。第一种是向下的，表现在：几十万人的伤亡，武器和弹药的消耗，士气的颓靡，国内人心的不满，贸易的缩减，一百万万日元以上的支出，国际舆论的责备等等方面。这个方面，又给予我们以能够持久和最后胜利的根据。然而也要估计到敌人的第二种变化，即向上的变化。那就是他扩大了领土、人口和资源。在这点上面，又产生我们的抗战是持久战而不能速胜的根据，同时也将被一些人利用作为亡国论和妥协论的根据。但是我们必须估计敌人这种向上变化的暂时性和局部性。敌人是行将崩溃的帝国主义者，他占领中国的土地是暂时的。中国游击战争的猛烈发展，将使他的占领区实际上限制在狭小的地带。而且，敌人对中国土地的占领又产生了和加深了日本同外国的矛盾。再则，根据东三省的经验，日本在相当长的时间内，一般地只能是支出资本时期，不能是收获时期。所有这些，又是我们击破亡国论和妥协论而建立持久论和最后胜利论的根据。

（四三）第二阶段，上述双方的变化将继续发展，具体的情形不能预断，但是大体上将是日本继续向下，中国继续向上。例如日本的军力、财力大量地消耗于中国的游击战争，国内人心更加不满，士气更加颓靡，国际更感孤立。中国则政治、军事、文化和人民动员将更加进步，游击战争更加发展，经济方面也将依凭内地的小工业和广大的农业而有某种程度的新发展，国际援助将逐渐地增进，将比现在的情况大为改观。这个第二阶段，也许将经过相当长的时间。在这个时间内，敌我力量对比将发生巨大的相反的变化，中国将逐渐上升，日本则逐渐下降。那时中国将脱出劣势，日本则脱出优势，先走到平衡的地位，再走到优劣相反的地位。然后中国大体上将完成战略反攻的准备而走到实行反攻、驱敌出国的阶段。应该重复地指出：所谓变劣势为优势和完成反攻准备，是包括中国自己力量的增长、日本困难的增长和国际援助的增长在内的，总合这些力量就能形成中国的优势，完成反攻的准备。

（四四）根据中国政治和经济不平衡的状态，第三阶段的战略反攻，在其前一时期将不是全国整齐划一的姿态，而是带地域性的和此起彼落的姿态。敌人采用各种分化手段破裂中国统一战线的企图，此阶段中并不会减弱，因此，中国内部团结的任务更加重要，务不令内部不调致战略反攻半途而废。此时期中，国际形势将变到大有利于中国。中国的任务，就在于利用这种国际形势取得自己的彻底解放，建立独立的民主国家，同时也就是帮助世界的反法西斯运动。

（四五）中国由劣势到平衡到优势，日本由优势到平衡到劣势，中国由防御到相持到反攻，日本由进攻到保守到退却——这就是中日战争的过程，中日战争的必然趋势。

（四六）于是问题和结论是：中国会亡吗？答复：不会亡，最后胜利是中国的。中国能够速胜吗？答复：不能速胜，必须是持久战。这个结论是正确的吗？我以为是正确的。

（四七）讲到这里，亡国论和妥协论者又将跑出来说：中国由劣势到平衡，需要有同日本相等的军力和经济力；由平衡到优势，需要有超过日本的军力和经济力；然而这是不可能的，因此上述结论是不正确的。

（四八）这就是所谓“唯武器论”，是战争问题中的机械论，是主观地和片面地看问题的意见。我们的意见与此相反，不但看到武器，而且看到人力。武器是战争的重要的因素，但不是决定的因素，决定的因素是人不是物。力量对比不但是军力和经济力的对比，而且是人力和人心的对比。军力和经济力是要人去掌握的。如果中国人的大多数、日本人的大多数、世界各国人的大多数是站在抗日战争方面的话，那末，日本少数人强制地掌握着的军力和经济力，还能算是优势吗？它不是优势，那末，掌握比较劣势的军力和经济力的中国，不就成了优势吗？没有疑义，中国只要坚持抗战和坚持统一战线，其军力和经济力是能够逐渐地加强的。而我们的敌人，经过长期战争和内外矛盾的削弱，其军力和经济力又必然要起相反的变化。在这种情况下，难道中国也不能变成优势吗？还不止此，目前我们不能把别国的军力和经济力大量地公开地算作自己方面的力量，难道将来也不能吗？如果日本的敌人不止中国一个，如果将来有一国或几国以其相当大量的军力和经济力公开地防御或攻击日本，公开地援助我们，那末，优势不更在我们一方面吗？日本是小国，其战争是退步的和野蛮的，其国际地位将益处于孤立；中国是大国，其战争是进步的和正义的，其国际地位将益处于多助。所有这些，经过长期发展，难道还不能使敌我优劣的形势确定地发生变化吗？

（四九）速胜论者则不知道战争是力量的竞赛，在战争双方的力量对比没有起一定的变化以前，就要举行战略的决战，就想提前到达解放之路，也是没有根据的。其意见实行起来，一定不免于碰壁。或者只是空谈快意，并不准备真正去做。最后则是事实先生跑将出来，给这些空谈家一瓢冷水，证明他们不过是一些贪便宜、想少费气力多得收成的空谈主义者。

这种空谈主义过去和现在已经存在，但是还不算很多，战争发展到相持阶段和反攻阶段时，空谈主义可能多起来。但是在同时，如果第一阶段中国损失较大，第二阶段时间拖得很长，亡国论和妥协论更将大大地流行。所以我们的火力，应该主要地向着亡国论和妥协论方面，而以次要的火力，反对空谈主义的速胜论。

（五〇）战争的长期性是确定了的，但是战争究将经过多少年月则谁也不能预断，这个完全要看敌我力量变化的程度才能决定。一切想要缩短战争时间的人们，惟有努力于增加自己力量减少敌人力量之一法。具体地说，惟有努力于作战多打胜仗，消耗敌人的军队，努力于发展游击战争，使敌之占领地限制于最小的范围，努力于巩固和扩大统一战线，团结全国力量，努力于建设新军和发展新的军事工业，努力于推动政治、经济和文化的进步，努力于工、农、商、学各界人民的动员，努力于瓦解敌军和争取敌军的士兵，努力于国际宣传争取国际的援助，努力于争取日本的人民及其他被压迫民族的援助，做了这一切，才能缩短战争的时间，此外不能有任何取巧图便的法门。

犬牙交错的战争

（五一）我们可以断言，持久战的抗日战争，将在人类战争史中表现为光荣的特殊的一页。犬牙交错的战争形态，就是颇为特殊的一点，这是由于日本的野蛮和兵力不足，中国的进步和土地广大这些矛盾因素产生出来的。犬牙交错的战争，在历史上也是有过的，俄国十月革命后的三年内战，就有过这种情形。但其在中国的特点，是其特殊的长期性和广大性，这将是突破历史纪录的东西。这种犬牙交错的形态，表现在下述的几种情况上。

（五二）内线和外线——抗日战争是整个处于内线作战的地位的；但是主力军和游击队的关系，则是主力军在内线，游击队在外线，形成夹攻敌人的奇观。各游击区的关系亦然。各个游击区都以自己为内线，而以其他各区为外线，又形成了很多夹攻敌人的火线。在战争的第一阶段，战略上内线作战的正规军是后退的，但是战略上外线作战的游击队则将广泛地向着敌人后方大踏步前进，第二阶段将更加猛烈地前进，形成了后退和前进的奇异形态。

（五三）有后方和无后方——利用国家的总后方，而把作战线伸至敌人占领地之最后限界的，是主力军。脱离总后方，而把作战线伸至敌后的，是游击队。但在每一游击区中，仍自有其小规模的后方，并依以建立非固定的作战线。和这个区别的，是每一游击区派遣出去向该区敌后临时活动的游击队，他们不但没有后方，也没有作战线。“无后方的作战”，是新时代中领土广大、人民进步、有先进政党和先进军队的情况之下的革命战争的特点，没有可怕而有大利，不应怀疑而应提倡。

（五四）包围和反包围——从整个战争看来，由于敌之战略进攻和外线作战，我处战略防御和内线作战地位，无疑我是在敌之战略包围中。这是敌对于我之第一种包围。由于我以数量上优势的兵力，对于从战略上的外线分数路向我前进之敌，采取战役和战斗上的外线作战方针，就可以把各路分进之敌的一路或几路放在我之包围中。这是我对于敌之第一种反包围。再从敌后游击战争的根据地看来，每一孤立的根据地都处于敌之四面或三面包围中，前者例如五台山，后者例如晋西北。这是敌对于我之第二种包围。但若将各个游击根据地联系起来看，并将各个游击根据地和正规军的阵地也联系起来看，我又把许多敌人都包围起来，例如在山西，我已三面包围了同蒲路（路之东西两侧及南端），四面包围了太原城；河北、山东等省也有许多这样的包围。这又是我对于敌之第二种反包围。这样，敌我各有加于对方的两种包围，大体上好似下围棋一样，敌对于我我对于敌之战役和战斗的作战，好似吃子，敌的据点（例如太原）和我之游击根据地（例如五台山），好似做眼。如果把世界性的围棋也算在内，那就还有第三种敌我包围，这就是侵略阵线与和平阵线的关系。敌以前者来包围中、苏、法、捷等国，我以后者反包围德、日、意。但是我之包围好似如来佛的手掌，它将化成一座横亘宇宙的五行山，把这几个新式孙悟空——法西斯侵略主义者，最后压倒在山底下，永世也不得翻身。如果我能在外交上建立太平洋反日阵线，把中国作为一个战略单位，又把苏联及其他可能的国家也各作为一个战略单位，又把日本人民运动也作为一个战略单位，形成一个使法西斯孙悟空无处逃跑的天罗地网，那就是敌人死亡之时了。实际上，日本帝国主义完全打倒之日，必是这个天罗地网大体布成之时。这丝毫也不是笑话，而是战争的必然的趋势。

（五五）大块和小块——一种可能，是敌占地区将占中国本部之大半，而中国本部完整的区域只占一小半。这是一种情形。但是敌占大半中，除东三省等地外，实际只能占领大城市、大道和某些平地，依重要性说是一等的，依面积和人口来说可能只是敌占区中之小半，而普遍地发展的游击区，反居其大半。这又是一种情形。如果超越本部的范围，而把蒙古、新疆、青海、西藏算了进来，则在面积上中国未失地区仍然是大半，而敌占地区包括东三省在内，也只是小半。这又是一种情形。完整区域当然是重要的，应集大力去经营，不但政治、军事、经济等方面，文化方面也要紧。敌人已将我们过去的文化中心变为文化落后区域，而我们则要将过去的文化落后区域变为文化中心。同时，敌后广大游击区的经营也是非常之要紧的，也应把它们的各方面发展起来，也应发展其文化工作。总起来看，中国将是大块的乡村变为进步和光明的地区，而小块的敌占区，尤其是大城市，将暂时地变为落后和黑暗的地区。

（五六）这样看来，长期而又广大的抗日战争，是军事、政治、经济、文化各方面犬牙交错的战争，这是战争史上的奇观，中华民族的壮举，惊天动地的伟业。这个战争，不但将影响到中日两国，大大推动两国的进步，而且将影响到世界，推动各国首先是印度等被压迫民族的进步。全中国人都应自觉地投入这个犬牙交错的战争中去，这就是中华民族自求解放的战争形态，是半殖民地大国在二十世纪三十和四十年代举行的解放战争的特殊的形态。

为永久和平而战

（五八）历史上的战争分为两类，一类是正义的，一类是非正义的。一切进步的战争都是正义的，一切阻碍进步的战争都是非正义的。我们共产党人反对一切阻碍进步的非正义的战争，但是不反对进步的正义的战争。对于后一类战争，我们共产党人不但不反对，而且积极地参加。前一类战争，例如第一次世界大战，双方都是为着帝国主义利益而战，所以全世界的共产党人坚决地反对那一次战争。反对的方法，在战争未爆发前，极力阻止其爆发；既爆发后，只要有可能，就用战争反对战争，用正义战争反对非正义战争。日本的战争是阻碍进步的非正义的战争，全世界人民包括日本人民在内，都应该反对，也正在反对。我们中国，则从人民到政府，从共产党到国民党，一律举起了义旗，进行了反侵略的民族革命战争。我们的战争是神圣的、正义的，是进步的、求和平的。不但求一国的和平，而且求世界的和平，不但求一时的和平，而且求永久的和平。欲达此目的，便须决一死战，便须准备着一切牺牲，坚持到底，不达目的，决不停止。牺牲虽大，时间虽长，但是永久和平和永久光明的新世界，已经鲜明地摆在我们的前面。我们从事战争的信念，便建立在这个争取永久和平和永久光明的新中国和新世界的上面。法西斯主义和帝国主义要把战争延长到无尽期，我们则要把战争在一个不很久远的将来给以结束。为了这个目的，人类大多数应该拿出极大的努力。四亿五千万的中国人占了全人类的四分之一，如果能够一齐努力，打倒了日本帝国主义，创造了自由平等的新中国，对于争取全世界永久和平的贡献，无疑地是非常伟大的。这种希望不是空的，全世界社会经济的行程已经接近了这一点，只须加上多数人的努力，几十年工夫一定可以达到目的。

兵民是胜利之本

（一一一）日本帝国主义处在革命的中国面前，是决不放松其进攻和镇压的，它的帝国主义本质规定了这一点。中国不抵抗，日本就不费一弹安然占领中国，东四省的丧失，就是前例。中国若抵抗，日本就向着这种抵抗力压迫，直至它的压力无法超过中国的抵抗力才停止，这是必然的规律。日本地主资产阶级的野心是很大的，为了南攻南洋群岛，北攻西伯利亚起见，采取中间突破的方针，先打中国。那些认为日本将在占领华北、江浙一带以后适可而止的人，完全没有看到发展到了新阶段迫近了死亡界线的日本帝国主义，已经和历史上的日本不相同了。我们说，日本的出兵数和进攻点有一定的限制，是说：在日本一方面，在其力量基础上，为了还要举行别方面的进攻并防御另一方面的敌人，只能拿出一定程度的力量打中国打到它力所能及的限度为止；在中国一方面，又表现了自己的进步和顽强的抵抗力，不能设想只有日本猛攻，中国没有必要的抵抗力。日本不能占领全中国，然而在它一切力所能及的地区，它将不遗余力地镇压中国的反抗，直至日本的内外条件使日本帝国主义发生了进入坟墓的直接危机之前，它是不会停止这种镇压的。日本国内的政治只有两个出路：或者整个当权阶级迅速崩溃，政权交给人民，战争因而结束，但暂时无此可能；或者地主资产阶级日益法西斯化，把战争支持到自己崩溃的一天，日本走的正是这条路。除此没有第三条路。那些希望日本资产阶级中和派出来停止战争的，仅仅是一种幻想而已。日本的资产阶级中和派，已经作了地主和金融寡头的俘虏，这是多年来日本政治的实际。日本打了中国之后，如果中国的抗战还没有给日本以致命的打击，日本还有足够力量的话，它一定还要打南洋或西伯利亚，甚或两处都打。欧洲战争一起来，它就会干这一手；日本统治者的如意算盘是打得非常之大的。当然存在这种可能：由于苏联的强大，由于日本在中国战争中的大大削弱，它不得不停止进攻西伯利亚的原来计划，而对之采取根本的守势。然而在出现了这种情形之时，不是日本进攻中国的放松，反而是它进攻中国的加紧，因为那时它只剩下了向弱者吞剥的一条路。那时中国的坚持抗战、坚持统一战线和坚持持久战的任务，就更加显得严重，更加不能丝毫懈气。

（一一二）在这种情况下，中国制胜日本的主要条件，是全国的团结和各方面较之过去有十百倍的进步。中国已处于进步的时代，并已有了伟大的团结，但是目前的程度还非常之不够。日本占地如此之广，一方面由于日本之强，一方面则由于中国之弱；而这种弱，完全是百年来尤其是近十年来各种历史错误积累下来的结果，使得中国的进步因素限制在今天的状态。现在要战胜这样一个强敌，非有长期的广大的努力是不可能的。应该努力的事情很多，我这里只说最根本的两方面：军队和人民的进步。

（一一三）革新军制离不了现代化，把技术条件增强起来，没有这一点，是不能把敌人赶过鸭绿江的。军队的使用需要进步的灵活的战略战术，没有这一点，也是不能胜利的。然而军队的基础在士兵，没有进步的政治精神贯注于军队之中，没有进步的政治工作去执行这种贯注，就不能达到真正的官长和士兵的一致，就不能激发官兵最大限度的抗战热忱，一切技术和战术就不能得着最好的基础去发挥它们应有的效力。我们说日本技术条件虽优，但它终必失败，除了我们给以歼灭和消耗的打击外，就是它的军心终必随着我们的打击而动摇，武器和兵员结合不稳。我们相反，抗日战争的政治目的是官兵一致的。在这上面，就有了一切抗日军队的政治工作的基础。军队应实行一定限度的民主化，主要地是废除封建主义的打骂制度和官兵生活同甘苦。这样一来，官兵一致的目的就达到了，军队就增加了绝大的战斗力，长期的残酷的战争就不患不能支持。

（一一四）战争的伟力之最深厚的根源，存在于民众之中。日本敢于欺负我们，主要的原因在于中国民众的无组织状态。克服了这一缺点，就把日本侵略者置于我们数万万站起来了的人民之前，使它像一匹野牛冲入火阵，我们一声唤也要把它吓一大跳，这匹野牛就非烧死不可。我们方面，军队须有源源不绝的补充，现在下面胡干的“捉兵法”、“买兵法”，亟须禁止，改为广泛的热烈的政治动员，这样，要几百万人当兵都是容易的。抗日的财源十分困难，动员了民众，则财政也不成问题，岂有如此广土众民的国家而患财穷之理？军队须和民众打成一片，使军队在民众眼睛中看成是自己的军队，这个军队便无敌于天下，个把日本帝国主义是不够打的。

（一一五）很多人对于官兵关系、军民关系弄不好，以为是方法不对，我总告诉他们是根本态度（或根本宗旨）问题，这态度就是尊重士兵和尊重人民。从这态度出发，于是有各种的政策、方法、方式。离了这态度，政策、方法、方式也一定是错的，官兵之间、军民之间的关系便决然弄不好。军队政治工作的三大原则：第一是官兵一致，第二是军民一致，第三是瓦解敌军。这些原则要实行有效，都须从尊重士兵、尊重人民和尊重已经放下武器的敌军俘虏的人格这种根本态度出发。那些认为不是根本态度问题而是技术问题的人，实在是想错了，应该加以改正才对。

（一一六）当此保卫武汉等地成为紧急任务之时，发动全军全民的全部积极性来支持战争，是十分严重的任务。保卫武汉等地的任务，毫无疑义必须认真地提出和执行。然而究竟能否确定地保卫不失，不决定于主观的愿望，而决定于具体的条件。政治上动员全军全民起来奋斗，是最重要的具体的条件之一。不努力于争取一切必要的条件，甚至必要条件有一不备，势必重蹈南京等地失陷之覆辙。中国的马德里在什么地方，看什么地方具备马德里的条件。过去是没有过一个马德里的，今后应该争取几个，然而全看条件如何。条件中的最基本条件，是全军全民的广大的政治动员。

（一一七）在一切工作中，应该坚持抗日民族统一战线的总方针。因为只有这种方针才能坚持抗战，坚持持久战，才能普遍地深入地改善官兵关系、军民关系，才能发动全军全民的全部积极性，为保卫一切未失地区、恢复一切已失地区而战，才能争取最后胜利。

（一一八）这个政治上动员军民的问题，实在太重要了。我们之所以不惜反反复复地说到这一点，实在是没有这一点就没有胜利。没有许多别的必要的东西固然也没有胜利，然而这是胜利的最基本的条件。抗日民族统一战线是全军全民的统一战线，决不仅仅是几个党派的党部和党员们的统一战线；动员全军全民参加统一战线，才是发起抗日民族统一战线的根本目的。

结　论

（一一九）结论是什么呢？结论就是："在什么条件下，中国能战胜并消灭日本帝国主义的实力呢？要有三个条件：第一是中国抗日统一战线的完成；第二是国际抗日统一战线的完成；第三是日本国内人民和日本殖民地人民的革命运动的兴起。就中国人民的立场来说，三个条件中，中国人民的大联合是主要的。""这个战争要延长多久呢？要看中国抗日统一战线的实力和中日两国其他许多决定的因素如何而定。""如果这些条件不能很快实现，战争就要延长。但结果还是一样，日本必败，中国必胜。只是牺牲会大，要经过一个很痛苦的时期。""我们的战略方针，应该是使用我们的主力在很长的变动不定的战线上作战。中国军队要胜利，必须在广阔的战场上进行高度的运动战。""除了调动有训练的军队进行运动战之外，还要在农民中组织很多的游击队。""在战争的过程中……使中国军队的装备逐渐加强起来。因此，中国能够在战争的后期从事阵地战，对于日本的占领地进行阵地的攻击。这样，日本在中国抗战的长期消耗下，它的经济行将崩溃；在无数战争的消磨中，它的士气行将颓靡。中国方面，则抗战的潜伏力一天一天地奔腾高涨，大批的革命民众不断地倾注到前线去，为自由而战争。所有这些因素和其他的因素配合起来，就使我们能够对日本占领地的堡垒和根据地，作最后的致命的攻击，驱逐日本侵略军出中国。"（一九三六年七月与斯诺谈话）"中国的政治形势从此开始了一个新阶段，……这一阶段的最中心的任务是：动员一切力量争取抗战的胜利。""争取抗战胜利的中心关键，在使已经发动的抗战发展为全面的全民族的抗战。只有这种全面的全民族的抗战，才能使抗战得到最后的胜利。""由于当前的抗战还存在着严重的弱点，所以在今后的抗战过程中，可能发生许多挫败、退却，内部的分化、叛变，暂时和局部的妥协等不利的情况。因此，应该看到这一抗战是艰苦的持久战。但我们相信，已经发动的抗战，必将因为我党和全国人民的努力，冲破一切障碍物而继续地前进和发展。"（一九三七年八月《中共中央关于目前形势与党的任务的决定》）这些就是结论。亡国论者看敌人如神物，看自己如草芥，速胜论者看敌人如草芥，看自己如神物，这些都是错误的。我们的意见相反：抗日战争是持久战，最后胜利是中国的——这就是我们的结论。

——选自《毛泽东选集》第二卷，人民出版社 1991 年版

中共中央关于目前形势与党的任务的决定

洛川会议·1937 年 8 月 25 日

1937 年卢沟桥事变爆发，标志着中国全面抗战的开始。日寇的大举进犯，引发全中国抗战的民族情绪的高涨。7 月 17 日蒋介石发表谈话，国民党政府开始定下抗战决心，但却实行了一条片面抗战路线，即只要政府和军队抗战，不愿意发动全国人民参加抗战，还处处惧怕和限制人民的参战运动。针对这种形势，中国共产党于 1937 年 8 月在陕北洛川召开了中共中央政治局扩大会议，通过了这个《决定》。该《决定》最主要的就是提出了中国共产党的全面抗战路线，即使已发动的抗战发展为全面的全民族的抗战。会议还提出了《抗日救国十大纲领》，内容包括打倒日本帝国主义、全国军事的总动员、全国人民的总动员、改革政治机构、抗日的外交政策、战时的财政经济政策、改良人民生活、抗日的教育政策、肃清汉奸卖国贼亲日派及巩固后方、抗日的民族团结。洛川会议是在全国抗战刚刚爆发的历史转折关头召开的一次重要会议，会议作出的《决定》及通过的《纲领》阐明了中国共产党在抗战时期的基本政治主张，指明了坚持持久抗战、争取最后胜利的具体道路。全文约 970 字，本篇全文选读。

（一）芦沟桥的挑战与平津的占领，不过是日寇大举进攻中国本部的整个计划的开始。日寇已经开始了全国的战时动员。他们一切所谓"不求扩大"的宣传，不过是掩护进攻的烟幕弹。

（二）南京政府在日寇进攻与人心愤激的压迫下，已经开始定下了抗战的决心。整个的国防部署与各地的实际抗战，也已经开始。中日大战不可避免。七月七日芦沟桥的抗战，已经成了中国全国性抗战的起点。

（三）中国的政治形势从此开始了一个新阶段，这就是实行抗战的阶段。抗战的准备阶段已经过去了。在这一新阶段的最中心的任务是：动员一切力量争取抗战的最后胜利。过去阶段中，由于国民党的不愿意和民众的动员不够，因而没有完成争取民主的任务，这必须在今后争取抗战胜利的过程中去完成。

（四）在这一新阶段内，我们同国民党及其他抗日派别的区别和争论，已经不是应否抗战的问题，而是如何争取抗战胜利的问题。

（五）今天争取抗战胜利的中心关键，在使已发动的抗战发展为全面的全民族的抗战。只有这种全面的全民族的抗战，才能使抗战得到最后的胜利。本党今天所提出的抗日救国的十大纲领，即是争取抗战最后胜利的具体的道路。

（六）今天的抗战，中间包含着极大的危险性。这主要的是由于国民党还不愿意发动全国人民参加抗战。相反的，他们把抗战看成只是政府的事，处处惧怕和限制人民的参战运动，阻碍政府、军队同民众结合起来，不给人民以抗日救国的民主权利，不去彻底改革政治机构，使政府成为全民族的国防政府。这种抗战可能取得局部的胜利，然而决不能取得最后的胜利。相反的，这种抗战存在着严重失败的可能。

（七）由于当前的抗战还存在着严重的弱点，所以在今后抗战过程中，可能发生许多挫败、退却，内部的分化叛变，暂时和局部的妥协等不利的情况。因此，应该看到这一抗战是艰苦的持久战。但我们相信，已经发动的抗战，必将因为我党和全国人民的努力，冲破一切障碍物而继续的前进和发展。我们应该克服一切困难，为实现本党所提出的争取抗战胜利的十大纲领而坚决奋斗。坚决反对与此纲领相违背的一切错误方针，同时反对悲观失望的民族失败主义。

（八）共产党员及其所领导的民众和武装力量，应该最积极地站在斗争的最前线，应该使自己成为全国抗战的核心，应该用极大力量发展抗日的群众运动。不放松一刻工夫一个机会去宣传群众，组织群众，武装群众，只要真能组织千百万群众进入抗日民族统一战线，抗日战争的胜利是无疑义的。

——选自中共中央书记处编《六大以来》（上），人民出版社 1982 年版

论联合政府（节选）

毛泽东·1945 年 4 月 24 日

在德国法西斯面临彻底覆灭和中国人民抗日战争接近最后胜利的前夜，为了系统地总结中国革命的基本经验，为彻底打败日本侵略者、建设新中国作准备，中国共产党于 1945 年 4—6 月在延安杨家岭中央大礼堂隆重举行了中国共产党第七次全国代表大会。该文即毛泽东在大会上作的书面政治报告，总结了党的发展历史，提出了党的政治路线，阐述了新民主主义的政治、经济、文化纲领和政策，首次提出要以生产力标准来评判一个政党的历史作用，系统总结了党领导中国革命的基本经验，概括并具体阐述了党的三大优良作风。该报告是我党打败日本侵略者、建设新中国的伟大纲领，对加强党的建设尤其是作风建设也具有非常重要的指导意义和现实意义。全文约 4.6 万字，本篇节选其中的第五部分。

五　全党团结起来，为实现党的任务而斗争

同志们，我们已经了解了我们的任务和我们为完成这些任务所采取的政策，那末，我们应该用怎样的工作态度去执行这些政策和完成这些任务呢？

目前国际国内的形势，在我们和中国人民面前显示了光明的前途，具备了前所未有的有利条件，这是显然的，毫无疑义的。但是同时，依然存在着严重的困难条件。谁要是只看见光明一面，不看见困难一面，谁就会不能很好地为实现党的任务而斗争。

我们的党和中国人民一道，不论在整个党的二十四年历史中，在八年抗日战争中，为中国人民创造了巨大的力量，我们的工作成绩是很显然的，毫无疑义的。但是同时，我们的工作中依然存在着缺点。谁要是只看见成绩一面，不看见缺点一面，谁也就不会很好地为实现党的任务而斗争。

中国共产党自从一九二一年诞生以来，在其二十四年的历史中，经历了三次的伟大斗争，这就是北伐战争、土地革命战争和现在还在进行中的抗日战争。我们的党从它一开始，就是一个以马克思列宁主义的理论为基础的党，这是因为这个主义是全世界无产阶级的最正确最革命的科学思想的结晶。马克思列宁主义的普遍真理一经和中国革命的具体实践相结合，就使中国革命的面目为之一新，产生了新民主主义的整个历史阶段。以马克思列宁主义的理论思想武装起来的中国共产党，在中国人民中产生了新的工作作风，这主要的就是理论和实践相结合的作风，和人民群众紧密地联系在一起的作风以及自我批评的作风。

反映了全世界无产阶级实践斗争的马克思列宁主义的普遍真理，在它同中国无产阶级和广大人民群众的革命斗争的具体实践相结合的时候，就成为中国人民百战百胜的武器。中国共产党正是这样做了。我们党的发展和进步，是从同一切违反这个真理的教条主义和经验主义作坚决斗争的过程中发展和进步起来的。教条主义脱离具体的实践，经验主义把局部经验误认为普遍真理，这两种机会主义的思想都是违背马克思主义的。我们党在自己

的二十四年奋斗中，克服了和正在克服着这些错误思想，使得我们的党在思想上极大地巩固了。我们党现在已有了一百二十一万党员。其中绝大多数是在抗日时期入党的，在他们之中存在着各种不纯正的思想。在抗日以前入党的党员中，也有这种情形。几年来的整风工作收到了巨大的成效，使这些不纯正的思想受到了很多的纠正。今后应当继续这种工作，以“惩前毖后、治病救人”的精神，更大地展开党内的思想教育。必须使各级党的领导骨干都懂得，理论和实践这样密切地相结合，是我们共产党人区别于其他任何政党的显著标志之一。因此，掌握思想教育，是团结全党进行伟大政治斗争的中心环节。如果这个任务不解决，党的一切政治任务是不能完成的。

我们共产党人区别于其他任何政党的又一个显著的标志，就是和最广大的人民群众取得最密切的联系。全心全意地为人民服务，一刻也不脱离群众；一切从人民的利益出发，而不是从个人或小集团的利益出发；向人民负责和向党的领导机关负责的一致性；这些就是我们的出发点。共产党人必须随时准备坚持真理，因为任何真理都是符合于人民利益的；共产党人必须随时准备修正错误，因为任何错误都是不符合于人民利益的。二十四年的经验告诉我们，凡属正确的任务、政策和工作作风，都是和当时当地的群众要求相适合，都是联系群众的；凡属错误的任务、政策和工作作风，都是和当时当地的群众要求不相适合，都是脱离群众的。教条主义、经验主义、命令主义、尾巴主义、宗派主义、官僚主义、骄傲自大的工作态度等项弊病之所以一定不好，一定要不得，如果什么人有了这类弊病一定要改正，就是因为它们脱离群众。我们的代表大会应该号召全党提起警觉，注意每一个工作环节上的每一个同志，不要让他脱离群众。教育每一个同志热爱人民群众，细心地倾听群众的呼声；每到一地，就和那里的群众打成一片，不是高踞于群众之上，而是深入于群众之中；根据群众的觉悟程度，去启发和提高群众的觉悟，在群众出于内心自愿的原则之下，帮助群众逐步地组织起来，逐步地展开为当时当地内外环境所许可的一切必要的斗争。在一切工作中，命令主义是错误的，因为它超过群众的觉悟程度，违反了群众的自愿原则，害了急性病。我们的同志不要以为自己了解了的东西，广大群众也和自己一样都了解了。群众是否已经了解并且是否愿意行动起来，要到群众中去考察才会知道。如果我们这样做，就可以避免命令主义。在一切工作中，尾巴主义也是错误的，因为它落后于群众的觉悟程度，违反了领导群众前进一步的原则，害了慢性病。我们的同志不要以为自己还不了解的东西，群众也一概不了解。许多时候，广大群众跑到我们的前头去了，迫切地需要前进一步了，我们的同志不能做广大群众的领导者，却反映了一部分落后分子的意见，并且将这种落后分子的意见误认为广大群众的意见，做了落后分子的尾巴。总之，应该使每个同志明了，共产党人的一切言论行动，必须以合乎最广大人民群众的最大利益，为最广大人民群众所拥护为最高标准。应该使每一个同志懂得，只要我们依靠人民，坚决地相信人民群众的创造力是无穷无尽的，因而信任人民，和人民打成一片，那就任何困难也能克服，任何敌人也不能压倒我们，而只会被我们所压倒。

有无认真的自我批评，也是我们和其他政党互相区别的显著的标志之一。我们曾经说过，房子是应该经常打扫的，不打扫就会积满了灰尘；脸是应该经常洗的，不洗也就会灰尘满面。我们同志的思想，我们党的工作，也会沾染灰尘的，也应该打扫和洗涤。“流水不腐，户枢不蠹”，是说它们在不停的运动中抵抗了微生物或其他生物的侵蚀。对于我们，经常地检讨工作，在检讨中推广民主作风，不惧怕批评和自我批评，实行“知无不言，言无不尽”，“言者无罪，闻者足戒”，“有则改之，无则加勉”这些中国人民的有益的格言，正是抵抗各种政治灰尘和政治微生物侵蚀我们同志的思想和我们党的肌体的唯一有效的方法。以“惩前毖后，治病救人”为宗旨的整风运动之所以发生了很大的效力，就是因为我们在这个运动中展开了正确的而不是歪曲的、认真的而不是敷衍的批评和自我批评。以中国最广大人民的最大利益为出发点的中国共产党人，相信自己的事业是完全合乎正义的，不惜牺牲自己个人的一切，随时准备拿出自己的生命去殉我们的事业，难道还有什么不适合人民需要的思想、观点、意见、办法，舍不得丢掉的吗？难道我们还欢迎任何政治的灰尘、政治的微生物来玷污我们的清洁的面貌和侵蚀我们的健全的肌体吗？无数革命先烈为了人民的利益牺牲了他们的生命，使我们每个活着的人想起他们就心里难过，难道我们还有什么个人利益不能牺牲，还有什么错误不能抛弃吗？

同志们，我们的大会闭幕之后，我们就要上战场去，根据大会的决议，为着最后地打败日本侵略者和建设新中国而奋斗。为达此目的，我们要和全国人民团结起来。我重说一遍，不管什么阶级，什么政党，什么社会集团或个人，只要是赞成打败日本侵略者和建设新中国的，我们就要加以联合。为达此目的，我们要把我们党的一切力量在民主集中制的组织和纪律的原则之下，坚强地团结起来。不论什么同志，只要他是愿意服从党纲、党章和党的决议的，我们就要和他团结。我们的党，在北伐战争时期，不超过六万党员，后来大部分被当时的敌人打散了；在土地革命战争时期，不超过三十万党员，后来大部分也被当时的敌人打散了。现在我们有了一百二十多万党员，这一回无论如何不要被敌人打散。只要我们能吸取三个时期的经验，采取谦虚态度，防止骄傲态度，在党内，和全体同志更好地团结起来，在党外，和全国人民更好地团结起来，就可以保证，不但不会被敌人打散，相反地，一定要把日本侵略者及其忠实走狗坚决、彻底、干净、全部地消灭掉，并且在消灭他们之后，把一个新民主主义的中国建设起来。

三次革命的经验，尤其是抗日战争的经验，给了我们和中国人民这样一种信心：没有中国共产党的努力，没有中国共产党人做中国人民的中流砥柱，中国的独立和解放是不可能的，中国的工业化和农业近代化也是不可能的。

同志们，有了三次革命经验的中国共产党，我坚决相信，我们是能够完成我们的伟大政治任务的。

成千成万的先烈，为着人民的利益，在我们的前头英勇地牺牲了，让我们高举起他们的旗帜，踏着他们的血迹前进吧！

一个新民主主义的中国不久就要诞生了，让我们迎接这个伟大的日子吧！

——选自《毛泽东选集》第三卷，人民出版社 1991 年版

在纪念中国人民抗日战争暨世界反法西斯战争胜利70周年大会上的讲话

习近平·2015年9月3日

1945年9月2日，在日本东京湾的美国“密苏里”号巡洋舰上，日本外相重光葵和日军参谋总长梅津美治郎代表日本在投降书上签字，中国人民抗日战争和世界反法西斯战争胜利结束，9月3日被确定为中国人民抗日战争胜利纪念日。长达14年艰苦卓绝的抗日战争是近代以来中国抗击外敌入侵的第一次完全胜利，它开始时间最早、持续时间最长、人员伤亡最重，是世界反法西斯战争的东方主战场，为世界反法西斯战争胜利作出了重大贡献。在这场战争中，中国军民伤亡超过3500万，直接经济损失超过1000亿美元，间接经济损失超过5000亿美元，付出了巨大民族牺牲；同时中华民族以爱国主义为核心的民族精神、坚决抵御外辱的团结精神和中国共产党在抗日战争中的中流砥柱作用得到了充分的展现。2015年9月3日，我国在北京举行了纪念中国人民抗日战争暨世界反法西斯战争胜利70周年大会和阅兵式，世界多位国家元首、政府首脑和联合国等国际组织代表出席。中共中央总书记、国家主席、中央军委主席习近平在大会上发表讲话，充分肯定了中国人民抗日战争和取得胜利的伟大意义和深远影响，充分肯定了中国人民抗日战争为世界反法西斯战争胜利作出的重大贡献，号召要“铭记历史、缅怀先烈、珍爱和平、开创未来”，弘扬伟大的爱国主义精神和伟大的抗战精神，表达了中国人民坚定维护和平的决心，启示了“正义必胜！和平必胜！人民必胜！”这一伟大真理。全文仅1670余字，本篇全文选读。

全国同胞们，

尊敬的各位国家元首、政府首脑和联合国等国际组织代表，

尊敬的各位来宾，

全体受阅将士们，

女士们、先生们，同志们、朋友们：

今天，是一个值得世界人民永远纪念的日子。70年前的今天，中国人民经过长达14年艰苦卓绝的斗争，取得了中国人民抗日战争的伟大胜利，宣告了世界反法西斯战争的完全胜利，和平的阳光再次普照大地。

在这里，我代表中共中央、全国人大、国务院、全国政协、中央军委，向全国参加过抗日战争的老战士、老同志、爱国人士和抗日将领，向为中国人民抗日战争胜利作出重大贡献的海内外中华儿女，致以崇高的敬意！向支援和帮助过中国人民抵抗侵略的外国政府和国际友人，表示衷心的感谢！向参加今天大会的各国来宾和军人朋友们，表示

热烈的欢迎！

女士们、先生们，同志们、朋友们！

中国人民抗日战争和世界反法西斯战争，是正义和邪恶、光明和黑暗、进步和反动的大决战。在那场惨烈的战争中，中国人民抗日战争开始时间最早、持续时间最长。面对侵略者，中华儿女不屈不挠、浴血奋战，彻底打败了日本军国主义侵略者，捍卫了中华民族5000多年发展的文明成果，捍卫了人类和平事业，铸就了战争史上的奇观、中华民族的壮举。

中国人民抗日战争胜利，是近代以来中国抗击外敌入侵的第一次完全胜利。这一伟大胜利，彻底粉碎了日本军国主义殖民奴役中国的图谋，洗刷了近代以来中国抗击外来侵略屡战屡败的民族耻辱。这一伟大胜利，重新确立了中国在世界上的大国地位，使中国人民赢得了世界爱好和平人民的尊敬。这一伟大胜利，开辟了中华民族伟大复兴的光明前景，开启了古老中国凤凰涅槃、浴火重生的新征程。

在那场战争中，中国人民以巨大民族牺牲支撑起了世界反法西斯战争的东方主战场，为世界反法西斯战争胜利作出了重大贡献。中国人民抗日战争也得到了国际社会广泛支持，中国人民将永远铭记各国人民为中国抗战胜利作出的贡献！

女士们、先生们，同志们、朋友们！

经历了战争的人们，更加懂得和平的宝贵。我们纪念中国人民抗日战争暨世界反法西斯战争胜利70周年，就是要铭记历史、缅怀先烈、珍爱和平、开创未来。

那场战争的战火遍及亚洲、欧洲、非洲、大洋洲，军队和民众伤亡超过1亿人，其中中国伤亡人数超过3500万，苏联死亡人数超过2700万。绝不让历史悲剧重演，是我们对当年为维护人类自由、正义、和平而牺牲的英灵、对惨遭屠杀的无辜亡灵的最好纪念。

战争是一面镜子，能够让人更好认识和平的珍贵。今天，和平与发展已经成为时代主题，但世界仍很不太平，战争的达摩克利斯之剑依然悬在人类头上。我们要以史为鉴，坚定维护和平的决心。

为了和平，我们要牢固树立人类命运共同体意识。偏见和歧视、仇恨和战争，只会带来灾难和痛苦。相互尊重、平等相处、和平发展、共同繁荣，才是人间正道。世界各国应该共同维护以联合国宪章宗旨和原则为核心的国际秩序和国际体系，积极构建以合作共赢为核心的新型国际关系，共同推进世界和平与发展的崇高事业。

为了和平，中国将始终坚持走和平发展道路。中华民族历来爱好和平。无论发展到哪一步，中国都永远不称霸、永远不搞扩张，永远不会把自身曾经经历过的悲惨遭遇强加给其他民族。中国人民将坚持同世界各国人民友好相处，坚决捍卫中国人民抗日战争和世界反法西斯战争胜利成果，努力为人类作出新的更大的贡献。

中国人民解放军是人民的子弟兵，全军将士要牢记全心全意为人民服务的根本宗旨，忠实履行保卫祖国安全和人民和平生活的神圣职责，忠实执行维护世界和平的神圣使命。我宣布，中国将裁减军队员额30万。

女士们、先生们，同志们、朋友们！

“靡不有初，鲜克有终。”实现中华民族伟大复兴，需要一代又一代人为之努力。中华民族创造了具有 5000 多年历史的灿烂文明，也一定能够创造出更加灿烂的明天。

前进道路上，全国各族人民要在中国共产党领导下，坚持以马克思列宁主义、毛泽东思想、邓小平理论、“三个代表”重要思想、科学发展观为指导，沿着中国特色社会主义道路，按照“四个全面”战略布局，弘扬伟大的爱国主义精神，弘扬伟大的抗战精神，万众一心，风雨无阻，向着我们既定的目标继续奋勇前进！

让我们共同铭记历史所启示的伟大真理：正义必胜！和平必胜！人民必胜！

——选自“新华网”，2015 年 9 月 3 日

把我国建设成为社会主义的现代化强国（一）

毛泽东 · 1963 年 9 月

本篇是毛泽东在审阅《关于工业发展问题（初稿）》时加写的一段文字。这个初稿后来没有形成正式文件。毛泽东在文章中分析了中国近代以来在历次战争中失败的原因，提出要争取彻底改变我国经济和技术落后的状态，否则挨打是不可避免的。全文 400 余字，本篇全文选读。

我国从十九世纪四十年代起，到二十世纪四十年代中期，共计一百零五年时间，全世界几乎一切大中小帝国主义国家都侵略过我国，都打过我们，除了最后一次，即抗日战争，由于国内外各种原因以日本帝国主义投降告终以外，没有一次战争不是以我国失败、签订丧权辱国条约而告终。其原因：一是社会制度腐败，二是经济技术落后。现在，我国社会制度变了，第一个原因基本解决了；但还没有彻底解决，社会还存在着阶级斗争。第二个原因也已开始有了一些改变，但要彻底改变，至少还需要几十年时间。如果不在今后几十年内，争取彻底改变我国经济和技术远远落后于帝国主义国家的状态，挨打是不可避免的。当然，帝国主义现在是处在衰落时代，我国，社会主义阵营，全世界被压迫人民和被压迫民族的革命斗争，都是处于上升的时代，世界性的战争有可能避免。这里存在着战争可以避免和战争不可避免这样两种可能性。但是我们应当以有可能挨打为出发点来部署我们的工作，力求在一个不太长久的时间内改变我国社会经济、技术方面的落后状态，否则我们就要犯错误。

——选自《毛泽东文集》第八卷，人民出版社 1999 年版

第二专题　艰辛奋斗与苦苦求索

中国人民反抗帝国主义侵略及其封建统治的过程，也是中国人民艰辛探索中国出路、谋求中国独立和民族解放的奋斗过程。从鸦片战争失败时起，先进的中国人便开始千辛万苦向西方寻找真理，因为在他们看来，“要救国，只有维新，要维新，只有向西方学习”（毛泽东语）。在中国共产党诞生以前，洪秀全、康有为、孙中山是这些先进中国人的代表。1851 年，洪秀全高举反抗清王朝腐朽统治的旗帜，借用“拜上帝教”发动了金田起义，建立了与清王朝相对立的农民革命政权——太平天国，并在政权存续期间颁布了以解决土地问题为核心的革命纲领《天朝田亩制度》和以发展资本主义为核心的纲领《资政新篇》，企图实现农民的政治平等和经济平等，勾画了一幅“有田同耕，有饭同食，有衣同穿，有钱同使，无处不均匀，无人不饱暖”的天国理想社会的蓝图，但由于农民阶级本身的局限性和客观上反动力量的强大，这场农民革命运动最终失败。1898 年，资产阶级改良派的代表康有为发起了一场资产阶级的改良主义运动，意在通过自上而下的变法在中国发展资本主义、挽救民族的危亡，而 103 天的维新变法运动最终因为资产阶级的局限性宣告流产。1894 年，以孙中山为代表的资产阶级革命派登上中国政治舞台，他们创立兴中会，首次喊出“振兴中华”的口号，随后又创建中国同盟会，提出“三民主义”主张，发动辛亥武昌起义，推翻了清王朝的统治，建立了中国历史上第一个资产阶级共和国——中华民国，中国人民从此觉醒。但资产阶级的局限性再次宣告了这场轰轰烈烈的革命的失败。这些艰辛探索的失败，表明“西方资产阶级的文明，资产阶级的民主主义，资产阶级共和国的方案，在中国人民的心目中，一齐破了产”（毛泽东语），无论是农民的民主主义，还是资产阶级改良主义、资产阶级民主主义，都不能完成民族独立和解放、国家繁荣和人民富裕的历史任务。

本专题选取《中国革命和欧洲革命》《天朝田亩制度》《资政新篇》《上清帝第二书》《变法通议自序》《原强》《中国的民主主义与民粹主义》《革命军》《猛回头》《〈民报〉发刊词》《〈民报〉与〈新民丛报〉辩驳之纲要》《中华民国临时约法》《纪念孙中山先生》《在纪念孙中山先生诞辰 150 周年大会上的讲话》著作 14 篇。

中国革命和欧洲革命

马克思 · 1853 年 5 月

本文写于 1853 年 5 月 31 日前后，是马克思为《纽约每日论坛报》写的有关中国问题的评论，是作为社论发表的。该文以辩证唯物主义和历史唯物主义的观点分析了中国社会的特点，无情揭露和严厉谴责了英美法俄等帝国主义国家对中国的侵略和掠夺，热情颂扬了中国人民反抗帝国主义侵略的人民战争，科学地预见了中国革命的光明前途。全文约 4700 字，本篇全文选读。

有一位思想极其深刻但又怪诞的研究人类发展原理的思辨哲学家，常常把他所说的两极相联规律赞誉为自然界的基本奥秘之一。在他看来，“两极相联”这个朴素的谚语是一个伟大而不可移易的适用于生活一切方面的真理，是哲学家所离不开的定理，就像天文学家离不开开普勒的定律或牛顿的伟大发现一样。

“两极相联”是否就是这样一个普遍的原则姑且不论，中国革命对文明世界很可能发生的影响却是这个原则的一个明显例证。欧洲人民下一次的起义，他们下一阶段争取共和自由、争取廉洁政府的斗争，在更大的程度上恐怕要决定于天朝帝国（欧洲的直接对立面）目前所发生的事件，而不是决定于现存其他任何政治原因，甚至不是决定于俄国的威胁及其带来的可能发生全欧战争的后果。这看来像是一种非常奇怪、非常荒诞的说法，然而，这决不是什么怪论，凡是仔细考察了当前情况的人，都会相信这一点。

中国的连绵不断的起义已经延续了约 10 年之久，现在汇合成了一场惊心动魄的革命；不管引起这些起义的社会原因是什么，也不管这些原因是通过宗教的、王朝的还是民族的形式表现出来，推动了这次大爆发的毫无疑问是英国的大炮，英国用大炮强迫中国输入名叫鸦片的麻醉剂。满族王朝的声威一遇到英国的枪炮就扫地以尽，天朝帝国万世长存的迷信破了产，野蛮的、闭关自守的、与文明世界隔绝的状态被打破，开始同外界发生联系，这种联系从那时起就在加利福尼亚和澳大利亚黄金的吸引之下迅速地发展起来。同时，这个帝国的银币——它的血液——也开始流向英属东印度。

在 1830 年以前，中国人在对外贸易上经常是出超，白银不断地从印度、英国和美国向中国输出。可是从 1833 年，特别是 1840 年以来，由中国向印度输出的白银，几乎使天朝帝国的银源有枯竭的危险。因此皇帝下诏严禁鸦片贸易，结果引起了比他的诏书更有力的反抗。除了这些直接的经济后果之外，和私贩鸦片有关的行贿受贿完全腐蚀了中国南方各省的国家官吏。正如皇帝通常被尊为全中国的君父一样，皇帝的官吏也都被认为对他们各自的管区维持着这种父权关系。可是，那些靠纵容私贩鸦片发了大财的官吏的贪污行为，却逐渐破坏着这一家长制权威——这个广大的国家机器的各部分间的唯一的精神联系。存在这种情况的地方，主要正是首先起义的南方各省。所以几乎不言而喻，随着鸦片日益成为中国人的统治者，皇帝及其周围墨守成规的大官们也就日益丧失自己的统治权。历史好像是首先要麻醉这个国家的人民，然后才能把他们从世代相传的愚昧状态中唤醒似的。

中国过去几乎不输入英国棉织品，英国毛织品的输入也微不足道，但从1833年对华贸易垄断权由东印度公司手中转到私人商业手中之后，这两种商品的输入便迅速地增加了。从1840年其他国家特别是我国也开始参加和中国的通商之后，这两项输入增加得更多了。这种外国工业品的输入，对本国工业也发生了类似过去对小亚细亚、波斯和印度所发生的那种影响。中国的纺织业者在外国的这种竞争之下受到很大的损害，结果社会生活也受到了相应程度的破坏。

中国在1840年战争失败以后被迫付给英国的赔款、大量的非生产性的鸦片消费、鸦片贸易所引起的金银外流、外国竞争对本国工业的破坏性影响、国家行政机关的腐化，这一切造成了两个后果：旧税更重更难负担，旧税之外又加新税。因此，1853年1月5日皇帝在北京下的一道上谕中，就责成武昌、汉阳南方各省督抚减缓捐税，特别是在任何情况下均不准额外加征；否则，这道上谕中说，“小民其何以堪？”又说：

“……庶几吾民于颠沛困苦之时，不致再受追呼迫切之累。”

这种措辞，这种让步，记得在1848年我们从奥地利这个日耳曼人的中国也同样听到过。

所有这些同时影响着中国的财政、社会风尚、工业和政治结构的破坏性因素，到1840年在英国大炮的轰击之下得到了充分的发展；英国的大炮破坏了皇帝的权威，迫使天朝帝国与地上的世界接触。与外界完全隔绝曾是保存旧中国的首要条件，而当这种隔绝状态通过英国而为暴力所打破的时候，接踵而来的必然是解体的过程，正如小心保存在密闭棺材里的木乃伊一接触新鲜空气便必然要解体一样。可是现在，当英国引起了中国革命的时候，便发生一个问题，即这场革命将来会对英国并且通过英国对欧洲发生什么影响？这个问题是不难解答的。

我们时常提请读者注意英国的工业自1850年以来空前发展的情况。在最惊人的繁荣当中，就已不难看出日益迫近的工业危机的明显征兆。尽管有加利福尼亚和澳大利亚的发现，尽管人口大量地、史无前例地外流，但是，如果不发生什么意外事情的话，到一定的时候，市场的扩大仍然会赶不上英国工业的增长，而这种不相适应的情况也将像过去一样，必不可免地要引起新的危机。这时，如果有一个大市场突然缩小，那么危机的来临必然加速，而目前中国的起义对英国正是会起这种影响。英国需要开辟新市场或扩大旧市场，这是英国降低茶叶税的主要原因之一，因为英国预期，随着茶叶进口量的增加，向中国输出的工业品也一定增加。在1833年取消东印度公司的贸易垄断权以前，联合王国对中国的年输出总值只有60万英镑，而1836年达到了1326388英镑，1845年增加到2394827英镑，到1852年便达到了300万英镑左右。从中国输入的茶叶数量在1793年还不超过16067331磅，然而在1845年便达到了50714657磅，1846年是57584561磅，现在已超过6000万磅。

上一季茶叶的采购量从上海的出口统计表上可以看出，至少比前一年增加200万磅。新增加的这一部分应归因于两种情况：一方面，1851年底市场极不景气，剩下的大量存货被投入1852年的出口；另一方面，在中国，人们一听到英国修改茶叶进口的法律的消息，便把所有可供应的茶叶按提高很多的价格全部投入这个现成的市场。可是讲到下一季的茶叶采购，情况就完全不同了。这一点可以从伦敦一家大茶叶公司的下面一段通信中看出：

“上海的恐慌据报道达到了极点。黄金因人们抢购贮藏而价格上涨25%以上。白银现已不见，以致英国轮船向中国交纳关税所需用的白银都根本弄不到。因此，阿礼国先生同意向中国当局担保，一俟接到东印度公司的期票或其他有信誉的有价证券，便交纳这些关税。从商业的最近未来这一角度看，金银的缺乏是一个最不利的条件，因为它恰恰是发生在最需要金银的时候。茶和丝的收购商有了金银才能够到内地去采购，因为采购要预付大量金银，以使生产者能够进行生产……每年在这个时候都已开始签订新茶收购合同，可是现在人们不讲别的问题，只讲如何保护生命财产，一切交易都陷于停顿……如不备好资金在四五月间把茶叶购妥，那么，包括红茶绿茶的精品在内的早茶，必然要像到圣诞节还未收割的小麦一样损失掉。”

停泊在中国领海上的英、美、法各国的舰队，肯定不能提供收购茶叶所需的资金，而它们的干涉却能够很容易地造成混乱，使产茶的内地和出口茶叶的海港之间的一切交易中断。由此看来，收购目前这一季茶叶势必要提高价格——在伦敦投机活动已经开始了，——而要收购下一季茶叶，肯定会缺少大量资金。问题还不止于此。中国人虽然也同革命震荡时期的一切人一样，愿意将他们手上全部的大批存货卖给外国人，可是，正像东方人在担心发生大变动时所做的那样，他们也会把他们的茶和丝贮存起来，非付给现金现银是不大肯卖的。因此，英国就不免要面临这样的问题：它的主要消费品之一涨价，金银外流，它的棉毛织品的一个重要市场大大缩小。甚至《经济学家》杂志，这个善于把一切使商业界人心不安的事物化忧为喜的乐观的魔术师，也不得不说出这样的话：

“我们千万不可沾沾自喜，以为给我们向中国出口的货物找到了同以前一样大的市场……更可能的是：我们对中国的出口贸易要倒霉，对曼彻斯特和格拉斯哥的产品的需求量要减少。”

不要忘记，茶叶这样一种必需品涨价和中国这样一个重要市场缩小的时候，将正好是西欧发生歉收因而肉类、谷物及其他一切农产品涨价的时候。这样，工厂主们的市场就要缩小，因为生活必需品每涨一次价，国内和国外对工业品的需求量都要相应地减少。现在大不列颠到处都在抱怨大部分庄稼情况不好。关于这个问题《经济学家》说：

“在英国南部，不但会有许多田地错过各种作物的农时而未播种，而且已经播种的田地有许多看来也会是满地杂草，或者是不利于谷物生长。在准备种植小麦的阴湿贫瘠的土地上，显然预示着灾荒。现在，种饲用甜菜的时节可以说已经过去了，而种上的很少；为种植芜菁备田的季节也快要过去，然而种植这一重要作物的必要的准备工作却一点也没有完成……雪和雨严重地阻碍了燕麦的播种。早播种下去的燕麦很少，而晚播种的燕麦是很难有好收成的……许多地区种畜损失相当大。”

谷物以外的农产品的价格比去年上涨 20%、30%，甚至 50%。欧洲大陆的谷物价格比英国涨得更高。在比利时和荷兰，黑麦价格足足涨了 100%，小麦和其他谷物也跟着涨价。

在这样的情况下，既然英国的贸易已经经历了通常商业周期的大部分，所以可以有把握地说，中国革命将把火星抛到现今工业体系这个火药装得足而又足的地雷上，把酝酿已久的普遍危机引爆，这个普遍危机一扩展到国外，紧接而来的将是欧洲大陆的政治革命。这将是一个奇观：当西方列强用英法美等国的军舰把“秩序”送到上海、南京和运河口的时候，中国却把动乱送往西方世界。这些贩卖“秩序”，企图扶持摇摇欲坠的满族王朝的列强恐怕是忘记了：仇视外国人，把他们排除在帝国之外，这在过去仅仅是出于中国地理上、人种上的原因，只是在满族鞑靼人征服了全国以后才形成为一种政治原则。毫无疑问，17 世纪末竞相与中国通商的欧洲各国彼此间的剧烈纷争，有力地助长了满族人实行排外的政策。可是，更主要的原因是，这个新的王朝害怕外国人会支持一大部分中国人在中国被鞑靼人征服以后大约最初半个世纪里所怀抱的不满情绪。出于此种考虑，它那时禁止外国人同中国人有任何来往，要来往只有通过离北京和产茶区很远的一个城市广州。外国人要做生意，只限同领有政府特许执照从事外贸的行商进行交易。这是为了阻止它的其余臣民同它所仇视的外国人发生任何联系。无论如何，在现在这个时候，西方各国政府进行干涉只能使革命更加暴烈，并拖长商业的停滞。

同时，从印度这方面来看还必须指出，印度的英国当局的收入，足足有 1/7 要靠向中国人出售鸦片，而印度对英国工业品的需求在很大程度上又是取决于印度的鸦片生产。不错，中国人不大可能戒吸鸦片，就像德国人不可能戒吸烟草一样。可是大家都知道，新皇帝颇有意在中国本国种植罂粟和炼制鸦片，显然，这将使印度的鸦片生产、印度的收入以及印度斯坦的商业资源同时受到致命的打击。虽然利益攸关的各方或许不会马上感觉到这种打击，但它到一定的时候会实实在在地起作用，并且使我们前面预言过的普遍的金融危机尖锐化和长期化。

欧洲从 18 世纪初以来没有一次严重的革命事先没发生过商业危机和金融危机。1848 年的革命是这样，1789 年的革命也是这样。不错，我们每天都看到，不仅称霸世界的列强和它们的臣民之间、国家和社会之间、阶级和阶级之间发生冲突的迹象日趋严重，而且现时的列强相互之间的冲突正在一步步尖锐，乃至剑拔弩张，非由国君们来打最后的交道不可了。在欧洲各国首都，每天都传来全面大战在即的消息，第二天的消息又说和平可以维持一星期左右。但是我们可以相信，无论欧洲列强间的冲突怎样尖锐，无论外交方面的形势如何严峻，无论哪个国家的某个狂热集团企图采取什么行动，只要有一丝一毫的繁荣气息，国君们的狂怒和人民的愤恨同样都会缓和下来。战争也好，革命也好，如果不是来自工商业普遍危机，都不大可能造成全欧洲的纷争，而那种危机到来的信号，总是来自英国这个欧洲工业在世界市场上的代表。

现在，英国工厂空前扩充，而官方政党都已完全衰朽瓦解；法国的全部国家机器已经变成一个巨大的从事诈骗活动和证券交易的商行；奥地利则处于破产前夕；到处都积怨累累，行将引起人民的报复；反动的列强本身利益互相冲突；俄国再一次向全世界显示出它的侵略野心——在这样的时候，上述危机所必将造成的政治后果是毋庸赘述的。

——选自《马克思恩格斯选集》第一卷，人民出版社 1995 年版

天朝田亩制度（节选）

1853 年

太平天国定都天京后，于1853年冬颁布了《天朝田亩制度》。该制度是太平天国以解决土地问题为核心的总纲领，提出了“田分九等”“分田照人口、不论男妇”“好丑各一半”等分田的办法，还提出了“凡天下田，天下人同耕”“凡天下婚姻不论财”“力农者有赏，惰农者有罚”等思想，目的是达到“有田同耕，有饭同食，有衣同穿，有钱同使，无处不均匀，无人不饱暖”的理想社会，反映了太平天国追求政治和经济平等的良好愿望。由于《制度》抓住了农民最关心的土地问题，因而极大地激发和调动了农民的积极性，使太平天国在较短的时间内队伍迅速壮大，给予清政府以沉重打击。但由于客观条件的限制，也由于《天朝田亩制度》本身的缺陷，该《制度》没有真正被实施。全文约3000字，本篇节选大部分。

凡一军：典分田二，典刑法二，典钱谷二，典入二，典出二，俱一正一副，即以师帅、旅帅兼摄。当其任者掌其事，不当其事者亦赞其事。凡一军一切生死黜陟等事，军帅详监军，监军详钦命总制，钦命总制次详将军、侍卫、指挥、检点、丞相，丞相禀军师，军师奏天王，天王降旨，军师遵行。功勋等臣世食天禄，其后来归从者，每年每家设一人为伍卒，有警则首领统之为兵杀敌捕贼，无事则首领督之为农耕田奉上。

凡田分九等：其田一亩，早晚二季可出一千二百斤者为上上田，可出一千一百斤者为上中田，可出一千斤者为上下田，可出九百斤者为中上田，可出八百斤者为中中田，可出七百斤者为中下田，可出六百斤者为下上田，可出五百斤者为下中田，可出四百斤者为下下田。上上田一亩当上中田一亩一分，当上下田一亩二分，当中上田一亩三分五厘，当中中田一亩五分，当中下田一亩七分五厘，当下上田二亩，当下中田二亩四分，当下下田三亩。

凡分田，照人口，不论男妇，算其家人口多寡，人多则分多，人寡则分寡，杂以九等。如一家六人分三人好田，分三人丑田，好丑各一半。凡天下田，天下人同耕，此处不足，则迁彼处，彼处不足，则迁此处。凡天下田，丰荒相通，此处荒则移彼丰处，以赈此荒处，彼处荒则移此丰处，以赈彼荒处。务使天下共享天父上主皇上帝大福，有田同耕，有饭同食，有衣同穿，有钱同使，无处不均匀，无人不饱暖也。凡男妇，每一人自十六岁以上受田多、踰十五岁以下一半。如十六岁以上分上上田一亩，则十五岁以下减其半，分上上田五分；又如十六岁以上分下下田三亩，则十五岁以下减其半，分下下田一亩五分。

凡天下，树墙下以桑。凡妇蚕绩缝衣裳。凡天下，每家五母鸡，二母彘，无失其时。凡当收成时，两司马督伍长，除足其二十五家每人所食可接新谷外，余则归国库，凡麦、豆、芝麻、布帛、鸡、犬各物及银钱亦然。盖天下皆是天父上主皇上帝一大家，天下人人不受私，物物归上主，则主有所运用，天下大家处处平均，人人饱暖矣。此乃天父上主皇上帝特命太平真主救世旨意也。但两司马存其钱谷数于簿，上其数于典钱谷及典出入。

凡二十五家中，设国库一，礼拜堂一，两司马居之。凡二十五家中所有婚娶弥月喜事，俱用国库；但有限式，不得多用一钱。如一家有婚娶弥月事给钱一千，谷一百斤，通天下皆一式，总要用之有节，以备兵荒。凡天下婚姻不论财。凡二十五家中陶冶木石等匠俱用伍长及伍卒为之，农隙治事。凡两司马办其二十五家婚娶吉喜等事，总是祭告天父上主皇上帝，一切旧时歪例尽除。其二十五家中童子俱日至礼拜堂，两司马教读旧遗诏圣书、新遗诏圣书及真命诏旨书焉。凡礼拜日，伍长各率男妇至礼拜堂，分别男行女行，讲听道理，颂赞祭奠天父上主皇上帝焉。

凡二十五家中力农者有赏，惰农者有罚。或各家有争讼，两造赴两司马，两司马听其曲直。不息，则两司马挈两造赴卒长，卒长听其曲直。不息，则卒长上其事于旅帅、师帅、典执法及军帅。军帅合同典执法判断之。既成狱辞，军帅又必上其事于监军，监军次详总制、将军、侍卫、指挥、检点及丞相，丞相禀军师，军师奏天王。天王降旨，命军师、丞相、检点及典执法等详核其事。无出入，然后军师、丞相、检点及典执法等，直启天王主断。天王乃降旨主断，或生、或死，或予、或夺，军师遵旨处决。

凡天下官民，总遵守十款天条，及遵命令尽忠报国者则为忠，由卑升至高，世其官。官或违犯十款天条及逆命令受贿弄弊者则为奸，由高贬至卑，黜为农。民能遵条命及力农者则为贤为良，或举或赏。民或违条命及惰农者则为恶为顽，或诛或罚。

凡天下每岁一举，以补诸官之缺。举得其人，保举者受赏；举非其人，保举者受罚。其伍卒民，有能遵守条命及力农者，两司马则列其行迹，注其姓名，并自己保毕姓名於卒长。卒长细核其人於本百家中，果实，则详其人，并保举姓名於旅帅。旅帅细核其人於本五百家中，果实，则上其人，并保举姓名於师帅。师帅实核其人於本二千五百家中，果实，则上其人，并保举姓名於军帅。军帅总核其人於本军中，果实，则上其人，并保举姓名於监军。监军详总制，总制次详将军、侍卫、指挥、检点、丞相，丞相禀军师，军师启天王。天王降旨调选天下各军所举为某旗，或师帅，或旅帅，或卒长、两司马、伍长。凡滥保举人者，黜为农。

凡天下诸官三岁一升贬，以示天朝之公。凡滥保举人及滥奏贬人者，黜为农。当升贬年，各首领各保升奏贬其统属。卒长细核其所统两司马及伍长，某人果有贤迹则列其贤迹，某人果有恶迹则列其恶迹，注其人，并自己保升奏贬姓名於旅帅；至若其人无可保升并无可奏贬者，则姑置其人不保不奏也。旅帅细核其所统属卒长及两司马、伍长，某人果有贤迹则列其贤迹，某人果有恶迹则列其恶迹，详其人，并自己保升奏贬姓名於师帅。师帅细核其所统属旅帅以下官，某人果有贤迹则列其贤迹，某人果有恶迹则列其恶迹，详其人，并自己保升奏贬姓名於军帅。军帅将师帅以下官所保升奏贬姓名，并自己所保升奏贬各官姓名详於监军。监军并细核其所统军帅，某人果有贤迹则列其贤迹，某人果有恶迹则列其恶迹，详其人，并自己保升奏贬姓名详钦命总制。钦命总制并细核其所统监军，某人果有贤迹则列其贤迹，某人果有恶迹则列其恶迹，详其人，并自己保升奏贬姓名一同举于将军、侍卫、指挥、检点及丞相。丞相禀军师。军师将各钦命总制及各监军及各军帅以下官所保升奏贬各姓名直启天王主断。天王乃降旨主断，超升各钦命总制所保升各监军，其或升为钦命总制，或升为侍卫，谴谪各钦命总制所奏贬各监军，或贬为军帅，或贬为师帅。超升各监军所保升各军帅，或升为监军，或升为侍卫；谴谪各监军所奏贬各军帅，或贬为师帅，或贬为旅帅、卒长。超升各军帅所保升各官，或升上一等，或升上二等，或升军帅；谴谪各军帅所奏贬各官，或贬下一等，或贬下二等，或贬为农。天王降旨，军师宣丞相，丞相宣检点、指挥、将军、侍卫、总制，总制次宣监军，监军宣各官一体遵行。监军以下官，俱是在上保升奏贬在下。惟钦命总制一官，天王准其所统各监军保升奏贬钦命总制。天朝内丞相、检点、指挥、将军、侍卫诸宜，天王亦准其上下互相保升奏贬，以剔上下相蒙之弊。至内外诸官，若有大功大勋及大奸不法等事，天王准其上下不时保升奏贬，不必拘升贬之年。但凡在上保升奏贬在下，诬，则黜为农。至凡在下保升奏贬在上，诬，则加罪。凡保升奏贬所列贤迹恶迹，总要有凭据方为实也。

凡设军，每一万三千一百五十六家先设一军帅。次设军帅所统五师帅。次设师帅所统五旅帅，共二十五旅帅。次设二十五旅帅各所统五卒长，共一百二十五卒长。次设一百二十五卒长各所统四两司马，共五百两司马。次设五百两司马各所统五伍长，共二千五百伍长。次设二千五百伍长各所统四伍卒，共一万伍卒。通一军人数共一万三千一百五十六人。凡设军以后，人家添多，添多五家，另设一伍长。添多二十六家，另设一两司马。添多一百零五家，另设一卒长。添多五百二十六家，另设一旅帅。添多二千六百三十一家，另设一师帅。共添多一万三千一百五十六家，另设一军帅。未设军帅前，其师帅以下官仍归旧军帅统属；既设军帅，则割归本军帅统属。

凡内外诸官及民，每礼拜日听讲圣经，虔诚祭奠，礼拜颂赞天父上主皇上帝焉。每七七四十九礼拜日，师帅、旅帅、卒长更番至其所统属两司马礼拜堂讲圣书，教化民，兼察其遵条命与违条命及勤惰。如第一七七四十九礼拜日，师帅至某两司马礼拜堂，第二七七四十九礼拜日，师帅又别至某两司马礼拜堂，以次第轮，周而复始。旅帅、卒长亦然。

凡天下每一夫有妻子女三、四口或五、六、七、八、九口，则出一人为兵。其余鳏寡孤独废疾免役，皆颁国库以养。

凡天下诸官，每礼拜日依职份虔诚设牲馔奠祭礼拜，颂赞天父上主皇上帝，讲圣书，有敢怠慢者黜为农。钦此。

——选自罗尔纲《太平天国文选》，上海人民出版社 1956 年版

资政新篇（节选）

洪仁玕 · 1859 年

洪仁玕（1822 － 1864），广东花县人，太平天国天王洪秀全的族弟，是太平天国领导层中对西方见识较广的一位。金田起义后曾流落到香港。1859 年到天京，被洪秀全封为军师、干王，一度总理朝政。执政之年即写出《资政新篇》，提出了一套统筹全局的革新方案，内容共分四篇："用人察失类"，是主张团结奋斗的行政纲领；"风风类"，是移风易俗，改变传统中国不思进取、庸庸碌碌生活方式的主张；"法法类"，即"以法法之，其事大关世道人心，如纲常伦纪，教养大典，则以立法以为准焉"；"刑刑类"，即惩治顽民，严肃法制。《资政新篇》是太平天国后期的政治纲领，也是先进中国人第一个比较系统地向西方资本主义学习的纲领。当然，虽然《资政新篇》在当时的中国算是相当先进的思想，但由于脱离了农民的实际，也由于当时客观条件的限制没有得到实施。全文约 1.1 万字，本篇选读部分。

小弟仁玕跪在我真圣主万岁万岁万万岁陛下，奏为条陈款列，善铺国政，以新民德，并跪请圣安事：缘小弟自粤来京，不避艰险，非图爵禄之荣，实欲备陈方策，以广圣闻，以报圣主知遇之恩也。夫事有常变，理有穷通，故事有今不可行而可豫定者，为後之福；有今可行，而不可永定者，为後之祸。其理在于审时度势，与本末强弱耳。然本末之强弱适均，视乎时势之变通为律，则自今而至後，自小而至大，自省而至国，自国而至万国，亦无不可行矣。其要在于因时制宜，审势而行而已。兹谨将所见闻者条陈于后，以广圣闻，以备圣裁，以资国政，庶有小补云尔。

……

一、兴舟楫之利，以坚固轻便捷巧为妙。或用火用气用力用风，任乎智者自创。首创至巧者，赏以自专其利，限满准他人仿做，若愿公于世，亦禀明发行。兹有火船气船，一日夜能行二千余里者，大商则搭客运货，国家则战守缉捕，皆不数日而成功，甚有裨于国焉。若天国兴此技，黄河可疏通其沙，而流入于海，江淮可通有无，而缓急相济，要隘可以防患，凶旱水溢可以救荒，国内可保无虞，外国可通和好，利莫大焉。

一、兴银行。倘有百万家财者，先将家赀契式禀报入库，然后准颁一百五十万银纸，刻以精细花草，盖以国印图章，或银货相易，或纸银相易，皆准每两取息三厘。或三四富民共请立，或一人请立，均无不可也。此举大利于商贾士民，出入便于携带，身有万金，而人不觉，沉于江河，则损于一己，而益于银行，财宝仍在也。即遇贼劫，亦难骤然挐去也。

一、兴器皿技艺。有能造精奇利便者，准其自售，他人仿造，罪而罚之。即有法人而生巧者，准前造者收为己有，或招为徒焉。器小者赏五年，大者赏十年，益民多者年数加多，无益之物，有责无赏。限满他人仿做。

一、兴宝藏。凡金、银、铜、铁、锡、煤、盐、琥珀、蠔壳、琉璃、美石等货，有民探出者准其禀报，爵为总领，准其招民採取。总领获十之二，国库获十之二，採者获十之六焉。

倘宝有丰歉，则採有多少，又当视所出如何，随时增减，不得匿有为无也。此为天财地宝，虽公共之物，究亦枕近者之福，小则准乡，大则准县，尤大者准省及省外之人来採也。有争门抢夺他人之所先者，准总领及地方官严办，务须设法妥善焉。

一、兴邮亭以通朝廷文书，书信馆以通各色家信，新闻馆以报时事常变，物价低昂，只须实写，勿着一字浮文。倘有沉没书札银信及伪造新闻者，轻则罚，重则罪。邮亭由国而立，余准富民纳饷，禀明而设。或本处刊卖，则每日一篇，远者一礼拜一篇，越省则一月一卷，注明某处某人某月日刊刻，该钱若干，以便远近採买。

一、朝廷考察若探未实者，注明“有某人来说，未知是否，俟后报明”字样，则不得责之也。

一、兴各省新闻官。其官有职无权，性品诚实不阿者官职不受众官节制，亦不节制众官，即赏罚亦不准众官褒贬。专收十八省及万方新闻篇有招牌图记者，以资圣鉴，则奸者股慄存诚，忠者清心可表，于是一念之善，一念之恶，难逃人心公议矣。人岂有不善，世岂有不平哉！

一、兴省郡县钱谷库，以司文武官员俸值公费立官司理，每月报销。除俸值外，有妄取民贿一文者议法。

一、兴市镇公司。立官严正，以司工商水陆关税，每礼拜呈缴省郡县库存贮，或市镇公务支用，有为己私抽者议法。

一、兴士民公会。富贵善义，仰体天父、天兄好生圣心者，听其甘心乐助，以拯困扶危，并教育等件。至施舍一则，不得白白妄施，以沽名誉，恐无贞节者一味望恩，不自食其力，是滋弊也。宜合作工，以受所值，惟废疾无所归者准白白受施。

一、兴医院，以济疾苦系富贵好善，仰体天父、天兄圣心者，题缘而成其举。立医师，必考取数场然後聘用，不受谢金，公义者司其事。

一、兴乡官。公义者司其任，以理一乡民情曲直吉凶等事，乡兵听其铺调。

一、兴乡兵。大村多设，小村少设，日间管理各户，洒扫街渠，以免秽毒伤人，并拿打架攘窃，及在旁证见之人，到乡官处处决，妄证者同罪。夜於该管之地有失，惟守者是问。若力不足而呼救不及，不干守者之事。被伤者生则医，死则瘞，有妻子者议恤。

一、罪人不孥。若讯实同情者及之，无则善视抚慰之，以开其自新之路：若连累及之，是迫之使反也。

一、禁溺子女。不得已难养者，准无子之人抱为己子，不得作奴视之，或交育婴堂；溺者罪之。

一、外国有兴保人、物之例：凡屋宇、人命、货物、船等有防於水火者，先与保人议定，每年纳银若干，有失则保人赔其所值，无失则赢其所奉。若失命，则父母妻子有赖，失物则已不致尽亏。

一、外国有禁卖子为奴之例。家贫责子，只顾眼前之便，不思子孙永为人奴，大辱祖考；後世或生贤智者不得为国之用，反为国之害矣。故准富者请人佣工，不得买奴，贻笑外邦。生女难养，准为女伺，长则出嫁从良也。

一、禁酒及一切生熟黄烟鸦片。先要禁为官者，渐次严禁在下。绝其栽植之源，遏其航来之路，或於外洋入口之烟，不准过关。走私者杀无赦。

一、禁庙宇寺观。既成者还其俗，焚其书，改其室为礼拜堂，籍其资为医院等院。此为拯民出於迷昧之途，入於光明之国也。

一、禁演戏、修台、建醮。先化其心之惑，使伊所签助者，转助医院、四民院、学馆等，乃有益於民生实事。

一、革阴阳八煞之谬。名山利薮，多有金、银、铜、铁、锡、煤等宝，大有利於民生国用。今乃动言风煞，致珍宝埋没不能现用。请各自思之，风水益人乎？抑珍宝益人乎？数千年之疑团，牢而莫破，可不惜哉！

一、除九流。惰民不务正业，专以异端诬民，伤风败俗，莫逾於此。准其归於正业，焚去一切惑民之说。若每日无三个时辰工夫者，即富贵亦是惰民，准父兄乡老擒送迸诸绝域，以警颓风之渐也。诚以游手偷闲，所以长其心之淫欲，劳心劳力，所以增其量之所不能。此天父之罚始祖，使汗颜而食者，一则使自养身，一则免生罪念，亦为此故也。

一、屋宇之制，坚固高广任其财力自为，不得雕镂刻巧，并类王宫朝殿。宜就方正，勿得执信风水，不依众向，致街衢不直，既成者勿改，新造者可遵，再建重新者，亦可改直。

一、立丈量官。凡水患河路有害於民者，准其申请，大者发库助支，小者民自捐助，而屋宇规模，田亩裁度，俱出此官。受赃者准民控诉，革职罚罪。

一、兴跛盲聋哑院。有财者自携资斧，无财者善人乐助，请长教以鼓乐书数杂技，不致为废人也。

一、兴鳏寡孤独院。准仁人济施，生则教以诗书各法，死则怜而葬之。因此等穷民，操心危，虑患深，往多有用之辈，不可不以恩感之也。

一、禁私门请谒，以杜卖官鬻爵之弊。凡子臣弟友，各有分所当为，各有奉值，各有才德，各宜奋力上进，致令闻外著，岂可攀援以玷仕途。即推举者亦是为国荐贤，亦属分内之事，既得俸值，何可贪赃。审实革职，二罪俱罚。

一上所议，是“以法法之”之法，多是尊五美、屏四恶之法。诚能上下凛遵，则刑具可免矣。虽然，纵有速化，不鲜顽民，故又当立“以刑刑之”之刑。

刑刑类

一、善待轻犯。宜给以饮食号衣，使修街渠道路，练其一足，使二三相连，以差人执鞭刃掌管。轻者移别县，重者移郡移省，期满释回，一以重其廉耻，二以免生他患，庶回时改过自新，此恩威并济之法也。

一、议第六天条曰“勿杀”。盖谓天父有赏罚於来生，人无生杀於今世。然天王为天父所命以主理世人，下有不法，上（不）可无刑。是知遭刑者非人杀之，是彼自缚以求天父罚之耳。虽然，为人上者，不可不亲身教导之也。

一、议大罪宜死者，置一大架圈其颈，立其足，升至桅杆顶，则去其足下之板，以吊死焉。先彰其罪状并日期，则观者可以股慄自儆，又少符勿杀之圣诫焉。

一、十款天条，治人心恶之未形者，制於萌念之始。诸凡国法，治人身恶之既形者，制其滋蔓之多。必先教以天条，而後齐以国法，固非不教而杀矣，亦必有耻且格尔。

一、与番人并雄之法，如开店二间，我无租值，彼有租值，我工人少，彼工人多，我价平卖，彼价贵卖，是我受益而彼受亏，我可永盛，彼当即衰，彼将何以久居乎？况我已有自固之策，若不失信义二字足矣，何必拘拘不与人交接乎？是浅量者之所为也。虽然，亦必有一定之章程，一定之礼法，方不致妄生别议。但前之中国不如是焉，毫无设法，修葺补理，以致全体闭塞，血脉不通，病其深矣。今之人心风俗，皆非古昔厚重之体，欲清其病源，既不可得，即欲俊补，其可得乎！

此皆为邦大略，小弟於此类凡涉时势二字，极深思索。故於古所无者兴之，恶者禁之，是者损益之。大率法外辅之以法而入於德，刑外化之以德而省於刑也。因又揣知圣心图治太急，得策则行，小弟诚恐前後致有不符之迹，故恭录己所窥见之治法，为前古罕有者，汇成小卷，以资圣治，以广圣闻。恳自今而後，可断则断，不宜断者付小弟掌率六部等议定再献，不致自负其咎，皆所以重尊严之圣体也。或更立一无情面之谏议在侧，以辅圣聪不逮。诸凡可否，有宜於後，不宜於今者，恳留为圣鉴，准以时势二字推行，则顶起天父、天兄纲常，太平一统江山万万年矣。

——选自罗尔纲《太平天国文选》，上海人民出版社 1956 年版

上清帝第二书（节选）

康有为 · 1895 年 5 月

康有为，又名祖诒，字广厦，号长素，中国近代政治家、思想家、教育家，广东南海人，人称康南海或南海先生。他信奉孔子的儒家学说，并致力于将儒家学说改造为可以适应现代社会的国教，曾担任孔教会会长。主要著作有《康子篇》《新学伪经考》《春秋董氏学》《孔子改制考》《日本变政考》《大同书》《欧洲十一国游记》等。1895 年 5 月，当甲午战争失败的消息传到国内，康有为被当时正在北京会试的各省举人推举为给光绪皇帝上书的代表，用两天一夜写成了 1.7 万余字的《上清帝第二书》，即著名的“公车上书”。他在书中痛陈割地赔款的严重后果，提出拒和、迁都、变法的主张，并提出了在富国、养民、教民等方面变法维新的具体建议。该书虽未送到光绪皇帝手中，但它的广为流传产生的实际影响不仅揭开了维新变法的序幕，也标志着资产阶级维新派开始登上中国的政治舞台，由此也奠定了康有为在资产阶级维新变法运动中的地位。全文约 1.7 万字，本篇选读部分。

具呈举人康祖诒等，为安危大计，乞下明诏，行大赏罚，迁都练兵，变通新法，以塞和款而拒外夷，保疆土而延国命，呈请代奏事：

窃闻与日本议和，有割奉天沿边及台湾一省，补兵饷二万万两，及通商苏杭，听机器、洋货流行内地，免其厘税等款，此外尚有缴械、献俘、迁民之说。阅《上海新报》，天下震动。闻举国廷诤，都人惶骇。又闻台湾臣民不敢奉诏，思戴本朝。人心之固，斯诚列祖、列宗及我皇上深仁厚泽，涵濡煦覆，数百年而得此。然伏下风数日，换约期迫矣，犹未闻明诏赫然峻拒日夷之求，严正议臣之罪。甘忍大辱，委弃其民，以列圣艰难缔构而得之，一旦从容误听而弃之，如列祖、列宗何？如天下臣民何？然推皇上孝治天下之心，岂忍上负宗庙，下弃其民哉！良由误于议臣之言，以为京师为重，边省为轻，割地则都畿能保，不割则都畿震动，故苟从权宜，忍于割弃也。又以群义纷纭，虽力摈和议，而保全大局，终无把握，不若隐忍求和，犹苟延旦夕也。又以为和议成后，可十数年无事，如庚申以后也。左右贵近，论率如此。故盈廷之言，虽切而不入；议臣之说，虽辱而易行，所以甘于割地、弃民而不顾也。

窃以为弃台民之事小，散天下民之事大；割地之事小，亡国之事大；社稷安危，在此一举，举人等栋折榱坏，同受倾压，故不避斧钺之诛，犯冒越之罪，统筹大局，为我皇上陈之。

何以谓弃台民即散天下也？天下以为吾戴朝廷，而朝廷可弃台民，即可弃我，一旦有事，次第割弃，终难保为大清国之民矣。民心先离，将有见土崩瓦解之患。《春秋》书“梁亡”者，梁未亡也，谓自弃其民，同于亡也。故谓弃台民之事小，散天下民之事大。日本之于台湾，未加一矢，大言恫喝，全岛已割。诸夷以中国之易欺也，法人将问滇、桂，英人将问藏、粤，俄人将问新疆，德、奥、意、日、葡、荷皆狡焉思启。有一不与，皆日本也，都畿必惊；

若皆应所求，则自啖其肉，手足腹心，应时尽矣，仅存元首，岂能生存？且行省已尽，何以为都畿也？故谓割地之事小，亡国之事大。此理至浅，童愚可知，而以议臣老成，乃谓割地以保都畿，此敢于欺皇上、愚天下也，此中国所痛哭，日本所阴喜，而诸夷所窃笑者也。

诸国知吾专以保都畿为事，皆将阳为恐吓都畿，而阴窥边省，其来必速。日本所为日日扬言攻都城，而卒无一炮震于大沽者，盖深得吾情也。恐诸国之速以日本为师也，是我以割地而鼓舞其来也，皇上试召主割地议和之臣，以此诘之，度诸臣必不敢保他夷之不来，而都畿之不震也，则今之议割地、弃民何为乎？皇上亦可以翻然独断矣。或以为庚申和后，乃有甲申之役，二十年中可图自强，今虽割弃，徐图补救。此又敢以美言欺皇上、卖天下者也。

夫治天下者势也，可静而不可动，如箭之在栝，如马之在埒，如决堰陂之水，如运高山之石，稍有发动，不可禁压，当其无事，相视莫敢发难；当其更变，朽株尽可为患。昔者辛巳以前，吾属国无恙也，自日本灭琉球，吾不敢问，于是，法取越南，英灭缅甸，朝鲜通商，而暹罗半翦，不过三四年间，而吾属国尽矣。甲午以前，吾内地无恙也，今东边及台湾一割，法规滇、桂，英规滇、粤及西藏，俄规新疆及吉林、黑龙江，必接踵而来，岂肯迟迟以礼让为国哉？况数十国之逐逐于后乎？譬大病后，元气既弱，外邪易侵，变症百作，岂与同治之时，吾国势犹盛，外夷窥伺情形未洽比哉？且民心既解，散勇无归，外患内讧，祸在旦夕。而欲苟借和款，求安目前，亡无日矣，今乃始基耳。症脉俱见，不待卢扁，此举人等所为日夜忧惧，不惮僭越，而谋及大计也。

夫言战者，固结民心，力筹大局，可以图存；言和者，解散民礼，鼓舞夷心，更速其亡。以皇上圣明，反覆讲辩，孰利孰害，孰得孰失，必当独断圣衷，翻然变计者。不揣狂愚，统筹大计，近之为可和可战，而必不致割地、弃民之策；远之为可富可强，而断无敌国外患之来。伏乞皇上下诏鼓天下之气，迁都定天下之本，练兵强天下之势，变法成天下之治而已。

何谓鼓天下之气也？天下之为物，譬犹器也，用其新而弃其陈，病乃不存。水积为淤，流则不腐；户闭必坏，枢则不蠹；炮烧则晶莹，久置则生锈；体动则强健，久卧则委弱。况天下大器日摩洗振刮，犹恐尘垢；置而不用，坏废放失；日趋于弊而已。今中国人民咸怀忠义之心，非不可用也。而将吏贪懦，兵士怯弱，乃至闻风哗溃，驯至辱国请和者，得无皇上未有以鼓其气耶？是有四万万之民，而不善用之也。

……

夫人主所以驾驭天下者，爵赏、刑罚也。赏罚不行，则无以作士气；赏罚颠倒，则必至离民心。今闻日本要我以释丧师之将，是欲以散众志而激民变也。苟三诏既下，赏罚得当，士气咸伸，天下必距跃鼓舞，奔走动容，以赴国家之急，所谓下诏鼓天下之气者，此也。

何谓定天下之本也？自古都畿皆凭险阻。自非周公盛德，不敢以洛邑为都，故娄敬挽辂，汉祖移驾，宋汴梁无险，致敌长驱，徽、钦之辱，非独失德使然也。方今旅顺已失，威海既隳，险阻无有，京师孤立。近自北塘、芦台、神堂、涧河，远自山海、抚宁、昌黎、乐亭、清河、蚕沙，处处可入，无以为防守之计。此次和议即成，而诸夷窥伺，皆可扬帆而达津、沽。《易》曰：“王公设险，以守其国。”险既失矣，国何可守？故今日大计，必在迁都。

……故外夷所累借以胁制者，皆以吾京师近海之故。彼虽小丑，无求不得；吾虽大胜，终必请和，亦既彰明较著矣。用事者既不早为自强之谋，又不预作迁都之计，夷衅既开，虚侨空谈，相与言战，及稍败衄，震动畏缩，苟幸得和，乃至割根本之地、弃千万之民而亦为之，其不智而失计亦甚矣。

以今事言之，吾所以忍割地、弃民者，为保都畿，安乘舆也。微论将来外夷继轨，都畿终不能保，乘舆终必致惊，而以区区十里之城，弃千里之地、十兆之民以易之，甚非策也。以后事料之，诸夷知我之专保都畿也，咸借端开衅，阳攻都畿以索边省，我必将尽割沿边十余省，以保都畿，是弃天下万里之地、数万万之民，以易区区之都城也。

夫王者有都以治天下耳，岂有割天下以保都城而恃为至计哉！以五十年来前后今事考之，吾之款和输割，皆为都畿边海之故，其事易徵，其理易明。昔者苟能自强，虽不迁都，犹可立国；今日虽欲自强，而外夷连轨，计不及待。故非迁都，智者无所骋其谋，勇者无所竭其力，必将坐困胁割尽而后已。夫以一都城之故而亡其国，岂不痛哉！故今日犹言不迁都者，非至愚病狂，则甘心鬻国。大臣既不能预鉴于前，而至辱国，又不补救于后，必至丧邦。皇上圣明，试以诘难诸臣，当无从置喙，或下群臣集议，当亦从同，而后宸衷独断，定议迁都，以安宗庙而保疆土，无逾于此。

……

何谓强天下之势也？凡两物相交，必有外患，兽有爪牙之卫，人有甲胄之蔽，列国并立，兵者，国之甲胄也。昔战国之世，魏有武卒，齐有轻骑，秦有武士。楚庄投袂，屦及剑及，即日伐宋。盖诸国并骋，无日不训讨军实，国乃可立。今环地球五十余国，而泰西争雄，皆以民为兵，大国练兵至百余万。选兵先以医生视其强弱，乃入学堂学习布阵、骑击、测量、绘图。其阵法、营垒、器械、枪炮，日夕讲求，确有程度。操练如真战，平居如临敌，所由雄视海内也。日本步武其后，遂来侮我。而我犹守大一统之旧制以待之，不训兵备，至有割地款和之事。今日氛未已，不及精练，然能将卒相知，共其甘苦，器械精利，壮其胆气，亦可自用，选将购械，犹可成军。

夫用兵者，用其气也。老将富贵已足，无所愿望，或声色销铄，精气竭衰，暮气已深，万不能战。即或效忠，一死而已，丧师辱国，不可救矣。近者杨芳失律于粤城，鲍超骄蹇于西蜀，令彼再如为兵时跳身坐炮眼上，岂可得哉？

……

《管子》谓："器械不精，以卒予敌。"外夷讲求枪炮，制作日新。枪则德有得来斯枪、毛瑟枪，法有沙士钵枪，英有亨利马梯尼枪，美有哈乞开司枪、林明敦枪、秘薄马地尼枪，俄有俾尔达奴枪，而近者英之黎姆斯枪为尤精。炮自克虏伯炮、嘉立炮外，近有毒烟开花炮、空气黄药大炮，以及暗炮台、水底自行船、机器飞车、御敌戎衣、测量炮子表，巧制日新。日本步武泰西，亦能自制新器，曰苗也理枪。而我中国未能创制，只购旧式，经办委员不解制造，于坚轻远准速无所谙晓，或以旧枪改充毛瑟，贪其价廉，乃不可用，其中饱者益无论。闻近来所购者，多暹罗废枪，香港以二两八钱购得，而中国以十二两购之。……我帅溃败，虽将士不力，亦器械不精，故胆气不壮，有以致之。故吾非悬重赏，以厉新制，不足取胜。今不及办，宜选精于制造操守廉洁之士，专购英黎姆斯枪十数万，以备前敌，并广购毒烟空气之炮、御敌之衣，庶器械精利，有恃无恐，是谓购械。

又我南洋诸岛民四百万，虽久商异域，咸戴本朝。以丧师割地为外夷姗笑，其怀愤怒过于内地之民，其人富实，巨万之资以数千计，通达外情，咸思内归中国，团成一军，以雪国耻。特去天万里，无路自通。若派殷商，密令举办，派公忠智略通达商情之大臣领之，或防都畿，或攻前敌，并令联通外国，助攻日本，或有奇功。所谓练兵以强天下之本者，此也。

然凡上所陈，皆权宜应敌之谋，非立国自强之策也。伏念国朝法度，因沿明制，数百年矣。物久则废，器久则坏，法久则弊。官制则冗散万数，甚且鬻及监司，教之无本，选之无择，故营私交赂，欺饰成风，而少忠信之吏。学校则教及词章诗字，寡能讲求圣道，用非所学，学非所用，故空疏愚陋，谬种相传，而少才智之人。兵则绿营老弱，而募勇皆乌合之徒。农则地利未开，而工商无制造之业。其他凡百积弊，难以遍举。而外国奇技淫巧，流行内地，民日穷匮，乞丐遍地，群盗满山，即无外衅，精华已竭，将有他变。方今当数十国之觊觎，值四千年之变局，盛暑已至，而不释重裘，病症已变，而犹用旧方，未有不暍死而重危者也。

窃以为今之为治，当以开创之势治天下，不当以守成之势治天下；当以列国并立之势治天下，不当以一统垂裳之势治天下。盖开创则更新百度，守成则率由旧章。列国并立，则争雄角智；一统垂裳，则拱手无为。言率由则外变相迫，必至不守不成；言无为而诸国交争，必至四分五裂。《易》曰：“穷则变，变则通。”董仲舒曰：“为政不调，甚者更张，乃可谓理。”若谓祖宗之法不可变，则我世祖章皇帝何尝不变太宗文皇帝之法哉？若使仍以八贝勒旧法为治，刚我圣清岂能久安长治乎？不变法而割祖宗之疆土，驯至于亡，与变法而光宗庙之威灵，可以大强，孰轻孰重，孰得孰失，必能辨之者。

不揣狂愚，窃为皇上筹自强之策，计万世之安，非变通旧法，无以为治。变之之法，富国为先。户部岁入银七千万，常岁亦已患贫，大农仰屋，罗掘无术，鬻官税赌，亦忍耻为之，而所得无几。然且旱潦河灾，船炮巨帑，皆不能举。闻日本索偿二万万，是使我臣民上下三岁不食乃能给之。若借洋债，合以利息扣折，百年亦无偿理，是自毙之道也。与其以二万万偿日本，何如以二万万外修战备，内变法度哉！

……

——选自《康有为全集》（二），上海古籍出版社1990年版

变法通议自序

梁启超·1896年8月

梁启超（1873—1929），字卓如，号任公，别号饮冰室主人，广东省新会县人。我国近代资产阶级维新运动的著名政治活动家和教育宣传家，与康有为并称为维新派的领袖。《变法通议》是梁启超在戊戌变法前夕撰写的一组政论文章，共14篇，其中12篇刊于他担任主笔的上海《时务报》。他曾这样说："启超创一旬刊杂志于上海，曰《时务报》。自著《变法通议》，批评秕政，而救弊之法，归于废科举兴学校，亦时发民权论，但微其绪，未敢昌言。"可见，《变法通议》是为救清廷政治之弊而作的，《变法通议》全篇都是在鼓吹变法，倡言维新。《变法通议》在《时务报》上连载，使《时务报》在众多报刊中脱颖而出，成为当时影响最大的维新派刊物，梁启超本人也因此得到了"舆论之骄子，天纵之天豪"的美誉。《自序》约800字，本篇全文选读。

法何以必变？凡在天地之间者莫不变：昼夜变而成日；寒暑变而成岁；大地肇起，流质炎炎，热熔冰迁，累变而成地球；海草螺蛤，大木大鸟，飞鱼飞鼍，袋鼠脊兽，彼生此灭，更代迭变，而成世界；紫血红血，流注体内，呼炭吸养，刻刻相续，一日千变，而成生人。藉曰不变，则天地人类并时而息矣。故夫变者，古今之公理也：贡助之法变为租庸调，租庸调变为两税，两税变为一条鞭；并乘之法变为府兵，府兵变为彍骑，彍骑变为禁军；学校升造之法变为荐辟，荐辟变为九品中正，九品变为科目。上下千岁，无时不变，无事不变，公理有固然，非夫人之为也。为不变之说者，动曰"守古守古"，庸讵知自太古、上古、中古、近古以至今日，固已不知万百千变。今日所目为古法而守之者，其于古人之意，相去岂可以道里计哉？

今夫自然之变，天之道也；或变则善，或变则敝。有人道焉，则智者之所审也。语曰："学者上达，不学下达。"惟治亦然：委心任运，听其流变，则日趋于敝；振刷整顿，斟酌通变，则日趋于善。吾揆之于古，一姓受命，刱法立制，数叶以后，其子孙之所奉行，必有以异于其祖父矣。而彼君民上下，犹瞷焉以为吾今日之法吾祖，前者以之治天下而治，薾然守之，因循不察，渐移渐变，百事废弛，卒至疲敝，不可收拾。代兴者审其敝而变之，斯为新王矣。苟其子孙达于此义，自审其敝而自变之，斯号中兴矣。汉唐中兴，斯固然矣。

《诗》曰："周虽旧邦，其命维新。"言治旧国必用新法也。

其事甚顺，其义至明，有可为之机，有可取之法，有不得不行之势，有不容少缓之故。为不变之说者，犹曰"守古守古"，坐视其因循废弛，而漠然无所动于中。呜呼！可不谓大惑不解者乎？《易》曰："穷则变，变则通，通则久。"伊尹曰："用其新，去其陈。"病乃不存。夜不炳烛则昧，冬不御裘则寒，渡河而乘陆车者危，易证而尝旧方者死。今专标斯义，大声疾呼，上循土训诵训之遗，下依矇讽鼓谏之义，言之无罪，闻者足兴，为六十篇，分类十二，知我罪我，其无辞焉。

——选自《梁启超变法通议》，华夏出版社2002年版

原强（节选）

严复·1895 年 3 月

严复（1854—1921），原名宗光，字又陵，后改名复，字几道，福建侯官人，曾被清政府公派到英国留学，先入朴茨茅斯大学，后转到格林威治海军学院。回国后曾担任过京师大学堂译局总办、上海复旦公学校长、安庆高等师范学堂校长，清朝学部名辞馆总编辑。他是清末很有影响的资产阶级启蒙思想家、翻译家和教育家，也是一个反对顽固保守、力主复法的维新派思想家，是中国近代史上向西方国家寻找真理的“先进的中国人”之一。他不仅著文阐述维新的必要性、重要性、迫切性，而且翻译了英国生物学家赫胥黎的《天演论》，以“物竞天择，适者生存”“时代必进，后胜于今”作为救亡图存的理论依据，在当时产生了巨大的影响。戊戌变法后，他致力于翻译西方资产阶级哲学社会学说及自然科学著作。他信奉达尔文的进化论和斯宾塞的庸俗进化论。这是他政治思想的理论基础，也是他教育思想的理论基础。严复在《原强》中提出，一个国家的强弱存亡决定于三个基本条件：“一曰血气体力之强，二曰聪明智虑之强，三曰德性义仁之强。”他幻想通过资产阶级的体、智、德三方面教育增强国威，大力倡导“鼓民力，开民智，新民德”。“教育救国论”也是严复的一个突出思想特点。全文 1.2 万余字，本篇部分选读。

盖生民之大要三，而强弱存亡莫不视此：一曰血气体力之强，二曰聪明智虑之强，三曰德性仁义之强。是以西洋观化言治之家，莫不以民力、民智、民德三者断民种之高下。未有三者备而民生不优，亦未有三者备而国威不奋者也。……凡可以进是三者，皆所力行，凡可以退是三者，皆所宜废。而又盈虚酌剂，使三者毋或致偏焉。西洋政教，若自其大者观之，不过如是而已。

由是而观吾中国今日之民，其力智德三者，固何如乎？……夫一国犹之一身也，脉络贯通，官体相救，故击其头则四肢皆应，刺其腹则举体知亡。而南北虽属一君，彼是居然两戒，首善震矣，四海晏然，视邦国之颠危，犹秦、越之肥瘠。合肥谓：以北洋一隅之力，御倭人全国之师。非过语也。此君臣势散而相爱相保之情薄也。将不素学，士不素练，器不素储，一旦有急，则蚁附蜂屯，授之以扞格不操之利器，曳兵而走，转以奉敌。

至于今之西洋，则与是不可同日而语矣。何则？彼西洋者，无法与法并用，而皆有以胜我者也。自其自由平等以观之，则捐忌讳，去烦苛，决壅蔽，人人得其意，申其言，上下之势不相悬隔，君不甚尊，民不甚贱，而联若一体者，是无法之胜也。自其官工兵商法制之明备而观之，则人知其职，不督而办，事至纤悉，莫不备举，进退作息，皆有常节，无间远迩，朝令夕改，而人不以为烦，则是以有法胜也。其鸷悍长大，既胜我矣，而德慧术知，又为吾民所远不及。故凡其耕凿陶冶，织纴牧畜，上而至于官府刑政、战守、转输、邮置、交通之事，与凡所以和众保民者，精密广大，较吾中国之所有，倍蓰有加焉。其为事也，一一皆本诸学术，其为学术也，一一皆本于即物实测，层累阶级，以造于至精至大之途，故蔑一事焉，可坐论而不足起行者也。苟求其故，则彼以自由为体，以民主为用，一洲之民，散为七八，争驰并进，以相磨砻，始于相忌，终于相成，各殚智虑，此既日异，彼亦月新。故能用法而不至受法之敝，此其所以为可畏也。往者中国之法与无法遇，故虽经累胜而常自存。今也彼亦以其法以与吾法遌，而吾法乃颓隳朽蠹如此其敝也，则彼法日胜而吾法日消矣。

……是故苟民力已恭，民智已卑，民德已薄，虽有富强之政，莫之能行。盖政如草木焉，置之其地而发生滋大者，必其地之肥硗燥湿寒暑，与其种性最宜者而后可，否则萎婐而已，再甚则僵槁而已。达尔文曰："物各竞存，最宜者立。"动植如是，政教亦如是也。

夫如是，则中国今日之所宜为，大可见矣。夫所谓富强云者，质而言之，不外利民云尔。然政欲利民，必自民各能自利始；民各能自利，又必自皆得自由始；欲听其皆得自由，尤必自其各能自治始。反是且乱。顾彼民之能自治而自由者，皆其力其智其德诚优者也。是以今日要政，统于三端：一曰鼓民力，二曰开民智，三曰新民德。夫为一弱于群强之间，政之所施，固常有标本缓急之可论，惟是使三者诚进，则其治标而标立，三者不进，则其标虽治，终亦无功，此舍本言标者之所以为无当也。

然则鼓民力奈何？今者论一国富强之效，而以其民之手足体力为之基，此自功名之士观之，似为甚迂而无当。顾此非不佞一人之私言也，西洋言治之家，莫不以此为最急。历考中西史传所垂，以至今世五洲五六十国之间，贫富弱强之异，莫不于此焉肇分。……故中国礼俗，其贻害民力而坐令其种日偷者，由法制学问之大，以至于饮食居处之微，几于指不胜指。而沿习至深、害效最著者，莫若吸食鸦片、女子缠足二事。……是鸦片缠足二事，不早为之所，则变法者，皆空言而已矣。

其开民智奈何？今夫尚学问者则后事功，而急功名者则轻学问，二者交失，其实则相资而不可偏废也。顾功名之士多有，而学问之人难求，是则学问贵也。……学问之士，倡其新理，事功之士，窃之为术，而大有功焉。故曰：民智者富强之原。此悬诸日月不刊之论也。……今者物穷则变，言时务者，人人皆言变通学校，设学堂，讲西学矣。虽然，谓十年以往，中国必收其益，则又未必然之事也。何故？旧制尚存，而荣途未开也。……是故欲开民智，非讲西学不可，欲讲实学，非另立选举之法，别开用人之途，而废八股试帖策论诸制科不可。

至于新民德之事，尤为三者之最难。……西之教平等，故以公治众，而尚自由，自由故贵信果；东之教立纲，故以孝治天下，而首尊亲，尊亲故薄信果。然其流弊之极，至于怀诈相欺，上下相遁，则忠孝之所存，转不若贵信果者之多也。且彼西洋所以能使其民，皆若有深私至爱于其国与主，而赴公战如私仇者，则亦有道矣。

是故，居今之日，欲进吾民之德，于以同力合志，联一气而御外仇，则非有道焉，使各私中国不可也。然则使各私中国奈何？曰：设议院于京师，而令天下郡县各公举其守宰。是道也，欲民之忠爱必由此，欲教化之兴必由此，欲地利之尽必由此，欲道里之辟、商务之兴必由此，欲民各束身自好而争濯磨于善必由此。

此三者，自强之本也。不如是，则虽有伊尹、吕尚为之谋，吴起、李牧为之战，亦将寖衰寖灭，必无有强之一日决也。

——选自翦伯赞、郑天挺主编《中国通史参考资料·近代部分》（修订本）下册，中华书局1980年版

中国的民主主义与民粹主义

列宁·1912 年 7 月

1912 年 1 月 1 日，中国第一个也是亚洲第一个资产阶级政权中华民国建立，孙中山成为首任临时大总统。之后不久，孙中山写了《中国革命的社会意义》一文，该文先发表于 1912 年 7 月 11 日比利时布鲁塞尔社会党报纸《人民报》，继由同期《涅瓦明星报》予以转载。“中国的民主主义与民粹主义”是列宁对孙中山当时政治思想的一篇重要评论文章，是研究孙中山和中国近代革命史的一篇经典性论文，这篇文章与孙中山的论文同时登载于 1912 年 7 月 15 日《涅瓦明星报》第 17 号上。列宁在这篇文章中，对孙中山和他的论文均给予了高度评价，称孙中山是“争得了共和制度的、战斗的和胜利的中国民主派的代表”“是充满着崇高精神和英雄气概的革命的民主主义者”，而他的论文“每一行都渗透了战斗的、真诚的民主主义”。全文 3700 余字，本篇全文选读。

中华民国临时大总统孙中山的一篇论文（我们是从布鲁塞尔的社会主义报纸《人民报》上转载来的）使我们俄国人非常感兴趣。

俗话说：旁观者清。孙中山是一位非常有意思的“旁观”者，因为他虽然是个受过欧洲式教育的人，但是显然完全不了解俄国的情形。可是这位受过欧洲式教育的人，这位已经争得了共和制度的、战斗的和胜利的中国民主派的代表，在完全离开俄国、离开俄国经验和俄国著作的情况下，向我们提出了纯粹俄国的问题。这位先进的中国民主主义者简直像一个俄国人那样发表议论。他同俄国民粹主义者十分相似，以致基本思想和许多说法都完全相同。

旁观者清。伟大的中国民主派的纲领（孙中山的论文正是这样的纲领），迫使我们（同时也给了我们一个良好的机会）再一次根据新的世界事变来研究亚洲现代资产阶级革命中民主主义和民粹主义的相互关系问题。这是俄国在从 1905 年开始的俄国革命时代面临的最重大问题之一。从中华民国临时大总统的纲领中，特别是把这个纲领同俄国、土耳其、波斯和中国的革命形势的发展对照一下，就可以看出不仅俄国面临这个问题，整个亚洲也面临这个问题。俄国在许多重要方面无疑是一个亚洲国家，而且是一个最野蛮、最中世纪式、最落后可耻的亚洲国家。

俄国资产阶级民主派，从它的最早的和唯一的先驱者贵族赫尔岑起到它的群众性的代表——1905 年农民协会会员和 1906—1912 年前三届杜马的劳动派代表止，都具有民粹主义色彩。现在我们看到，中国资产阶级民主派也具有完全同样的民粹主义色彩。这里我们试就孙中山的例子来考察一下，目前已经完全卷入全世界资本主义文明潮流的几万万人的深刻革命运动所产生的思想的“社会意义”究竟在什么地方。

孙中山纲领的每一行都渗透了战斗的、真诚的民主主义。它充分认识到“种族”革命的不足，丝毫没有对政治表示冷淡，甚至丝毫没有忽视政治自由或容许中国专制制度与中国“社会改革”、中国立宪改革等等并存的思想。这是带有建立共和制度要求的完整的民主主义。它直接提出群众生活状况及群众斗争问题，热烈地同情被剥削劳动者，相信他们是正义的和有力量的。

我们接触到的是真正伟大的人民的真正伟大的思想；这样的人民不仅会为自己历来的奴隶地位而痛心，不仅会向往自由和平等，而且会同中国历来的压迫者作斗争。

人们自然可以把亚洲这个野蛮的、死气沉沉的中国的共和国临时大总统与欧美各先进文明国家的共和国总统比较一下。那里的共和国总统都是资产阶级的奴仆、走狗或傀儡，而那里的资产阶级则已经腐朽透顶，从头到脚都沾满了脏污和鲜血——不是皇帝们的鲜血，而是为了进步和文明在罢工中被枪杀的工人的鲜血。那里的总统是资产阶级的代表，那里的资产阶级则早已抛弃了青年时代的一切理想，已经彻头彻尾娼妓化了，已经完全把自己卖给百万富翁、亿万富翁和资产阶级化了的封建主等等了。

这里的亚洲的共和国临时大总统是充满着崇高精神和英雄气概的革命的民主主义者，这种精神和气概是这样一个阶级所所固有的：这个阶级不是在衰落下去，而是在向上发展；它不是惧怕未来，而是相信未来，奋不顾身地为未来而斗争；它憎恨过去，善于抛弃死去了的和窒息一切生命的腐朽东西，决不为了维护自己的特权而硬要保存和恢复过去的东西。

怎么？这是不是说唯物主义的西方已经腐朽了，只有神秘的、富有宗教色彩的东方才发出光辉呢？不，恰恰相反。这是说，东方已完全走上了西方的道路，今后还会有几万万人为争取西方已经实现的理想而斗争。西方资产阶级已经腐朽了，在它面前已经站着它的掘墓人——无产阶级。在亚洲却还有能够代表真诚的、战斗的、彻底的民主主义的资产阶级，他们不愧为法国十八世纪末叶的伟大宣传家和伟大活动家的同志。

亚洲这个还能从事历史上进步事业的资产阶级的主要代表或主要社会支柱是农民。农民旁边已有一个自由资产阶级，它的活动家如袁世凯之流最善于变节：昨天害怕皇帝，匍伏在他面前；后来看到了革命的力量，感觉到革命民主派就要取得胜利，就背叛了皇帝；明天则可能为了同什么旧的或新的“立宪”皇帝勾结而出卖民主派。

没有真诚的民主主义的高涨，中国人民就不可能摆脱历来的奴隶地位而求得真正的解放，只有这种高涨才能激发劳动群众，使他们创造奇迹。在孙中山纲领的每一句话中都可以看出这种高涨。

但是中国民粹主义者的这种战斗的民主主义思想体系，首先是同社会主义空想、同使中国避免走资本主义道路，即防止资本主义的愿望结合在一起的，其次是同宣传和实行激进的土地改革的计划结合在一起的。正是后面这两种政治思想倾向使民粹主义这个概念具有特殊的意义，即与民主主义的含义不同，比民主主义的含义更广泛。

这两种倾向是怎样产生的？它们的意义如何？

如果没有群众革命情绪的蓬勃高涨，中国民主派不可能推翻中国的旧制度，不可能争得共和制度。这种高涨以对劳动群众生活状况的最真挚的同情和对他们的压迫者及剥削者的强烈憎恨为前提，同时又反过来产生这种同情和憎恨。先进的中国人，所有的中国人，正在经历这种高涨，从欧美吸收解放思想，但在欧美，摆在日程上的问题已经是从资产阶级下面解放出来，即实行社会主义的问题。由此必然产生中国民主派对社会主义的同情，产生他们的主观社会主义。

他们在主观上是社会主义者，因为他们反对压迫群众和剥削群众。但是中国这个落后的、半封建的农业国家的客观条件，在将近五亿人民的生活日程上，只提出了这种压迫和这种剥削的一定的历史独特形式——封建制度。农业生活方式和自然经济占统治地位是封建制度的基础；中国农民这样或那样地受土地束缚是他们受封建剥削的根源；这种剥削的政治代表就是以皇帝为政体首脑的全体封建主和各个封建主。

因此，这个中国民主主义者的主观社会主义思想和纲领，事实上仅仅是“改变”“不动产”的“一切法律基础”的纲领，仅仅是消灭封建剥削的纲领。

孙中山的民粹主义的实质，他的进步的、战斗的、革命的资产阶级民主主义土地改革纲领以及他的所谓社会主义理论的实质就在这里。

从学理上来说，这个理论是小资产阶级“社会主义者”反动分子的理论。因为认为在中国可以“防止”资本主义，认为中国既然落后就比较容易实行“社会革命”等等，都是极其反动的空想。孙中山可以说是以其独特的少女般的天真粉碎了自己反动的民粹主义理论，承认了生活迫使他承认的东西：“中国正处于工业 < 即资本主义 > 蓬勃发展的前夜”，中国“商业 < 即资本主义 > 将大大发展”，“五十年后我国将出现许多个上海”，即拥有几百万人口的资本主义财富和无产阶级贫困的中心。

试问，孙中山有没有用自己反动的经济理论来捍卫真正反动的土地纲领呢？这是问题的全部关键所在，是最重要的一点，被截头去尾和被阉割的自由派假马克思主义往往停留在这里。

没有，——问题也就在这里。中国社会关系的辩证法就在于：中国的民主主义者真挚地同情欧洲的社会主义，把它改造成为反动的理论，并根据这种“防止”资本主义的反动理论制定纯粹资本主义的、十足资本主义的土地纲领！

孙中山在文章的开头谈得如此漂亮而又如此含糊的“经济革命”归结起来究竟是什么呢？

就是把地租转交给国家，即以亨利·乔治式的什么单一税来实行土地国有。孙中山所提出和鼓吹的“经济革命”，决没有其他实际的东西。

穷乡僻壤的地价与上海的地价的差别，是地租量上的差别。地价是资本化的地租。使“增加的”土地“价值”成为“人民财产”，也就是说把地租即土地所有权交给国家，或者说使土地国有化。

在资本主义范围内实行这种改革有没有可能呢？不但有可能，而且是最纯粹、最彻底、最完善的资本主义。马克思在《哲学的贫困》中指出了这一点，在《资本论》第三卷中详尽地证明了这一点，在《剩余价值理论》中与洛贝尔图斯论战时非常清楚地发挥了这一点。

土地国有能够消灭绝对地租，只保留级差地租。按照马克思的学说，土地国有化就是：尽量铲除农业中的中世纪式垄断和中世纪关系，使土地买卖有最大的自由，使农业有最大的可能适应市场。历史的讽刺在于：民粹主义为了“反对”农业中的“资本主义”，竟然实行能够使农业中的资本主义得到最迅速发展的土地纲领。

在亚洲一个最落后的农民国家中，是什么经济必要性使得最先进的资产阶级民主主义土地纲领能够被人接受呢？这是因为必须摧毁以各种形式表现出来的封建主义。

中国愈落在欧洲和日本的后面，就愈有四分五裂和民族解体的危险。只有革命人民群众的英雄主义才能“复兴”中国，才能在政治方面建立中华民国，在土地方面实行国有化以保证资本主义最迅速的发展。

能不能做到这一点，能做到什么程度，——这是另一个问题。各国通过资产阶级革命所实现的政治方面和土地方面的民主主义，在程度上是不同的，而且是极其复杂的。这要看国际形势和中国各种社会力量的对比而定。看来皇帝一定要把封建主、官僚、僧侣联合起来，准备复辟。刚刚从自由君主派变成自由主义共和派（能长久吗？）的资产阶级代表袁世凯，将在君主制和革命之间实行随风倒的政策。以孙中山为代表的资产阶级革命民主派，正在尽量启发农民群众在政治改革和土地改革方面的主动性和勇敢果断精神，从中正确地寻找“复兴”中国的道路。

最后，由于在中国将出现许多个上海，中国无产阶级将日益成长起来。它一定会建立这样或那样的中国社会民主工党，而这个党在批判孙中山的小资产阶级空想和反动观点时，一定会细心地辨别、保存和发展他的政治纲领和土地纲领的革命民主主义内核。

——选自《列宁选集》第二卷（上），人民出版社 1972 年版

《革命军》（节选）

邹 容·1903 年 5 月

邹容（1885—1905），原名绍陶，谱名桂文，字蔚丹（威丹），留学日本时改名为邹容。重庆巴县（今渝中区）人。他讨厌经学的陈腐，鄙弃八股功名，喜读《天演论》《时务报》等新学书刊，心向维新变革的新思潮，常“非尧舜，薄周礼，无所避”。1902 年赴日本留学，积极参加爱国革命活动。1903 年 5 月邹容著《革命军》，由章炳麟作序，革命党人集资，由上海大同书局出版，立即轰动全国，被视为中国的“人权宣言”。先后翻印 20 余版。各地为之纸贵，销售量达 110 万册，为当时第一大畅销书。许多青年竞相传抄，偏远地区竟卖到 10 两银子一本。孙中山称《革命军》“为‘排满’最激烈之言论”。鲁迅也曾说：“倘说影响，则别的千言万语，大概都抵不过浅近直截的‘革命军马前卒’邹容所作的《革命军》。”《革命军》如振聋发聩的霹雳，读之令人热血沸腾。全文约 1.9 万字，本篇选读大部分。

第一章 绪 论

扫除数千年种种之专制政体，脱去数千年种种之奴隶性质，诛绝五百万有奇被毛戴角之满洲种，洗尽二百六十年残惨虐酷之大耻辱，使中国大陆成干净土，黄帝子孙皆华盛顿，则有起死回生，还魂反魄，出十八层地狱，升三十三天堂，郁郁勃勃，莽莽苍苍，至尊极高，独一无二，伟大绝伦之一目的，曰“革命”。巍巍哉，革命也！皇皇哉，革命也！

吾于是沿万里长城，登昆仑，游扬子江上下，溯黄河，竖独立之旗，撞自由之钟，呼天吁地，破颡裂喉，以鸣于我同胞前曰：呜呼，我中国今日不可不革命！我中国今日欲脱满洲人之羁缚，不可不革命；我中国欲独立，不可不革命；我中国欲与世界列强并雄，不可不革命；我中国欲长存于二十世纪新世界上，不可不革命；我中国欲为地球上名国，地球上主人翁，不可不革命。革命哉！革命哉！我同胞中，老年、中年、壮年、少年、幼年、无量男女，其有言革命而实行革命者乎？我同胞其欲相存、相养、相生活于革命也！吾今大声疾呼，以宣布革命之旨于天下。

革命者，天演之公例也。革命者，世界之公理也；革命者，争存争亡过渡时代之要义也；革命者，顺乎天而应乎人者也。革命者，去腐败而存良善者也；革命者，由野蛮而进文明者也；革命者，除奴隶而为主人者也。是故一人一思想也，十人十思想也，百千万人百千万思想也，亿兆京垓人亿兆京垓思想也；人人虽各有思想也，即人人无不同此思想也。居处也，饮食也，衣服也，器具也，若善也，若不善也，若美也，若不美也，皆莫不深潜默运，盘旋于胸中，角触于脑中；而辨别其孰善也，孰不善也，孰美也，孰不美也。善而存之，不善而去之；美而存之，不美而去之，——而此去存之一微识，即革命之旨所出也。夫犹指此事物而言之也。试放眼纵观，上下古今，宗教道德，政治学术，一视一谛之微物，皆莫不数经革命之掏摝过昨日，历今日，以致有现象于此也。夫加是也，革命固如是平常者也。虽然，亦有非常者在焉。闻之一千六百八十八年英国之革命，一千七百七十五年美国之革命，一千八百七十年法国之革命，为世界应乎天而顺乎人之革命，去腐败而存良善之革命，由野蛮而进文明之革命，除奴隶而为主人之革命。牺牲个人以利天下，牺牲贵族以利平民，使人人享其平等自由之幸福。甚至风潮所播及，亦相与附流合汇，以同归于大洋。大怪物哉，革命也！大宝物哉，革命也！吾今日闻之，犹口流涎，而心痒痒。吾是以于我祖国中，搜索五千馀年之历史，指点二百馀万方里之地图，问人省己，欲求一革命之事，以比例乎英、法、美者。呜呼！何不一遇也？吾亦尝执此不一遇之故而熟思之，重思之，吾因之而有感矣，吾因之而有慨于历代民贼独夫之流毒也。

……

第三章　革命之教育

有野蛮之革命，有文明之革命。

野蛮之革命，有破坏，无建设，横暴恣狙，适足以造成恐怖之时代。如庚子之义和团，意大利之加波拿里，为国民增祸乱。

文明之革命。有破坏，有建设，为建设而破坏，为国民购自由平等、独立自主之一切权利，为国民增幸福。

革命者，国民之天职也；其根柢源于国民，因于国民，而非一二人所得而私有也。今试问吾侪何为而革命？必有障碍吾国民天赋权利之恶魔焉，吾侪得而扫除之，以复我天赋之权利。是则革命者，除祸害而求幸福者也。为除祸害而求幸福，此吾同胞所当顶礼膜拜者也。为除祸害而求幸福，则是为文明之革命，此更吾同胞所当顶礼膜拜者也。

欲大建设，必先破坏；欲大破坏，必先建设。此千古不易之定论。吾侪今日所行之革命，为建设而破坏之革命也。虽然，欲行破坏，必先有以建设之。善夫！意大利建国豪杰玛志尼之言曰："革命与教育并行。"吾于是鸣于我同胞曰："革命之教育。"更译之曰："革命之前，须有教育；革命之后，须有教育。"

今日之中国，实无教育之中国也。吾不忍执社会上种种可丑、可贱、可厌、可嫌之状态，以出于笔下。吾但谥之曰："五官不具，四肢不全，人格不完。"吾闻法国未革命以前，其教育与邻邦等；美国未革命以前，其教育与英人等。此兴国之往迹，为中国所未梦见也。吾闻印度之亡也，其无教育与中国等；犹太之灭也，其无教育与中国等。此亡国之往迹，我中国擅其有也。不宁惟是，十三洲之独立，德意志之联邦，意大利之统一，试读其革命时代之历史，所以鼓舞民气，宣战君主，推倒母国，诛杀贵族，倡言自由，力尊自治，内修战事，外抗强邻。上自议院宪法，下至地方制度，往往于兵连祸结之时，举国糜烂之日，建立宏猷，体国经野，以为人极。一时所谓革命之健儿，建国之豪杰，流血之巨子，其道德，其智识，其学术，均具有振衣昆仑顶、濯足太平洋之概焉。吾崇拜之，吾倾慕之，吾究其所以致此之原因，要不外乎教育耳。

若华盛顿，若拿破仑，此地球人种所推尊为大豪杰者也。然一华盛顿、一拿破仑倡之，而无百千万亿兆华盛顿、拿破仑和之，一华盛顿何如？一拿破仑何如？其有愈于华、拿二人之才、之识、之学者又何如？有有名之英雄，有无名之英雄，华、拿者，不过其时抛头颅，溅热血，无名无量之华、拿之代表耳。今日之中国，固非一华盛顿、一拿破仑所克有济也，然必预制造无量无名之华盛顿、拿破仑，其庶乎有济。吾见有爱国忧时之志士，平居深念自尊为华、拿者若而人，其才识之愈于华、拿与否，吾不敢知之，吾但以有名之英雄尊之。而此无量无名之英雄，则归诸冥冥之中，甲以尊诸乙，乙又以尊诸丙，呜呼！不能得其主名者也。今专标斯义，绝大斯旨，相约数事，以与我同胞共勉之。

一、当知中国者，中国人之中国也。中国之一块土，为我始祖黄帝所遗传，子子孙孙，绵绵延延，生于斯，长于斯，衣食于斯，当共守其勿替。有异种贱族，染指于我中国，侵占我皇汉民族之一切权利者，吾同胞当不惜生命共逐之，以复我权利。

一、人人当知平等自由之大义。有生之初，无人不自由，即无人不平等，初无所谓君也，所谓臣也。若尧舜，若禹稷，其能尽义务于同胞，开莫大之利益，以孝敬于同胞，故吾同胞视之为代表，尊之为君，实不过一团体之头领耳，而平等自由也自若。后世之人，不知此义，一任无数之民贼独夫、大盗巨冠举众人所有而独有之，以为一家一姓之私产，而自尊曰君，曰皇帝，使天下之人无一平等，无一自由；甚至使成吉斯汗、觉罗福临等，以游牧贱族，入主我中国，以羞我始祖黄帝于九原，故我同胞今日之革命，当共逐君临我之异种，杀尽专制我之君主，以复我天赋之人权，以立于性天智日之下，以与我同胞熙熙攘攘，游幸于平等自由城郭之中。

一、当有政治法律之观念。政治者，一国办事之总机关也，非一二人所得有之事也。譬如机器，各机之能运动，要在一总枢纽，倘使馀机有损，则枢纽不灵。人民之于政治，亦犹是也。然人民无政治上之观念，则灭亡随之。鉴于印度，鉴于波兰，鉴于已亡之国，罔不然。法律者，所以范围我同胞，使之相无过失耳。口口曰：“野蛮人无自由”。野蛮人何以无自由？无法律之谓耳。我能杀人，人亦能杀我，是两不自由也。条顿人之自治力，驾于他种人者何？有法律之观念故耳。由斯三义，更生四种：

一曰养成上天下地，惟我独尊，独立不羁之精神。

一曰养成冒险进取，赴汤蹈火，乐死不辟之气概。

一曰养成相亲相爱，爱群敬己，尽瘁义务之公德。

一曰养成个人自治，团体自治，以进人格之人群。

第五章　革命必先去奴隶之根性

曰国民，曰奴隶。国民强，奴隶亡；国民独立，奴隶服从。中国黄龙旗之下，有一种若国民非国民，若奴隶非奴隶，杂糅不一，以组织成一大种。谓其为国民乎？吾敢谓群四万万人而居者，即具有完全之奴颜妾面，国民乎何有？尊之以国民，其污秽此优美之名词也孰甚？若然，则以奴隶畀之，吾敢拍手叫绝曰：奴隶者，为中国人不雷同、不普通、独一无二之徽号。

印度之奴隶于英也，英人非欲奴隶之，印人自乐为奴隶也。安南之奴隶于法也，非法奴隶之，安南人自乐为奴隶也。我中国人之奴隶于满洲、欧美人也，非满洲、欧美欲奴隶之，中国人自乐为奴隶耳。乐为奴隶，则请释奴隶之例。

“奴隶”者，与“国民”相对待而不耻于人类之贱称也。国民者，有自治之才力，有独立之性质，有参政之公权，有自由之幸福，无论所执何业，而皆得为完全无缺之人。曰奴隶也，则既无自治之力，亦无独立之心，举凡饮食、男女、衣服、居处，莫不待命于主人；而天赋之人权，应享之幸福，亦莫不奉之主人之手。衣主人之衣，食主人之食，言主人之言，事主人之事。倚赖之外无思想，服从之外无性质，谄媚之外无笑语，奔走之外无事业，伺候之外无精神。呼之不敢不来，麾之不敢不去；命之生不敢不生，命之死不敢不死。得主人之一盼，博主人之一笑，如获异宝、登天堂，夸耀于侪辈以为荣。及樱主人之怒，则俯首屈膝，气下股栗，至极其鞭扑践踏，不敢有分毫抵忤之色，不敢生分毫愤奋之心，他人视为大耻辱，不能一刻忍受，而彼无怒色，无怍容，怡然安其本分，乃几不复自知为人。而其人亦为国人所贱耻，别为异类，视为贱种，妻耻以为夫，父耻以为子，弟耻以为兄，严而逐之于平民之外，此固天下奴隶之公同性质；而天下之视奴隶者，即无不同此贱视者也。我中国人固擅奴隶之所长，父以教子，兄以勉弟，妻以谏夫，日日演其惯为奴隶之手段。呜呼！人何幸而为奴隶哉！亦何不幸而为奴隶哉！

且夫我中国人之乐为奴隶，不自今日始也。或谓秦汉以前有国民，秦汉以后无国民。吾谓宴息于专制政体之下者，无所往而非奴隶。数千年来，名公巨卿，老师大儒，所以垂教万世之二大义，曰忠，曰孝。更释之曰："忠于君，孝于亲"。吾不解忠君之谓何？吾见夫法、美等国之无君可忠也，而斯民遂不得等伦于人类耶？吾见夫法、美等国之无君可忠，而其国人尽瘁国事之义务，殆一日不可缺焉。夫忠也，孝也，是固人生重大之美德也。以言夫忠于国也则可，以言夫忠于君也则不可。何也？人非父母无以自生，非国无以自存，故对于父母、国家，自有应尽之义务焉，而非为一姓一家之家奴、走狗者，所得冒其名以相传习也。

中国人无历史，中国之所谓二十四朝之史，实一部大奴隶史也。自汉末以迄今日，凡千七百馀年，中国全土为奴隶于异种者，三百五十八年。黄河以北为奴隶于异种者，七百五十九年。呜呼！黄帝之子孙，忍令率其嫡亲之同胞，举其世袭之土地，为他族所奴隶者，何屡见而不一？"箪食壶浆，以迎王师"；纡青拖紫，臣妾骄人；二圣青衣行酒去，九哥白马渡江来。忠君、忠君，此张弘范、洪承畴之所以前后辉映也，此中国人之所以为奴隶也。

曾国藩也，左宗棠也，李鸿章也，此大清朝皇帝所溢为文正、文襄、文忠者也，此当道名人所推尊为中兴三杰，此庸夫俗子所羡为封侯拜相，此科举后生所悬拟崇拜不置者。然吾闻德相毕士麻克呵李鸿章曰："我欧洲人以平异种为功，未闻以残戮同胞为功。"嗟夫！吾安得起曾、左闻是言！吾安得起曾、左以前之曾、左而共闻是言？吾安得起曾、左以后之曾、左——上自独当一面之官府，下至不足轻重之官吏——而亦共同是言！夫曾、左、李三人者，亦自谓为读书有得、比肩贤哲之人也，而犹忍心害理，屠戮同胞，为满洲人忠顺之奴隶也如是，其他何足论！吾无以比之，比之以李自成、张献忠，吾犹嫌其不肖，李、张之所以屠戮同胞，而使满洲人入主中国也，李、张固无常识，不读书，又为明之敝政所迫，而使之不得不然，吾犹为之恕。曾、左、李三人者，明明白白知为汉种也，为封妻荫子，屠戮同胞以请满洲人再主中国也，吾百解而不能为之恕。某氏谓英人助满洲平太平天国，亡汉种之罪，英人与有力焉。呜呼！是又因乌及屋之微意也。

曾、左、李者，中国人为奴隶之代表也。曾、左、李去，曾、左、李来，柔顺也，安分也，韬晦也，服从也，做官也，发财也，中国人造奴隶之教科书也。举一国之人，无一不为奴隶；举一国之人，无一不为奴隶之奴隶。二千年以前皆奴隶，二千年以后亦必为奴隶。

同胞乎！同胞乎！法国议院中，无安南人足迹；英国议院中，无印度人足迹；日本议院中，无台湾人足迹。印度人之为奴隶也，犹得绕红布头巾为巡捕，立于上海、香港之十字街头上，驱策中国人以为乐。然吾试问我同胞，曾否于地球面积上，择一为巡捕之地，驱策异种人以为乐？面包一块，山芋一碟，此固非洲黑奴之旧生活也，同胞！同胞！其重思之！

吾先以一言叫起我同胞，曰：国民！吾愿我同胞，万众一心，肢体努力，以砥以砺，拔去奴隶之根性，以进为中国之国民。法人革命前之奴隶，卒收革命之成功。美洲独立前之奴隶，卒脱英人之制缚。此无他，能自认为国民耳。吾故曰：革命必先去奴隶之根性。非然者，天演如是，物竞如是，有国民之国，群起染指于我中土，我同胞其将由今日之奴隶，以进为数重奴隶，由数重奴隶而猿猴，而野豕，而蚌介，而荒荒大陆、绝无人烟之沙漠也。

近人有古乐府一首，名《奴才好》云：

奴才好！奴才好！勿管内政与外交，大家鼓里且睡觉。古人有句常言道：“臣当忠，子当孝。”大家切勿胡乱闹。满洲入关二百年，我的奴才做惯了。他的江山他的财，他要分人听他好。转瞬洋人来，依旧做奴才。他开矿产我做工，他开洋行我细崽。他要招兵我去当，他要通事我也会。内地还有甲必丹，收赋治狱荣巍巍。满奴作了作洋奴，奴性相传入脑胚。父诏兄勉说忠孝，此是忠孝他莫为。什么流血与革命？什么自由与均财？狂悖都能害性命，倔强那肯就范围。我辈奴仆当戒之，福泽所关慎所归。大金、大元、大清朝，主人国号已屡改；何况大英、大法、大美国，换个国号任便戴。奴才好！奴才乐！世有强者我便服。三分刁黠九分媚，世事何者为龌龊？料理乾坤世有人，坐阅风云多反复。灭种覆族事遥遥，此事解人已难索。堪笑维新诸少年，甘赴汤火蹈鼎镬。达官震怒外人愁，身死名败相继仆。但识争回自主权，岂知已非求己学。奴才好！奴才好！奴才到处皆为家，何必保种与保国！

第六章　革命独立之大义

与贵族重大之权利，害人民营业之生活，擅加租赋，胁征公债，重抽航税，此英国议院所以不服查理王而倡革命之原因也。滥用名器，致贵贱贫富之格大相悬殊，既失保民之道，而又赋敛无度，此法国志士仁人所以不辞暴举逆乱之名，而出于革命之原因也。重征茶课，横加印税，不待立法院之承允而驻兵民间，此美人所以抗论于英人之前，遂以亚美利加之义旗，飘扬于般岌刺山，而大倡革命，至成独立之原因也。吾不惜再三重申详言曰：“内为满洲人之奴隶，受满洲人之暴虐，外受列国人之刺激，为数重之奴隶，将有亡种殄种之难者，此吾黄帝神明之汉种，今日倡革命独立之原因也。”

自格致学日明，而天予神授为皇帝之邪说可灭。自世界文明日开，而专制政体一人奄有天下之制可倒。自人智日聪明，而人人皆得有天赋之权利可享。今日，今日，我皇汉人民，永脱满洲之羁绊，尽复所失之权利，而介于地球强国之间，盖欲全我天赋平等自由之位置，不得不革命而保我独立之权。嗟予小子，无学顽陋，不足以言革命独立之大义，兢兢业业，谨模拟美国革命独立之义，约为数事，再拜顿首，献于我最敬最亲爱之皇汉人种四万万同胞前，以备采行焉如下：

一、中国为中国人之中国，我同胞皆须自认自己的汉种中国人之中国。

一、不许异种人沾染我中国丝毫权利。

一、所有服从满洲人之义务，一律取消。

一、先推倒满洲人所立之北京野蛮政府。

一、驱逐住居中国中之满洲人，或杀以报仇。

一、株杀满洲人所立之皇帝，以做万世不复有专制之君主。

一、对敌干预我中国革命独立之外国及本国人。

一、建立中国政府，为全国办事之总机关。

一、区分省分，于各省中投票公举一总议员。由各省总议员中，投票公举一人为暂行大总统，为全国之代表人；又举一人为副总统，各州、县、府又举议员若干。

一、全国无论男女，皆为国民。

一、全国男子有军国民之义务。

一、人人有承担国税之义务。

一、全国当致忠于此所新建国家之义务。

一、凡为国人，男女一律平等，无上下贵贱之分。

一、各人不可夺之权利，皆由天授。

一、生命自由及一切利益之事，皆属天赋之权利。

一、不得侵人自由，如言论、思想、出版等事。

一、各人权利必要保护。须经人民公许，建设政府，而各假以权，专掌保护人民权利之事。

一、无论何时，政府所为，有干犯人民权利之事，人民即可革命，推倒旧日政府，而求遂其安全康乐之心。迨其既得安全康乐之后，经承公认，整顿权利，更立新政府，亦为人民应有之权利。若建立政府之后，少有不洽众望，即欲群起革命，朝更夕改，如奕棋之不定，因非新建国家之道。天下事不能无弊，要能以平和为贵，使其弊不致大害人民，则与其颠覆昔日之政府，而求伸其权利，毋宁平和之为愈。然政府之中，日持其弊端暴政，相继放行，举一国人民，悉措诸专制政体之下，则人民起而颠覆之，更立新政，以求遂其保全权利之心，岂非人民至大之权利，且为人民自重之义务哉？我中国人之忍苦受困，已至是而极矣！今既革命独立，而犹为专制政体所苦，则万万不得甘心者矣，此所以不得不变昔日之政体也。

一、定名中华共和国（清为一朝名号，“支那”为外人呼我之词）。

一、中华共和国，为自由独立之国。

一、自由独立国中，所有宣战、议和、订盟、通商及独立国一切应为之事，俱有十分权利与各大国平等。

一、立宪法，悉照美国宪法，参照中国性质立定。

一、自治之法律，悉照美国自治法律。

一、凡关全体个人之事，及交涉之事，及设官分职，国家上之事，悉准美国办理。

皇天后土，实共鉴之！

第七章　结　论

我皇汉民族四万万男女同胞，老年、晚年、中年、壮年、少年、幼年，其革命，其以此革命为人人应有之义务，其以此革命为日日不可缺之饮食。尔毋自暴！尔毋自弃！尔之土地，占亚洲三分之二，尔之同胞，有地球五分之一。尔之茶，供世界亿万众之饮料而有馀，尔之煤，供全世界二千年之燃料亦无不足。尔有黄祸之先兆，尔有神族之势力。尔有政治，尔自司之；尔有法律，尔自守之；尔有实业，尔自理之；尔有军备，尔自整之；尔有土地，尔自保之；尔有无穷无尽之富源，尔须自挥用之。尔实具有完全不缺的革命独立之资格，尔其率四万万同胞之国民，为同胞请命，为祖国请命！掷尔头颅，暴尔肝脑，与尔之世仇满洲人，与尔之公敌爱新觉罗氏相驰骋于枪林弹雨中，然后再扫荡尔涉尔主权之外来恶魔，则尔历史之污点可洗，尔祖国之名誉飞扬。尔之独立旗，已高标于云霄；尔之自由钟，已哄哄于禹城；尔之独立厅，已雄镇于中央；尔之纪念碑，已高耸于高冈；尔之自由神，已左手指天，右手指地，为尔而出现。嗟夫！天清地白，霹雳一声，惊数千年之睡狮而起舞，是在革命，是在独立。

皇汉人种革命独立万岁！

中华共和国万岁！

中华共和国四万万同胞的自由万岁！

——选自邹容著、张梅编注《邹容集》，人民文学出版社 2011 年版

《猛回头》（节选）

陈天华 · 1903 年

陈天华（1875—1905），字星台，湖南新化人，著名资产阶级民主革命宣传家。1903年留学日本，积极参加爱国民主运动，曾提出救国的两条途径："其一作书报以警世，其二则遇可死之机会而死之。"1903 年 4 月"拒俄运动"后不久即写成《警世钟》和《猛回头》两本著名的小册子，以慷慨激昂的爱国热情和通俗流畅的语言，揭露了帝国主义瓜分中国的野心和清政府的卖国罪行。《猛回头》是陈天华在 1903 年 4 月"拒俄运动"后不久写下的一篇著名的小册子。他利用民间说唱的形式，掷地有声地控诉了帝国主义对中国的瓜分和肆意践踏，无情地揭露了清政府屈膝投降、卖国求荣的卑劣行径，号召大家挽救中国的危亡，推翻清王朝这个"洋人朝廷"，对资产阶级民主革命思想的传播起到了极大的推动作用。全文 2700 余字，本篇节选大部分。

大地沉沦几百秋，烽烟滚滚血横流。
伤心细数当时事，同种何人雪耻仇！
拿鼓板，坐长街，高声大唱；尊一声，众同胞，细听端详：
我中华，原是个，有名大国；不比那，弹丸地，僻处偏方。
论方里，四千万，五洲无比；论人口，四万万，世界谁当；
论物产，真是个，取之不尽；论才智，也不让，东西两洋。
看起来，那一件，比人不上？照常理，就应该，独称霸王。
为什么，到今日，奄奄将绝；割了地，赔了款，就要灭亡？
这原因，真真是，一言难尽；待咱们，细细数，共做商量。
五千年，俺汉人，开基始祖；名黄帝，自西北，一统中央。
夏商周，和秦汉，一姓传下；并没有，异种人，来做帝皇。
这是我，祖宗们，传留家法；俺子孙，自应该，永远不忘。
可惜的，骨肉间，自相残杀；惹进了，外邦人，雪上加霜。
到晋朝，那五胡，异常猖獗；无非是，俺同种，引虎进狼。
自从此，分南北，神州扰乱；到唐朝，才平定，暂息刀枪。
到五季，又是个，外强中弱；俺同胞，遭杀戮，好不心伤！
宋太祖，坐中原，无才无德；复燕云，这小事，尚说不遑。
难怪他，子孙们，懦弱不振；称臣侄，纳贡品，习以为常。
那徽宗，和钦宗，为金捉去；只岳飞，打死仗，敌住虎狼。
朱仙镇，杀得金，片甲不返；可恨那，秦桧贼，暗地中伤。
自此后，俺汉人，别无健将；任凭他，屠割我，如豕如羊。
元鞑子，比金贼，更加凶狠；先灭金，后灭宋，锋不可当。

杀汉人，不计数，好比瓜果；有一件，俺说起，就要断肠！
攻常州，将人膏，燃做灯亮；这残忍，想一想，好不凄凉！
岂非是，异种人，原无恻隐；俺同胞，把仇雠，认做君王。
想当日，那金元，人数极少；合计算，数十万，有甚高强！
俺汉人，百敌一，都是有剩；为什么，寡胜众，反易天常？
只缘我，不晓得，种族主义；为他人，杀同胞，丧尽天良。
他们来，全不要，自己费力；只要我，中国人，自相残伤。
这满洲，灭我国，就是此策；吴三桂，孔有德，为虎作伥。
那清初，所杀的，何止千万！那一个，不是我，自倒门墙。
俺汉人，想兴复，倒说造反；便有这，无耻的，替他勤王！
还有那，读书人，动言忠孝；全不晓，“忠孝”字，真理大纲。
是圣贤，应忠国，怎忠外姓？分明是，残同种，灭丧纲常。
转瞬间，西洋人，来做皇帝；这班人，少不得，又喊“圣皇”。
想起来，好伤心，有泪莫洒；这奴种，到何日，始能尽亡！
还有那，假维新，主张立宪；略畛域，讲服重，胡汉一堂。
这议论，都是个，隔靴搔痒；当时事，全不懂，好像癫狂。
倘若是，现政府，励精图治；保得住，俺汉种，不遭凶殃。
俺汉人，就吞声，隶他宇下；纳血税，做奴仆，也自无妨。
怎奈他，把国事，全然不理；满朝中，除媚外，别无他长。
俺汉人，再靠他，真不得了；好像那，四万万，捆入法场。
俄罗斯，自北方，包我三面；英吉利，假通商，毒计中藏。
法兰西，占广州，窥伺黔桂；德意志，胶州领，虎视东方。
新日本，取台湾，再图福建；美利坚，也想要，割土分疆。
这中国，那一点，我还有分？这朝廷，原是个，名存实亡。
替洋人，做一个，守土官长；压制我，众汉人，拱手降洋。
俺汉人，自应该，想个计策；为什么，到死地，不慌不忙？
痛只痛，甲午年，打下败阵；痛只痛，庚子岁，惨遭杀伤；
痛只痛，割去地，万古不返；痛只痛，所赔款，永世难偿；
痛只痛，东三省，又将割献；痛只痛，法国兵，又到南方；
痛只痛，因通商，民穷财尽；痛只痛，失矿权，莫保糟糠；
痛只痛，办教案，人命如草；痛只痛，修铁路，人扼我吭；
痛只痛，在租界，时遭凌践；痛只痛，出外洋，日苦深汤。
怕只怕，做印度，广土不保；怕只怕，做安南，中兴无望。
怕只怕，做波兰，飘零异域；怕只怕，做犹太，没有家乡！
怕只怕，做非洲，永为牛马；怕只怕，做南洋，服事犬羊。
怕只怕，做澳洲，要把种灭；怕只怕，做苗瑶，日见消亡。
左一思，右一想，真正危险，说起来，不由人，胆战心惶。
俺同胞，除非是，死中求活，再无有，好妙计，堪做主张。
第一要，除党见，同心同德。第二要，讲公德，有条有纲。

第三要，重武备，能战能守。第四要，务实业，可富可强。
第五要，兴学堂，教育普及。第六要，立演说，思想遍扬。
第七要，兴女学，培植根本。第八要，禁缠足，敝俗矫匡。
第九要，把洋烟，一点不吃。第十要，凡社会，概为改良。
这十要，无一件，不是切紧；劝同胞，再不可，互相观望。
还须要，把生死，十分看透；杀国仇，保同族，效命疆场。
杜兰斯，不及我，一府之大；与英国，战三年，未折锋芒。
何况我，四万万，齐心决死；任凭他，什么国，也不敢当！
看近来，怕洋人，到了极步；这是我，毫未曾，较短比长。
天下事，怕的是，不肯去做；断没有，做不到，有志莫偿。
这杜国，岂非是，确凭确证；难道我，不如他，甘做庸常！
要学那，法兰西，改革弊政。要学那，德意志，报复凶狂。
要学那，美利坚，离英自立。要学那，意大利，独自称王。
莫学那，张弘范，引元入宋。莫学那，洪承畴，狠心毒肠。
莫学那，曾国藩，为仇尽力。莫学那，叶志超，弃甲丢枪。
或排斗，或革命，舍死做去；孙而子，子而孙，永远不忘。
这目的，总有时，自然达到；纵不成，也落得，万古流芳。
文天祥，史可法，为国死节；到如今，都个个，顶祝馨香。
越怕死，越要死，死终不免；舍得家，保得家，家国两昌。
那元朝，杀中国，千八百万；那清朝，杀戮我，四十星霜。
洗扬州，屠嘉定，天昏地暗；束着手，跪着膝，枉作天殃。
阎典史，据江阴，当场鏖战；八十日，城乃破，清兵半伤。
苟当日，千余县，皆打死仗；这满洲，纵然狠，也不够亡。
无如人，都贪生，望风逃散；遇着敌，好像那，雪见太阳。
或悬梁，或投井，填街塞巷；妇女们，被掳去，拆散鸳鸯。
那丁壮，编旗下，充当苦役；任世世，不自由，赛过牛羊。
那田地，被圈出，八旗享受；那房屋，入了官，变做旗庄。
还要我，十八省，完纳粮饷；养给他，五百万，踊跃输将。
看起来，留得命，有何好处？倒不如，做雄鬼，为国之光。
这些事，虽过了，难以深讲；恐将来，那惨酷，百倍萧凉。
怎奈人，把生死，仍看不透；说到死，就便要，魂魄失丧。
任同胞，都杀尽，只图独免；那晓得，这一死，终不能禳。
也有道，是气数，不关人事；也有道，当积弱，不可轻尝；
这些话，好一比，犹如说梦；退一步，进一步，坐以待亡。
那满人，到今日，势消力小；全不要，惧怕他，失掉主张。
那列强，纵然是，富强无敌；他为客，我为主，也是无妨。
只要我，众同胞，认清种族；只要我，众同胞，发现天良。
只要我，众同胞，不帮别个；只要我，众同胞，不杀同乡。
那怕他，枪如林，炮如雨下；那怕他，将又广，兵又精强。

那怕他，专制政，层层束缚；那怕他，天罗网，处处高张。
猛睡狮，梦中醒，向天一吼！百兽惊，龙蛇走，魑魅逃藏。
改条约，复政权，完全独立；雪仇耻，驱外族，复我冠裳。
到那时，齐叫道，“中华万岁”！才是我，大国民，气吐眉扬。
俺小子，无好言，无以奉劝，这篇话，愿大家，细细思量。
瓜分豆剖逼人来，同种沉沦剧可哀！
太息神州今去矣，劝君猛省莫徘徊！
匈奴未灭，何以家为？

——选自刘晴波、彭国兴编《陈天华集》，湖南人民出版社2011年版

《民报》发刊词

孙中山·1905年10月20日

1905年8月，中国第一个资产阶级革命政党——中国同盟会在日本东京成立，孙中山被推为总理，以“驱除鞑虏，恢复中华，创立民国，平均地权”作为纲领，并以《民报》作为同盟会的机关刊物。10月，孙中山在《民报》发刊词中，把同盟会的十六字纲领概括为民族、民权、民生，即三民主义，成为孙中山领导辛亥革命的理论纲领和指导思想，推动了资产阶级民主革命的深入发展。全文800余字，本篇全文选读。

近时杂志之作者亦夥矣。婞词以为美，嚣听而无所终，摘埴索涂不获，则反覆其词而自惑。求其斟时弊以立言，如古人所谓对症发药者，已不可见，而况夫孤怀宏识、远瞩将来者乎？夫缮群之道，与群俱进，而择别取舍，惟其最宜。此群之历史既与彼群殊，则所以掖而进之之阶级，不无后先进止之别。由之不贰，此所以为舆论之母也。

余维欧美之进化，凡以三大主义：曰民族，曰民权，曰民生。罗马之亡，民族主义兴，而欧洲各国以独立。洎自帝其国，威行专制，在下者不堪其苦，则民权主义起。十八世纪之末，十九世纪之初，专制仆而立宪政体殖焉。世界开化，人智益蒸，物质发舒，百年锐于千载，经济问题继政治问题之后，则民生主义跃跃然动，二十世纪不得不为民生主义之擅场时代也。是三大主义皆基本于民，递嬗变易，而欧美之人种胥冶化焉。其他旋维于小己大群之间而成为故说者，皆此三者之充满发挥而旁及者耳。

今者中国以千年专制之毒而不解，异种残之，外邦逼之，民族主义、民权主义殆不可以须臾缓。而民生主义，欧美所虑积重难返者，中国独受病未深，而去之易。是故或于人为既往之陈迹，或于我为方来之大患，要为缮吾群所有事，则不可不并时而弛张之。嗟夫！所陟卑者其所视不远，游五都之市，见美服而求之，忘其身之未称也，又但以当前者为至美。近时志士舌敝唇枯，惟企强中国以比欧美。然而欧美强矣，其民实困，观大同盟罢工与无政府党、社会党之日炽，社会革命其将不远。吾国纵能媲迹于欧美，犹不能免于第二次之革命，而况追逐于人已然之末轨者之终无成耶！夫欧美社会之祸，伏之数十年，及今而后发见之，又不能使之遽去。吾国治民生主义者，发达最先，睹其祸害于未萌，诚可举政治革命、社会革命毕其功于一役。还视欧美，彼且瞠乎后也。

翳我祖国，以最大之民族，聪明强力，超绝等伦，而沉梦不起，万事堕坏；幸为风潮所激，醒其渴睡，旦夕之间，奋发振强，励精不已，则半事倍功，良非跨嫚。惟夫一群之中，有少数最良之心理能策其群而进之，使最宜之治法适应于吾群，吾群之进步适应于世界，此先知先觉之天职，而吾《民报》所为作也。抑非常革新之学说，其理想输灌于人心而化为常识，则其去实行也近。吾于《民报》之出世觇之。

——选自《孙中山全集》第一卷，中华书局1981年版

《民报》与《新民丛报》辩驳之纲要

1906年4月28日

1898年戊戌维新运动失败后，康有为、梁启超流亡海外，继续坚持保皇宗旨。1905年中国同盟会成立后，革命已成为不可抗拒的潮流，但康、梁以《新民丛报》为主要阵地，继续鼓吹君主立宪，诋毁革命，成为资产阶级革命道路上的一大障碍。为消除影响，推动资产阶级民主革命向前发展，孙中山等以《民报》为主要阵地，于1906—1907年领导资产阶级革命派与以康、梁为首的资产阶级改良派进行了一场中国近代史上空前规模的思想论战。为了使双方论战的问题更加清晰，革命派列出了双方辩驳的十二条纲要，展开公开分类辩驳，核心是围绕民族、民权、民生进行的。经过辩驳，革命与改良的界限就划清了，并伴随着《新民丛报》的停发，改良派在论战中遭到失败，革命派占据了舆论上的主导地位，极大地推动了资产阶级民主革命的开展。全文680余字，本篇全文选读。

近日《新民丛报》将本年《开明专制论》《申论种族革命与政治革命之得失》诸篇，合刊为《中国存亡一大问题》。本报以为中国存亡诚一大问题，然使如《新民丛报》所云，则可以立亡中国。故自第四期以下，分类辩驳，期与我国民解决此大问题。兹先将辩论之纲领，开列于下，以告读者。

一、《民报》主共和；《新民丛报》主专制。

二、《民报》望国民以民权立宪；《新民丛报》望政府以开明专制。

三、《民报》以政府恶劣，故望国民之革命；《新民丛报》以国民恶劣，故望政府以专制。

四、《民报》望国民以民权立宪，故鼓吹教育与革命，以求达其目的；《新民丛报》望政府以开明专制，不知如何方副其希望。

五、《民报》主张政治革命，同时主张种族革命；《新民丛报》主张政府开明专制，同时主张政治革命。

六、《民报》以为国民革命，自颠复专制而观，则为政治革命；自驱除异族而观，则为种族革命；《新民丛报》以为种族革命与政治革命不能相容。

七、《民报》以为政治革命必须实力；《新民丛报》以为政治革命只须要求。

八、《民报》以为革命事业专主实力不取要求；《新民丛报》以为要求不遂，继以惩警。

九、《新民丛报》以为惩警之法在不纳租税与暗杀；《民报》以为不纳租税与暗杀不过革命实力之一端，革命须有全副事业。

十、《新民丛报》诋毁革命而鼓吹虚无党；《民报》以为凡虚无党皆以革命为宗旨，非仅以刺客为事。

十一、《民报》以为革命所以求共和；《新民丛报》以为革命反以得专制。

十二、《民报》鉴于世界前途，知社会问题必须解决，故提倡社会主义；《新民丛报》以为社会主义不过煽动乞丐流民之具。

以上十二条，皆辩论之纲领，民报第四号刻日出版，其中数条，皆已解决，五号以下，接连辟驳。请我国民平心公决之。

——选自《民报》第一卷，中华书局2006年版

中华民国临时约法

1912 年 3 月

1912 年 1 月 1 日，孙中山在南京就任中华民国临时大总统，宣告了中国历史上第一个资产阶级共和国的诞生，也宣告了中华民国临时政府的正式建立。3 月 11 日，孙中山以大总统名义颁布了具有资产阶级共和国宪法性质的《中华民国临时约法》。《约法》共 7 章 56 条，其基本精神是按照西方"三权分立"的原则，要在中国建立一个实行议会制和责任内阁制的资产阶级共和国，反映了以孙中山为首的资产阶级革命派试图效仿西方国家把中国建成一个兴旺发达的资本主义强国的良好愿望。全文 2000 余字，本篇全文选读。

第一章 总 纲

第一条　中华民国由中华人民组织之。

第二条　中华民国之主权属于国民全体。

第三条　中华民国领土为二十二行省、内外蒙古、西藏、青海。

第四条　中华民国以参议院、临时大总统、国务员、法院行使其统治权。

第二章 人 民

第五条　中华民国人民一律平等，无种族、阶级、宗教之区别。

第六条　人民得享有左列各项之自由权：

一、人民之身体，非依法律不得逮捕、拘禁、审问、处罚；

二、人民之家宅，非依法律不得侵入或搜索；

三、人民有保有财产及营业之自由；

四、人民有言论、著作、刊行及集会、结社之自由；

五、人民有书信秘密之自由；

六、人民有居住、迁徙之自由；

七、人民有信教之自由。

第七条　人民有请愿于议会之权。

第八条　人民有陈诉于行政官署之权。

第九条　人民有诉讼于法院受其审判之权。

第十条　人民对于官吏违法损害权利之行为，有陈诉于平政院之权。

第十一条　人民有应任官考试之权。

第十二条　人民有选举及被选举之权。

第十三条　人民依法律有纳税之义务。

第十四条　人民依法律有服兵役之义务。

第十五条　本章所载人民之权利，有认为增进公益、维持治安，或非常紧急必要时，得依法律限制之。

第三章　参议院

第十六条　中华民国之立法权，以参议院行之。

第十七条　参议院以第十八条所定各地方选派之参议员组织之。

第十八条　参议员每行省、内蒙古、外蒙古、西藏各选派五人，青海选派一人，其选派方法由各地方自定之。

参议院会议时，每参议员有一表决权。

第十九条　参议院之职权如左：

一、议决一切法律案；

二、议决临时政府之预算、决算；

三、议决全国之税法、币制及度量衡之准则；

四、议决公债之募集及国库有负担之契约；

五、承诺第三十四条、三十五条、四十条事件；

六、答覆临时政府咨询事件；

七、受理人民之请愿；

八、得以关于法律及其他事件之意见建议于政府；

九、得提出质问书于国务员并要求其出席答复；

十、得咨请临时政府查办官吏纳贿违法事件；

十一、参议院对于临时大总统认为有谋叛行为时，得以总员五分四以上之出席，出席员四分三以上之可决弹劾之；

十二、参议院对于国务员认为失职或违法时，得以总员四分三之出席，出席员三分二以上之可决弹劾之。

第二十条　参议院得自行集会、开会、闭会。

第二十一条　参议院之会议须公开之，但有国务员之要求，或出席参议员过半数之可决者，得秘密之。

第二十二条　参议院议决事件，咨由临时大总统公布施行。

第二十三条　临时大总统对于参议院议决事件如否认时，得于咨达后十日内声明理由咨院复议。但参议院对于复议事件如有到会参议员三分二以上仍执前议时，仍照第二十二条办理。

第二十四条　参议院议长由参议员用记名投票法互选之，以得票满投票总数之半者为当选。

第二十五条　参议院参议员于院内之言论及表决，对于院外不负责任。

第二十六条　参议院参议员除现行犯，及关于内乱外患之犯罪外，会期中，非得本院许可，不得逮捕。

第二十七条　参议院法由参议院自定之。

第二十八条　参议院以国会成立之日解散，其职权由国会行之。

第四章　临时大总统副总统

临时大总统、副总统由参议院选举之，以总员四分三以上出席，得票满投票总数三分二以上者为当选。

第二十九条　临时大总统、副总统由参议院选举之。

第三十条　临时大总统代表临时政府，总揽政务，公布法律。

第三十一条　临时大总统为执行法律，或基于法律之委任，得发布命令，并得使发布之。

第三十二条　临时大总统统帅全国海陆军队。

第三十三条　临时大总统得制定官制、官规，但须提交参议院议决。

第三十四条　临时大总统任免文武职员，但任命国务员及外交大使、公使，须得参议院之同意。

第三十五条　临时大总统经参议院之同意，得宣战、媾和及缔结条约。

第三十六条　临时大总统得依法律宣告戒严。

第三十七条　临时大总统代表全国接受外国大使、公使。

第三十八条　临时大总统得提出法律案于参议院。

第三十九条　临时大总统得颁给勋章并其他荣典。

第四十条　临时大总统得宣告大赦、特赦、减刑、复权，但大赦须经参议院之同意。

第四十一条　临时大总统受参议院弹劾后，由最高法院全院审判官互选九人组织特别法庭审判之。

第四十二条　临时副总统于临时大总统因故去职，或不能视事时，得代行其职权。

第五章　国务员

第四十三条　国务总理及各部总长，均称为国务员。

第四十四条　国务员辅佐临时大总统负其责任。

第四十五条　国务员于临时大总统提出法律案、公布法律，及发布命令时，须副署之。

第四十六条　国务员及其委员，得于参议院出席及发言。

第四十七条　国务员受参议院弹劾后，临时大总统应免其职，但得交参议院覆议一次。

第六章　法　院

第四十八条　法院以临时大总统及司法总长分别任命之法官组织之。法院之编制及法官之资格以法律定之。

第四十九条　法院依法律审判民事诉讼及刑事诉讼。但关于行政诉讼及其他特别诉讼，别以法律定之。

第五十条　法院之审判须公开之，但有认为有妨害安宁秩序者，得秘密之。

第五十一条　法官独立审判，不受上级官厅之干涉。

第五十二条　法官在任中不得减俸或转职，非依法律受刑罚宣告或应免职之惩戒处分，不得解职。惩戒条规以法律定之。

第七章　附　则

第五十三条　本约法施行后限十个月内，由临时大总统召集国会，其国会之组织及选举法由参议院定之。

第五十四条　中华民国之宪法由国会制定，宪法未施行以前，本约法之效力与宪法等。

第五十五条　本约法由参议院参议员三分二以上，或临时大总统之提议，经参议员五分四以上之出席，出席员四分三之可决，得增修之。

第五十六条　本约法自公布之日施行。《临时政府组织大纲》于本约法施行之日废止。

——选自《孙中山全集》第二卷，中华书局 1980 年版

纪念孙中山先生

毛泽东·1956 年 11 月 12 日

这是毛泽东为纪念孙中山诞辰九十周年发表于《人民日报》的一篇文章。全文仅680 字，短小精悍，但他对孙中山的丰功伟绩及其留给后人的宝贵精神财富的点睛评价，却被称为是毛泽东历来写孙中山先生写得最好的一篇文章，有“前无古人，后无来者”之感叹。本篇全文选读。

纪念伟大的革命先行者孙中山先生！

纪念他在中国民主革命准备时期，以鲜明的中国革命民主派立场，同中国改良派作了尖锐的斗争。他在这一场斗争中是中国革命民主派的旗帜。

纪念他在辛亥革命时期，领导人民推翻帝制、建立共和国的丰功伟绩。

纪念他在第一次国共合作时期，把旧三民主义发展为新三民主义的丰功伟绩。

他在政治思想方面留给我们许多有益的东西。

现代中国人，除了一小撮反动分子以外，都是孙先生革命事业的继承者。

我们完成了孙先生没有完成的民主革命，并且把这个革命发展为社会主义革命。我们正在完成这个革命。

事物总是发展的。一九一一年的革命，即辛亥革命，到今年，不过四十五年，中国的面目完全变了。再过四十五年，就是二千零一年，也就是进到二十一世纪的时候，中国的面目更要大变。中国将变为一个强大的社会主义工业国。中国应当这样。因为中国是一个具有九百六十万平方公里土地和六万万人口的国家，中国应当对于人类有较大的贡献。而这种贡献，在过去一个长时期内，则是太少了。这使我们感到惭愧。

但是要谦虚。不但现在应当这样，四十五年之后也应当这样，永远应当这样。中国人在国际交往方面，应当坚决、彻底、干净、全部地消灭大国主义。

孙先生是一个谦虚的人。我听过他多次讲演，感到他有一种宏伟的气魄。从他注意研究中国历史情况和当前社会情况方面，又从他注意研究包括苏联在内的外国情况方面，知道他是很虚心的。

他全心全意地为了改造中国而耗费了毕生的精力，真是鞠躬尽瘁，死而后已。

像很多站在正面指导时代潮流的伟大历史人物大都有他们的缺点一样，孙先生也有他的缺点方面。这是要从历史条件加以说明，使人理解，不可以苛求于前人的。

——选自《毛泽东文集》第七卷，人民出版社 1999 年版

在纪念孙中山先生诞辰150周年大会上的讲话

习近平·2016年11月11日

孙中山先生是伟大的民族英雄、伟大的爱国主义者、中国民主革命的伟大先驱。在山河破碎、灾难深重的近代中国，以孙中山为代表的资产阶级民主主义者，高扬反对封建专制统治的旗帜，发动了震惊世界的辛亥革命并取得成功，开创了完全意义上的近代民族民主革命，推动了中国社会变革和中华民族思想解放，建立了不可磨灭的历史功勋。在孙中山先生诞辰150周年之际，中共中央总书记、国家主席、中央军委主席习近平在纪念大会上发表讲话，对孙中山先生伟大的一生和为民族独立、社会进步、人民幸福建立的不朽功勋给予充分肯定，对孙中山先生的崇高风范、博大情怀、优秀品质和奋斗精神给予高度概括和评价，表达了维护国家主权和领土完整、坚决反对民族分裂的坚强决心。他呼吁所有敬仰孙中山先生的中华儿女，包括大陆同胞、港澳同胞、台湾同胞、海外侨胞，无论党派信仰，无论身在何处，都要更加紧密地团结起来，把握历史机遇，担当历史责任，把孙中山先生等一切革命先辈为之奋斗的伟大事业继续推向前进，把近代以来一切仁人志士为之奋斗的伟大事业继续推向前进，把近代以来中国人民和中华民族为之奋斗的伟大事业继续推向前进。全文约6100余字，本篇全文选读。

同志们，朋友们：

今天，我们在这里隆重集会，纪念孙中山先生诞辰150周年，缅怀他为民族独立、社会进步、人民幸福建立的不朽功勋，弘扬他的革命精神和崇高品德，激励海内外中华儿女为实现中华民族伟大复兴而团结奋斗。

孙中山先生是伟大的民族英雄、伟大的爱国主义者、中国民主革命的伟大先驱，一生以革命为己任，立志救国救民，为中华民族作出了彪炳史册的贡献。

时代造就伟大人物，伟大人物又影响时代。150年前，孙中山先生出生之时，中国正遭受帝国主义列强的野蛮侵略和封建专制制度的腐朽统治，战乱频发，民生凋敝，中华民族陷入内忧外患的灾难深渊，中国人民处于水深火热的悲惨境地。在那个风雨如晦的年代，中华民族从未屈服，无数仁人志士前仆后继，探求救国救民的道路，进行可歌可泣的抗争。孙中山先生就是他们中的杰出代表。

青年时代，孙中山先生目睹山河破碎、生灵涂炭，誓言“亟拯斯民于水火，切扶大厦之将倾”，高扬反对封建专制统治的旗帜，毅然投身民主革命事业。他创立兴中会、同盟会，提出民族、民权、民生的三民主义，积极传播革命思想，广泛联合革命力量，连续发动武装起义，为推进民主革命四处奔走、大声疾呼。

1911年，在他领导和影响下，震惊世界的辛亥革命取得成功，推翻了清王朝统治，结束了统治中国几千年的君主专制制度。由于历史进程和社会条件的制约，辛亥革命虽然没有改变旧中国半殖民地半封建的社会性质，没有改变中国人民的悲惨命运，没有完成实现民族独立、人民解放的历史任务，但开创了完全意义上的近代民族民主革命，打开了中国进步闸门，传播了民主共和理念，极大推动了中华民族思想解放，以巨大的震撼力和影响力推动了中国社会变革。

孙中山先生的伟大，不仅在于他领导了辛亥革命，而且在于他为了实现革命理想，与时俱进完善自己的革命理念和斗争方略，毫不妥协同逆时代潮流而动的各种势力进行斗争。他坚决反对军阀分裂割据，坚定维护民主共和制度和国家完整统一。十月革命爆发后，马克思列宁主义传入中国，为孙中山先生认识世界和中国打开了新的视野。中国共产党成立后，孙中山先生同中国共产党人真诚合作，在中国共产党帮助下，把旧三民主义发展为新三民主义，实行联俄、联共、扶助农工三大政策，改组中国国民党，推动北伐战争取得胜利，把反帝反封建的民主革命推向前进。毛泽东同志把三民主义纲领、统一战线政策、艰苦奋斗精神并称为孙中山先生“留给我们的最中心最本质最伟大的遗产”，是“对于中华民族最伟大的贡献”。

孙中山先生为当时中国的积贫积弱痛心疾首，第一个响亮喊出“振兴中华”的口号。他认为，“建设为革命之唯一目的”。他坚信，革命成功以后，经过全民族努力，中国一定能够迎头赶上世界先进国家。他满怀豪情地说：“一旦我们革新中国的伟大目标得以完成，不但在我们的美丽的国家将会出现新纪元的曙光，整个人类也将得以共享更为光明的前景。”

孙中山先生为中国人民和中华民族作出了杰出贡献，在中国人民心中享有崇高威望，受到全体中华儿女景仰。今天，缅怀孙中山先生建立的历史功勋，缅怀孙中山先生为中国人民鞠躬尽瘁的光辉一生，我们心中充满着深深的崇敬之情。

同志们、朋友们！

中国共产党人是孙中山先生革命事业最坚定的支持者、最忠诚的合作者、最忠实的继承者。在他生前，中国共产党人坚定支持孙中山先生的事业。在他身后，中国共产党人忠实继承孙中山先生的遗志，团结带领全国各族人民英勇奋斗、继续前进，付出巨大牺牲，完成了孙中山先生的未竟事业，取得新民主主义革命胜利，建立了人民当家作主的中华人民共和国，实现了民族独立、人民解放。在这个基础上，中国共产党人团结带领中国人民继续奋斗，完成了社会主义革命，确立了社会主义制度。

新中国成立67年特别是改革开放30多年来，在中国共产党领导下，中国人民在社会主义道路上实现了一个又一个伟大飞跃，取得举世瞩目的伟大成就。今天，我们可以告慰孙中山先生的是，我们比历史上任何时期都更接近中华民族伟大复兴的目标，比历史上任何时期都更有信心、有能力实现这个目标。

同志们、朋友们！

我们对孙中山先生最好的纪念，就是学习和继承他的宝贵精神，团结一切可以团结的力量，调动一切可以调动的因素，为他梦寐以求的振兴中华而继续奋斗。

——我们要学习孙中山先生热爱祖国、献身祖国的崇高风范。孙中山先生最大的特点是热爱祖国，一生追求实现民族独立和发展振兴的理想，对此矢志不移、无比坚定。孙中山先生说：“做人的最大事情是什么呢？就是要知道怎么样爱国。”他总是以“爱国若命”、“一息尚存，不忘救国”等鞭策自己。孙中山先生具有高度的民族自尊和民族自信，不泥古、不守旧，不崇洋、不媚外，强调“中国的社会既然是和欧美的不同，所以管理社会的政治自然也是和欧美不同”；“发展之权，操之在我则存，操之在人则亡”。他从坎坷人生经历和长期斗争实践中得出一个道理，就是改造中国必须从中国实际出发，走适合中国国情的道路。

古今中外的历史都告诉我们，世界上没有一个民族能够亦步亦趋走别人的道路实现自己的发展振兴，也没有一种一成不变的道路可以引导所有民族实现发展振兴；一切成功发展振兴的民族，都是找到了适合自己实际的道路的民族。今天，我们要开创中华民族伟大复兴新局面，必须大力弘扬伟大的爱国主义精神，坚信中华民族有能力走出一条成功的复兴之路。爱国主义是具体的、现实的。在当代中国，弘扬爱国主义就必须深刻认识到，中国共产党领导和中国社会主义制度必须长期坚持，不可动摇；中国共产党领导中国人民开辟的中国特色社会主义必须长期坚持，不可动摇；中国共产党和中国人民扎根中国大地、借鉴人类文明优秀成果、独立自主实现国家发展的大政方针必须长期坚持，不可动摇。我们要增强中国特色社会主义道路自信、理论自信、制度自信、文化自信，坚定不移沿着中国特色社会主义道路守护好、建设好我们伟大的国家。

——我们要学习孙中山先生天下为公、心系民众的博大情怀。孙中山先生有着深厚的为民情怀，一生坚持以“天下为公”为最高思想境界，致力于“除去人民的那些忧愁，替人民谋幸福”，对此矢志不移、无比坚定。孙中山先生深知人民是最伟大的力量，强调要实现革命的目的，必须唤起民众。他关心民众疾苦，强调“国家之本，在于人民”，“民生为社会进化的重心”，“人民所做不到的，我们要替他们去做；人民没有权利的，我们要替他们去争”。他谆谆告诫大家，“要立心做大事，不要立心做大官”。孙中山先生对人民的深厚感情，是他追求真理、矢志革命的力量源泉，是他奋斗不息、永不言弃的深厚基础。

任何一项伟大事业要成功，都必须从人民中找到根基，从人民中集聚力量，由人民共同来完成。违背人民意愿，脱离人民支持，任何事业都会成为无源之水、无本之木，都是不能成功的。今天，要开创中华民族伟大复兴新局面，我们党就必须始终把全心全意为人民服务作为根本宗旨，始终把人民拥护和支持作为力量源泉，坚持把人民放在心中最高位置。我们要坚持一切为了人民、一切依靠人民，永远保持对人民的赤子之心，永远同人民站在一起，推动改革发展成果更多更公平惠及全体人民，朝着实现全体人民共同富裕的目标不断迈进，把 13 亿多中国人民凝聚成推动中华民族发展壮大的磅礴力量。

——我们要学习孙中山先生追求真理、与时俱进的优秀品质。孙中山先生眼界宽广、胸襟开阔，一生追求真理、坚持真理，对此矢志不移、无比坚定。世界上没有先知先觉的人物。孙中山先生以“世界潮流，浩浩荡荡，顺之则昌，逆之则亡”为座右铭，善于从实践中学习，包括从失败的教训中学习，因而能够“适乎世界之潮流，合乎人群之需要”。他说：“我一生的嗜好，除了革命外，只有好读书，我一天不读书，便不能生活。”他从不停止探索前进的步伐，从不拒绝修正自己的思想和主张。他总是内审中国之情势，外察世界之潮流，兼收众长，益以新创，努力赶上时代潮流。无论是从社会改良主义者转变为坚定的民主革命者，还是把旧三民主义发展成新三民主义，都体现了他敢于突破局限、不断自我革新的可贵精神。

历史的车轮滚滚向前，跟不上的人必将成为落伍者，必将被历史所淘汰。历史只会眷顾坚定者、奋进者、搏击者，而不会等待犹豫者、懈怠者、畏难者。今天，我们要开创中华民族伟大复兴新局面，就必须树立宏大历史视野，把握世界发展大势，聆听时代声音，勇于坚持真理、修正错误，不断推进理论创新、实践创新、制度创新、文化创新以及其他各方面创新，在时代前进的洪流中书写中华民族发展新篇章。

——我们要学习孙中山先生坚韧不拔、百折不挠的奋斗精神。孙中山先生“致力国民革命凡四十年”，一生坚持“吾志所向，一往无前，愈挫愈奋，再接再厉”，对此矢志不移、无比坚定。孙中山先生说：“以吾人数十年必死之生命，立国家亿万年不死之根基，其价值之重可知。”孙中山先生的革命生涯屡经挫折、备尝艰辛，但为了“造成独立自由之国家，以拥护国家及民众之利益”，他从不因失败而灰心，也从不因困难而退缩，坚信“吾心信其可行，则移山填海之难，终有成功之日；吾心信其不可行，则反掌折枝之易，亦无收效之期也”，坚信只要“精神贯注，猛力向前，应乎世界进步之潮流，合乎善长恶消之天理，则终有最后成功之一日”。任何外来威胁、内部分裂、暂时失败都不能动摇孙中山先生的革命意志，直到卧病弥留之际，他念念不忘的仍是“和平、奋斗、救中国”。孙中山先生以毕生奋斗践行了他的誓言，表现出一个伟大革命者的英雄气概和执着追求。

伟大的事业之所以伟大，不仅因为这种事业是正义的、宏大的，而且因为这种事业不是一帆风顺的。伟大的人物之所以伟大，不仅因为这样的人物为人民、为民族、为人类建立了丰功伟绩，而且因为这样的人物在艰苦磨砺中铸就了坚强意志和高尚人格。今天，我们要开创中华民族伟大复兴新局面，就必须冷静审视深刻复杂变化的国际形势，全面把握艰巨繁重的改革发展稳定任务，进行长期不懈的艰苦努力，什么时候都不要想象可以敲锣打鼓、顺顺当当实现我们的奋斗目标。我们要把责任扛在肩上，时刻准备应对重大挑战、抵御重大风险、克服重大阻力、解决重大矛盾，以不畏艰险、攻坚克难的勇气，以昂扬向上、奋发有为的锐气，不断把中华民族伟大复兴事业推向前进。

同志们、朋友们！

孙中山先生始终坚定维护国家统一和民族团结，旗帜鲜明反对一切分裂国家、分裂民族的言论和行为。孙中山先生说：“中国是一个统一的国家，这一点已牢牢地印在我国的历史意识之中，正是这种意识才使我们能作为一个国家而被保存下来。”他强调：“‘统一’是中国全体国民的希望。能够统一，全国人民便享福；不能统一，便要受害。”

实现祖国完全统一，是中华民族根本利益所在，也是全体中华儿女的共同愿望和神圣职责。确保国家完整不被分裂，维护中华民族根本利益，是全体中华儿女共同意志，是不可阻挡的历史潮流。

两岸同胞是血脉相连的骨肉兄弟。两岸是割舍不断的命运共同体。两岸关系和平发展是维护两岸和平、促进共同发展、造福两岸同胞的正确道路。我们坚持“九二共识”的共同政治基础，深化两岸经济社会融合，增进同胞福祉和亲情。台湾任何党派、团体、个人，无论过去主张过什么，只要承认“九二共识”，认同大陆和台湾同属一个中国，我们都愿意同其交往。

两岸同胞前途命运同中华民族伟大复兴密不可分。两岸同胞以及海内外全体中华儿女要携起手来，共同反对“台独”分裂势力，共同为两岸关系和平发展、实现祖国完全统一而努力，共同创造所有中国人的幸福生活和美好未来。

近代以来，中国经历了长达百余年的国破山河碎、同胞遭蹂躏的悲惨历史，所有中华儿女对此刻骨铭心。维护国家主权和领土完整，绝不容忍国家分裂的历史悲剧重演，是我们对历史和人民的庄严承诺。一切分裂国家的活动都必将遭到全体中国人民坚决反对。我们绝不允许任何人、任何组织、任何政党、在任何时候、以任何形式、把任何一块中国领土从中国分裂出去！

同志们、朋友们！

国家好、民族好，大家才会好。孙中山先生毕生奋斗，就是期盼中国成为“世界上顶富强的国家”、“世界上顶安乐的国家”，中国人民成为“世界上顶享幸福的人民”。孙中山先生希望“发扬吾固有之文化，且吸收世界之文化而光大之，以期与诸民族并驱于世界”。

孙中山先生在从事紧张的革命活动的过程中，一直思考着建设中国的问题。1917 年到 1919 年，他写出《建国方略》一书，构想了中国建设的宏伟蓝图，其中提出要修建约 16 万公里的铁路，把中国沿海、内地、边疆连接起来；修建 160 万公里的公路，形成遍布全国的公路网，并进入青藏高原；开凿和整修全国水道和运河，建设三峡大坝，发展内河交通和水利、电力事业；在中国北部、中部、南部沿海各修建一个世界水平的大海港；大力发展农业、制造业、矿业，等等。孙中山先生擘画的这个蓝图，显示了他对中国发展的卓越见解和强烈期盼。当时，有的外国记者认为孙中山先生的这些设想完全是一种空想，是不可能实现的。

的确，在旧中国的政治经济社会条件下，孙中山先生的这些宏大构想是难以实现的。今天，在中国共产党领导下，在全国各族人民顽强奋斗下，孙中山先生当年描绘的这个蓝图早已实现，中国人民创造的许多成就远远超出了孙中山先生的设想。祖国大地上，铁路进青藏，公路密成网，高峡出平湖，港口连五洋，产业门类齐，稻麦遍地香，神舟遨太空，国防更坚强。孙中山先生致力于建设的独立、民主、富强的国家早已巍然屹立在世界东方。

实践充分说明，只要道路正确、理论正确、制度正确、文化正确，只要坚定不移、坚韧不拔、坚持不懈、艰苦奋斗，朝着伟大目标持之以恒前进，风雨如磐不动摇，我们的目标就能够达到，我们的目标也一定能够达到！

92 年前，孙中山先生这样表述他对中华民族的期盼：“中国如果强盛起来，我们不但是要恢复民族的地位，还要对于世界负一个大责任。”60 年前，毛泽东同志在纪念孙中山先生诞辰 90 周年时指出：“中国应当对于人类有较大的贡献。”30 年前，邓小平同志说：“国家总的力量就大了，可以为人类做更多的事情，在解决南北问题方面可以尽更多的力量。我们就是有这么一个雄心壮志。”中国人民不仅希望自己发展得好，也希望各国都发展得好，希望各国人民都能拥有幸福安宁的生活。我们要推动构建以合作共赢为核心的新型国际关系，推动形成人类命运共同体和利益共同体，始终做世界和平的建设者、全球发展的贡献者、国际秩序的维护者，同世界各国人民一道，共同创造人类和平与发展的美好未来。

5000 多年来，中华民族在自己的发展历程中已经为人类作出了伟大的贡献。未来岁月里，中国人民和中华民族也必将为人类和平与发展的崇高事业不断作出新的更大的贡献！

同志们、朋友们！

孙中山先生当年说：“以四百兆苍生之众，数万里土地之饶，因可发奋为雄，无敌于天下。”“惟愿诸君将振兴中国之责任，置之于自身之肩上。”孙中山先生在生命的最后时刻仍然嘱咐，革命尚未成功，同志仍须努力。实现中国现代化，实现中华民族伟大复兴，实现全体中国人民共同富裕，我们还有很长的路要走，还有很多困难和风险要去战胜。

我呼吁，所有敬仰孙中山先生的中华儿女，包括大陆同胞、港澳同胞、台湾同胞、海外侨胞，无论党派信仰，无论身在何处，更加紧密地团结起来，把握历史机遇，担当历史责任，把孙中山先生等一切革命先辈为之奋斗的伟大事业继续推向前进！把近代以来一切仁人志士为之奋斗的伟大事业继续推向前进！把近代以来中国人民和中华民族为之奋斗的伟大事业继续推向前进！

——选自“新华网”，2016 年 11 月 11 日

第三专题　从开天辟地到开国大典

先进的中国人向西方寻找救国的路不断失败，“国家的情况一天一天坏，环境迫使人们活不下去。怀疑产生了，增长了，发展了”（毛泽东语）。1914 年爆发的第一次世界大战震惊了世界。1915 年，陈独秀发起思想文化领域的反帝反封建的新文化运动，促进了中国思想界的解放。1917 年 10 月，在帝国主义链条最薄弱环节的俄国，在列宁领导下发动了十月革命并取得成功，建立了世界上第一个社会主义国家，为殖民地半殖民地人民争取民族独立和解放的斗争指明了方向。1919 年我国发生了五四运动，成为新民主主义革命的开端，随后马克思主义的传播逐渐成为主流。在共产国际的帮助下，1921 年 7 月中国共产党宣告成立，成为中国历史上开天辟地的“大事变”。中国人民在中国共产党领导下，历经北伐战争、土地革命战争、抗日战争、解放战争，经过 28 年艰苦卓绝的奋斗和牺牲，终于打败了日本帝国主义侵略，推翻了国民党的反动统治，于 1949 年 10 月建立了新中国，完成了新民主主义革命，实现了民族独立、人民解放。新中国的成立，使人民成为国家、社会和自己命运的主人，实现了中国从几千年封建专制制度向人民民主制度的伟大跨越，实现了中国高度统一和各民族空前团结，彻底结束了旧中国半殖民地半封建社会的历史，彻底结束了旧中国一盘散沙的局面，彻底废除了列强强加给中国的不平等条约和帝国主义在中国的一切特权。中国人从此站立起来，中华民族发展进步从此开启新的历史纪元。事实充分证明，是历史和人民选择了中国共产党，选择了马克思主义，选择了社会主义道路。

本专题选取《敬告青年》《我的马克思主义观》《中国共产党第一次全国代表大会》文件、《中国共产党第二次全国代表大会宣言》《中国国民党第一次全国代表大会宣言》《反对本本主义》《在纪念红军长征胜利 80 周年大会上的讲话》《中国革命战争的战略问题》《论新阶段》《新民主主义论》《关于若干历史问题的决议》《唯心历史观的破产》《抗日战争胜利后的时局和我们的方针》《中国土地法大纲》《中国民主同盟一届三中全会宣言》《论人民民主专政》《中国人民政治协商会议共同纲领》著作 17 篇。

敬告青年

陈独秀 · 1915 年 9 月

陈独秀（1880—1942），字仲甫，安徽怀宁人。他是“五四时期的总司令”，新文化运动的代表人物，中国共产党的发起人之一。1915 年 9 月陈独秀在上海创办《青年杂志》，发起了一场猛烈的反对封建文化的思想革命即早期新文化运动。从第二期开始，《青年杂志》改为《新青年》，并随着陈独秀担任北京大学文科学长从上海迁到北京出版。《新青年》逐渐成为新文化运动的中心，影响了一代进步青年的人生。在杂志创刊号上，陈独秀发表了《敬告青年》一文，向广大有志青年提出了希望，勉励他们做一个“自主的、进步的、进取的、世界的、实利的、科学的”青年，向广大青年吹响了新文化运动的号角。全文 3700 余字，本篇全文选读。

窃以少年老成，中国称人之语也；年长而勿衰（Keep young while growing old），英美人相勖之辞也，此亦东西民族涉想不同现象趋异之一端欤？青年如初春，如朝日，如百卉之萌动，如利刃之新发于硎，人生最可宝贵之时期也。青年之于社会，犹新鲜活泼细胞之在人身。新陈代谢，陈腐朽败者无时不在天然淘汰之途，与新鲜活泼者以空间之位置及时间之生命。人身遵新陈代谢之道则健康，陈腐朽败之细胞充塞人身则人身死；社会遵新陈代谢之道则隆盛，陈腐朽败之分子充塞社会则社会亡。

准斯以谈，吾国之社会，其隆盛耶？抑将亡耶？非予之所忍言者。彼陈腐朽败之分子，一听其天然之淘汰，雅不愿以如流之岁月，与之说短道长，希冀其脱胎换骨也。予所欲涕泣陈词者，惟属望于新鲜活泼之青年，有以自觉而奋斗耳！

自觉者何？自觉其新鲜活泼之价值与责任，而自视不可卑也。奋斗者何？奋其智能，力排陈腐朽败者以去，视之若仇敌，若洪水猛兽，而不可与为邻，而不为其菌毒所传染也。

呜呼！吾国之青年，其果能语于此乎！吾见夫青年其年龄，而老年其身体者十之五焉；青年其年龄或身体，而老年其脑神经者十之九焉。华其发，泽其容，直其腰，广其膈，非不俨然青年也；及叩其头脑中所涉想所怀抱，无一不与彼陈腐朽败者为一丘之貉。其始也未尝不新鲜活泼，浸假而为陈腐朽败分子所同化者有之；浸假而畏陈腐朽败分子势力之庞大，瞻顾依回，不敢明目张胆，作顽狠之抗斗者有之。充塞社会之空气，无往而非陈腐朽败焉，求些少之新鲜活泼者，以慰吾人窒息之绝望，亦杳不可得。

循斯现象，于人身则必死，于社会则必亡。欲救此病，非太息咨嗟之所能济，是在一二敏于自觉、勇于奋斗之青年，发挥人间固有之智能，决择人间种种之思想，——孰为新鲜活泼而适于今世之争存，孰为陈腐朽败而不容留置于脑里，——利刃断铁，快刀理麻，决不作牵就依违之想，自度度人，社会庶几其有清宁之日也。青年乎！其有以此自任者乎？若夫明其是非，以供决择，谨陈六义，幸平心察之：

（一）自主的而非奴隶的

等一人也，各有自主之权，绝无奴隶他人之权利，亦绝无以奴自处之义务。奴隶云者，古之昏弱对于强暴之横夺，而失其自由权利者之称也。自人权平等之说兴，奴隶之名，非血气之忍受。世称近世欧洲历史为“解放历史”：破坏君权，求政治之解放也；否认教权，求宗教之解放也；均产说兴，求经济之解放也；女子参政运动，求男权之解放也。

解放云者，脱离夫奴隶之羁绊，以完其自主自由之人格之谓也。我有手足，自谋温饱；我有口舌，自陈好恶；我有心思，自崇所信；绝不认他人之越俎，亦不应主我而奴他人；盖自认为独立自主之人格以上，一切操行，一切权利，一切信仰，唯有听命各自固有之智能，断无盲从隶属他人之理。非然者，忠孝节义，奴隶之道德也；德国大哲尼采（Nietzsche）别道德为二类：有独立心而勇敢者曰贵族道德（Morality of Noble），谦逊而服从者曰奴隶道德（Morality of Slave）。轻刑薄赋，奴隶之幸福也；称颂功德，奴隶之文章也；拜爵赐第，奴隶之光荣也；丰碑高墓，奴隶之纪念物也。以其是非荣辱，听命他人，不以自身为本位，则个人独立平等之人格，消灭无存，其一切善恶行为，势不能诉之自身意志而课以功过；谓之奴隶，谁曰不宜？立德立功，首当辨此。

（二）进步的而非保守的

不进则退，中国之恒言也。自宇宙之根本大法言之，森罗万象，无日不在演进之途，万无保守现状之理；特以俗见拘牵，谓有二境，此法兰西当代大哲柏格森（H·Bergson）之“创造进化论”（L'Erolntion Creatrice）所以风靡一世也。以人事之进化言之：笃古不变之族，日就衰亡；日新求进之民，方兴未已：存亡之数，可以逆睹。矧在吾国，大梦未觉，故步自封，精之政教文章，粗之布帛水火，无一不相形丑拙，而可与当世争衡？

举凡残民害理之妖言，率能征之故训，而不可谓诬，谬种流传，岂自今始！固有之伦理，法律，学术，礼俗，无一非封建制度之遗，持较晰种之所为，以并世之人，而思想差迟，几及千载；尊重廿四朝之历史性，而不作改进之图；则驱吾民于二十世纪之世界以外，纳之奴隶牛马黑暗沟中而已，复何说哉！于此而言保守，诚不知为何项制度文物，可以适用生存于今世。吾宁忍过去国粹之消亡，而不忍现在及将来之民族，不适世界之生存而归消灭也。

呜呼！巴比伦人往矣，其文明尚有何等之效用耶？“皮之不存，毛将焉附？”世界进化，骎骎未有已焉。其不能善变而与之俱进者，将见其不适环境之争存，而退归天然淘汰已耳，保守云乎哉！

（三）进取的而非退隐的

当此恶流奔进之时，得一二自好之士，洁身引退，岂非希世懿德。然欲以化民成俗，请于百尺竿头，再进一步。夫生存竞争，势所不免，一息尚存，即无守退安隐之余地。排万难而前行，乃人生之天职。以善意解之，退隐为高人出世之行；以恶意解之，退隐为弱者不适竞争之现象。欧俗以横厉无前为上德，亚洲以闲逸恬淡为美风：东西民族强弱之原因，斯其一矣。此退隐主义之根本缺点也。

若夫吾国之俗，习为委靡：苟取利禄者，不在论列之数；自好之士，希声隐沦，食粟衣帛，无益于世，世以雅人名士目之，实与游惰无择也。人心秽浊，不以此辈而有所补救，而国民抗往之风，植产之习，于焉以斩。人之生也，应战胜恶社会，而不可为恶社会所征服；应超出恶社会，进冒险苦斗之兵，而不可逃遁恶社会，作退避安闲之想。呜呼！欧罗巴铁骑，入汝室矣；将高卧白云何处也？吾愿青年之为孔、墨，而不愿其为巢、由；吾愿青年之为托尔斯泰与达噶尔（R. Tagore 印度隐遁诗人），不若其为哥伦布与安重根！

（四）世界的而非锁国的

并吾国而存立于大地者，大小凡四十余国，强半与吾有通商往来之谊。加之海陆交通，朝夕千里。古之所谓绝国，今视之若在户庭。举凡一国之经济政治状态有所变更，其影响率被于世界，不啻牵一发而动全身也。立国于今之世，其兴废存亡，视其国之内政者半，影响于国外者恒亦半焉。以吾国近事证之：日本勃兴，以促吾革命维新之局；欧洲战起，日本乃有对我之要求。此非其彰彰者耶？投一国于世界潮流之中，笃旧者固速其危亡，善变者反因以竞进。

吾国自通海以来，自悲观者言之，失地偿金，国力索矣；自乐观者言之，倘无甲午庚子两次之福音，至今犹在八股垂发时代。居今日而言锁国闭关之策，匪独立所不能，亦且势所不利。万邦并立，动辄相关，无论其国若何富强，亦不能漠视外情，自为风气。各国之制度文物，形式虽不必尽同，但不思驱其国于危亡者，其遵循共同原则之精神，渐趋一致，潮流所及，莫之能违。于此而执特别历史国情之说，以冀抗此潮流，是犹有锁国之精神，而无世界之智识。国民而无世界智识，其国将何以图存于世界之中？语云："闭户造车，出门未必合辙。"今之造车者，不但闭户，且欲以《周礼·考工》之制，行之欧、美康庄，其患将不止不合辙已也！

（五）实利的而非虚文的

自约翰·弥尔（J.S.Mill）"实用主义"唱道于英，孔特（Comte）之"实验哲学"唱道于法，欧洲社会之制度，人心之思想，为之一变。最近德意志科学大兴，物质文明，造乎其极，制度人心，为之再变。举凡政治之所营，教育之所期，文学技术之所风尚，万马奔驰，无不齐集于厚生利用之一途。一切虚文空想之无裨于现实生活者，吐弃殆尽。当代大哲，若德意志之倭根（R.Eucken），若法兰西之柏格森，虽不以现时物质文明为美备，咸揭橥生活（英文曰 Life，德文曰 Leben，法文曰 La vie）问题，为立言之的。生活神圣，正以此次战争，血染其鲜明之帜旗。欧人空想虚文之梦，势将觉悟无遗。

夫利用厚生，崇实际而薄虚玄，本吾国初民之俗；而今日之社会制度，人心思想，悉自周、汉两代而来，——周礼崇尚虚文，汉则罢黜百家而遵儒重道。——名教之所昭垂，人心之所祈向，无一不与社会现实生活背道而驰。倘不改弦而更张之，则国力将莫由昭苏，社会永无宁日。祀天神而拯水旱，诵孝经以退黄巾，人非童昏，知其妄也。物之不切于实用者，虽金玉圭璋，不如布粟粪土？若事之无利于个人或社会现实生活者，皆虚文也，诳人之事也。诳人之事，虽祖宗之所遗留，圣贤之所垂数，政府之所提倡，社会之所崇尚，皆一文不值也。

（六）科学的而非想象的

科学者何？吾人对于事物之概念，综合客观之现象，诉之主观之理性而不矛盾之谓也。想象者何？既超脱客观之现象，复抛弃主观之理性，凭空构造，有假定而无实证，不可以人间已有之智灵，明其理由，道其法则者也。在昔蒙昧之世，当今浅化之民，有想象而无科学。宗教美文，皆想象时代之产物。近代欧洲之所以优越他族者，科学之兴，其功不在人权说下，若舟车之有两轮焉。今且日新月异，举凡一事之兴，一物之细，罔不诉之科学法则，以定其得失从违；其效将使人间之思想云为，一遵理性，而迷信斩焉，而无知妄作之风息焉。

国人而欲脱蒙昧时代，羞为浅化之民也，则急起直追，当以科学与人权并重。士不知科学，故袭阴阳家符瑞五行之说，惑世诬民；地气风水之谈，乞灵枯骨。农不知科学，故无择种去虫之术。工不知科学，故货弃于地，战斗生事之所需，一一仰给于异国。商不知科学，故惟识罔取近利，未来之胜算，无容心焉。医不知科学，既不解人身之构造，复不事药性之分析，菌毒传染，更无闻焉；惟知附会五行生克寒热阴阳之说，袭古方以投药饵，其术殆与矢人同科；其想象之最神奇者，莫如“气”之一说；其说且过于力士羽流之术；试遍索宇宙间，诚不知此“气”之果为何物也！

凡此无常识之思，惟无理由之信仰，欲根治之，厥维科学。夫以科学说明真理，事事求诸证实，较之想象武断之所为，其步度诚缓；然其步步皆踏实地，不若幻想突飞者之终无寸进也。宇宙间之事理无穷，科学领土内之膏腴待辟者，正自广阔。青年勉乎哉！

——选自《独秀文存》，安徽人民出版社 1996 年版

我的马克思主义观（上篇）

李大钊·1919 年 9 月

李大钊（1889—1927），字幼常，河北乐亭人，新文化运动的代表人物之一，中国共产党的创建人之一。俄国十月革命胜利后，他于 1918 年 11、12 月相继发表《庶民的胜利》和《Bolshevism 的胜利》两篇文章，热情讴歌了十月革命的胜利，成为中国接受和宣传马克思主义的先驱。五四运动后，随着社会主义思潮的勃兴，研究和宣传马克思主义日益成为中国思想界的主流。1919 年 9 月，李大钊在其主编的《新青年》第 6 卷第 5 号、第 6 号“马克思主义研究专号”上发表了《我的马克思主义观》一文，较为系统地介绍了马克思主义的唯物史观、阶级竞争说和经济论（剩余价值说、资本集中说），成为中国系统介绍马克思主义学说的第一人。全文分为上篇和下篇，共 2.7 万字，本篇选读上篇唯物史观和阶级竞争说，共 7 个部分。

一

一个德国人说过，五十岁以下的人说他能了解马克思的学说，定是欺人之谈。因为马克思的书卷帙浩繁，学理深晦。他那名著《资本论》三卷，合计二千一百三十五页，其中第一卷是马氏生存时刊行的，第二、第三两卷是马氏死后他的朋友昂格思替他刊行的。这第一卷和二、三两卷中间，难免有些冲突矛盾的地方，马氏的书本来难解，添上这一层越发难解了。加以他的遗著未曾刊行的还有很多，拚上半生的工夫来研究马克思，也不过仅能就他已刊的著书中，把他反复陈述的主张得个要领，究不能算是完全了解“马克思主义”的。我平素对于马氏的学说没有什么研究，今天硬想谈“马克思主义”已经是僭越的很。但自俄国革命以来，“马克思主义”几有风靡世界的势子，德、奥、匈诸国的社会革命相继而起，也都是奉“马克思主义”为正宗。“马克思主义”既然随着这世界的大变动，惹动了世人的注意，自然也招了很多的误解。我们对于“马克思主义”的研究，虽然极其贫弱，而自一九一八年马克思诞生百年纪念以来，各国学者研究他的兴味复活，批评介绍他的很多。我们把这些零碎的资料，稍加整理，乘本志出“马克思研究号”的机会，把他转介绍于读者，使这为世界改造原动的学说，在我们的思辨中，有点正确的解释，吾信这也不是绝无裨益的事。万一因为作者的知能谫陋，有误解马氏学说的地方，亲爱的读者肯赐以指正，那是作者所最希望的。

二

我于评述“马克思主义”以前，先把“马克思主义”在经济思想史上占若何的地位，略说一说。

由经济思想史上观察经济学的派别，可分为三大系，就是个人主义经济学、社会主义经济学与人道主义经济学。

个人主义经济学，也可以叫作资本主义经济学。三系中以此为最古。著《原富》的亚丹·斯密(Adam Smith)是这一系的鼻祖。亚丹·斯密以下，若马查士(Malthus)、李嘉图(Ricardo)、杰慕士·穆勒（James Mill）等，都属于这一系。把这一系的经济学发挥光大，就成了正系的经济学，普通称为正统学派。因为这个学派是在模范的资本家国的英国成立的，所以英国以外的学者也称他为英国学派。这个学派的根本思想是承认现在的经济组织为是，并且承认在此经济组织内，各个人利己的活动为是。他们以为现在的经济组织，就是个人营利主义的组织，是最巧最妙、最经济不过的组织。从生产一面讲，各人为自己的利益，自由以营经济的活动，自然努力以致自己的利益于最大的程度。其结果：社会全体的利益不期增而自增。譬如各人所有的资本，自然都知道把他由利益较少的事业，移到利益较多的事业上去。社会全体的资本，自然也都舍了那利益较少的事业，投到利益较多的事业上去。所以用不着什么政治家的干涉，自由竞争的结果，社会上资本的全量自然都利用到社会全体最有利的方面去。而事业家为使他自己的利益达于最大的程度，自然努力以使他自己制品全体的价增大，努力以求其商品全体的卖出额换回很多的价来。社会全体的富是积个人的富而成的。个人不断的为增加自己的富去努力，你这样作，他也这样作，那社会全体的富也不期增而日增了。再从消费一面讲，我们日用的一切物品，都不是在自己家内生产的，都是人家各自为营利、为商卖而生产的。自己要得一种物品：米、盐、酱、醋，乃至布匹、伞、屐、新闻、杂志之属，都不是空手向人家讨得来的。依今日的经济组织，都是各人把物卖钱，各人拿钱买货。各人按着自己最方便的法子去活动，比较着旁人为自己代谋代办，亲切的多，方便的多，经济的多。总而言之，他们对于今日以各人自由求各自利益为原则的经济组织，很满足，很以为妥当。他们主张维持他，不主张改造他。这是个人主义经济学，也就是以资本为本位，以资本家为本位的经济学。

以上所述个人主义经济学，有二个要点：其一是承认现在的经济组织为是；其二是承认在这经济组织内，各个人利己的活动为是。社会主义经济学正反对他那第一点。人道主义经济学正反对他那第二点。人道主义经济学者以为无论经济组织改造到怎么好的地步，人心不改造仍是现在这样的贪私无厌，社会仍是没有改善的希望，于是否〈承〉认经济上个人利己的活动，欲以爱他的动机代那利己的动机；不置重于经济组织改造的一方面，而置重于改造在那组织下活动的各个人的动机。社会主义经济学者以为现代经济上、社会上发生了种种弊害，都是现在经济组织不良的缘故，经济组织一经改造，一切精神上的现象都跟着改造，于是否认现在的经济组织，而主张根本改造。人道主义经济学者持人心改造论，故其目的在道德的革命。社会主义经济学者持组织改造论，故其目的在社会的革命。这两系都是反对个人主义经济学的，但人道主义者同时为社会主义者的也有。

现在世界改造的机运，已经从俄、德诸国闪出了一道曙光。从前经济学的正统，是在个人主义。现在社会主义、人道主义的经济学，将要取此正统的位系，而代个人主义以起了。从前的经济学，是以资本为本位，以资本家为本位。以后的经济学，要以劳动为本位，以劳动者为本位了。这正是个人主义［向］社会主义、人道主义过渡的时代。

马克思是社会主义经济学的学［鼻］祖，现在正是社会主义经济学改造世界的新纪元，“马克思主义”在经济思想史上的地位如何重要，也就可以知道了。

本来社会主义的历史并非自马氏始的，马氏以前也很有些有名的社会主义者，不过他们的主张，不是偏于感情，就是涉于空想，未能造成一个科学的理论与系统。至于马氏才用科学的论式，把社会主义的经济组织的可能性与必然性，证明与从来的个人主义经济学截然分立，而别树一帜，社会主义经济学才成一个独立的系统，故社会主义经济学的鼻祖不能不推马克思。

三

“马克思主义”在经济思想史上的价值，既如上述，我当更进而就他的学说的体系略为大体的分析，以便研究。

马氏社会主义的理论，可大别为三部：一为关于过去的理论，就是他的历史论，也称社会组织进化论；二为关于现在的理论，就是他的经济论，也称资本主义的经济论；三为关于将来的理论，就是他的政策论，也称社会主义运动论，就是社会民主主义。离了他的特有的史观，去考他的社会主义，简直的是不可能。因为他根据他的史观，确定社会组织是由如何的根本原因变化而来的；然后根据这个确定的原理，以观察现在的经济状态，就把资本主义的经济组织，为分析的、解剖的研究，豫言现在资本主义的组织不久必移入社会主义的组织，是必然的运命；然后更根据这个豫见，断定实现社会主义的手段、方法仍在最后的阶级竞争。他这三部理论，都有不可分的关系，而阶级竞争说恰如一条金线，把这三大原理从根本上联络起来。所以他的唯物史观说：“既往的历史都是阶级竞争的历史。”他的《资本论》也是首尾一贯的根据那“在今日社会组织下的资本阶级与工人阶级，被放在不得不仇视、不得不冲突的关系上”的思想立论。关于实际运动的手段，他也是主张除了诉于最后的阶级竞争，没有第二个再好的方法。为研究上便利起见，就他的学说各方面分别观察，大概如此。其实他的学说是完全自成一个有机的有系统的组织，都有不能分离不容割裂的关系。

四

请先论唯物史观。

唯物史观也称历史的唯物主义。他在社会学上曾经、并且正在表现一种理想的运动，与前世纪初，在生物学上发现过的运动，有些相类。在那个时候是用以说明各种形态学上的特征、关系的重要，志在得一个种的自然分类，与关于生物学上有机体生活现象更广的知识。这种运动既经指出那内部最深的构造，比外部明显的建造，若何重要，唯物史观就站起来反抗那些历史家与历史哲学家，把他们多年所推崇为非常重要的外部的社会构造，都列于第二的次序；而那久经历史家辈蔑视，认为卑微暧昧的现象的，历史的唯物论者却认为于研究这很复杂的社会生活全部的构造与进化，有莫大的价值。

历史的唯物论者观察社会现象，以经济现象为最重要，因为历史上物质的要件中，变化发达最甚的，算是经济现象。故经济的要件是历史上惟一的物质的要件。自己不能变化的，也不能使别的现象变化。其他一切非经济的物质的要件，如人种的要件、地理的要件等等，本来变化很少，因之及于社会现象的影响也很小，但于他那最少的变化范围内，多少也能与人类社会的行程以影响。在原始未开时代的社会，人类所用的劳作工具，极其粗笨，几乎完全受制于自然。而在新发见的地方，向来没有什么意味的地理特征，也成了非常重大的条件。所以历史的唯物论者，于那些经济以外的一切物质的条件，也认他于人类社会有意义，有影响。不过因为他的影响甚微，而且随着人类的进化日益减退，结局只把他们看作经济的要件的支流罢了。因为这个缘故，有许多人主张改称唯物史观为经济史观。

唯物史观，也不是由马氏创的。自孔道西（Condorcet）依着器械论的典型，想把历史作成一科学，而期发见出一普遍的力，把那变幻无极的历史现象，一以贯之，已竟开了唯物史观的端绪。故孔道西算是唯物史观的开创者。至桑西门（Saint-Simon）把经济的要素，比精神的要素看得更重。十八世纪时有一种想象说，说法兰西历史的内容不过是佛兰坎人与加利亚人间的人种竞争。他受了此说的影响，谓最近数世纪间的法国历史不外封建制度与产业的竞争，其争以大革命期达于绝顶。而产业初与君国制联合，以固专制的基础，基础既成又扑灭王国制。产业的进步是历史的决定条件，科学的进步又为补助他的条件。Thierry、Mignet 及 Guizot 辈继起，袭桑西门氏的见解，谓一时代的理想、教义、宪法等，毕竟不外当时经济情形的反映。关于所有权的法制，是尤其重要的。蒲鲁东亦以国民经济为解释历史的钥匙，信前者为因，后者为果。至于马氏用他特有的理论，把从前历史的唯物论者不能解释的地方，与以创见的说明，遂以造成马氏特有的唯物史观，而于从前的唯物史观有伟大的功绩。

唯物史观的要领，在认经济的构造对于其他社会学上的现象，是最重要的；更认经济现象的进路，是有不可抗性的。经济现象虽用他自己的模型，制定形成全社会的表面构造（如法律、政治、伦理及种种理想上、精神上的现象都是），但这些构造中的那一个也不能影响他一点。受人类意思的影响，在他是永远不能的。就是人类的综合意思，也没有这么大的力量。就是法律他是人类的综合意思中最直接的表示，也只能受经济现象的影响，不能与丝毫的影响于经济现象。换言之，就是经济现象只能由他一面与其他社会现象以影响，而不能与其他社会现象发生相互的影响，或单受别的社会现象的影响。

经济构造是社会的基础构造，全社会的表面构造，都依着他迁移变化。但这经济构造的本身，又按他每个进化的程级，为他那最高动因的连续体式所决定。这最高动因，依其性质，必须不断的变迁，必然的与社会的经济的进化以诱导。

这最高动因究为何物，却又因人而异。Loria 所认为最高动因的，是人口的稠庶。人口不断的增加，曾经决定过去四个联续的根本状态，就是集合、奴隶所有、奴仆（Servile）、佣工。以后将次发生的现象，也该由此决定。马克思则以“物质的生产力”为最高动因：由家庭经济变为资本家的经济，由小产业制变为工场组织制，就是由生产力的变动而决定的。其他学者所认为最高动因的，又为他物。但他们有一个根本相同的论点，就是：经济的构造，依他内部的势力自己进化，渐于适应的状态中，变更全社会的表面构造，此等表面构造，无论用何方法，不能影响到他这一方面，就是这表面构造中最重要的法律，也不能与他以丝毫的影响。

有许多事实，可以证明这种观察事物的方法是合理的。我们晓得有许多法律，在经济现象的面前，暴露出来他的无能。十七八世纪间那些维持商业平准，奖励金块输入的商法，与那最近英国禁遏脱拉斯（Trust）的法律都归无效，就是法律的力量不能加影响于经济趋势的明证。也有些法律，当初即没有力量与经济现象竞争，而后来他所适用的范围，却自一点一点的减缩，至于乌有。这全是经济现象所自致的迁移，无与于法律的影响。例如欧洲中世纪时禁抑暴利的法律，最初就无力与那高利率的经济现象竞争，后来到了利润自然低落，钱利也跟着自然低落的时候，他还继续存在，但他始终没有一点效果。他虽然形式上在些时候维持他的存在，实际上久已无用，久已成为废物。他的存在全是法律上的惰性，只足以证明法律现象远追不上他所欲限制的经济现象，却只在他的脚后一步一步的走，结局惟有服从而已。潜深的社会变动，惟依他自身可以产生，法律是无从与知的。当罗马帝国衰颓时代，一方面呈出奴隶缺乏，奴价腾贵的现象；一方面那一大部分很多而且必要的寄生阶级造成一个自由民与新自由民的无产阶级。他们的贫困日益加甚，自然渐由农业上的奴仆劳动、工业上的佣工劳动，生出来奴隶制度的代替，因为这两种劳动全于经济上有很多的便利。若是把废奴的事业全委之于当时的基督教人类同胞主义的理想，那是绝无效果的。十八世纪间英人曾标榜过一种高尚的人道主义的宗教。到了资本家经济上需要奴隶的时候，他们却把奴制输入到美洲殖民地，并且设法维持他。这类的事例不胜枚举，要皆足以证明法律现象只能随着经济现象走，不能越过他，不能加他以限制，不能与他以影响。而欲以法律现象奖励或禁遏一种经济现象的，都没有一点效果。那社会的表面构造中最重要的法律，尚且如此，其他如综合的理想等等，更不能与经济现象抗衡。

五

迄兹所陈是历史的唯物论者共同一致的论旨。今当更进而述马氏独特的唯物史观。

马氏的经济论，因有他的名著《资本论》详为阐发，所以人都知道他的社会主义系根据于一定的经济论的。至于他的唯物史观，因为没有专书论这个问题，所以人都不甚注意。他的《资本论》，虽然彻头彻尾以他那特有的历史观作基础，而却不见有理论的揭出他的历史观的地方。他那历史观的纲要，稍见于一八四七年公刊的《哲学的贫困》，及一八四八年公布的《共产者宣言》。而以一定的公式表出他的历史观，还在那一八五九［年］他作的那《经济学批评》的序文中。现在把这几样著作里包含他那历史观的主要部分，节译于下，以供研究的资料。

（一）见于《哲学的贫困》中的：

“经济学者蒲鲁东氏，把人类在一定的生产关系之下制造罗纱、麻布、绢布的事情，理解的极其明了。可是这一定的社会关系，也和罗纱、麻布等一样，是人类的生产物，他还没有理解。社会关系与生产力有密切的连络。人类随着获得新生产力，变化其生产方法；又随着变化生产方法，——随着变化他们得生活资料的方法——他们全变化他们的社会关系。手臼造出有封建诸侯的社会。蒸汽制粉机造出有产业的资本家的社会。而这样顺应他们的物质的生产方法，以建设其社会关系的人类，同时又顺应他们的社会关系，以作出其主义、思想、范畴。”

（二）见于《共产者宣言》中的：

“凡以前存在的社会的历史都是阶级竞争的历史。希腊的自由民与奴隶，罗马的贵族与平民，中世的领主与农奴，同业组合的主人与职工，简单的说，就是压制者与被压制者，自古以来，常相反目，而续行或隐然，或公然不断的争斗，总是以全社会革命的变革，或以相争两阶级的共倒（为）结局的一切争斗。试翻昔时的历史，社会全被区别为种种身分者，社会的地位有多样的等差，这类现象我们殆到处可以发见。在古代罗马则有贵族、骑士、平民、奴隶；在中世则有封建诸侯、家臣、同业组合的主人、职工、农奴，且于此等阶级内更各分很多的等级。由封建的社会的崩坏，产出来的近世的社会，仍没把阶级的对立废止。他不过带来了新阶级、新压制手段、新争斗的形式，以代旧的罢了。

“可是到了我们的时代，就是有产者本位的时代，却把阶级的对立简单了。全社会越来越分裂为互相敌视的二大阵营，为相逼对峙的二大阶级：就是有产者与无产者。

“……依以上所述考之，资本家阶级所拿他作基础以至勃兴的生产手段及交通手段，是已经在封建社会作出来的。此等生产手段及交通手段的发展达于一定阶段的时候，封建的社会所依以营生产及交换的关系，就是关于农业及工业封建的组织，简单一句话就是封建的所有关系，对于已经发展的生产力，久已不能适应了。此等关系，现在不但不能奖励生产，却妨阻生产，变成了许多的障碍物。所以此等关系不能不被破坏，果然又被破坏了。

“那自由竞争就随着于他适合的社会的及政治的制度，随着有产者阶级的经济的及政治的支配，代之而起了。

“有产者阶级，于其不满百年的阶级支配之下，就造出比合起所有过去时代曾造的还厚且巨的生产力。自然力的征服，机械、工业及农业上的化学应用，轮船、火车、电报，全大陆的开垦，河川的开通，如同用魔法唤起的这些人类——在前世纪谁能想到有这样的生产力能包容在社会的劳动里呢？

“把这样伟大的生产手段及交通手段，象用魔法一般唤起来的资本家的生产关系及交通关系，——资本家的所有关系——现代的资本家的社会，如今恰与那魔术师自念咒语唤起诸下界的力量，而自己却无制御他们的力量了的情事相等。数十年的工商史，只是现代的生产力，对于现代的生产关系，对于那不外有产者的生活条件及其支配力的所有关系，试行谋叛的历史。我们但举那商业上的恐慌——因隔一定期间便反复来袭，常常胁迫有产社会的全存在的商业恐慌——即足以作个证明。……有产者阶级颠覆封建制度的武器，今乃转而向有产者阶级自身。

“有产者阶级不但锻炼致自［己］于〈己〉死的武器，并且产出去挥使那些武器的人——现代的劳动阶级、无产者就是。

“人人的观念、意见及概念，简单一句话，就是凡是属于人间意识的东西，都随着人人的生活关系，随着其社会的关系，随着其社会的存在一齐变化。这是不用深究就可以知道的。那思想的历史所证明的，非精神上的生产随着物质上的生产一齐变化而何？”

（三）见于《经济学批评》序文中的：

“人类必须加入那于他们生活上必要的社会的生产，一定的、必然的、离于他们的意志而独立的关系，就是那适应他们物质的生产力一定的发展阶段的生产关系。此等生产关系的总和，构成社会的经济的构造——法制上及政治上所依以成立的、一定的社会的意识形态所适应的真实基础——物质的生活的生产方法，一般给社会的、政治的及精神的生活过程，加上条件。不是人类的意识决定其存在，他们的社会的存在反是决定其意识的东西。

“社会的物质的生产力，于其发展的一定阶段，与他从来所在那里面活动当时的生产关系，与那不过是法制上的表现的所有关系冲突。这个关系，这样由生产力的发展形式变而为束缚。于是乎社会革命的时代来。巨大的表面构造的全部，随着经济基础的变动，或徐，或激，都变革了。

“当那样变革的观察，吾人非常把那在得以自然科学的论证的经济的生产条件之上所起的物质的变革，与那人类意识此冲突且至决战的，法制上、政治上、宗教上、艺术上、哲学上的形态，简单说就是观念上的形态，区别不可。想把那样变革时代，由其时代的意识判断，恰如照着一个人怎样想他自己的事，以判断其人一样，不但没有所得，（此处疑有遗漏——编注）意识这个东西宁是由物质生活的矛盾，就是存在于社会生产力与生产关系间的冲突，才能说明的。

“一社会组织，非到他的全生产力，在其组织内发展的一点余地也没有了以后，决不能颠覆去了。这新的，比从前还高的生产关系，在这个东西的物质的生存条件于旧社会的母胎内孵化完了以前，决不能产生出来。人类是常只以自能解决的问题为问题的。因为拿极正确的眼光去看，凡为问题的，惟于其解决所必要的物质条件已经存在，或至少也在成立过程中的时会，才能发生。

“综其大体而论，吾人得以亚细亚的、古代的、封建的及现代资本家的生产方法，为社会经济的组织进步的阶段。而在此中，资本家的生产关系，是社会的生产方法之采敌对形态的最后。——此处所谓敌对，非个人的敌对之意，是由各个人生活的社会的条件而生的敌对之意，——可是在资本家社会的母胎内发展的生产力，同时作成于此敌对的解决必要的物质条件。人类历史的前史，就以此社会组织终。”

（以上的译语，从河上肇博士。）

据以上所引，我们可以略窥马克思唯物史观的要领了。现在更把这个要领简单写出，以期易于了解。

马克思的唯物史观有二要点：其一是关于人类文化的经验的说明；其二即社会组织进化论。其一是说人类社会生产关系的总和，构成社会经济的构造。这是社会的基础构造。一切社会上政治的、法制的、伦理的、哲学的，简单说，凡是精神上的构造，都是随着经济的构造变化而变化。我们可以称这些精神的构造为表面构造。表面构造常视基础构造为转移，而基础构造的变动，乃以其内部促他自己进化的最高动因，就是生产力为主动；属于人类意识的东西，丝毫不能加他以影响，他却可以决定人类的精神、意识、主义、思想，使他们必须适应他的行程。其二是说生产力与社会组织有密切的关系。生产力一有变动，社会组织必须随着他变动。社会组织即社会关系，也是与布帛菽粟一样，是人类依生产力产出的产物。手臼产出封建诸侯的社会，蒸汽制粉机产出产业的资本家的社会。生产力在那里发展的社会组织，当初虽然助长生产力的发展，后来发展的力是［量］到那社会组织不能适应的程度，那社会组织不但不能助他，反倒束缚他、妨碍他了。而这生产力虽在那束缚他、妨碍他的社会组织中，仍是向前发展不已。发展的力量愈大，与那不能适应他的社会组织间的冲突愈迫，结局这旧社会组织非至崩坏不可。这就是社会革命。新的继起，将来到了不能与生产力相应的时候，他的崩坏亦复如是。可是这个生产力，非到在他所活动的社会组织里，发展到无可再容的程度，那社会组织是万万不能打破。而这在旧社会组织内，长成他那生存条件的新社会组织，非到自然脱离母胎，有了独立生存的运命，也是万万不能发生。恰如孵卵的情形一样，人为的助长，打破卵壳的行动，是万万无效的，是万万不可能的。

以上是马克思独特的唯物史观。

六

与他的唯物力［史］观很有密切关系的，还有那阶级竞争说。

历史的唯物论者，既把种种社会现象不同的原因，总约为经济的原因，更依社会学上竞争的法则，认许多组成历史明显的社会事实，只是那直接，间接，或多，或少，各殊异阶级间团体竞争所表现的结果。他们所以牵入这竞争的缘故，全由于他们自己特殊经济上的动机。由历史的唯物论者的眼光去看，十字军之役也含着经济的意味。当时繁盛的意大利共和国中，特如 Venice 的统治阶级，实欲自保其东方的繁富市场。宗教革新的运动，虽然戴着路德的名义，其时的民众中，也似乎有一大部分是意在免去罗马用种种方法征课的重税（那最后有道理的赎罪符也包在内）。基督教的传布，也是应无产阶级的要求作一种实际的运动。把首都由罗马迁至 Byzantium（就是现在的康士坦丁堡），与那定基督教为官教，也是经济的关系。这两件事都是为取罗马帝国从来的重心而代之。因为当时的中产阶级，实为东方富有财势的商贾阶级，势力很厚。他们和那基督教的无产阶级相合，以与罗马寄生的贵族政治分持平衡的势力，而破坏之。法国大革命也全是因为资本家的中级势力，渐渐可以压迫拥有土地的贵族，其间的平衡久已不固，偶然破裂，遂有这个结果。就是法国历史上迭起层兴的政治危机，单由观念学去研究终于神秘难解。像那拿破仑派咧，布尔康家正统派咧，欧尔林家派咧，共和党咧，平民直接执政党咧，他们背后都藏着很复杂的经济意味。不过打着这些旗帜互相争战，以图压服他的反对阶级，而保自己阶级经济上的利益就是了。这类的政治变动，由马克思解释，其根本原因都在殊异经济阶级间的竞争。我们看那马克思与昂格思的《共产者宣言》中“从来的历史都是阶级竞争的历史”的话，马克思在他的《经济学批评》序文中，也说“从来的历史尽是在阶级对立——固然在种种时代呈种种形式——中进行的”，就可以证明他的阶级竞争说，与他的唯物史观有密切关系了。

就这阶级竞争的现象，我们可以晓得，这经济上有共同利害自觉的社会团体，都有损毁别的社会团体以增加自己团体利益的倾向。这个倾向，斯宾塞谓是本于个人的利己心。

他在《社会学研究》中说："个人的利己心引出由他们作成的阶级的利己心，于分别的努力以外，还要发生一种协同的努力，去从那社会活动的总收入中，取些过度的领分。这种综合的倾向，在每阶级中这样发展，必须由其他诸阶级类似的综合的倾向来维持其平衡。"由此以观，这阶级竞争在社会的有机体中，恰与 Wilhelm Rous 所发见的"各不同的部分官能组织细胞间的竞争，在各有机体中进行不已"的原则相当。宇宙间一切生命都向"自己发展"（Self-expansion）活动不已。"自己发展"是生物学上、社会学上一切有机的进化全体根本的动机，是生物界普遍无敌的倾向。阶级竞争是这种倾向的无量表现与结果中的一个。而在马克思则谓阶级竞争之所由起，全因为土地共有制崩坏以后，经济的构造都建在阶级对立之上。马氏所说的阶级，就是经济上利害相反的阶级，就是有土地或资本等生产手段的有产阶级，与没有土地或资本等生产手段的无产阶级的区别：一方是压服他人，掠夺他人的，一方是受人压服，被人掠夺的。这两种阶级，在种种时代，以种种形式表现出来。亚细亚的、古代的、封建的、现代资本家的，这些生产方法出现的次第，可作经济组织进化的阶段，而这资本家的生产方法，是社会的生产方法中采敌对形式的最后。阶级竞争也将与这资本家的生产方法同时告终。至于社会为什么呈出阶级对立的现象呢？马氏的意见以为全是因为一个社会团体，依生产手段的独占，掠夺他人的余工余值（余工余值说详后）的原故。但这两种阶级，最初不过对于他一阶级，可称一个阶级，实则阶级的本身还没有成个阶级，还没有阶级的自觉。后来属于一阶级的，知道他们对于别的阶级，到底是立于不相容的地位，阶级竞争是他们不能避的运命，就是有了阶级的自觉，阶级间就起了竞争。当初只是经济的竞争，争经济上的利益，后来就进而为政治的竞争，争政治上的权力，直至那建在阶级对立上的经济的构造自己进化，发生了一种新变化为止。这样看来，马氏并非承认这阶级竞争是与人类历史相始终的，他只把他的阶级竞争说应用于人类历史的前史，不是通用于过去、现在、未来的全部。与其说他的阶级竞争说是他的唯物史观的要素，不如说是对于过去历史的一个应用。

七

马氏的唯物史观及其阶级竞争说，既已略具梗概，现在更把对于其说的评论，举出几点，并述我的意见。

马氏学说受人非难的地方很多，这唯物史观与阶级竞争说的矛盾冲突，算是一个最重要的点。盖马氏一方既确认历史——马氏主张无变化即历史——的原动力为生产力；一方又说从来的历史都是阶级竞争的历史，就是说阶级竞争是历史的终极法则，造成历史的就是阶级竞争。一方否认阶级的活动，无论是直接在经济现象本身上的活动，是间接由财产法或一般法制上的限制，常可以有些决定经济行程的效力；一方又说阶级竞争的活动，可以产出历史上根本的事实，决定社会进化全体的方向。Eugenio Rignano 驳他道："既认各阶级间有为保其最大经济利益的竞争存在，因之经济现象亦自可以随这个或那个阶级的优越，在一方面或他一方面受些限制，又说经济的行程像那天体中行星的轨道一样不变，从着他那不能免的进路前进，人类的什么影响都不能相加。那么那主要目的在变更经济行程的阶级竞争，因为没有什么可争，好久就不能存在了。在太阳常行的轨道上，有了一定的变更，一定可以贡献很大的经济利益于北方民族，而大不利于南方民族。但我想在历史纪录中，寻找一种族或一阶级的竞争，把改变太阳使他离了常轨作目的的，是一件无益的事。"这一段话可谓中了要扼。不过这个明显的矛盾，在马氏学说中，也有自圆的说法。他说自从土地共有制崩坏以来，经济的构造都建立在阶级对立之上。生产力一有变动，这社会关系也跟着变动。可是社会关系的变动，就有赖于当时在经济上占不利地位的阶级的活动。这样看来，马氏实把阶级的活动归在经济行程自然的变化以内。但虽是如此说法，终觉有些牵强矛盾的地方。

这全因为一个学说最初成立的时候，每每陷于夸张过大的原故。但是他那唯物史观，纵有这个夸张过大的地方，于社会学上的进步，究有很大很重要的贡献。他能造出一种有一定排列的组织，能把那从前各自发展不相为谋的三个学科，就是经济、法律、历史，联为一体，使他现在真值得起那社会学的名称。因为他发见那阶级竞争的根本法则；因为他指出那从前全被误解或蔑视的经济现象，在社会学的现象中是顶重要的；因为他把于决定法律现象有力的部分归于经济现象，因而知道用法律现象去决定经济现象是逆势的行为；因为他借助于这些根本的原则，努力以图说明过去、现在全体社会学上的现象。就是这个，已足以认他在人类思想有效果的概念中，占优尚的位置，于学术界思想界有相当的影响。小小的瑕疵，不能掩了他那莫大的功绩。

有人说，历史的唯物论者以经济行程的进路为必然的、不能免的，给他加上了一种定命的彩色，后来马克思派的社会党，因为信了这个定命说，除去等着集产制自然成熟以外，什么提议也没有，什么活动也没有，以致现代各国社会党都遇见很大的危机。这固然可以说是马氏唯物史观的流弊，然自马氏与昂格思合布《共产者宣言》，大声疾呼，檄告举世的劳工阶级，促他们联合起来，推倒资本主义，大家才知道社会主义的实现，离开人民本身，是万万作不到的，这是马克思主义一个绝大的功绩。无论赞否马氏别的学说的人，对于此点，都该首肯。而在《社会主义者评论》（Socialist Review）第一号揭载的昂格思函牍中，昂氏自己说，他很实［喜］欢看见美国的工人，在于政治信条之下，作出一种组织，可见他们也并不是坐待集产制自然成熟，一点不去活动的。而在别一方面，也可以拿这社会主义有必然性的说，坚人对于社会主义的信仰，信他必然发生，于宣传社会主义上，的确有如耶教福音经典的效力。

历史的唯物论者说经济现象可以变更法律现象，法律现象不能变更经济现象，也有些人起了疑问。历史的唯物论者既承认一阶级的团体活动，可以改造经济组织，那么一阶级的团体活动，虽未至能改造经济组织的程度，而有时亦未尝没有变更经济行程趋势的力量。于此有个显例，就是现代劳工阶级的联合活动，屡见成功，居然能够屈服经济行程的趋势。这种劳工结合，首推英国的工联（Trade unions）为最有效果，他们所争在增加劳银。当时经济现象的趋势是导工人于益困益卑的地位，而工联的活动竟能反害为利。大战起来以后，工联一时虽停止活动，战事既息，他们又重张旗鼓。听说铁路人员总会、交通劳动者（专指海上劳动者）联合会和矿夫联合会三种工联联合起来，向政府及资本家要求种种条件，声势甚猛（参照《每周评论》第三十三号欧游记者明生君通信），将来的效果必可更大。这自觉的团体活动，还没有取得法律的性质，已经证明他可以改变经济现象的趋势，假使把这种活动的效力，用普通法律，或用那可以塞住经济现象全进路的财产法，保障起来，巩固起来，延长他那效力的期间，他那改变经济现象趋势的效力，不且更大么？试把英、法二国的土地所有制比较来看：在英国则诺曼的侵略者及其子孙，依战胜余威，获据此全土，而与其余人口相较，为数甚少，故利在制定限嗣财产制与脱拉斯制，以保其独占权，结果由此维持住大地产制。在法国则经数世纪的时间，贵族及僧侣阶级的财产为革命的中产阶级所剥夺，这剥夺他们的中级人民人口的数，又占全体的大部，故利在分割而不在独占，适与英国的诺曼侵略者及其子孙相反，于是中级人民催着通过特别遗书遗产法，以防大财产制的再见。他们二国的财产法和防遏或辅助田问［间］经济现象趋势的法制，这样不同，所以导他们经济的表现与进化于不同的境界。一则发生很大的领地财产、隐居主义、为害田禾的牧业、全国的人口减少、农村人口的放逐于财富的分配极不平均种种现象。一则发生土地过于割裂、所有者自治其田畴、强盛的农业、节俭之风盛行、分配平均种种现象。这样看来，经济现象和法律现象，都是社会的原动力，他们可以互相影响，都于我们所求的那正当决定的情状有密切的关系。那么，历史的唯物论者所说经济现象有不屈不挠的性质，就是团体的意思、团体的活动，在他面前都得低头的话，也不能认为正确了。但是此等团体的活动，乃至法律，仍是在那可以容他发生的经济构造以上的现象，仍是随着经济的趋势走的，不是反着经济的趋势走的。例如现代的经济现象，一方面劳工阶级的生活境遇日趋于困难；一方面益以促其阶级的自觉，益增其阶级活动的必要，益使其活动的效果足以自卫。这都是现在资本主义制下自然的趋势，应有的现象，不能作足以证明法律现象可以屈抑经济趋势的理据；与其说是团体行动，或法律遏抑经济趋势的结果，毋宁说是经济本身变化的行程。英、法二国财产制之著效，也是在他们依政治的势力，在经济上得占优势，得为权力阶级以后的事，也全是阶级竞争的结果。假使在英国当时定要施行一种防遏大地产制的法律，在法国当时定要施行一种禁抑小财产制的法律，恐怕没有什么效果。在经济构造上建立的一切表面构造，如法律等，不是绝对的不能加些影响于各个的经济现象，但是他们都是随着经济全进路的大势走的，都是辅助着经济内部变化的，就是有时可以抑制各个的经济现象，也不能反抗经济全进路的大势。我们可以拿团体行动、法律、财产法三个联续的法制，补足阶级竞争的法则，不能拿他们推翻马氏唯物史观的全体。

有许多人所以深病“马克思主义”的原故，都因为他的学说全把伦理的观念抹煞一切，他那阶级竞争说尤足以使人头痛。但他并不排斥这个人高尚的愿望，他不过认定单是全体分子最普通的伦理特质的平均所反映的道德态度，不能加影响于那经济上利害相同自觉的团体行动。我们看在这建立于阶级对立的经济构造的社会，那社会主义伦理的观念，就是互助、博爱的理想，实在一天也没有消灭，只因有阶级竞争的经济现象，天天在那里破坏，所以总不能实现。但这一段历史，马氏已把他划入人类历史的前史，断定他将与这最后的敌对形式的生产方法，并那最后的阶级竞争一齐告终。而马氏所理想的人类真正历史，也就从此开始。马氏所谓真正历史，就是互助的历史，没有阶级竞争的历史。近来哲学上有一种新理想主义出现，可以修正马氏的唯物论，而救其偏蔽。各国社会主义者，也都有注重于伦理的运动、人道的运动的倾向，这也未必不是社会改造的曙光，人类真正历史的前兆。我们于此可以断定，在这经济构造建立于阶级对立的时期，这互助的理想、伦理的观念，也未曾有过一日消灭，不过因他常为经济构造所毁灭，终至不能实现。这是马氏学说中所含的真理。到了经济构造建立于人类互助的时期，这伦理的观念可以不至如从前为经济构造所毁灭。可是当这过渡时代，伦理的感化，人道的运动，应该倍加努力，以图划除人类在前史中所受的恶习染，所养的恶性质，不可单靠物质的变更。这是马氏学说应加救正的地方。

我们主张以人道主义改造人类精神，同时以社会主义改造经济组织。不改造经济组织，单求改造人类精神，必致没有效果。不改造人类精神，单等改造经济组织，也怕不能成功。我们主张物心两面的改造，灵肉一致的改造。

总之，一个学说的成立，与其时代环境，有莫大的关系。马氏的唯物史观，何以不产生于十八世纪以前，也不产生于今日，而独产生于马氏时代呢？因为当时他的环境，有使他创立这种学说的必要和机会。十八世纪以前的社会政治和宗教的势力，比经济的势力强，所谓社会势力从经济上袭来的很少。因为原始社会的经济组织是仅求自足的靠着自然的地方居多，靠着人力的地方还少，所以宗教和政治的势力较大。譬如南美土人，只伸出一张口，只等面包树、咖啡树给他吃喝，所以他们只有宗教的感谢，没有经济的竞争。到了英国产业革命后的机械生产时代，人类脱离自然而独立，达到自营自给的经济生活，社会情形为之一变，宗教政治的势力全然扫地，经济势力异军苍头特起支配当时的社会了。有了这种环境，才造成了马氏的唯物史观。有了这种经济现象，才反映以成马氏的学说主义。而马氏自己却忘了此点。平心而论马氏的学说，实在是一个时代的产物；在马氏时代，实在是一个最大的发见。我们现在固然不可拿这一个时代一种环境造成的学说，去解释一切历史，或者就那样整个拿来，应用于我们生存的社会，也却不可抹煞他那时代的价值，和那特别的发见。十字军之役，固然不必全拿那历史的唯物论者所说，全是经济的意味去解释，但当那僧侣彼得煽动群众营救圣墓的时候，彼得与其群众虽然没有经济的意味参杂其间，或者纯是驱于宗教的狂信，而那自觉的经济阶级，实在晓得利用这无意识的反动，达他们有意识的经济上的目的。从前的历史家，完全抱［把］经济的意味蔑视了，也实未当。我们批评或采用一个人的学说，不要忘了他的时代环境和我们的时代环境就是了。

——选自《李大钊全集》第三卷，人民出版社 2006 年版

中国共产党第一次全国代表大会

1921年下半年

1921年7月23—31日，中国共产党第一次全国代表大会在上海举行，因租界巡捕的破坏，大会最后一天转移到浙江嘉兴的南湖举行。大会通过了《中国共产党第一个纲领》《中国共产党第一个决议》等文件，宣告了中国共产党成立，成为中国历史上开天辟地的“大事变”。因为当时环境的恶劣，这些文件都没有被保存下来。我们现在看到的这些文件，是从俄文稿翻译过来的。

中国共产党第一个纲领

一、本党定名为“中国共产党”。

二、本党纲领如下：

（1）革命军队必须与无产阶级一起推翻资本家阶级的政权，必须支援工人阶级，直到社会的阶级区分消除为止；

（2）承认无产阶级专政，直至阶级斗争结束，即直到消灭社会的阶级区分；

（3）消灭资本家私有制，没收机器、土地、厂房和半成品等生产资料，归社会公有；

（4）联合第三国际。

三、本党承认苏维埃管理制度，把工农劳动者和士兵组织起来，并承认党的根本政治目的是实行社会革命；中国共产党彻底断绝同黄色知识分子阶层及其他类似党派的一切联系。

四、凡承认本党纲领和政策，并愿成为忠实党员的人，经党员一人介绍，不分性别、国籍，均可接收为党员，成为我们的同志。但在加入我们队伍之前，必须与企图反对本党纲领的党派和集团断绝一切联系。

五、接收新党员的手续如下：候补党员必须接受其所在地的委员会的考察，考察期限至少为两个月。考察期满后，经多数党员同意，始得被接收入党。如该地区设有执行委员会，应经执行委员会批准。

六、在党处于秘密状态时，党的重要主张和党员身份应保守秘密。

七、凡有党员五人以上的地方，应成立委员会。

八、委员会的成员经当地委员会书记介绍，可转到另一个地方的委员会。

九、凡是党员不超过十人的地方委员会，应设书记一人；超过十人的应设财务委员、组织委员和宣传委员各一人；超过三十人的，应从委员会的委员中选出一个执行委员会。执行委员会的章程另订。

十、工人、农民、士兵和学生的地方组织中党员人数多时，可派他们到其他地区去工作，但是一定要受地方执行委员会的严格监督。

十一、（遗漏——译者）[1]

十二、地方委员会的财务、活动和政策，应受中央执行委员会的监督。

十三、委员会的党员人数超过五百，或同一地方设有五个委员会时，应由全国代表会议委派十人组成执行委员会。如上述要求不能实现，应成立临时中央执行委员会。关于执行委员会的工作和组织细则另订。

十四、党员除非迫于法律，不经党的特许，不得担任政府官员或国会议员。士兵、警察和职员不受此限（这一条在一九二二年第二次代表大会上曾引起激烈争论）。[2]

十五、本纲领须经全国代表大会三分之二代表同意，始得修改。

中国共产党第一个决议[3]

一、工人组织

本党的基本任务是成立产业工会。凡有一个以上产业部门的地方，均应组织工会；在没有大工业而只有一两个工厂的地方，可成立比较适于当地条件的工厂工会。

党应在工会里灌输阶级斗争的精神。党应警惕，不要使工会成为其他党派的傀儡。为此，党应特别机警地注意，勿使工会执行其他的政治路线。对于手工业工会，应迅速派出党员，尽快进行改组工作。

拥有会员二百人以上方能成立工会，而且至少要派我党党员二人到该工会去工作。

二、宣传

一切书籍、日报、标语[4]和传单的出版工作，均应受中央执行委员会或临时中央执行委员会的监督。

每个地方组织均有权出版地方的通报、日报、周刊、传单和通告。不论中央或地方出版的一切出版物，其出版工作均应受党员的领导。

任何出版物，无论是中央的或地方的，均不得刊登违背党的原则、政策和决议的文章。

三、工人学校

因工人学校是组织产业工会过程中的一个阶段，所以在一切产业部门均应成立这种学校，例如，应成立“运输工人预备学校”和“纺织工人预备学校”等等。在这种学校里，除非常必要的情况外，不应教若干门不同的课程[5]。

学校管理处和校务委员会应完全由工人组成。党聘请的教员可以出席校务委员会的会议。

工人学校应逐渐变成工人政党的中心机构，否则，这种学校就无需存在，可予以解散或改组。

---

[1] 此系俄文稿原注。

[2] 括号内文字系俄文稿原注。

[3] 英文稿标题为《中国共产党关于（奋斗）目标的第一个决议》。

[4] 俄文为：“словари”，系揣译。英文稿译为“百科全书”。

[5] 英文稿此句为“任何教授数种不同工作的补习学校，除非不得已时不准成立。”

学校的基本方针是提高工人的觉悟，使他们认识到成立工会的必要。

四、工会组织的研究机构

这种机构应由各个产业部门的领导人、有觉悟的工人和党员组成，应研究产业工会组织的工作方法等问题。

成立这种机构的主要目的，是教育工人，使他们在实践中去实现共产党的思想。应特别注意组织工人工会，援助其他部门的工人运动，研究工人工会以及其他无产阶级组织的情况。

为了更适当地进行工作，这种机构的研究工作应分为以下几类：工人运动史，组织工厂工人的方法，卡尔·马克思的经济学说，各国工人运动的现状。研究的成果应定期发表。应特别注意中国本国的工人运动问题。

五、对现有政党的态度

对现有其他政党，应采取独立的攻击的政策[1]。在政治斗争中，在反对军阀主义和官僚制度的斗争中，在争取言论、出版、集会自由的斗争中，我们应始终站在完全独立的立场上，只维护无产阶级的利益，不同其他党派建立任何关系。

六、党与第三国际的联系

党中央委员会应每月向第三国际报告工作。

在必要时，应派一特命全权代表前往设在伊尔库茨克的第三国际远东书记处。此外，应派代表赴远东各国，以便商讨发展和配合今后阶级斗争的进程。

译自中共驻共产国际代表团档案的俄文稿

——选自《中共中央文件选集第一册（一九二一——一九二五）》，中共中央党校出版社 1989 年版

[1] 英文稿此句为“对现有各政党，应采取独立、攻击、排他的态度。”

中国共产党第二次全国代表大会宣言（节选）

1922 年 7 月

中国共产党第二次全国代表大会于 1922 年 7 月 16 日至 23 日在上海举行。中国共产党成立后，通过斗争的实践，对中国社会和革命性质的认识不断深化。“二大”在“一大”纲领的基础上，着重确定现阶段的革命任务，发表了《中国共产党第二次全国代表大会宣言》，实际上制定了中国共产党在民主革命阶段的主要纲领，即：消除内乱，打倒军阀，建设国内和平；推翻国际帝国主义的压迫，达到中华民族完全独立；统一中国为真正的民主共和国。这是中国历史上第一个彻底的反帝反封建民主革命纲领，对正确开展反帝反封建民主革命发挥了重要的作用。全文 9300 余字，本篇选读部分。

一　国际帝国主义宰割下之中国

（二）

帝国主义列强侵略中国开始于一八三九年英国舰队的攻击。这次攻击实是资本主义最著名的卑污强盗行为，因为他的起因是由于英国政府和商人要强迫把鸦片毒害中国民众。从一八五八年英法联军攻打大沽，直到一九〇一年义和团反抗“洋人”的暴动，促成八国联军占领北京，这四十三年间，乃是资本主义国家宰割中国的流血时期，也是中国人在历史上受最大痛苦和侮辱的时期。二十世纪的开始，已是到了列强因掠夺而互相冲突的形势。一九〇四年的日俄战争，为的是争夺满洲，战争的损失，又挖取中国人的血肉去填补。

帝国主义的列强在这八十年侵略中国时期之内，中国已是事实上变成他们共同的殖民地了，中国人民是倒悬于他们欲壑无底的巨吻中间。帝国主义者掠取了中国辽广的边疆领土、岛屿和附属国，做他们新式的殖民地，还夺去许多重要口岸，做他们的租界，并自行把中国划成几个各自的势力范围圈，实行其专利的掠夺事业。在中国自己领土之内，三分之一的铁路为外国资本家的所有物，其他的铁路也是直接或间接由外国债权主人管理；外国的商轮是在中国的海口和内河里面自由行驶；邮电是受严密监督；关税也不是自主的，是由外国帝国主义者协订和管理的；这样，不但便利于他们的资本输入和原料的吸收，而且是中国经济生命的神经系已落在帝国主义的巨掌之中了。那些外国资本家还在中国占据了许多矿山，并在上海、天津等商埠开设了一些工厂，鞭策百万的中国劳工在那些矿山工厂里，做他们生利的奴隶。同时又加上外国商品如潮的输入，慢说布匹纸张之类，旧有的针和钉都几乎绝了种，因此生活程度日渐增高，三万万的农民日趋于穷困；数千万手工业者的生活轻轻被华美的机器制造品夺去，而渐成为失业的无产阶级。中国因为每次战争都要被索去一批现金赔偿，加上鸦片和商品的吸收，现金日见减少，又加上二十万万外债连本带利不断的盘剥，更加上上海、北京、天津、汉口、广州几个外国银行家的操纵，国家和民众的经济生活都陷在极恐慌的状态之中。帝国主义者还贿赂中国的官僚政客，派遣许多的顾问牧师，出版报纸，设立学校——这是企图更顺利的达到他们贪婪掠夺的目的。同时为防止中国民众的反抗起见，帝国主义者的列强又掠得实际统治中国人的领事裁判权，并派遣军队、警察、军舰驻守于中国领土之内。

（三）

一九一四年世界大战起后，欧、美各国无暇东顾，日本帝国主义者便利用此千载一时之机会，夺取德国在山东的权利，占领胶州湾，并用恐吓贿赂等外交手段以最著名的二十一条压迫中国，意在使中国变为他独占的殖民地。从此事实上日本帝国主义的势力就侵入了中国各种行政、财政、军事、外交及其他一切政治机关的血管里面，控制中国经济生命，自由指挥北京政府，以完全实现他的侵略政策。这样虽然填满了日本帝国主义者的欲壑，但是却引起了美国帝国主义者的嫉妒，日、美两帝国主义在中国争夺的冲突于是起了很深的一道鸿沟。

到了大战告终，所谓巴黎和会，便是分配德国的殖民地和重新划定资本主义国家在近东和远东的势力范围的分赃会议；在那次会议席上，日本既是先行获得中国的利益太多，美国帝国主义者又难于迁就，冲突无从调和，关于中国问题遂搁置而不能为平均分配的解决。

然日、美互争掠夺中国的强盗行为，已是表现得极其明白了。

美国既不能在巴黎和会上与日本调和关于中国的冲突，相互获得平均利益，便企图组织新银行团——国际帝国主义的托拉斯，想用经济优胜势力，尽量把资本输入中国，以达到掠夺中国的优越地位，做完全管理中国经济的主人翁。但日本却已占得中国领土的最大部分做他专利的势力范围，又岂肯轻于让步，所以新银行团的计划未能即时实现。

在这样日、美冲突状态之下，形成中国的特殊政治状况。日本帝国主义者先后扶助安福系、张作霖、新旧交通系等当权的北京政府，为的是要利用北京政府为实现日本侵略计划的工具。英国便站在吴佩孚派的督军后面，为的是要借此巩固他在长江一带的权利和势力范围的推广。美国却勾结中国新兴的资产阶级和知识阶级分子，想用掩眼法来实现他国际托拉斯的经济侵略政策。但是这种步骤不一致的侵略方法，究不能即时发展美国帝国主义的侵略，而处于利益冲突日甚的地位。

二　中国政治经济现状与受压迫的劳苦群众

（二）

那些帝国主义者，本来想完全毁灭中国旧有的经济构造，代以完全由他们掌管的新式资本主义的经济建筑，但是他们毕竟没有完全毁灭的本领。他们曾经百端阻挠中国经济自动的改进：如他们不让中国人民自己建筑粤汉铁路、沪杭甬铁路及川汉铁路，强迫清政府借他们的款子来兴工，以及他们夺取汉冶萍公司之类。但是这样阻挠的结果，曾激成剧烈的反抗，对他们经济的垄断政策加以打击。而且外国资本家初到中国的时候，究不能独立经营，只好借助中国商人和雇用中国账房、买办、经纪人之类，做掠夺勾当的中间物。这么一来，中国资产阶级就渐渐完成他们的初步积累阶段。大战期内，欧美商品不能顾及中国，日本商品又遭抵制，遂造成中国资本家发展的最好机会，如是中国资本主义也渐渐在扬子江流域一带兴旺起来了。

但是压迫在世界侵略的资本主义极大组织之下的新兴的中国资产阶级，那能自由发展和自由竞争而达到独立的地位，只不过做世界资本主义侵入中国的中间物罢了。而且外国资本主义为自己的发展和利益，反扶助中国军阀，故意阻碍中国幼稚资本主义的兴旺。中国幼稚资产阶级为要免除经济上的压迫起见，一定要起来与世界资本帝国主义奋斗。

中国幼稚的资产阶级，已能结合全国的力量，反对外国帝国主义和北京卖国政府，如一九一九年的排日运动。国民党所组织的广东政府，更是中国开明资产阶级的民主主义的运动。广东政府现在虽然倒了，但是小资产阶级民主主义运动在中国是不会消灭的。还有一层，中国的知识阶级，商业的和工业的资产阶级，要自己能够避免美国的愚弄，他们的民主运动才能依正轨进行。

中国三万万的农民，乃是革命运动中的最大要素。农民因为土地缺乏、人口稠密、天灾流行、战争和土匪的扰乱、军阀的额外征税和剥削、外国商品的压迫、生活程度的增高等原因，以致日趋穷困和痛苦。近来农民更可分为三种界限：（一）富足的农民地主；（二）独立耕种的小农；（三）佃户和农业雇工。第一种占最少数，第二、第三两种的贫苦农民至少也占百分之九十五。如果贫苦农民要除去穷困和痛苦的环境，那就非起来革命不可。而且那大量的贫苦农民能和工人握手革命，那时可以保证中国革命的成功。

自从外国商品充斥中国市场以来，手工业者、小店主、小雇主也是日趋困苦，甚至破产失业，加以本国资本主义的发展，又增加了手工业者无产阶级化的速度。这个大量的群众也势必痛恨那拿痛苦给他们受的世界资本主义，加入到革命的队伍里面来。

中国劳动运动已是在第一个阶段中发展起来，香港海员和其他工人为经济要求的罢工运动，足够证明工人们的伟大势力，工人们的组织近来亦见迅速的扩大。而且工人们处在中外资本家的极端压迫之下，革命运动是会发展无已的。发展无已的结果，将会变成推倒在中国的世界资本帝国主义的革命领袖军。

（三）

各种事实证明，加给中国人民（无论是资产阶级、工人或农人）最大的痛苦的是资本帝国主义和军阀官僚的封建势力，因此反对那两种势力的民主主义的革命运动是极有意义的：即因民主主义革命成功，便可得到独立和比较的自由。因此我们无产阶级审察今日中国的政治经济状况，我们无产阶级和贫苦的农民都应该援助民主主义革命运动。而且我们无产阶级相信在现今的奋斗进行中间，只有无产阶级的革命势力和民主主义的革命势力合同动作，才能使真正民主主义革命格外迅速成功。

三　中国共产党的任务及其目前的奋斗

（一）

无产阶级去帮助民主主义革命，不是无产阶级降服资产阶级的意义，这是不使封建制度延长生命和养成无产阶级真实力量的必要步骤。

我们无产阶级有我们自己阶级的利益，民主主义革命成功了，无产阶级不过得着一些自由与权利，还是不能完全解放。而且民主主义成功，幼稚的资产阶级便会迅速发展，与无产阶级处于对抗地位。因此无产阶级便须对付资产阶级，实行“与贫苦农民联合的无产阶级专政”的第二步奋斗。如果无产阶级的组织力和战斗力强固，这第二步奋斗是能跟着民主主义革命胜利以后即刻成功的。

（二）

中国共产党是中国无产阶级政党。他的目的是要组织无产阶级，用阶级斗争的手段，建立劳农专政的政治，铲除私有财产制度，渐次达到一个共产主义的社会。

中国共产党为工人和贫农的目前利益计，引导工人们帮助民主主义的革命运动，使工人和贫农与小资产阶级建立民主主义的联合战线。中国共产党为工人和贫农的利益在这个联合战线里奋斗的目标是：

（一）消除内乱，打倒军阀，建设国内和平；

（二）推翻国际帝国主义的压迫，达到中华民族完全独立；

（三）统一中国本部（东三省在内）为真正民主共和国；

（四）蒙古、西藏、回疆三部实行自治，成为民主自治邦；

（五）用自由联邦制，统一中国本部、蒙古、西藏、回疆，建立中华联邦共和国；

（六）工人和农民，无论男女，在各级议会市议会有无限制的选举权，言论、出版、集会、结社、罢工绝对自由；

（七）制定关于工人和农人以及妇女的法律：

1. 改良工人待遇：（甲）废除包工制；（乙）八小时工作制；（丙）工厂设立工人医院及其他卫生设备；（丁）工厂保险；（戊）保护女工和童工；（己）保护失业工人等；

2. 废除丁漕等重税，规定全国——城市及乡村——土地税则；

3. 废除厘金及一切额外税则，规定累进率所得税；

4. 规定限制田租率的法律；

5. 废除一切束缚女子的法律，女子在政治上、经济上、社会上、教育上，一律享受平等权利；

6. 改良教育制度，实行教育普及。

上面的七条，是对于工人、农民和小资产阶级都有利益的，是解放他们脱出现下压迫的必要条件。我们一定要为解放我们自己，共同来奋斗！工人和贫农必定要环绕中国共产党旗帜之下再和小资产阶级联合着来奋斗呀！

但是工人们要在这个民主主义联合战线里，不至为小资产阶级的附属物，同时又能为自己阶级的利益奋斗，那么，工人们要组织在共产党和工会里面是非常重要的；所以工人们时常要记得他们是一个独立的阶级，训练自己的组织力和战斗力，预备与贫农联合组织苏维埃，达到完全解放的目的。

中国共产党是国际共产党的一个支部——现在他向中国工人和贫农高声喊叫道：快聚集在共产党旗帜之下奋斗呀！同时，向中国全体被压迫的民众高声喊叫道：一齐来和集在中国共产党旗帜之下的工人和贫农共同奋斗呀！并又高声喊叫道：一齐来和全世界的革命伙伴们并肩前进呀！只有“全世界无产阶级和被压迫民族的联合”是解放全世界的途径呀！前进呀！共同前进！

打倒军阀！

打倒国际帝国主义！

为和平而战！

为自由而战！

为独立而战！

和平，自由，独立万岁！

受压迫群众之解放万岁！

中国共产党万岁！

国际共产党万岁！

——选自《“二大”和“三大”：中国共产党第二、三次代表大会资料选编》，
中国社会科学出版社 1983 年版

中国国民党第一次全国代表大会宣言

1924 年 1 月

1924 年 1 月，中国国民党第一次全国代表大会在广州召开。这次会议是对国民党进行全面改组和实行国共合作的会议，大会通过了《中国国民党第一次全国代表大会宣言》，这个宣言由孙中山提交代表大会审查讨论，在他的主持下最后表决通过。《宣言》分析了中国的现状，郑重地阐明了新三民主义和国民党的政纲。中国国民党第一次全国代表大会的召开及其宣言的通过，标志着第一次国共合作正式形成，也使改组后的国民党成为工人、农民、城市小资产阶级和民族资产阶级四个阶级的民主革命联盟。这次大会对中国新民主主义革命具有重大意义，成为新的革命高潮的起点。全文 7200 余字，本篇全文选读。

一　中国之现状

中国之革命，发轫于甲午以后，盛于庚子，而成于辛亥，卒颠覆君政。夫革命非能突然发生也。自满洲入据中国以来，民族间不平之气，抑郁已久。海禁既开，列强之帝国主义如怒潮骤至，武力的掠夺与经济的压迫，使中国丧失独立，陷于半殖民地之地位。满洲政府既无力以御外侮，而钤制家奴之政策，且行之益厉，适足以侧媚列强。吾党之士，追随本党总理孙先生之后，知非颠覆满洲，无由改造中国，乃奋然而起，为国民前驱；激进不已，以至于辛亥，然后颠覆满洲之举始告厥成。故知革命之目的，非仅仅在于颠覆满洲而已，乃在于满洲颠覆以后，得从事于改造中国。依当时之趋向，民族方面，由一民族之专横宰制过渡于诸民族之平等结合；政治方面，由专制制度过渡于民权制度；经济方面，由手工业的生产过渡于资本制度的生产。循是以进，必能使半殖民地的中国，变而为独立的中国，以屹然于世界。

然而当时之实际，乃适不如所期，革命虽号成功，而革命政府所能实际表现者，仅仅为民族解放主义。曾几何时，已为情势所迫，不得已而与反革命的专制阶级谋妥协。此种妥协，实间接与帝国主义相调和，遂为革命第一次失败之根源。夫当时代表反革命的专制阶级者实为袁世凯，其所挟持之势力初非甚强，而革命党人乃不能胜之者，则为当时欲竭力避免国内战争之延长，且尚未能获一有组织、有纪律、能了解本身之职任与目的之政党故也。使当时而有此政党，则必能抵制袁世凯之阴谋，以取得胜利，而必不致为其所乘。夫袁世凯者，北洋军阀之首领，时与列强相勾结，一切反革命的专制阶级如武人官僚辈，皆依附之以求生存；而革命党人乃以政权让渡于彼，其致失败，又何待言！

袁世凯既死，革命之事业仍屡遭失败，其结果使国内军阀暴戾恣睢，自为刀俎，而以人民为鱼肉，一切政治上民权主义之建设，皆无可言。不特此也，军阀本身与人民利害相反，不足以自存，故凡为军阀者，莫不与列强之帝国主义发生关系。所谓民国政府，已为军阀所控制，军阀即利用之结欢于列强，以求自固。而列强亦即利用之，资以大借款，充其军费，使中国内乱纠缠〔纷〕不已，以攫取利权，各占势力范围。由此点观测，可知中国内乱，实有造于列强；列强在中国利益相冲突，乃假手于军阀，杀吾民以求逞。不特此也，内乱又足以阻滞中国实业之发展，使国内市场充斥外货。坐是之故，中国之实业即在中国境内，犹不能与外国资本竞争。其为祸之酷，不止吾国人政治上之生命为之剥夺，即经济上之生命亦为之剥夺无余矣。环顾国内，自革命失败以来，中等阶级频经激变，尤为困苦；小企业家渐趋破产，小手工业者渐致失业，沦为游氓，流为兵匪；农民无力以营本业，至以其土地廉价售人，生活日以昂，租税日以重。如此惨状，触目皆是，犹得不谓已濒绝境乎？

由是言之，自辛亥革命以后，以迄于今，中国之情况不但无进步可言，且有江河日下之势。军阀之专横，列强之侵蚀，日益加厉，令中国深入半殖民地之泥犁地狱。此全国人民所为疾首蹙额，而有识者所以徬徨日夜，急欲为全国人民求一生路者也。

然所谓生路者果如何乎？国内各党派以至于个人暨外国人多有拟议及此者，试简单归纳各种拟议，以一评骘其当否，而分述于下：一曰立宪派。此派之拟议，以为今日中国之大患在于无法，苟能借宪法以谋统一，则分崩离析之局庶可收拾。曾不思宪法之所以能有效力，全恃民众之拥护，假使只有白纸黑字之宪法，决不能保证民权，俾不受军阀之摧残。元年以来尝有约法矣，然专制余孽、军阀官僚僭窃擅权，无恶不作，此辈一日不去，宪法即一日不生效力，无异废纸，何补民权？迩者曹锟以非法行贿，尸位北京，亦尝借所谓宪法以为文饰之具矣，而其所为，乃与宪法若风马牛不相及。故知推行宪法之先决问题，首在民众之能拥护宪法与否。舍本求末，无有是处。不特此也，民众果无组织，虽有宪法，即民众自身亦不能运用之，纵无军阀之摧残，其为具文自若也。故立宪派只知求宪法，而绝不顾及将何以拥护宪法，何以运用宪法，即可知其无组织、无方法、无勇气以真为宪法而奋斗。宪法之成立，惟在列强及军阀之势力颠覆之后耳。

二曰联省自治派。此派之拟议，以为造成中国今日之乱象，由于中央政府权力过重，故当分其权力于各省；各省自治已成，则中央政府权力日削，无所恃以为恶也。曾不思今日北京政府权力初非法律所赋予、人民所承认，乃由大军阀攘夺而得之。大军阀既挟持暴力以把持中央政府，复利用中央政府以扩充其暴力。吾人不谋所以毁灭大军阀之暴力，使不得挟持中央政府以为恶，乃反欲借各省小军阀之力，以谋削减中央政府之权能，是何为耶？推其结果，不过分裂中国，使小军阀各占一省，自谋利益，以与挟持中央政府之大军阀相安于无事而已，何自治之足云！夫真正的自治，诚为至当，亦诚适合吾民族之需要与精神；然此等真正的自治，必待中国全体独立之后，始能有成。中国全体尚未能获得自由，而欲一部分先能获得自由，岂可能耶？故知争回自治之运动，决不能与争回民族独立之运动分道而行。自由之中国以内，始能有自由之省。一省以内所有经济问题、政治问题、社会问题，惟有于全国之规模中始能解决。则各省真正自治之实现，必在全国国民革命胜利之后，亦已显然，愿国人一思之也。

三曰和平会议派。国内苦战争久矣，和平会议之说，应之而生。提倡而赞和者，中国人有然，外国人亦有然。果能循此道而得和平，宁非国人之所望，无如其不可能也。何则？构成中国之战祸者，实为互相角立之军阀，此互相角立之军阀各顾其利益，矛盾至于极端，已无调和之可能。即使可能，亦不过各军阀间之利益得以调和而已，于民众之利益固无与也。此仅军阀之联合，尚不得谓为国家之统一也，民众果何需于此乎？此等和平会议之结果，必无以异于欧战议和所得之结果。列强利益相冲突，使欧洲各小国不得和平统一；中国之不能统一，亦此数国之利益为之梗也。至于知调和之不可能，而惟冀各派之势力保持均衡，使不相冲突，以苟安于一时者，则更为梦想。何则？盖事实上不能禁军阀中之一派不对于他派而施以攻击，且凡属军阀莫不拥有雇佣军队，推其结果，不能不出于争战，出于掠夺。盖掠夺于邻省，较之掠夺于本省为尤易也。

四曰商人政府派。为此说者，盖鉴于今日之祸由军阀官僚所造成，故欲以资本家起而代之也。虽然，军阀官僚所以为民众厌恶者，以其不能代表民众也；商人独能代表民众利益乎？此当知者一也。军阀政府托命于外人，而其恶益著，民众之恶之亦益深；商人政府若亦托命于外人，则亦一丘之貉而已。此所当知者二也。故吾人虽不反对商人政府，而吾人之要求则在于全体平民自己组织政府，以代表全体平民之利益，不限于商界。且其政府必为独立的不求助于外人，而惟恃全体平民自己之意力。

如上所述，足知各种拟议，虽或出于救国之诚意，然终为空谈；其甚者则本无诚意，而徒出于恶意的讥评而已。

吾国民党则夙以国民革命、实行三民主义为中国唯一生路。兹综观中国之现状，益知进行国民革命之不可懈。故再详阐主义，发布政纲，以宣告全国。

二　国民党之主义

国民党之主义维何？即孙先生所提倡之三民主义是已。本此主义以立政纲，吾人以为救国之道，舍此末由。国民革命之逐步进行，皆当循此原则。此次毅然改组，于组织及纪律特加之意，即期于使党员各尽所能，努力奋斗，以求主义之贯彻。去年十一月二十五日孙先生之演说，及此次大会孙先生对于中国现状及国民党改组问题之演述，言之綦详。兹综合之，对于三民主义为郑重之阐明。盖必了然于此主义之真释，然后对于中国之现状而谋救济之方策，始得有所依据也。

（一）民族主义　　国民党之民族主义，有两方面之意义：一则中国民族自求解放；二则中国境内各民族一律平等。

第一方面。国民党之民族主义，其目的在使中国民族得自由独立于世界。辛亥以前，满洲以一民族宰制于上，而列强之帝国主义复从而包围之，故当时民族主义之运动，其作用在脱离满洲之宰制政策与列强之瓜分政策。辛亥以后，满洲之宰制政策已为国民运动所摧毁，而列强之帝国主义则包围如故，瓜分之说变为共管，易言之，武力之掠夺变为经济的压迫而已，其结果足使中国民族失其独立与自由则一也。国内之军阀既与帝国主义相勾结，而资产阶级亦眈眈然欲起而分其馂，故中国民族政治上、经济上皆日即于憔悴。国民党人因不得不继续努力，以求中国民族之解放。其所恃为后盾者，实为多数之民众，若知识阶级、若农夫、若工人、若商人是已。盖民族主义对于任何阶级，其意义皆不外免除帝国主义之侵略。其在实业界，苟无民族主义，则列强之经济的压迫，自国生产永无发展之可能。其在劳动界，苟无民族主义，则依附帝国主义而生存之军阀及国内外之资本家，足以蚀其生命而有余。故民族解放之斗争，对于多数之民众，其目标皆不外反帝国主义而已。帝国主义受民族主义运动之打击而有所削弱，则此多数之民众，即能因而发展其组织，且从而巩固之，以备继续之斗争，此则国民党能于事实上证明之者。吾人欲证实民族主义实为健全之反帝国主义，则当努力于赞助国内各种平民阶级之组织，以发扬国民之能力。盖惟国民党与民众深切结合之后，中国民族之真正自由与独立始有可望也。

第二方面：辛亥以前，满洲以一民族宰制于上，具如上述。辛亥以后，满洲宰制政策既已摧毁无余，则国内诸民族宜可得平等之结合，国民党之民族主义所要求者即在于此。

然不幸而中国之政府乃为专制余孽之军阀所盘据，中国旧日之帝国主义死灰不免复燃，于是国内诸民族因以有杌陧不安之象，遂使少数民族疑国民党之主张亦非诚意。故今后国民党为求民族主义之贯彻，当得国内诸民族之谅解，时时晓示其在中国国民革命运动中之共同利益。今国民党在宣传主义之时，正欲积集其势力，自当随国内革命势力之伸张，而渐与诸民族为有组织的联络，及讲求种种具体的解决民族问题之方法矣。国民党敢郑重宣言，承认中国以内各民族之自决权，于反对帝国主义及军阀之革命获得胜利以后，当组织自由统一的（各民族自由联合的）中华民国。

（二）民权主义　　国民党之民权主义，于间接民权之外，复行直接民权，即为国民者不但有选举权，且兼有创制、复决、罢官诸权也。民权运动之方式，规定于宪法，以孙先生所创之五权分立为之原则，即立法、司法、行政、考试、监察五权分立是已。凡此既以济代议政治之穷，亦以矫选举制度之弊。近世各国所谓民权制度，往往为资产阶级所专有，适成为压迫平民之工具。若国民党之民权主义，则为一般平民所共有，非少数者所得而私也。于此有当知者：国民党之民权主义，与所谓“天赋人权”者殊科，而唯求所以适合于现在中国革命之需要。盖民国之民权，惟民国之国民乃能享之，必不轻授此权于反对民国之人，使得借以破坏民国。详言之，则凡真正反对帝国主义之个人及团体，均得享有一切自由及权利；而凡卖国罔民以效忠于帝国主义及军阀者，无论其为团体或个人，皆不得享有此等自由及权利。

（三）民生主义　　国民党之民生主义，其最要之原则不外二者：一曰平均地权；二曰节制资本。盖酿成经济组织之不平均者，莫大于土地权之为少数人所操纵。故当由国家规定土地法、土地使用法、土地征收法及地价税法。私人所有土地，由地主估价呈报政府，国家就价征税，并于必要时依报价收买之，此则平均地权之要旨也。凡本国人及外国人之企业，或有独占的性质，或规模过大为私人之力所不能办者，如银行、铁道、航路之属，由国家经营管理之，使私有资本制度不能操纵国民之生计，此则节制资本之要旨也。举此二者，则民生主义之进行，可期得良好之基础。于此犹有当为农民告者：中国以农立国，而全国各阶级所受痛苦，以农民为尤甚。国民党之主张，则以为农民之缺乏田地沦为佃户者，国家当给以土地，资其耕作，并为之整顿水利，移殖荒徼，以均地力。农民之缺乏资本至于高利借贷以负债终身者，国家为之筹设调剂机关，如农民银行等，供其匮乏，然后农民得享人生应有之乐。又有当为工人告者：中国工人之生活绝无保障，国民党之主张，则以为工人之失业者，国家当为之谋救济之道，尤当为之制定劳工法，以改良工人之生活。此外如养老之制、育儿之制、周恤废疾者之制、普及教育之制，有相辅而行之性质者，皆当努力以求其实现。凡此皆民生主义所有事也。

中国以内，自北至南，自通商都会以至于穷乡僻壤，贫乏之农夫，劳苦之工人，所在皆是。因其所处之地位与所感之痛苦，类皆相同，其要求解放之情至为迫切，则其反抗帝国主义之意亦必至为强烈。故国民革命之运动，必恃全国农夫、工人之参加，然后可以决胜，盖无可疑者。国民党于此，一方面当对于农夫、工人之运动，以全力助其开展，辅助其经济组织，使日趋于发达，以期增进国民革命运动之实力；一方面又当对于农夫、工人要求参加国民党，相与为不断之努力，以促国民革命运动之进行。盖国民党现正从事于反抗帝国主义与军阀，反抗不利于农夫、工人之特殊阶级，以谋农夫、工人之解放。质言之，即为农夫、工人而奋斗，亦即农夫、工人为自身而奋斗也。

中国为农业的国家，故军队多由农民征集补充而成，乃不为民利捍卫，又不助人民抵抗帝国主义，而反为帝国主义所操纵之军阀，以戕贼人民之利益；国民党于此，认为有史以来莫大之矛盾。其所以然之故，在于中国经济落后，农民穷苦，不得已而受佣于军阀，以图几微之生存。其结果，乃至更增贫困，加人民以压迫，使流为土匪而不顾。欲除此种矛盾，使军队中农民真实之利益与其现在所争之利益无相妨之弊，国民党将于一般士兵及下级军官中极力宣传运动，使知真利所在，立成革命的军队，为人民利益而奋斗。

凡助国民党奋斗以驱除民贼、建设自卫的革命政府之革命军，国民对之当有特殊待遇。每革命军人于革命完全成功之后，愿意归农，革命政府行将给以广田，俾能自给而赡家族。

国民党之三民主义，其真释具如此。自本党改组后，以严格之规律的精神，树立本党组织之基础，对于本党党员，用各种适当方法施以教育及训练，使成为能宣传主义、运动群众、组织政治之革命的人才。同时以本党全力，对于全国国民为普遍的宣传，使加入革命运动，取得政权，克服民敌。至于既取得政权树立政府之时，为制止国内反革命运动及各国帝国主义压制吾国民众胜利之阴谋，芟除实行国民党主义之一切障碍，更应以党为掌握政权之中枢。盖惟有组织、有权威之党，乃为革命的民众之本据，能为全国人民尽此忠实之义务故耳。

三　国民党之政纲

吾人于党纲固悉力以求贯彻，顾以道途之远，工程之巨，诚未敢谓咄嗟有成；而中国之现状危迫已甚，不能不立谋救济。故吾人所以刻刻不忘者，尤在准备实行政纲，为第一步之救济方法。谨列举具体的要求作为政纲，凡中国以内，有能认国家利益高出于一人或一派之利益者，幸相与明辨而公行之。

甲　对外政策

（一）一切不平等条约，如外人租借地、领事裁判权、外人管理关税权以及外人在中国境内行使一切政治的权力侵害中国主权者，皆当取消，重订双方平等、互尊主权之条约。

（二）凡自愿放弃一切特权之国家，及愿废止破坏中国主权之条约者，中国皆将认为最惠国。

（三）中国与列强所订其他条约有损中国之利益者，须重新审定，务以不害双方主权为原则。

（四）中国所借外债，当在使中国政治上、实业上不受损失之范围内，保证并偿还之。

（五）庚子赔款，当完全划作教育经费。

（六）中国境内不负责任之政府，如贿选、僭窃之北京政府，其所借外债，非以增进人民之幸福，乃为维持军阀之地位，俾得行使贿买，侵吞盗用。此等债款，中国人民不负偿还之责任。

（七）召集各省职业团体（银行界、商会等）、社会团体（教育机关等）组织会议，筹备偿还外债之方法，以求脱离困顿于债务而陷于国际的半殖民地之地位。

乙　对内政策

（一）关于中央及地方之权限，采均权主义。凡事务有全国一致之性质者，划归中央；有因地制宜之性质者，划归地方。不偏于中央集权制或地方分权制。

（二）各省人民得自定宪法，自举省长；但省宪不得与国宪相抵触。省长一方面为本省自治之监督，一方面受中央指挥，以处理国家行政事务。

（三）确定县为自治单位。自治之县，其人民有直接选举及罢免官吏之权，有直接创制及复决法律之权。

土地之税收，地价之增益，公地之生产，山林川泽之息，矿产水力之利，皆为地方政府之所有，用以经营地方人民之事业，及应育幼、养老、济贫、救灾、卫生等各种公共之需要。

各县之天然富源及大规模之工商事业，本县资力不能发展兴办者，国家当加以协助。其所获纯利，国家与地方均之。

各县对于国家之负担，当以县岁入百分之几为国家之收入，其限度不得少于百分之十，不得超过于百分之五十。

（四）实行普通选举制，废除以资产为标准之阶级选举。

（五）厘订各种考试制度，以救选举制度之穷。

（六）确定人民有集会、结社、言论、出版、居住、信仰之完全自由权。

（七）将现时募兵制度渐改为征兵制度。同时注意改善下级军官及兵士之经济状况，并增进其法律地位。施行军队中之农业教育及职业教育，严定军官之资格，改革任免军官之方法。

（八）政府当设法安置土匪游民，使为社会有益之工作。而其所以达此目的之一法，计可以租界交还中国国民后所得之收入充此用途。此之所谓租界，乃指设有领事裁判权之特别地区，发生“国中有国”之特别现象者而言。此种“国中有国”之现象，当在清除之列。至关于外人在租界内住居及营业者，其权利当由国民政府按照中国与外国特行缔结之条约规定之。

（九）严定田赋地税之法定额，禁止一切额外征收，如厘金等类当一切废绝之。

（十）清查户口，整理耕地，调正粮食之产销，以谋民食之均足。

（十一）改良农村组织，增进农人生活。

（十二）制定劳工法，改良劳动者之生活状况，保障劳工团体，并扶助其发展。

（十三）于法律上、经济上、教育上、社会上确认男女平等之原则，助进女权之发展。

（十四）励行教育普及，以全力发展儿童本位之教育。整理学制系统，增高教育经费，并保障其独立。

（十五）由国家规定土地法、土地使用法、土地征收法及地价税法。私人所有土地，由地主估价呈报政府，国家就价征税，并于必要时依报价收买之。

（十六）企业之有独占的性质者，及为私人之力所不能办者，如铁道、航路等，当由国家经营管理之。

以上所举细目，皆吾人所认为党纲之最小限度，目前救济中国之第一步方法。

——选自《孙中山选集》，人民出版社 1986 年版

反对本本主义

毛泽东 · 1930 年 5 月

毛泽东历来重视调查工作，把进行社会调查作为领导工作的首要任务和决定政策的基础。在毛泽东的倡导下，红军第四军的调查工作逐渐地开展起来。毛泽东还把进行社会调查规定为工作制度，红军政治部制订了详细的调查表，包括群众斗争状况、反动派状况、经济生活情况和农村各阶级占有土地的情况等项目。红军每到一个地方，都首先要弄清当地的阶级关系状况，然后再提出切合群众需要的口号。毛泽东的这篇文章是为了反对当时红军中的教条主义思想而写的。1930 年正是党内“左”倾冒险主义和教条主义盛行的时期，毛泽东的这篇文章，矛头直指当时党内的教条主义倾向，许多著名的论断如“没有调查，没有发言权”“中国革命斗争的胜利要靠中国同志了解中国情况”等，展现了毛泽东同志巨大的政治勇气和实事求是的精神。该文原名为《调查工作》，是 1959 年中国革命博物馆建馆到各地收集革命文物时，在福建龙岩地委收集到这篇文章的石印本，被毛泽东的秘书田家英知道后送给了毛泽东。毛泽东十分喜爱这篇文章，在这篇文章之前，毛泽东写过一篇短文，题目叫《反对本本主义》，后来觉得此文太短，不足以说服同志，又改写了《调查工作》这篇长文，内容基本一样，不过有所发挥罢了。毛泽东为此于 1961 年 3 月 11 日专门写了一个批语：“这是一篇老文章，为了反对当时红军中的教条主义思想而写的。那时没有‘教条主义’这名称，我们叫‘本本主义’。写作时间大约在 1930 年春夏，已经 30 年不见了。1961 年 1 月，忽然从中央革命博物馆里找到，而中央革命博物馆是从福建龙岩地委找到的。看来还有些用处，印若干份供同志们参考。”1964 年在编辑《毛泽东著作选读》时，《调查工作》改为《反对本本主义》第一次公开发表。全文 4200 余字，本篇全文选读。

一　没有调查，没有发言权

你对于某个问题没有调查，就停止你对于某个问题的发言权。这不太野蛮了吗？一点也不野蛮。你对那个问题的现实情况和历史情况既然没有调查，不知底里，对于那个问题的发言便一定是瞎说一顿。瞎说一顿之不能解决问题是大家明了的，那末，停止你的发言权有什么不公道呢？许多的同志都成天地闭着眼睛在那里瞎说，这是共产党员的耻辱，岂有共产党员而可以闭着眼睛瞎说一顿的吗？

要不得！

要不得！

注重调查！

反对瞎说！

二　调查就是解决问题

你对于那个问题不能解决吗？那末，你就去调查那个问题的现状和它的历史吧！你完完全全调查明白了，你对那个问题就有解决的办法了。一切结论产生于调查情况的末尾，而不是在它的先头。只有蠢人，才是他一个人，或者邀集一堆人，不作调查，而只是冥思苦索地“想办法”，“打主意”。须知这是一定不能想出什么好办法，打出什么好主意的。换一句话说，他一定要产生错办法和错主意。

许多巡视员，许多游击队的领导者，许多新接任的工作干部，喜欢一到就宣布政见，看到一点表面，一个枝节，就指手画脚地说这也不对，那也错误。这种纯主观地“瞎说一顿”，实在是最可恶没有的。他一定要弄坏事情，一定要失掉群众，一定不能解决问题。

许多做领导工作的人，遇到困难问题，只是叹气，不能解决。他恼火，请求调动工作，理由是“才力小，干不下”。这是懦夫讲的话。迈开你的两脚，到你的工作范围的各部分各地方去走走，学个孔夫子的“每事问”，任凭什么才力小也能解决问题，因为你未出门时脑子是空的，归来时脑子已经不是空的了，已经载来了解决问题的各种必要材料，问题就是这样子解决了。一定要出门吗？也不一定，可以召集那些明了情况的人来开个调查会，把你所谓困难问题的“来源”找到手，“现状”弄明白，你的这个困难问题也就容易解决了。

调查就像“十月怀胎”，解决问题就像“一朝分娩”。调查就是解决问题。

三　反对本本主义

以为上了书的就是对的，文化落后的中国农民至今还存着这种心理。不谓共产党内讨论问题，也还有人开口闭口“拿本本来”。我们说上级领导机关的指示是正确的，决不单是因为它出于“上级领导机关”，而是因为它的内容是适合于斗争中客观和主观情势的，是斗争所需要的。不根据实际情况进行讨论和审察，一味盲目执行，这种单纯建立在“上级”观念上的形式主义的态度是很不对的。为什么党的策略路线总是不能深入群众，就是这种形式主义在那里作怪。盲目地表面上完全无异议地执行上级的指示，这不是真正在执行上级的指示，这是反对上级指示或者对上级指示怠工的最妙方法。

本本主义的社会科学研究法也同样是最危险的，甚至可能走上反革命的道路，中国有许多专门从书本上讨生活的从事社会科学研究的共产党员，不是一批一批地成了反革命吗？就是明显的证据。我们说马克思主义是对的，决不是因为马克思这个人是什么“先哲”，而是因为他的理论，在我们的实践中，在我们的斗争中，证明了是对的。我们的斗争需要马克思主义。我们欢迎这个理论，丝毫不存什么“先哲”一类的形式的甚至神秘的念头在里面。读过马克思主义“本本”的许多人，成了革命叛徒，那些不识字的工人常常能够很好地掌握马克思主义。马克思主义的“本本”是要学习的，但是必须同我国的实际情况相结合。我们需要“本本”，但是一定要纠正脱离实际情况的本本主义。

怎样纠正这种本本主义？只有向实际情况作调查。

四　离开实际调查就要产生唯心的阶级估量和唯心的工作指导，那末，它的结果，不是机会主义，便是盲动主义

你不相信这个结论吗？事实要强迫你信。你试试离开实际调查去估量政治形势，去指导斗争工作，是不是空洞的唯心的呢？这种空洞的唯心的政治估量和工作指导，是不是要产生机会主义错误，或者盲动主义错误呢？一定要弄出错误。这并不是他在行动之前不留心计划，而是他于计划之前不留心了解社会实际情况，这是红军游击队里时常遇见的。那

些李逵式的官长，看见弟兄们犯事，就懵懵懂懂地乱处置一顿。结果，犯事人不服，闹出许多纠纷，领导者的威信也丧失干净，这不是红军里常见的吗？

必须洗刷唯心精神，防止一切机会主义盲动主义错误出现，才能完成争取群众战胜敌人的任务。必须努力作实际调查，才能洗刷唯心精神。

五　社会经济调查，是为了得到正确的阶级估量，接着定出正确的斗争策略

为什么要作社会经济调查？我们就是这样回答。因此，作为我们社会经济调查的对象的是社会的各阶级，而不是各种片断的社会现象。近来红军第四军的同志们一般的都注意调查工作了，但是很多人的调查方法是错误的。调查的结果就像挂了一篇狗肉账，像乡下人上街听了许多新奇故事，又像站在高山顶上观察人民城郭。这种调查用处不大，不能达到我们的主要目的。我们的主要目的，是要明了社会各阶级的政治经济情况。我们调查所要得到的结论，是各阶级现在的以及历史的盛衰荣辱的情况。举例来说，我们调查农民成分时，不但要知道自耕农，半自耕农，佃农，这些以租佃关系区别的各种农民的数目有多少，我们尤其要知道富农，中农，贫农，这些以阶级区别阶层区别的各种农民的数目有多少。我们调查商人成分，不但要知道粮食业、衣服业、药材业等行业的人数各有多少，尤其要调查小商人、中等商人、大商人各有多少。我们不仅要调查各业的情况，尤其要调查各业内部的阶级情况。我们不仅要调查各业之间的相互关系，尤其要调查各阶级之间的相互关系。我们调查工作的主要方法是解剖各种社会阶级，我们的终极目的是要明了各种阶级的相互关系，得到正确的阶级估量，然后定出我们正确的斗争策略，确定哪些阶级是革命斗争的主力，哪些阶级是我们应当争取的同盟者，哪些阶级是要打倒的。我们的目的完全在这里。

什么是调查时要注意的社会阶级？下面那些就是：

工业无产阶级

手工业工人

雇农

贫农

城市贫民

游民

手工业者

小商人

中农

富农

地主阶级

商业资产阶级

工业资产阶级

这些阶级（有的是阶层）的状况，都是我们调查时要注意的。在我们暂时的工作区域中所没有的，只是工业无产阶级和工业资产阶级，其余都是经常碰见的。我们的斗争策略就是对这许多阶级阶层的策略。

我们从前的调查还有一个极大的缺点，就是偏于农村而不注意城市，以致许多同志对城市贫民和商业资产阶级这二者的策略始终模糊。斗争的发展使我们离开山头跑向平地了，我们的身子早已下山了，但是我们的思想依然还在山上。我们要了解农村，也要了解城市，

否则将不能适应革命斗争的需要。

六　中国革命斗争的胜利要靠中国同志了解中国情况

我们的斗争目的是要从民权主义转变到社会主义。我们的任务第一步是，争取工人阶级的大多数，发动农民群众和城市贫民，打倒地主阶级，打倒帝国主义，打倒国民党政权，完成民权主义革命。由这种斗争的发展，跟着就要执行社会主义革命的任务。这些伟大的革命任务的完成不是简单容易的，它全靠无产阶级政党的斗争策略的正确和坚决。倘若无产阶级政党的斗争策略是错误的，或者是动摇犹豫的，那末，革命就非走向暂时的失败不可。须知资产阶级政党也是天天在那里讨论斗争策略的，他们的问题是怎样在工人阶级中传播改良主义影响，使工人阶级受他们的欺骗，而脱离共产党的领导，怎样争取富农去消灭贫农的暴动，怎样组织流氓去镇压革命等等。在这样日益走向尖锐的短兵相接的阶级斗争的形势之下，无产阶级要取得胜利，就完全要靠他的政党——共产党的斗争策略的正确和坚决。共产党的正确而不动摇的斗争策略，决不是少数人坐在房子里能够产生的，它是要在群众的斗争过程中才能产生的，这就是说要在实际经验中才能产生。因此，我们需要时时了解社会情况，时时进行实际调查。那些具有一成不变的保守的形式的空洞乐观的头脑的同志们，以为现在的斗争策略已经是再好没有了，党的第六次全国代表大会的“本本”保障了永久的胜利，只要遵守既定办法就无往而不胜利。这些想法是完全错误的，完全不是共产党人从斗争中创造新局面的思想路线，完全是一种保守路线。这种保守路线如不根本丢掉，将会给革命造成很大损失，也会害了这些同志自己。红军中显然有一部分同志是安于现状，不求甚解，空洞乐观，提倡所谓“无产阶级就是这样”的错误思想，饱食终日，坐在机关里面打瞌睡，从不肯伸只脚到社会群众中去调查调查。对人讲话一向是那几句老生常谈，使人厌听。我们要大声疾呼，唤醒这些同志：

速速改变保守思想！

换取共产党人的进步的斗争思想！

到斗争中去！

到群众中作实际调查去！

七　调查的技术

（1）要开调查会作讨论式的调查

只有这样才能近于正确，才能抽出结论。那种不开调查会，不作讨论式的调查，只凭一个人讲他的经验的方法，是容易犯错误的。那种只随便问一下子，不提出中心问题在会议席上经过辩论的方法，是不能抽出近于正确的结论的。

（2）调查会到些什么人？

要是能深切明了社会经济情况的人。以年龄说，老年人最好，因为他们有丰富的经验，不但懂得现状，而且明白因果。有斗争经验的青年人也要，因为他们有进步的思想，有锐利的观察。以职业说，工人也要，农民也要，商人也要，知识分子也要，有时兵士也要，流氓也要。自然，调查某个问题时，和那个问题无关的人不必在座，如调查商业时，工农学各业不必在座。

（3）开调查会人多好还是人少好？

看调查人的指挥能力。那种善于指挥的，可以多到十几个人或者二十几个人。人多有人多的好处，就是在做统计时（如征询贫农占农民总数的百分之几），在做结论时（如征询土地分配平均分好还是差别分好），能得到比较正确的回答。自然人多也有人多的坏处，指挥能力欠缺的人会无法使会场得到安静。究竟人多人少，要依调查人的情况决定。但是至少需要三人，不然会囿于见闻，不符合真实情况。

（4）要定调查纲目

纲目要事先准备，调查人按照纲目发问，会众口说。不明了的，有疑义的，提起辩论。所谓“调查纲目”，要有大纲，还要有细目，如“商业”是个大纲，“布匹”，“粮食”，“杂货”，“药材”都是细目，布匹下再分“洋布”，“土布”，“绸缎”各项细目。

（5）要亲身出马

凡担负指导工作的人，从乡政府主席到全国中央政府主席，从大队长到总司令，从支部书记到总书记，一定都要亲身从事社会经济的实际调查，不能单靠书面报告，因为二者是两回事。

（6）要深入

初次从事调查工作的人，要作一两回深入的调查工作，就是要了解一处地方（例如一个农村、一个城市），或者一个问题（例如粮食问题、货币问题）的底里。深切地了解一处地方或者一个问题了，往后调查别处地方、别个问题，便容易找到门路了。

（7）要自己做记录

调查不但要自己当主席，适当地指挥调查会的到会人，而且要自己做记录，把调查的结果记下来。假手于人是不行的。

——选自《毛泽东选集》第一卷，人民出版社 1991 年版

在纪念红军长征胜利80周年大会上的讲话

习近平·2016年10月21日

由于国民党反动派对中国共产党领导的革命根据地连续发动大规模“围剿”，党内发生了“左”倾教条主义错误，导致第五次反“围剿”失利。从1934年10月至1936年10月，中国工农红军第一、第二、第四方面军和第二十五军进行了伟大的长征。1936年10月，经过历时两年的艰苦卓绝的二万五千里长征，三大主力红军终于在甘肃会宁、静宁地区胜利会师，成功地完成了战略转移，取得了史诗般的长征的伟大胜利，宣告了国民党消灭中国共产党和红军的图谋彻底失败，宣告了中国共产党和红军肩负着民族希望胜利实现了北上抗日的战略转移，实现了中国共产党和中国革命事业从挫折走向胜利的伟大转折，开启了中国共产党为实现民族独立、人民解放而斗争的新的伟大进军。长征历时之长、规模之大、行程之远、环境之险恶、战斗之惨烈，在中国历史上是绝无仅有的，在世界战争史乃至人类文明史上也是极为罕见的。长征不仅在我们党、军队和中华民族的发展史上具有十分重大而深远的意义，而且也留下了“伟大长征精神”这一宝贵精神财富。2016年10月21日，纪念中国工农红军长征胜利80周年大会在北京隆重举行，中共中央总书记、国家主席、中央军委主席习近平在大会上发表讲话，对红军长征的历史进行了回顾，对长征在我们党、国家、军队发展史上的伟大意义和深远影响给予了高度评价，对伟大长征精神进行了深入阐释，也吹响了弘扬伟大长征精神、走好今天的长征路的时代号角。他号召全党全军和全国各族人民世世代代都要牢记伟大长征精神、学习伟大长征精神、弘扬伟大长征精神，使之成为我们党、我们国家、我们人民、我们军队、我们民族不断走向未来的强大精神动力。全文约9600余字，本篇全文选读。

同志们：

今天，我们在这里隆重集会，纪念中国工农红军长征胜利80周年。

红军长征的那个年代，中国处在半殖民地半封建社会的黑暗境地，社会危机四伏，日寇野蛮侵略，国民党反动派置民族危亡于不顾，向革命根据地连续发动大规模“围剿”，中国共产党和红军到了危急关头，中国革命到了危急关头，中华民族到了危急关头。

面对生死存亡的严峻考验，从1934年10月至1936年10月，红军第一、第二、第四方面军和第二十五军进行了伟大的长征。我们党领导红军，以非凡的智慧和大无畏的英雄气概，战胜千难万险，付出巨大牺牲，胜利完成震撼世界、彪炳史册的长征，宣告了国民党反动派消灭中国共产党和红军的图谋彻底失败，宣告了中国共产党和红军肩负着民族希望胜利实现了北上抗日的战略转移，实现了中国共产党和中国革命事业从挫折走向胜利的伟大转折，开启了中国共产党为实现民族独立、人民解放而斗争的新的伟大进军。

这一惊天动地的革命壮举，是中国共产党和红军谱写的壮丽史诗，是中华民族伟大复兴历史进程中的巍峨丰碑。

在这里，我代表党中央、国务院和中央军委，代表全党全军全国各族人民，向领导红军创造这一历史伟业的毛泽东、周恩来、朱德同志等老一辈革命家，向在长征中浴血奋战和在各地坚持革命斗争的红军指战员，向当年支援红军长征的各族人民特别是各革命根据地人民，向所有健在的红军老战士，致以崇高的敬意！

我提议，全体起立，为在长征途中和在各地革命斗争中英勇牺牲的革命烈士默哀！

同志们！

穿越历史的沧桑巨变，回望80年前那段苦难和辉煌，我们更加深刻地认识到，长征在我们党、国家、军队发展史上具有十分伟大的意义，对中华民族历史进程具有十分深远的影响。

——长征是一次理想信念的伟大远征。崇高的理想，坚定的信念，永远是中国共产党人的政治灵魂。中国共产党从成立之日起，就把共产主义确立为远大理想，始终团结带领中国人民朝着这个伟大理想前行。党和红军几经挫折而不断奋起，历尽苦难而淬火成钢，归根到底在于心中的远大理想和革命信念始终坚定执着，始终闪耀着火热的光芒。

长征途中，英雄的红军，血战湘江，四渡赤水，巧渡金沙江，强渡大渡河，飞夺泸定桥，鏖战独树镇，勇克包座，转战乌蒙山，击退上百万穷凶极恶的追兵阻敌，征服空气稀薄的冰山雪岭，穿越渺无人烟的沼泽草地，纵横十余省，长驱二万五千里。主力红军长征后，留在根据地的红军队伍和游击队，在极端困难的条件下，紧紧依靠人民群众，坚持游击战争。西北地区红军创建陕甘革命根据地，同先期到达陕北的红二十五军一起打破了敌人的重兵“围剿”，为党中央把中国革命的大本营安置在西北创造了条件。东北抗日联军、坚持在国民党统治区工作的党组织以及党领导的各方面力量都进行了艰苦卓绝的斗争，都为长征胜利作出了不可磨灭的贡献。

长征的胜利，是中国共产党人理想的胜利，是中国共产党人信念的胜利。“风雨浸衣骨更硬，野菜充饥志越坚；官兵一致同甘苦，革命理想高于天。”在风雨如磐的长征路上，崇高的理想，坚定的信念，激励和指引着红军一路向前。在红一方面军二万五千里的征途上，平均每300米就有一名红军牺牲。长征这条红飘带，是无数红军的鲜血染成的。艰难可以摧残人的肉体，死亡可以夺走人的生命，但没有任何力量能够动摇中国共产党人的理想信念。

长征的胜利，靠的是红军将士压倒一切敌人而不被任何敌人所压倒、征服一切困难而不被任何困难所征服的英雄气概和革命精神。长征向全中国、向全世界庄严宣告，中国共产党及其领导的人民军队，是用马克思主义武装的、以共产主义为崇高理想和坚定信念的。长征路上的苦难、曲折、死亡，检验了中国共产党人的理想信念，向世人证明了中国共产党人的理想信念是坚不可摧的。

——长征是一次检验真理的伟大远征。真理只有在实践中才能得到检验，真理只有在实践中才能得到确立。长征途中，红军面临着凶恶残暴的追兵阻敌，面临着严酷恶劣的自然环境，还面临着同党内错误思想的激烈斗争。经过长征，党和红军不是弱了，而是更强了，因为我们党找到了中国革命的正确道路，找到了指引这条道路的正确理论。

长征途中，党中央召开的遵义会议，是我们党历史上一个生死攸关的转折点。这次会议确立了毛泽东同志在红军和党中央的领导地位，开始确立了以毛泽东同志为主要代表的马克思主义正确路线在党中央的领导地位，开始形成以毛泽东同志为核心的党的第一代中央领导集体，这是我们党和革命事业转危为安、不断打开新局面最重要的保证。

长征的胜利，使我们党进一步认识到，只有把马克思列宁主义基本原理同中国革命具体实际结合起来，独立自主解决中国革命的重大问题，才能把革命事业引向胜利。这是在血的教训和斗争考验中得出的真理。

长征的胜利，实现了在追求真理、坚持真理的基础上全党的空前团结、红军的空前团结。没有这种思想上政治上的大团结，中国革命胜利是不可能实现的。经过长征的千锤百炼，我们党在思想上不断成熟，成为中国人民进行抗日战争的中流砥柱，成为中国革命赢得最后胜利的中坚力量。

——长征是一次唤醒民众的伟大远征。红军打胜仗，人民是靠山。长征是历史纪录上的第一次，长征是宣言书，长征是宣传队，长征是播种机。面对正义和邪恶两种力量的交锋、光明和黑暗两种前途的抉择，我们党始终植根于人民，联系群众、宣传群众、武装群众、团结群众、依靠群众，以自己的模范行动，赢得人民群众真心拥护和支持，广大人民群众是长征胜利的力量源泉。

长征途中，我们党高举全民族团结抗战的大旗，推动了抗日民族统一战线的形成，吹响了全民族觉醒和奋起的号角，汇聚起团结抗日、一致对外的强大力量。广大人民群众深刻认识到，中国共产党是为人民谋利益的党，红军是人民的军队、真正抗日的力量，中国共产党指引的道路是人民群众翻身得解放的正确道路。

长征的胜利，宣传了我们党的主张，播撒下革命的火种，扩大了党和红军的影响，巩固了党同人民群众的血肉联系，使党牢牢扎根在人民之中。

长征的胜利，充分展示了中国共产党性质和宗旨的力量，充分说明了中国共产党必须在人民中间生根开花，必须紧紧依靠人民来克服困难、赢得胜利。

——长征是一次开创新局的伟大远征。长征的胜利，是方向和道路的胜利。长征的过程，不仅是战胜敌人、赢得胜利、实现战略目标的过程，而且是联系实际、创新理论、探索革命道路的过程。长征出发前，由于党内“左”倾教条主义的错误领导，中央革命根据地第五次反“围剿”失败，其他根据地也遭受挫折，中国革命面临着方向和道路的抉择。面对乱云飞渡、惊涛骇浪，我们党表现出无所畏惧的伟大实践精神，表现出浴火重生的伟大创造精神，在血与火中趟出了一条走向新生、走向胜利的革命道路。

长征途中，我们党通过艰苦卓绝的实践探索，成功把解决生存危机同拯救民族危亡联系在一起，把长征的大方向同建立抗日前进阵地联系在一起，实现了国内革命战争向抗日民族战争的转变，为夺取中国人民抗日战争胜利、进而夺取新民主主义革命胜利打下了坚实基础。

长征的胜利，不仅保存了革命力量，而且使我们党找到了中国革命力量生存发展新的落脚点，找到了中国革命事业胜利前进新的出发点。从长征的终点出发，我们党领导中国人民展开了中国革命波澜壮阔的新画卷。

长征的胜利，使我们党以陕甘宁革命根据地为中心，推动一大批革命根据地如雨后春笋般建立和发展起来，革命的火种在神州大地渐成燎原之势，有力推动了新的革命高潮到来。

同志们！

“艰难困苦，玉汝于成。”长征历时之长、规模之大、行程之远、环境之险恶、战斗之惨烈，在中国历史上是绝无仅有的，在世界战争史乃至人类文明史上也是极为罕见的。

在漫漫征途中，红军将士同敌人进行了600余次战役战斗，跨越近百条江河，攀越40余座高山险峰，其中海拔4000米以上的雪山就有20余座，穿越了被称为“死亡陷阱”的茫茫草地，用顽强意志征服了人类生存极限。红军将士上演了世界军事史上威武雄壮的战争活剧，创造了气吞山河的人间奇迹。

80年来，世界范围内关于红军长征的报道和研究层出不穷，慕名前来寻访长征路的人络绎不绝。国际社会越来越多的人认为，红军长征是20世纪最能影响世界前途的重要事件之一，是充满理想和献身精神、用意志和勇气谱写的人类史诗。长征迸发出的激荡人心的强大力量，跨越时空，跨越民族，是人类为追求真理和光明而不懈努力的伟大史诗。

同志们！

长征这一人类历史上的伟大壮举，留给我们最可宝贵的精神财富，就是中国共产党人和红军将士用生命和热血铸就的伟大长征精神。

伟大长征精神，就是把全国人民和中华民族的根本利益看得高于一切，坚定革命的理想和信念，坚信正义事业必然胜利的精神；就是为了救国救民，不怕任何艰难险阻，不惜付出一切牺牲的精神；就是坚持独立自主、实事求是，一切从实际出发的精神；就是顾全大局、严守纪律、紧密团结的精神；就是紧紧依靠人民群众，同人民群众生死相依、患难与共、艰苦奋斗的精神。

伟大长征精神，是中国共产党人及其领导的人民军队革命风范的生动反映，是中华民族自强不息的民族品格的集中展示，是以爱国主义为核心的民族精神的最高体现。

人无精神则不立，国无精神则不强。精神是一个民族赖以长久生存的灵魂，唯有精神上达到一定的高度，这个民族才能在历史的洪流中屹立不倒、奋勇向前。伟大长征精神，作为中国共产党人红色基因和精神族谱的重要组成部分，已经深深融入中华民族的血脉和灵魂，成为社会主义核心价值观的丰富滋养，成为鼓舞和激励中国人民不断攻坚克难、从胜利走向胜利的强大精神动力。

同志们！

历史是人民创造的，英雄的人民创造英雄的历史。今天中国的进步和发展，就是从长征中走出来的。

早在新中国成立前夕，毛泽东同志就告诫我们：“夺取全国胜利，这只是万里长征走完了第一步。”新中国成立后，经过艰苦摸索和曲折实践，我们开启了改革开放新时代，迈上了建设中国特色社会主义新长征之路。

改革开放30多年来，在中国共产党领导下，全国各族人民团结一心、艰苦奋斗，我国改革开放和社会主义现代化事业加速发展，人民生活得到根本改善，我国社会主义制度极大巩固和发展，我们迎来了中华民族实现伟大复兴的光明前景。

坚持和发展中国特色社会主义是一项长期的艰巨的历史任务。邓小平同志说：“我们搞社会主义才几十年，还处在初级阶段。巩固和发展社会主义制度，还需要一个很长的历史阶段，需要我们几代人、十几代人，甚至几十代人坚持不懈地努力奋斗，决不能掉以轻心。”

历史是不断向前的，要达到理想的彼岸，就要沿着我们确定的道路不断前进。每一代人有每一代人的长征路，每一代人都要走好自己的长征路。今天，我们这一代人的长征，就是要实现“两个一百年”奋斗目标、实现中华民族伟大复兴的中国梦。

今天的长征同当年的红军长征相比，同改革开放以来我们已经走过的新长征之路相比，虽然在环境、条件、任务、力量等方面有一些差异甚至有很大不同，但都是具有开创性、艰巨性、复杂性的事业。

实现伟大的理想，没有平坦的大道可走。夺取坚持和发展中国特色社会主义伟大事业新进展，夺取推进党的建设新的伟大工程新成效，夺取具有许多新的历史特点的伟大斗争新胜利，我们还有许多“雪山”、“草地”需要跨越，还有许多“娄山关”、“腊子口”需要征服，一切贪图安逸、不愿继续艰苦奋斗的想法都是要不得的，一切骄傲自满、不愿继续开拓前进的想法都是要不得的。

长征永远在路上。一个不记得来路的民族，是没有出路的民族。不论我们的事业发展到哪一步，不论我们取得了多大成就，我们都要大力弘扬伟大长征精神，在新的长征路上继续奋勇前进。

——弘扬伟大长征精神，走好今天的长征路，必须坚定共产主义远大理想和中国特色社会主义共同理想，为崇高理想信念而矢志奋斗。长征胜利启示我们：心中有信仰，脚下有力量；没有牢不可破的理想信念，没有崇高理想信念的有力支撑，要取得长征胜利是不可想象的。邓小平同志说：“过去我们党无论怎样弱小，无论遇到什么困难，一直有强大的战斗力，因为我们有马克思主义和共产主义的信念。有了共同的理想，也就有了铁的纪律。无论过去、现在和将来，这都是我们的真正优势。”

在新的长征路上，我们一定要保持理想信念坚定，不论时代如何变化，不论条件如何变化，都风雨如磐不动摇，自觉做共产主义远大理想和中国特色社会主义共同理想的坚定信仰者、忠实实践者，永远为了真理而斗争，永远为了理想而斗争。

“石可破也，而不可夺坚；丹可磨也，而不可夺赤。”理想信念的坚定，来自思想理论的坚定。认识真理，掌握真理，信仰真理，捍卫真理，是坚定理想信念的精神前提。中国共产党人的理想信念，建立在马克思主义科学真理的基础之上，建立在马克思主义揭示的人类社会发展规律的基础之上，建立在为最广大人民谋利益的崇高价值的基础之上。我们坚定，是因为我们追求的是真理。我们坚定，是因为我们遵循的是规律。我们坚定，是因为我们代表的是最广大人民根本利益。

坚定理想信念，就要深入学习马克思列宁主义、毛泽东思想、邓小平理论、“三个代表”重要思想、科学发展观，深入学习党的十八大以来党中央治国理政新理念新思想新战略，让真理武装我们的头脑，让真理指引我们的理想，让真理坚定我们的信仰。要坚持学而信、学而思、学而行，把学习成果转化为不可撼动的理想信念，转化为正确的世界观、人生观、价值观，用理想之光照亮奋斗之路，用信仰之力开创美好未来。

——弘扬伟大长征精神，走好今天的长征路，必须坚定中国特色社会主义道路自信、理论自信、制度自信、文化自信，为夺取中国特色社会主义伟大事业新胜利而矢志奋斗。长征胜利启示我们：只有掌握科学理论才能把握正确前进方向；只有立足实际、独立自主开辟前进道路，才能不断走向胜利。长征走过的道路，不仅翻越了千山万水，而且翻越了把马克思主义当做一成不变的教条的错误思想障碍。长征给我们的根本经验和启示，就是要坚持马克思主义基本原理同中国具体实际相结合，坚定不移走符合中国国情的革命、建设、改革道路。

在新的长征路上，我们要坚信，中国特色社会主义道路是实现社会主义现代化的必由之路，是指引中国人民创造自己美好生活的必由之路。中国特色社会主义理论体系是指导党和人民沿着中国特色社会主义道路实现中华民族伟大复兴的正确理论，是立于时代前沿、与时俱进的科学理论。中国特色社会主义制度是当代中国发展进步的根本制度保障，是具有鲜明中国特色、明显制度优势、强大自我完善能力的先进制度。中国特色社会主义文化积淀着中华民族最深层的精神追求，代表着中华民族独特的精神标识，是中国人民胜利前行的强大精神力量。这一点，不仅已经在理论上被证明是正确的，而且在实践上也被证明是正确的。

中国特色社会主义，承载着几代中国共产党人的理想和探索，寄托着无数仁人志士的夙愿和期盼，凝聚着亿万人民的奋斗和牺牲，是近代以来中国社会发展的必然选择。我们强调坚定道路自信、理论自信、制度自信、文化自信，不是说就固步自封、不思进取了，我们必须不断有所发现、有所发明、有所创造、有所前进，使中国特色社会主义永远充满蓬勃生机活力。同时，我们要永远记住，我们所进行的一切完善和改进，都是在既定方向上的继续前进，而不是改变方向，更不是要丢掉我们党、国家、人民安身立命的根本。

——弘扬伟大长征精神，走好今天的长征路，必须把人民放在心中最高位置，坚持一切为了人民、一切依靠人民，为人民过上更加美好生活而矢志奋斗。长征胜利启示我们：人民群众有着无尽的智慧和力量，只有始终相信人民，紧紧依靠人民，充分调动广大人民的积极性、主动性、创造性，才能凝聚起众志成城的磅礴之力。一部红军长征史，就是一部反映军民鱼水情深的历史。在湖南汝城县沙洲村，3 名女红军借宿徐解秀老人家中，临走时，把自己仅有的一床被子剪下一半给老人留下了。老人说，什么是共产党？共产党就是自己有一条被子，也要剪下半条给老百姓的人。同人民风雨同舟、血脉相通、生死与共，是中国共产党和红军取得长征胜利的根本保证，也是我们战胜一切困难和风险的根本保证。中国共产党之所以能够发展壮大，中国特色社会主义之所以能够不断前进，正是因为依靠了人民。中国共产党之所以能够得到人民拥护，中国特色社会主义之所以能够得到人民支持，也正是因为造福了人民。

在新的长征路上，全党必须牢记，为什么人、靠什么人的问题，是检验一个政党、一个政权性质的试金石。我们要始终把人民立场作为根本政治立场，把人民利益摆在至高无上的地位，不断把为人民造福事业推向前进。我们要团结带领全体人民，以自己的辛勤劳动和不懈努力，不断保障和改善民生，让改革发展成果更多更公平惠及全体人民，朝着实现全体人民共同富裕的目标稳步迈进。

“水能载舟，亦能覆舟。”这个道理我们必须牢记，任何时候都不能忘却。老百姓是天，老百姓是地。忘记了人民，脱离了人民，我们就会成为无源之水、无本之木，就会一事无成。我们要坚持党的群众路线，始终保持党同人民群众的血肉联系，始终接受人民群众批评和监督，心中常思百姓疾苦，脑中常谋富民之策，使我们党永远赢得人民群众信任和拥护，使我们的事业始终拥有不竭的力量源泉。

团结是战胜一切困难的强大力量，是凝聚人心、成就伟业的重要保证。在为中华民族伟大复兴而奋斗的征程中，我们一定要巩固全国各族人民大团结，增强各党派、各团体、各民族、各阶层以及各方面的团结，坚决维护国家统一和社会和谐稳定，坚决反对任何破坏统一和团结的分裂活动。我们要凝聚起全体人民智慧和力量，激发出全社会创造活力和发展动力，让全体中华儿女万众一心、团结奋斗迸发出来的磅礴力量成为实现中华民族伟大复兴的强大动力。

——弘扬伟大长征精神，走好今天的长征路，必须把握方向、统揽大局、统筹全局，为实现我们的总任务、总布局、总目标而矢志奋斗。长征胜利启示我们：一个党要立于不败之地，必须立于时代潮头，紧扣新的历史特点，科学谋划全局，牢牢把握战略主动，坚定不移实现我们的战略目标。长征走的是高山峻岭，渡的是大河险滩，过的是草地荒原，但每一个行程、每一次突围、每一场战斗都从战略全局出发，既赢得了战争胜利，也赢得了战略主动。这既是一种精神，也是一种智慧。

在新的长征路上，我们要立足世情国情党情，统筹国内国际两个大局，统筹党和国家事业发展全局，协调推进各项事业发展，抓住战略重点，实现关键突破，赢得战略主动，防范系统性风险，避免颠覆性危机，维护好发展全局。

坚持和发展中国特色社会主义，总任务是实现社会主义现代化和中华民族伟大复兴。我们必须统筹推进“五位一体”总体布局、协调推进“四个全面”战略布局，一心一意为实现“两个一百年”奋斗目标而努力工作，不断把完成总任务的历史进程推向前进。发展对坚持和发展中国特色社会主义具有决定性意义，我们必须坚持以经济建设为中心，坚持以新发展理念引领经济发展新常态，破解发展难题，厚植发展优势，不断为坚持和发展中国特色社会主义奠定强大物质基础。改革是决定当代中国命运的关键一招，我们必须坚定不移高举改革旗帜，坚决冲破思想观念束缚，坚决破除利益固化藩篱，坚决清除妨碍生产力发展和社会进步的体制机制障碍，不断推进国家治理体系和治理能力现代化。创新是引领发展的第一动力，我们必须解放思想、实事求是、与时俱进，坚定不移推进理论创新、实践创新、制度创新以及其他各方面创新，让党和国家事业始终充满创造活力、不断打开创新局面。

——弘扬伟大长征精神，走好今天的长征路，必须建设同我国国际地位相称、同国家安全和发展利益相适应的巩固国防和强大军队，为维护国家安全和世界和平而矢志奋斗。长征胜利启示我们：人民军队是革命的依托、民族的希望，党对军队绝对领导是人民军队赢得胜利的根本保证。长征锻炼了人民军队，长征磨炼了人民军队，长征成就了人民军队，长征开启了人民军队发展的新起点。长征是人民军队的光荣，光荣的人民军队必须永远继承红军长征的伟大精神和优良作风。

在新的长征路上，我们要坚持以党在新形势下的强军目标为引领，深入贯彻新形势下军事战略方针，努力建设世界一流军队。

强国必须强军，军强才能国安。要紧紧扭住政治建军不放松，坚持党对军队的绝对领导，永葆人民军队性质、宗旨、本色，永远做红军的传人，着力培养有灵魂、有本事、有血性、有品德的新一代革命军人，努力锻造具有铁一般信仰、铁一般信念、铁一般纪律、铁一般担当的过硬部队。要紧紧扭住改革强军不放松，坚定不移深化国防和军队改革，着力解决制约国防和军队建设的体制性障碍、结构性矛盾、政策性问题，深入推进军队组织形态现代化，加快构建中国特色现代军事力量体系。要紧紧扭住依法治军不放松，着力构建中国特色军事法治体系，推动实现治军方式的根本性转变，提高国防和军队建设法治化水平。要紧紧扭住备战打仗不放松，坚持战斗力这个唯一的根本标准，拓展和深化军事斗争准备，加强实战化军事训练，加快提升打赢信息化战争能力。要深入贯彻军民融合发展战略，更好把国防和军队建设融入国家经济社会发展体系，形成全要素、多领域、高效益的军民融合深度发展格局。要加强国防动员和后备力量建设，巩固和发展军政军民团结。要加强国际军事安全合作，积极履行同中国国际地位相适应的责任和义务，同世界各国一道共同应对全球性安全挑战，为维护世界和平作出更大贡献。全军要增强忧患意识、危机意识、使命意识，以只争朝夕的精神推进国防和军队现代化，担负起维护国家主权、安全、发展利益的重大责任。

——弘扬伟大长征精神，走好今天的长征路，必须加强党的领导，坚持全面从严治党，为推进党的建设新的伟大工程而矢志奋斗。长征胜利启示我们：党的领导是党和人民事业成功的根本保证。毛泽东同志指出：“谁使长征胜利的呢？是共产党。没有共产党，这样的长征是不可能设想的。中国共产党，它的领导机关，它的干部，它的党员，是不怕任何艰难困苦的。”中国共产党的领导，是中国革命、建设、改革不断取得胜利最根本的保证，是中国特色社会主义最本质的特征，也是中国特色社会主义的最大优势，必须毫不动摇坚持和完善。

在新的长征路上，全党同志都要自觉坚持和维护党的领导，自觉站在党和人民立场上，对党忠诚、为党分忧、为党担责、为党尽责，竭尽全力完成党交给的职责和任务，通过全党共同努力，使我们党永远同人民在一起、永远走在时代前列。

“自知者英，自胜者雄。”民族复兴梦想越接近，改革开放任务越繁重，越要加强党的建设。安不忘危，才是生存发展之道。我们党面临的“四大考验”、“四种危险”是长期的、复杂的、严峻的。要坚持党中央集中统一领导，在各级党组织和广大党员、干部中强化政治意识、大局意识、核心意识、看齐意识，确保在思想上政治上行动上始终同党中央保持高度一致。要继续推进全面从严治党，牢牢把握加强党的执政能力建设和先进性建设这条主线，加强和规范新形势下党内政治生活，坚定不移推进党风廉政建设和反腐败斗争，不断增强党自我净化、自我完善、自我革新、自我提高能力，提高党的领导水平和执政水平、增强拒腐防变和抵御风险能力，确保党始终成为中国特色社会主义事业的坚强领导核心。

弘扬伟大长征精神，走好今天的长征路，是新的时代条件下我们面临的一个重大课题。伟大长征精神，是党和人民付出巨大代价、进行伟大斗争获得的宝贵精神财富，我们世世代代都要牢记伟大长征精神、学习伟大长征精神、弘扬伟大长征精神，使之成为我们党、我们国家、我们人民、我们军队、我们民族不断走向未来的强大精神动力。

同志们！

长征胜利 80 年来，我们党团结带领全国各族人民，不断推进革命、建设、改革伟大事业，进行了一次又一次波澜壮阔的伟大长征，夺取了一个又一个举世瞩目的伟大胜利。

现在，我们比历史上任何时期都更接近中华民族伟大复兴的目标，比历史上任何时期都更有信心、有能力实现这个目标。我们这一代人，继承了前人的事业，进行着今天的奋斗，更要开辟明天的道路。

蓝图已绘就，奋进正当时。前进道路上，我们要大力弘扬伟大长征精神，激励和鼓舞全党全军全国各族人民特别是青年一代发愤图强、奋发有为，继续把革命前辈开创的伟大事业推向前进，在实现“两个一百年”奋斗目标、实现中华民族伟大复兴中国梦新的长征路上续写新的篇章、创造新的辉煌！

——选自习近平

《在纪念红军长征胜利 80 周年大会上的讲话》（单行本），人民出版社 2016 年版

中国革命战争的战略问题（节选）

毛泽东·1936年12月

这部著作是毛泽东为总结第二次国内革命战争的经验而写的，1936年10—12月曾在建立在陕北的红军大学作过演讲。据毛泽东自己说，这部著作只完成了五章，尚有战略进攻、政治工作及其他问题，因为西安事变发生，没有工夫再写，就搁笔了。中国革命战争的战略问题是第二次国内革命战争时期党内在军事问题上的一场大争论的结果，是一个路线反对另一个路线的意见。随着1935年1月遵义会议对毛泽东意见的肯定和对错误路线的否定以及1935年12月毛泽东在瓦窑堡会议上作的《论反对日本帝国主义的策略》的报告解决了党的政治策略路线后，毛泽东又写下了这部著作，系统地阐明了有关中国革命战争战略方面的诸多问题。全文4.3万余字，本篇节选一、三章部分内容。

第一章　如何研究战争

第一节　战争规律是发展的

战争的规律——这是任何指导战争的人不能不研究和不能不解决的问题。

革命战争的规律——这是任何指导革命战争的人不能不研究和不能不解决的问题。

中国革命战争的规律——这是任何指导中国革命战争的人不能不研究和不能不解决的问题。

我们现在是从事战争，我们的战争是革命战争，我们的革命战争是在中国这个半殖民地的半封建的国度里进行的。因此，我们不但要研究一般战争的规律，还要研究特殊的革命战争的规律，还要研究更加特殊的中国革命战争的规律。

大家明白，不论做什么事，不懂得那件事的情形，它的性质，它和它以外的事情的关联，就不知道那件事的规律，就不知道如何去做，就不能做好那件事。

战争——从有私有财产和有阶级以来就开始了的、用以解决阶级和阶级、民族和民族、国家和国家、政治集团和政治集团之间、在一定发展阶段上的矛盾的一种最高的斗争形式。不懂得它的情形，它的性质，它和它以外事情的关联，就不知道战争的规律，就不知道如何指导战争，就不能打胜仗。

革命战争——革命的阶级战争和革命的民族战争，在一般战争的情形和性质之外，有它的特殊的情形和性质。因此，在一般的战争规律之外，有它的一些特殊的规律。不懂得这些特殊的情形和性质，不懂得它的特殊的规律，就不能指导革命战争，就不能在革命战争中打胜仗。

中国革命战争——不论是国内战争或民族战争，是在中国的特殊环境之内进行的，比较一般的战争，一般的革命战争，又有它的特殊的情形和特殊的性质。因此，在一般战争和一般革命战争的规律之外，又有它的一些特殊的规律。如果不懂得这些，就不能在中国革命战争中打胜仗。

所以，我们应该研究一般战争的规律；也应该研究革命战争的规律；最后，我们还应该研究中国革命战争的规律。

有一种人的意见是不对的，我们早已批驳了这种意见了；他们说：只要研究一般战争的规律就得了，具体地说，只要照着反动的中国政府或反动的中国军事学校出版的那些军事条令去做就得了。他们不知道：这些条令仅仅是一般战争的规律，并且全是抄了外国的，如果我们一模一样地照抄来用，丝毫也不变更其形式和内容，就一定是削足适履，要打败仗。他们的理由是：过去流过血得来的东西，为什么要不得？他们不知道：我们固然应该尊重过去流血的经验，但是还应该尊重自己流血的经验。

又有一种人的意见也是不对的，我们也早已批驳了这种意见了；他们说：只要研究俄国革命战争的经验就得了，具体地说，只要照着苏联内战的指导规律和苏联军事机关颁布的军事条令去做就得了。他们不知道：苏联的规律和条令，包含着苏联内战和苏联红军的特殊性，如果我们一模一样地抄了来用，不允许任何的变更，也同样是削足适履，要打败仗。这些人的理由是：苏联的战争是革命的战争，我们的战争也是革命的战争，而且苏联是胜利了，为什么还有取舍的余地？他们不知道：我们固然应该特别尊重苏联的战争经验，因为它是最近代的革命战争的经验，是在列宁、斯大林指导之下获得的；但是我们还应该尊重中国革命战争的经验，因为中国革命和中国红军又有许多特殊的情况。

再有一种人的意见也是不对的，我们也早就批驳了这种意见了；他们说：一九二六年至一九二七年的北伐战争的经验是最好的，我们应该学习它，具体地说，学北伐战争的长驱直进和夺取大城市。他们不知道：北伐战争的经验是应该学习的，但是不应该刻板地抄用，因为我们现时战争的情况已经变化了。我们只应该采用北伐战争中那些在现时情况下还能适用的东西，我们应该按照现时情况规定我们自己的东西。

由此看来，战争情况的不同，决定着不同的战争指导规律，有时间、地域和性质的差别。从时间的条件说，战争和战争指导规律都是发展的，各个历史阶段有各个历史阶段的特点，因而战争规律也各有其特点，不能呆板地移用于不同的阶段。从战争的性质看，革命战争和反革命战争，各有其不同的特点，因而战争规律也各有其特点，不能呆板地互相移用。从地域的条件看，各个国家各个民族特别是大国家大民族均有其特点，因而战争规律也各有其特点，同样不能呆板地移用。我们研究在各个不同历史阶段、各个不同性质、不同地域和民族的战争的指导规律，应该着眼其特点和着眼其发展，反对战争问题上的机械论。

还不止此。对于一个指挥员来说，起初会指挥小兵团，后来又会指挥大兵团，这对于他是进步了，发展了。一个地方和许多地方也不相同。起初会在某一熟悉的地方作战，后来在许多地方也会作战，这对于一个指挥员又是进步了，发展了。因为敌我双方的技术、战术、战略的发展，一个战争中各阶段的情形也不相同。在低级阶段会指挥的，到了高级阶段也会指挥，这对于一个指挥员更是进步和发展了。只能适应于一定兵团、一定地方和战争发展的一定阶段，这叫做没有进步和没有发展。有一种人，抱着一技之长和一孔之见，再也没有进步，这对革命虽则在一地一时有些作用，但是没有大的作用。我们要求有大的作用的战争指导者。一切战争指导规律，依照历史的发展而发展，依照战争的发展而发展；一成不变的东西是没有的。

第二节　战争的目的在于消灭战争

战争——这个人类互相残杀的怪物，人类社会的发展终久要把它消灭的，而且就在不远的将来会要把它消灭的。但是消灭它的方法只有一个，就是用战争反对战争，用革命战争反对反革命战争，用民族革命战争反对民族反革命战争，用阶级革命战争反对阶级反革命战争。历史上的战争，只有正义的和非正义的两类。我们是拥护正义战争反对非正义战争的。一切反革命战争都是非正义的，一切革命战争都是正义的。人类的战争生活时代将要由我们之手而结束，我们所进行的战争，毫无疑义地是属于最后战争的一部分。但是我们所面临的战争，毫无疑义又是最大的和最残酷的战争的一部分。最大的和最残酷的非正义的反革命的战争，迫临在我们的头上，我们如果不打起正义战争的旗帜，人类的大多数就要遭受摧残。人类正义战争的旗帜是拯救人类的旗帜，中国正义战争的旗帜是拯救中国的旗帜。人类的大多数和中国人的大多数所举行的战争，毫无疑义地是正义的战争，是拯救人类拯救中国的至高无上的荣誉的事业，是把全世界历史转到新时代的桥梁。人类社会进步到消灭了阶级，消灭了国家，到了那时，什么战争也没有了，反革命战争没有了，革命战争也没有了，非正义战争没有了，正义战争也没有了，这就是人类的永久和平的时代。我们研究革命战争的规律，出发于我们要求消灭一切战争的志愿，这是区别我们共产党人和一切剥削阶级的界线。

第三节　战略问题是研究战争全局的规律的东西

只要有战争，就有战争的全局。世界可以是战争的一全局，一国可以是战争的一全局，一个独立的游击区、一个大的独立的作战方面，也可以是战争的一全局。凡属带有要照顾各方面和各阶段的性质的，都是战争的全局。

研究带全局性的战争指导规律，是战略学的任务。研究带局部性的战争指导规律，是战役学和战术学的任务。

要求战役指挥员和战术指挥员了解某种程度的战略上的规律，何以成为必要呢？因为懂得了全局性的东西，就更会使用局部性的东西，因为局部性的东西是隶属于全局性的东西的。说战略胜利取决于战术胜利的这种意见是错误的，因为这种意见没有看见战争的胜败的主要和首先的问题，是对于全局和各阶段的关照得好或关照得不好。如果全局和各阶段的关照有了重要的缺点或错误，那个战争是一定要失败的。说“一着不慎，满盘皆输”，乃是说的带全局性的，即对全局有决定意义的一着，而不是那种带局部性的即对全局无决定意义的一着。下棋如此，战争也是如此。

然而全局性的东西，不能脱离局部而独立，全局是由它的一切局部构成的。有的时候，有些局部破坏了或失败了，全局可以不起重大的影响，就是因为这些局部不是对于全局有决定意义的东西。战争中有些战术上或战役上的失败或不成功，常常不至于引起战争全局的变坏，就是因为这些失败不是有决定意义的东西。但若组成战争全局的多数战役失败了，或有决定意义的某一二个战役失败了，全局就立即起变化。这里说的多数战役和某一二个战役，就都是决定的东西了。战争历史中有在连战皆捷之后吃了一个败仗以至全功尽弃的，有在吃了许多败仗之后打了一个胜仗因而开展了新局面的。这里说的“连战皆捷”和“许多败仗”，都是局部性的，对于全局不起决定作用的东西。这里说的“一个败仗”和“一个胜仗”，就都是决定的东西了。所有这些，都在说明关照全局的重要性。指挥全局的人，最要紧的，是把自己的注意力摆在照顾战争的全局上面。主要地是依据情况，照顾部队和兵团的组成问题，照顾两个战役之间的关系问题，照顾各个作战阶段之间的关系问题，照顾我方全部活动和敌方全部活动之间的关系问题，这些都是最吃力的地方，如果丢了这个去忙一些次要的问题，那就难免要吃亏了。

说到全局和局部的关系，不但战略和战役的关系是如此，战役和战术的关系也是如此。师的动作和团营动作的关系，连的动作和排班动作的关系，就是实例。任何一级的首长，应当把自己注意的重心，放在那些对于他所指挥的全局说来最重要最有决定意义的问题或动作上，而不应当放在其他的问题或动作上。

说重要，说有决定意义，不能按照一般的或抽象的情况去规定，必须按照具体的情况去规定。作战时选择突击方向和突击点，要按照当前的敌情、地形和自己兵力的情况去规定。在给养丰富的地方要注意不使战士吃得太饱，在给养不足的地方却要注意不使战士饿肚。在白色区域，可以因为仅仅一个消息的走漏而使尔后的战斗失败；在红色区域，则走漏消息的问题常常不是最重要的。某些战役，高级指挥员有亲自参加之必要，其他则无此必要。一个军事学校，最重要的问题，是选择校长教员和规定教育方针。一个民众大会，主要应注意动员民众到会和提出恰当的口号。如此等等。总之，一个原则，就是注意于那些有关全局的重要的关节。

学习战争全局的指导规律，是要用心去想一想才行的。因为这种全局性的东西，眼睛看不见，只能用心思去想一想才能懂得，不用心思去想，就不会懂得。但是全局是由局部构成的，有局部经验的人，有战役战术经验的人，如肯用心去想一想，就能够明白那些更高级的东西。战略问题，如所谓照顾敌我之间的关系，照顾各个战役之间或各个作战阶段之间的关系，照顾有关全局的（有决定意义的）某些部分，照顾全盘情况中的特点，照顾前后方之间的关系，照顾消耗和补充，作战和休息，集中和分散，攻击和防御，前进和后退，荫蔽和暴露，主攻方面和助攻方面，突击方面和钳制方面，集中指挥和分散指挥，持久战和速决战，阵地战和运动战，本军和友军，这些兵种和那些兵种，上级和下级，干部和兵员，老兵和新兵，高级干部和下级干部，老干部和新干部，红色区域和白色区域，老区和新区，中心区和边缘区，热天和冷天，胜仗和败仗，大兵团和小兵团，正规军和游击队，消灭敌人和争取群众，扩大红军和巩固红军，军事工作和政治工作，过去的任务和现在的任务，现在的任务和将来的任务，那种情况下的任务和这种情况下的任务，固定战线和非固定战线，国内战争和民族战争，这一历史阶段和那一历史阶段等等问题的区别和联系，都是眼睛看不见的东西，但若用心去想一想，也就都可以了解，都可以捉住，都可以精通。这就是说，能够把战争或作战的一切重要的问题，都提到较高的原则性上去解决。达到这个目的，就是研究战略问题的任务。

第四节 重要的问题在善于学习

为什么要组织红军？因为要使用它去战胜敌人。为什么要学习战争规律？因为要使用这些规律于战争。

学习不是容易的事情，使用更加不容易。战争的学问拿在讲堂上，或在书本中，很多人尽管讲得一样头头是道，打起仗来却有胜负之分。战争史和我们自己的战争生活，都证明了这一点。

那末，关键在哪里呢？

我们不能要求事实上的常胜将军，这是从古以来就很少的。我们要求在战争过程中一般地打胜仗的勇敢而明智的将军——智勇双全的将军。要达到智勇双全这一点，有一种方法是要学的，学习的时候要用这种方法，使用的时候也要用这种方法。

什么方法呢？那就是熟识敌我双方各方面的情况，找出其行动的规律，并且应用这些规律于自己的行动。

许多国家颁布的军事条令书上，都指示了“按照情况活用原则”的必要，又都指示了打败仗时的处置方法。前者是不要指挥员因死用原则而主观地犯错误；后者是当着指挥员主观地犯了错误，或客观情况起了非所预料的和不可抗的变化时，告诉指挥员怎样去处置。

为什么主观上会犯错误呢？就是因为战争或战斗的部署和指挥不适合当时当地的情况，主观的指导和客观的实在情况不相符合，不对头，或者叫做没有解决主观和客观之间的矛盾。人办一切事情都难免这种情形，有比较地会办和比较地不会办之分罢了。事情要求比较地会办，军事上就要求比较地多打胜仗，反面地说，要求比较地少打败仗。这里的关键，就在于把主观和客观二者之间好好地符合起来。

举战术的例子来说。攻击点选在敌人阵地的某一翼，而那里正是敌人的薄弱部，突击因而成功，这叫做主观和客观相符合，也就是指挥员的侦察、判断和决心，和敌人及其配置的实在情形相符合。如果攻击点选在另一翼，或中央，结果正碰在敌人的钉子上，攻不进去，就叫做不相符合。攻击时机的适当，预备队使用的不迟不早，以及各种战斗处置和战斗动作都利于我不利于敌，便是整个战斗中主观指挥和客观情况统统相符合。统统相符合的事，在战争或战斗中是极其少有的，这是因为战争或战斗的双方是成群的武装着的活人，而又互相保持秘密的缘故，这和处置静物或日常事件是大不相同的。然而只要做到指挥大体上适合情况，即在有决定意义的部分适合情况，那就是胜利的基础了。

指挥员的正确的部署来源于正确的决心，正确的决心来源于正确的判断，正确的判断来源于周到的和必要的侦察，和对于各种侦察材料的联贯起来的思索。指挥员使用一切可能的和必要的侦察手段，将侦察得来的敌方情况的各种材料加以去粗取精、去伪存真、由此及彼、由表及里的思索，然后将自己方面的情况加上去，研究双方的对比和相互的关系，因而构成判断，定下决心，作出计划，——这是军事家在作出每一个战略、战役或战斗的计划之前的一个整个的认识情况的过程。粗心大意的军事家，不去这样做，把军事计划建立在一相情愿的基础之上，这种计划是空想的，不符合于实际的。鲁莽的专凭热情的军事家之所以不免于受敌人的欺骗，受敌人表面的或片面的情况的引诱，受自己部下不负责任的无真知灼见的建议的鼓动，因而不免于碰壁，就是因为他们不知道或不愿意知道任何军事计划，是应该建立于必要的侦察和敌我情况及其相互关系的周密思索的基础之上的缘故。

认识情况的过程，不但存在于军事计划建立之前，而且存在于军事计划建立之后。当执行某一计划时，从开始执行起，到战局终结止，这是又一个认识情况的过程，即实行的过程。此时，第一个过程中的东西是否符合于实况，需要重新加以检查。如果计划和情况不符合，或者不完全符合，就必须依照新的认识，构成新的判断，定下新的决心，把已定计划加以改变，使之适合于新的情况。部分地改变的事差不多每一作战都是有的，全部地改变的事也是间或有的。鲁莽家不知改变，或不愿改变，只是一味盲干，结果又非碰壁不可。

上面说的是一个战略的行动，或一个战役和战斗的行动。经验多的军人，假使他是虚心学习的，他摸熟了自己的部队（指挥员、战斗员、武器、给养等等及其总体）的脾气，又摸熟了敌人的部队（同样，指挥员、战斗员、武器、给养等等及其总体）的脾气，摸熟了一切和战争有关的其他的条件如政治、经济、地理、气候等等，这样的军人指导战争或作战，就比较地有把握，比较地能打胜仗。这是在长时间内认识了敌我双方的情况，找出了行动的规律，解决了主观和客观的矛盾的结果。这一认识过程是非常重要的，没有这一种长时间的经验，要了解和把握整个战争的规律是困难的。做一个真正能干的高级指挥员，不是初出茅庐或仅仅善于在纸上谈兵的角色所能办到的，必须在战争中学习才能办得到。

一切带原则性的军事规律，或军事理论，都是前人或今人做的关于过去战争经验的总结。这些过去的战争所留给我们的血的教训，应该着重地学习它。这是一件事。然而还有一件事，即是从自己经验中考证这些结论，吸收那些用得着的东西，拒绝那些用不着的东西，增加那些自己所特有的东西。这后一件事是十分重要的，不这样做，我们就不能指导战争。

读书是学习，使用也是学习，而且是更重要的学习。从战争学习战争——这是我们的主要方法。没有进学校机会的人，仍然可以学习战争，就是从战争中学习。革命战争是民众的事，常常不是先学好了再干，而是干起来再学习，干就是学习。从“老百姓”到军人之间有一个距离，但不是万里长城，而是可以迅速地消灭的，干革命，干战争，就是消灭这个距离的方法。说学习和使用不容易，是说学得彻底，用得纯熟不容易。说老百姓很快可以变成军人，是说此门并不难入。把二者总合起来，用得着中国一句老话：“世上无难事，只怕有心人。”入门既不难，深造也是办得到的，只要有心，只要善于学习罢了。

军事的规律，和其他事物的规律一样，是客观实际在我们头脑中的反映，除了我们的头脑以外，一切都是客观实际的东西。因此，学习和认识的对象，包括敌我两方面，这两方面都应该看成研究的对象，只有我们的头脑（思想）才是研究的主体。有一种人，明于知己，暗于知彼，又有一种人，明于知彼，暗于知己，他们都是不能解决战争规律的学习和使用的问题的。中国古代大军事学家孙武子书上“知彼知己，百战不殆”这句话，是包括学习和使用两个阶段而说的，包括从认识客观实际中的发展规律，并按照这些规律去决定自己行动克服当前敌人而说的；我们不要看轻这句话。

战争是民族和民族、国家和国家、阶级和阶级、政治集团和政治集团之间互相斗争的最高形式；一切关于战争的规律，都是进行战争的民族、国家、阶级、政治集团为了争取自己的胜利而使用的。战争的胜负，主要地决定于作战双方的军事、政治、经济、自然诸条件，这是没有问题的。然而不仅仅如此，还决定于作战双方主观指导的能力。军事家不能超过物质条件许可的范围外企图战争的胜利，然而军事家可以而且必须在物质条件许可的范围内争取战争的胜利。军事家活动的舞台建筑在客观物质条件的上面，然而军事家凭着这个舞台，却可以导演出许多有声有色威武雄壮的活剧来。因此，我们红军的指导者，在既定的客观物质基础即军事、政治、经济、自然诸条件之上，就必须发挥我们的威力，提挈全军，去打倒那些民族的和阶级的敌人，改变这个不好的世界。这里就用得着而且必须用我们的主观指导的能力。我们不许可任何一个红军指挥员变为乱撞乱碰的鲁莽家；我们必须提倡每个红军指挥员变为勇敢而明智的英雄，不但有压倒一切的勇气，而且有驾驭整个战争变化发展的能力。指挥员在战争的大海中游泳，他们不使自己沉没，而要使自己决定地有步骤地达到彼岸。指导战争的规律，就是战争的游泳术。

以上是我们的方法。

第三章　中国革命战争的特点

第二节　中国革命战争的特点是什么

那末，中国革命战争的特点是什么呢?

我以为有四个主要的特点。

第一个特点，中国是一个政治经济发展不平衡的半殖民地的大国，而又经过了一九二四年至一九二七年的革命。

这个特点，指出中国革命战争有发展和胜利的可能性。当着一九二七年冬天至一九二八年春天，中国游击战争发生不久，湖南江西两省边界区域——井冈山的同志们中有些人提出“红旗到底打得多久”这个疑问的时候，我们就把它指出来了（湘赣边界党的第一次代表大会）。因为这是一个最基本的问题，不答复中国革命根据地和中国红军能否存在和发展的问题，我们就不能前进一步。一九二八年中国共产党第六次全国代表大会，把这个问题又作了一次答复。中国革命运动，从此就有了正确的理论基础。

现在把这个问题分开来看一看：

中国政治经济发展不平衡——微弱的资本主义经济和严重的半封建经济同时存在，近代式的若干工商业都市和停滞着的广大农村同时存在，几百万产业工人和几万万旧制度统治下的农民和手工业工人同时存在，管理中央政府的大军阀和管理各省的小军阀同时存在，反动军队中有隶属蒋介石的所谓中央军和隶属各省军阀的所谓杂牌军这样两部分军队同时存在，若干的铁路航路汽车路和普遍的独轮车路、只能用脚走的路和用脚还不好走的路同时存在。

中国是一个半殖民地国家——帝国主义的不统一，影响到中国统治集团间的不统一。数国支配的半殖民地国家和一国支配的殖民地是有区别的。

中国是一个大国——“东方不亮西方亮，黑了南方有北方”，不愁没有回旋的余地。

中国是经过了一次大革命的——准备好了红军的种子，准备好了红军的领导者即共产党，又准备好了参加过一次革命的民众。

所以我们说，中国是一个经过了一次革命的、政治经济发展不平衡的、半殖民地的大国，这是中国革命战争的第一个特点。这个特点，不但基本地规定了我们政治上的战略和战术，而且也基本地规定了我们军事上的战略和战术。

第二个特点是敌人的强大。

红军的敌人国民党，它的情况是怎样呢?它是夺取了政权而且相对地稳定了它的政权的党。它得到了全世界主要反革命国家的援助。它已改造了它的军队——改造得和中国任何一个历史时代的军队都不相同，而和世界现代国家的军队却大体相同，武器和其他军事物资的供给比起红军来雄厚得多，而且其军队数量之多超过中国任何一个历史时代的军队，超过世界任何一个国家的常备军。它的军队和红军比较起来真有天壤之别。它控制了全中国的政治、经济、交通、文化的枢纽或命脉，它的政权是全国性的政权。

中国红军是处在这样强大的敌人的面前。这是中国革命战争的第二个特点。这个特点，使红军的作战不能不和一般战争以及苏联内战、北伐战争都有许多的不同。

第三个特点是红军的弱小。

中国红军是产生于第一次大革命失败之后，从游击队开始。不但处在中国的反动时期，而且处在世界上反动的资本主义国家在政治上经济上比较稳定的时期。

我们的政权是分期而又孤立的山地或僻地的政权，没有任何的外间援助。革命根据地的经济条件和文化条件同国民党区域比较是落后的。革命根据地只有乡村和小城市。其区域开始是非常之小，后来也并不很大。而且根据地是流动不定的；红军没有真正巩固的根据地。

红军的数量是少的，红军的武器是差的，红军的粮食被服等物质供给是非常困难的。

这个特点和前一个特点是尖锐的对比。红军的战略战术，是在这种尖锐的对比上发生的。

第四个特点是共产党的领导和土地革命。

这个特点是第一个特点的必然结果。这个特点产生了两方面的情形。在一方面，中国革命战争虽然是处在中国和资本主义世界的反动时期，然而是能够胜利的，因为它有共产党的领导和农民的援助。根据地虽小却有很大的政治上的威力，屹然和庞大的国民党政权相对立，军事上给国民党的进攻以很大的困难，因为我们有农民的援助。红军虽小却有强大的战斗力，因为在共产党领导下的红军人员是从土地革命中产生，为着自己的利益而战斗的，而且指挥员和战斗员之间在政治上是一致的。

另一方面，则和国民党成了尖锐的对比。国民党是反对土地革命的，因此没有农民的援助。其军队虽多，却不能使兵士群众和许多小生产者出身的下级干部自觉地为国民党拚命，官兵之间在政治上是分歧的，这就减少了它的战斗力。

第三节　由此产生我们的战略战术

经过了一次大革命的政治经济不平衡的半殖民地的大国，强大的敌人，弱小的红军，土地革命——这是中国革命战争四个主要的特点。这些特点，规定了中国革命战争的指导路线及其许多战略战术的原则。第一个特点和第四个特点，规定了中国红军的可能发展和可能战胜其敌人。第二个特点和第三个特点，规定了中国红军的不可能很快发展和不可能很快战胜其敌人，即是规定了战争的持久，而且如果弄得不好的话，还可能失败。

这就是中国革命战争的两方面。这两方面同时存在着，即是说，既有顺利的条件，又有困难的条件。这是中国革命战争的根本规律，许多规律都是从这个根本的规律发生出来的。我们的十年战争史证明了这个规律的正确性。谁要是睁眼看不见这些根本性质的规律，谁就不能指导中国的革命战争，谁就不能使红军打胜仗。

很明显的，正确地规定战略方向，进攻时反对冒险主义，防御时反对保守主义，转移时反对逃跑主义；反对红军的游击主义，却又承认红军的游击性；反对战役的持久战和战略的速决战，承认战略的持久战和战役的速决战；反对固定的作战线和阵地战，承认非固定的作战线和运动战；反对击溃战，承认歼灭战；反对战略方向的两个拳头主义，承认一个拳头主义；反对大后方制度，承认小后方制度；反对绝对的集中指挥，承认相对的集中指挥；反对单纯军事观点和流寇主义，承认红军是中国革命的宣传者和组织者；反对土匪主义，承认严肃的政治纪律；反对军阀主义，承认有限制的民主生活和有威权的军事纪律；反对不正确的宗派主义的干部政策，承认正确的干部政策；反对孤立政策，承认争取一切可能的同盟者；最后，反对把红军停顿于旧阶段，争取红军发展到新阶段——所有这些原则问题，都要求正确的解决。我们现在要讲的战略问题，就是要就中国革命战争的十年血战史的经验，好好地说明这些问题。

——选自《毛泽东选集》第一卷，人民出版社 1991 年版

论新阶段（节选）

毛泽东·1938 年 12 月

在抗日战争即将由战略防御转入战略相持阶段的重要时刻，1938 年 9 月 29 日—11 月 7 日，中国共产党在延安举行了扩大的六届六中全会。在会上，毛泽东作了《论新阶段》的政治报告，总结了抗战以来的经验教训，批评了国民党的片面抗战路线和党内以王明为代表的右倾投降主义错误，以及张国焘由反党反中央的分裂活动发展到叛党投靠国民党的行为，全面分析了抗日战争的形势发展和新阶段的基本特点，阐述了党在这一时期肩负的历史重任和面临的严峻考验。为了保证党能够更好地肩负起这一历史重任，毛泽东在《论新阶段》的第七部分即本篇专门阐述了党应该如何加强自身建设才能与所处的领导地位相适应的问题，也就是“怎样认识自己、加强自己、团结自己，才能领导这次战争达到胜利而不致失败的问题”，从党站在民族战争领导地位的高度，提出了加强党的政治、思想和组织建设的重要任务，成为党的建设方面的重要文献。本篇全文选读的第七部分 9400 余字。

中国共产党在民族战争中的地位

同志们！我们有一个光明的前途；我们必须战胜日本帝国主义，必须建设新中国，也一定能够达到这些目的。但是由现在到这个光明前途的中间，存在着一段艰难的路程。为着一个光明的中国而斗争的中国共产党和全国人民，必须有步骤地同日寇作斗争；而要打败它，只有经过长期的战争。关于这个战争的各方面问题，我们已经说得很多。抗战以来的经验，我们也总结了；当前的形势，我们也估计了；全民族的紧急任务，我们也提出了；用长期的抗日民族统一战线支持长期的战争的理由和方法，我们也说明了；国际形势，我们也分析了。那末，还有什么问题呢？同志们，还有一个问题，这就是中国共产党在民族战争中处于何种地位的问题，这就是共产党员应该怎样认识自己、加强自己、团结自己，才能领导这次战争达到胜利而不致失败的问题。

爱国主义和国际主义

国际主义者的共产党员，是否可以同时又是一个爱国主义者呢？我们认为不但是可以的，而且是应该的。爱国主义的具体内容，看在什么样的历史条件之下来决定。有日本侵略者和希特勒的“爱国主义”，有我们的爱国主义。对于日本侵略者和希特勒的所谓“爱国主义”，共产党员是必须坚决地反对的。日本共产党人和德国共产党人都是他们国家的战争的失败主义者。用一切方法使日本侵略者和希特勒的战争归于失败，就是日本人民和德国人民的利益；失败得越彻底，就越好。日本共产党人和德国共产党人都应该这样做，他们也正在这样做。这是因为日本侵略者和希特勒的战争，不但是损害世界人民的，也是损害其本国人民的。中国的情况则不同，中国是被侵略的国家。因此，中国共产党人必须将爱国主义和国际主义结合起来。我们是国际主义者，我们又是爱国主义者，我们的口号是为保卫祖国反对侵略者而战。对于我们，失败主义是罪恶，争取抗日胜利是责无旁贷的。因为只有为着保卫祖国而战才能打败侵略者，使民族得到解放。只有民族得到解放，才有使无产阶级和劳动人民得到解放的可能。中国胜利了，侵略中国的帝国主义者被打倒了，同时也就是帮助了外国的人民。因此，爱国主义就是国际主义在民族解放战争中的实施。为此理由，每一个共产党员必须发挥其全部的积极性，英勇坚决地走上民族解放战争的战场，拿枪口瞄准日本侵略者。为此理由，我们的党从九一八事变开始，就提出了用民族自卫战争反抗日本侵略者的号召；后来又提出了抗日民族统一战线的主张，命令红军改编为抗日的国民革命军开赴前线作战，命令自己的党员站在抗日战争的最前线，为保卫祖国流最后一滴血。这些爱国主义的行动，都是正当的，都正是国际主义在中国的实现，一点也没有违背国际主义。只有政治上糊涂的人，或者别有用心的人，才会瞎说我们做得不对，瞎说我们抛弃了国际主义。

共产党员在民族战争中的模范作用

根据上述理由，共产党员应在民族战争中表现其高度的积极性；而这种积极性，应使之具体地表现于各方面，即应在各方面起其先锋的模范的作用。我们的战争，是在困难环境之中进行的。广大人民群众的民族觉悟、民族自尊心和自信心的不足，大多数民众的无组织，军力的不坚强，经济的落后，政治的不民主，腐败现象和悲观情绪的存在，统一战线内部的不团结、不巩固等等，形成了这种困难环境。因此，共产党员不能不自觉地担负起团结全国人民克服各种不良现象的重大的责任。在这里，共产党员的先锋作用和模范作用是十分重要的。共产党员在八路军和新四军中，应该成为英勇作战的模范，执行命令的模范，遵守纪律的模范，政治工作的模范和内部团结统一的模范。共产党员在和友党友军发生关系的时候，应该坚持团结抗日的立场，坚持统一战线的纲领，成为实行抗战任务的模范；应该言必信，行必果，不傲慢，诚心诚意地和友党友军商量问题，协同工作，成为统一战线中各党相互关系的模范。共产党员在政府工作中，应该是十分廉洁、不用私人、多做工作、少取报酬的模范。共产党员在民众运动中，应该是民众的朋友，而不是民众的上司，是诲人不倦的教师，而不是官僚主义的政客。共产党员无论何时何地都不应以个人利益放在第一位，而应以个人利益服从于民族的和人民群众的利益。因此，自私自利，消极怠工，贪污腐化，风头主义等等，是最可鄙的；而大公无私，积极努力，克己奉公，埋头苦干的精神，才是可尊敬的。共产党员应和党外一切先进分子协同一致，为着团结全国人民克服各种不良现象而努力。必须懂得，共产党员不过是全民族中的一小部分，党外存在着广大的先进分子和积极分子，我们必须和他们协同工作。那种以为只有自己好、别人都不行的想法，是完全不对的。共产党员对于落后的人们的态度，不是轻视他们，看不起他们，而是亲近他们，团结他们，说服他们，鼓励他们前进。共产党员对于在工作中犯过错误的人们，除了不可救药者外，不是采取排斥态度，而是采取规劝态度，使之翻然改进，弃旧图新。共产党员应是实事求是的模范，又是具有远见卓识的模范。因为只有实事求是，才能完成确定的任务；只有远见卓识，才能不失前进的方向。因此，共产党员又应成为学习的模范，他们每天都是民众的教师，但又每天都是民众的学生。只有向民众学习，向环境学习，向友党友军学习，了解了他们，才能对于工作实事求是，对于前途有远见卓识。在长期战争和艰难环境中，只有共产党员协同友党友军和人民大众中的一切先进分子，高度地发挥其先锋的模范的作用，才能动员全民族一切生动力量，为克服困难、战胜敌人、建设新中国而奋斗。

团结全民族和反对民族中的奸细分子

为要克服困难，战胜敌人，建设新中国，只有巩固和扩大抗日民族统一战线，发动全民族中的一切生动力量，这是唯一无二的方针。但是我们的民族统一战线中已经存在着起破坏作用的奸细分子，这就是那些汉奸、托派、亲日派分子。共产党员应该随时注意那些奸细分子，用真凭实据揭发他们的罪恶，劝告人民不要上他们的当。共产党员必须提高对于民族奸细分子的政治警觉性。共产党员必须明白，揭发和清除奸细，是和扩大和巩固民族统一战线不能分离的。只顾一方面，忘记另一方面，是完全错误的。

扩大共产党和防止奸细混入

为了克服困难，战胜敌人，建设新中国，共产党必须扩大自己的组织，向着真诚革命、信仰党的主义、拥护党的政策、并愿意服从纪律、努力工作的广大工人、农民和青年积极分子开门，使党成为伟大的群众性的党。在这里，关门主义倾向是不能容许的。但是在同时，对于奸细混入的警觉性也决不可少。日本帝国主义的特务机关，时刻企图破坏我们的党，时刻企图利用暗藏的汉奸、托派、亲日派、腐化分子、投机分子，装扮积极面目，混入我们的党里来。对于这些分子的警惕和严防，一刻也不应该放松。不可因为怕奸细而把自己的党关起门来，大胆地发展党是我们已经确定了的方针。但是在同时，又不可因为大胆发展而疏忽对于奸细分子和投机分子乘机侵入的警戒。只顾一方面，忘记另一方面，就会犯错误。“大胆发展而又不让一个坏分子侵入”，这才是正确的方针。

坚持统一战线和坚持党的独立性

坚持民族统一战线才能克服困难，战胜敌人，建设新中国，这是毫无疑义的。但是在同时，必须保持加入统一战线中的任何党派在思想上、政治上和组织上的独立性，不论是国民党也好，共产党也好，其他党派也好，都是这样。三民主义中的民权主义，在党派问题上说来，就是容许各党派互相联合，又容许各党派独立存在。如果只谈统一性，否认独立性，就是背弃民权主义，不但我们共产党不能同意，任何党派也是不能同意的。没有问题，统一战线中的独立性，只能是相对的，而不是绝对的；如果认为它是绝对的，就会破坏团结对敌的总方针。但是决不能抹杀这种相对的独立性，无论在思想上也好，在政治上也好，在组织上也好，各党必须有相对的独立性，即是说有相对的自由权。如果被人抹杀或自己抛弃这种相对的自由权，那就也会破坏团结对敌的总方针。这是每个共产党员，同时也是每个友党党员，应该明白的。

阶级斗争和民族斗争的关系也是这样。在抗日战争中，一切必须服从抗日的利益，这是确定的原则。因此，阶级斗争的利益必须服从于抗日战争的利益，而不能违反抗日战争的利益。但是阶级和阶级斗争的存在是一个事实；有些人否认这种事实，否认阶级斗争的存在，这是错误的。企图否认阶级斗争存在的理论是完全错误的理论。我们不是否认它，而是调节它。我们提倡的互助互让政策，不但适用于党派关系，也适用于阶级关系。为了团结抗日，应实行一种调节各阶级相互关系的恰当的政策，既不应使劳苦大众毫无政治上和生活上的保证，同时也应顾到富有者的利益，这样去适合团结对敌的要求。只顾一方面，不顾另一方面，都将不利于抗日。

照顾全局，照顾多数及和同盟者一道工作

共产党员在领导群众同敌人作斗争的时候，必须有照顾全局，照顾多数及和同盟者一道工作的观点。共产党员必须懂得以局部需要服从全局需要这一个道理。如果某项意见在局部的情形看来是可行的，而在全局的情形看来是不可行的，就应以局部服从全局。反之也是一样，在局部的情形看来是不可行的，而在全局的情形看来是可行时，也应以局部服从全局。这就是照顾全局的观点。共产党员决不可脱离群众的多数，置多数人的情况于不顾，而率领少数先进队伍单独冒进；必须注意组织先进分子和广大群众之间的密切联系。这就是照顾多数的观点。在一切有愿意和我们合作的民主党派和民主人士存在的地方，共产党员必须采取和他们一道商量问题和一道工作的态度。那种独断专行，把同盟者置之不理的态度，是不对的。一个好的共产党员，必须善于照顾全局，善于照顾多数，并善于和同盟者一道工作。我们过去在这些方面存在着很大的缺点，必须注意改进。

干部政策

中国共产党是在一个几万万人的大民族中领导伟大革命斗争的党，没有多数才德兼备的领导干部，是不能完成其历史任务的。十七年来，我们党已经培养了不少的领导人材，军事、政治、文化、党务、民运各方面，都有了我们的骨干，这是党的光荣，也是全民族的光荣。但是，现有的骨干还不足以支撑斗争的大厦，还须广大地培养人材。在中国人民的伟大的斗争中，已经涌出并正在继续涌出很多的积极分子，我们的责任，就在于组织他们，培养他们，爱护他们，并善于使用他们。政治路线确定之后，干部就是决定的因素。因此，有计划地培养大批的新干部，就是我们的战斗任务。

不但要关心党的干部，还要关心非党的干部。党外存在着很多的人材，共产党不能把他们置之度外。去掉孤傲习气，善于和非党干部共事，真心诚意地帮助他们，用热烈的同志的态度对待他们，把他们的积极性组织到抗日和建国的伟大事业中去，这是每一个共产党员的责任。

必须善于识别干部。不但要看干部的一时一事，而且要看干部的全部历史和全部工作，这是识别干部的主要方法。

必须善于使用干部。领导者的责任，归结起来，主要地是出主意、用干部两件事。一切计划、决议、命令、指示等等，都属于“出主意”一类。使这一切主意见之实行，必须团结干部，推动他们去做，属于“用干部”一类。在这个使用干部的问题上，我们民族历史中从来就有两个对立的路线：一个是“任人唯贤”的路线，一个是“任人唯亲”的路线。前者是正派的路线，后者是不正派的路线。共产党的干部政策，应是以能否坚决地执行党的路线，服从党的纪律，和群众有密切的联系，有独立的工作能力，积极肯干，不谋私利为标准，这就是“任人唯贤”的路线。过去张国焘的干部政策与此相反，实行“任人唯亲”，拉拢私党组织小派别，结果叛党而去，这是一个大教训。鉴于张国焘的和类似张国焘的历史教训，在干部政策问题上坚持正派的公道的作风，反对不正派的不公道的作风，借以巩固党的统一团结，这是中央和各级领导者的重要的责任。

必须善于爱护干部。爱护的办法是：第一，指导他们。这就是让他们放手工作，使他们敢于负责；同时，又适时地给以指示，使他们能在党的政治路线下发挥其创造性。第二，提高他们。这就是给以学习的机会，教育他们，使他们在理论上在工作能力上提高一步。

第三，检查他们的工作，帮助他们总结经验，发扬成绩，纠正错误。有委托而无检查，及至犯了严重的错误，方才加以注意，不是爱护干部的办法。第四，对于犯错误的干部，一般地应采取说服的方法，帮助他们改正错误。只有对犯了严重错误而又不接受指导的人们，才应当采取斗争的方法。在这里，耐心是必要的；轻易地给人们戴上"机会主义"的大帽子，轻易地采用"开展斗争"的方法，是不对的。第五，照顾他们的困难。干部有疾病、生活、家庭等项困难问题者，必须在可能限度内用心给以照顾。这些就是爱护干部的方法。

党的纪律

鉴于张国焘严重地破坏纪律的行为，必须重申党的纪律：（一）个人服从组织；（二）少数服从多数；（三）下级服从上级；（四）全党服从中央。谁破坏了这些纪律，谁就破坏了党的统一。经验证明：有些破坏纪律的人，是由于他们不懂得什么是党的纪律；有些明知故犯的人，例如张国焘，则利用许多党员的无知以售其奸。因此，必须对党员进行有关党的纪律的教育，既使一般党员能遵守纪律，又使一般党员能监督党的领袖人物也一起遵守纪律，避免再发生张国焘事件。为使党内关系走上正轨，除了上述事项重要的纪律外，还须制定一种较详细的党内法规，以统一各级领导机关的行动。

党的民主

处在伟大斗争面前的中国共产党，要求整个党的领导机关，全党的党员和干部，高度地发挥其积极性，才能取得胜利。所谓发挥积极性，必须具体地表现在领导机关、干部和党员的创造能力，负责精神，工作的活跃，敢于与善于提出问题、发表意见、批评缺点，以及对于领导机关与领导干部从爱护观点出发的监督作用。没有这些，所谓积极性就是空的。而这些积极性的发挥，有赖于党内生活的民主化。党内缺乏民主生活，发挥积极性的目的就不能达到。大批能干人材的创造，也只有在民主生活中才有可能。由于我们的国家是一个小生产的家长制占优势的国家，又在全国范围内至今还没有民主生活，这种情况反映到我们党内，就产生了民主生活不足的现象。这种现象，妨碍着全党积极性的充分发挥。同时，也就影响到统一战线中、民众运动中民主生活的不足。为此缘故，必须在党内施行有关民主生活的教育，使党员懂得什么是民主生活，什么是民主制和集中制的关系，并如何实行民主集中制。这样才能做到：一方面，确实扩大党内的民主生活；又一方面，不至于走到极端民主化，走到破坏纪律的自由放任主义。

在我们军队中的党组织，也须增加必要的民主生活，以便提高党员的积极性，增强军队的战斗力。但是军队党组织的民主应少于地方党组织的民主。无力在军队或在地方，党内民主都应是为着巩固纪律和增强战斗力，而不是削弱这种纪律和战斗力。

扩大党内民主，应看作是巩固党和发展党的必要的步骤，是使党在伟大斗争中生动活跃，胜任愉快，生长新的力量，突破战争难关的一个重要的武器。

我们的党已经从两条战线斗争中巩固和壮大起来

十七年来，我们的党，一般地已经学会了使用马克思列宁主义的思想斗争的武器，从两方面反对党内的错误思想，一方面反对右倾机会主义，又一方面反对"左"倾机会主义。

在党的六届五中全会以前，我们党反对了陈独秀的右倾机会主义和李立三同志的"左"倾机会主义。由于这两次党内斗争的胜利，使党获得了伟大的进步。五中全会以后，又有过两次有历史意义的党内斗争，这就是在遵义会议上的斗争和开除张国焘出党的斗争。

遵义会议纠正了在第五次反“围剿”斗争中所犯的“左”倾机会主义性质的严重的原则错误，团结了党和红军，使得党中央和红军主力胜利地完成了长征，转到了抗日的前进阵地，执行了抗日民族统一战线的新政策。由于巴西会议和延安会议（反对张国焘路线的斗争是从巴西会议开始而在延安会议完成的）反对了张国焘的右倾机会主义，使得全部红军会合一起，全党更加团结起来，进行了英勇的抗日斗争。这两种机会主义错误都是在国内革命战争中产生的，它们的特点是在战争中的错误。

这两次党内斗争所得的教训在什么地方呢？在于：（一）由于不认识中国革命战争中的特点而产生的、表现于第五次反“围剿”斗争中的严重的原则错误，包含着不顾主客观条件的“左”的急性病倾向，这种倾向极端地不利于革命战争，同时也不利于任何革命运动。（二）张国焘的机会主义，则是革命战争中的右倾机会主义，其内容是他的退却路线、军阀主义和反党行为的综合。只有克服了它，才使得本质很好而且作了长期英勇斗争的红军第四方面军的广大的干部和党员，从张国焘的机会主义统制之下获得解放，转到中央的正确路线方面来。（三）十年土地革命战争时期的伟大的组织工作，不论是军事建设工作也好，政府工作也好，民众工作也好，党的建设工作也好，是有大的成绩的，没有这种组织工作和前线的英勇战斗相配合，要支持当时的残酷的反对蒋介石的斗争是不可能的。然而在后一个时期内，党的干部政策和组织政策方面，是犯了严重的原则性的错误的，这表现在宗派倾向、惩办主义和思想斗争中的过火政策。这是过去立三路线的残余未能肃清的结果，也是当时政治上的原则错误的结果。这些错误，也因遵义会议得到了纠正，使党转到了正确的干部政策和正确的组织原则方面来了。至于张国焘的组织路线，则是完全离开了共产党的一切原则，破坏了党的纪律，从小组织活动一直发展到反党反中央反国际的行为。中央对于张国焘的罪恶的路线错误和反党行为，曾经尽了一切可能的努力去克服它，并企图挽救张国焘本人。但是到了张国焘不但坚持地不肯改正他的错误，采取了两面派的行为，而且在后来实行叛党，投入国民党的怀抱的时候，党就不得不坚决地开除他的党籍。这一处分，不但获得了全党的拥护，而且获得了一切忠实于民族解放事业的人们的拥护。共产国际也批准了这一处分，并指出：张国焘是一个逃兵和叛徒。

以上这些教训和成功，给了我们今后团结全党，巩固思想上、政治上和组织上的一致，胜利地执行抗日战争的必要的前提。我们的党已经从两条战线斗争中巩固和壮大起来了。

当前的两条战线斗争

在今后的抗日形势中，从政治上反对右的悲观主义，将是头等重要的；但是在同时，反对“左”的急性病，也仍然要注意。在统一战线问题上，在党的组织问题上和在民众的组织问题上，则须继续反对“左”的关门主义倾向，以便实现和各抗日党派的合作，发展共产党和发展民众运动；但是在同时，无条件的合作，无条件的发展，这种右倾机会主义的倾向也要注意反对，否则也就会妨碍合作，妨碍发展，而变为投降主义的合作合无原则的发展了。

两条战线的思想斗争必须切合于具体对象的情况，决不应主观地看问题，决不应使过去那种“乱戴帽子”的坏习惯继续存在。

在反倾向的斗争中，反对两面派的行为，是值得严重地注意的。因为两面派行为的最大的危险性，在于它可能发展到小组织行动；张国焘的历史就是证据。阳奉阴违，口是心非，当面说得好听，背后又在捣鬼，这就是两面派行为的表现。必须提高干部和党员对于两面派行为的注意力，才能巩固党的纪律。

学 习

一般地说，一切有相当研究能力的共产党员，都要研究马克思、恩格斯、列宁、斯大林的理论，都要研究我们民族的历史，都要研究当前运动的情况和趋势；并经过他们去教育那些文化水准较低的党员。特殊地说，干部应当着重地研究这些，中央委员和高级干部尤其应当加紧研究。指导一个伟大的革命运动的政党，如果没有革命理论，没有历史知识，没有对于实际运动的深刻的了解，要取得胜利是不可能的。

马克思、恩格斯、列宁、斯大林的理论，是“放之四海而皆准”的理论。不应当把他们的理论当作教条看待，而应当看作行动的指南。不应当只是学习马克思列宁主义的词句，而应当把它当成革命的科学来学习。不但应当了解马克思、恩格斯、列宁、斯大林他们研究广泛的真实生活和革命经验所得出的关于一般规律的结论，而且应当学习他们观察问题和解决问题的立场和方法。我们党的马克思列宁主义的修养，现在已较过去有了一些进步，但是还很不普遍，很不深入。我们的任务，是领导一个几万万人口的大民族，进行空前的伟大的斗争。所以，普遍地深入地研究马克思列宁主义的理论的任务，对于我们，是一个亟待解决并须着重地致力才能解决的大问题。我希望从我们这次中央全会之后，来一个全党的学习竞赛，看谁真正学到了一点东西，看谁学的更多一点，更好一点。在担负主要领导责任的观点上说，如果我们党有一百个至二百个系统地而不是零碎地、实际地而不是空洞地学会了马克思列宁主义的同志，就会大大地提高我们党的战斗力量，并加速我们战胜日本帝国主义的工作。

学习我们的历史遗产，用马克思主义的方法给以批判的总结，是我们学习的另一任务。我们这个民族有数千年的历史，有它的特点，有它的许多珍贵品。对于这些，我们还是小学生。今天的中国是历史的中国的一个发展，我们是马克思主义的历史主义者，我们不应当割断历史。从孔夫子到孙中山，我们应当给以总结，承继这一份珍贵的遗产。这对于指导当前的伟大的运动，是有重要的帮助的。共产党员是国际主义的马克思主义者，但是马克思主义必须和微观的具体特点相结合并通过一定的民族形式才能实现。马克思列宁主义的伟大力量，就在于它是和各国国家具体的革命实践相联系的。对于中国共产党说来，就是要学会把马克思列宁主义的理论应用于中国的具体的环境。成为伟大中华民族的一部分而和这个民族血肉相联的共产党员，离开中国特点来谈马克思主义，只是抽象的空洞的马克思主义。因此，使马克思主义在中国具体化，使之在其每一表现中带着必须有的中国的特性，即是说，按照中国的特点去应用它，成为全党亟待了解并亟须解决的问题。洋八股必须废止，空洞抽象的调头必须少唱，教条主义必须休息，而代之以新鲜活泼的、为中国老百姓所喜闻乐见的中国作风和中国气派。把国际主义的内容和民族形式分离起来，是一点也不懂国际主义的人们的做法，我们则要把二者紧密地结合起来。在这个问题上，我们队伍中存在着的一些严重的错误，是应该认真地克服的。

当前的运动的特点是什么？它有什么规律性？如何指导这个运动？这些都是实际的问题。直到今天，我们还没有懂得日本帝国主义的全部，也还没有懂得中国的全部。运动在发展中，又有新的东西在前头，新东西是层出不穷的。研究这个运动的全面及其发展，是我们要时刻注意的大课题。如果有人拒绝对于这些作认真的过细的研究，那他就不是一个马克思主义者。

学习的敌人是自己的满足，要认真学习一点东西，必须从不自满开始。对自己，“学而不厌”，对人家，“诲人不倦”，我们应取这种态度。

团结和胜利

中国共产党内部的团结，是团结全国人民争取抗日胜利和建设新中国的最基本的条件。经过了十七年锻炼的中国共产党，已经学到了如何团结自己的许多方法，已经老练得多了。这样，我们就能在全国人民中形成一个坚强的核心，争取抗日的胜利和建设一个新中国。同志们，只要我们能团结，这个目的就一定能够达到。

选自《毛泽东选集》第二卷，人民出版社 1991 年版

新民主主义论

毛泽东 · 1940 年 1 月

抗日战争进入相持阶段不到一年，爆发了第二次世界大战，英、美、法等帝国主义国家极力劝说蒋介石对日媾和，企图以牺牲中国来求得与日本的妥协。日本也因战线太长而改变了对华政策，对国民党采取了政治诱降为主、军事打击为辅的方针，把主要精力用于对付共产党领导的抗日根据地。国民党五届五中全会确立了"防共、限共、溶共、反共"的方针，并不断掀起反共高潮，同时在思想文化战线上大肆宣扬排斥共产党的"一个主义、一个政党、一个领袖"的观点，散布政治、文化专制的谬论。在共产党和革命队伍内部，对中国民主革命的理论、策略的认识并没有完全取得统一，幻想民主革命和社会主义革命可以"毕其功于一役"。因此，中国该怎么办？中国向何处去？这是当时的历史再次向中国共产党提出的重大课题。因此，为了回答这些问题，批驳各种错误观点，给中国人民指明前进的方向，毛泽东借《中国文化》创刊之际，于 1940 年 1 月 9 日在陕甘宁边区文化协会第一次代表大会上作了讲演，原题为《新民主主义的政治与新民主主义的文化》，载于 1940 年 2 月 15 日延安出版的《中国文化》创刊号，同年 2 月 20 日在延安出版的《解放》第 98、99 期合刊登载时，题目改为《新民主主义论》。全文约 2.7 万字，本篇全文选读。

一　中国向何处去

抗战以来，全国人民有一种欣欣向荣的气象，大家以为有了出路，愁眉锁眼的姿态为之一扫。但是近来的妥协空气，反共声浪，忽又甚嚣尘上，又把全国人民打入闷葫芦里了。特别是文化人和青年学生，感觉锐敏，首当其冲。于是怎么办，中国向何处去，又成为问题了。因此，趁着《中国文化》的出版，说明一下中国政治和中国文化的动向问题，或者也是有益的。对于文化问题，我是门外汉，想研究一下，也方在开始。好在延安许多同志已有详尽的文章，我的粗枝大叶的东西，就当作一番开台锣鼓好了。对于全国先进的文化工作者，我们的东西，只当作引玉之砖，千虑之一得，希望共同讨论，得出正确结论，来适应我们民族的需要。科学的态度是"实事求是"，"自以为是"和"好为人师"那样狂妄的态度是决不能解决问题的。我们民族的灾难深重极了，惟有科学的态度和负责的精神，能够引导我们民族到解放之路。真理只有一个，而究竟谁发现了真理，不依靠主观的夸张，而依靠客观的实践。只有千百万人民的革命实践，才是检验真理的尺度。我想，这可以算作《中国文化》出版的态度。

二　我们要建立一个新中国

我们共产党人，多年以来，不但为中国的政治革命和经济革命而奋斗，而且为中国的文化革命而奋斗；一切这些的目的，在于建设一个中华民族的新社会和新国家。在这个新社会和新国家中，不但有新政治、新经济，而且有新文化。这就是说，我们不但要把一个政治上受压迫、经济上受剥削的中国，变为一个政治上自由和经济上繁荣的中国，而且要把一个被旧文化统治因而愚昧落后的中国，变为一个被新文化统治因而文明先进的中国。一句话，我们要建立一个新中国。建立中华民族的新文化，这就是我们在文化领域中的目的。

三　中国的历史特点

我们要建立中华民族的新文化，但是这种新文化究竟是一种什么样子的文化呢？

一定的文化（当作观念形态的文化）是一定社会的政治和经济的反映，又给予伟大影响和作用于一定社会的政治和经济；而经济是基础，政治则是经济的集中的表现。这是我们对于文化和政治、经济的关系及政治和经济的关系的基本观点。那末，一定形态的政治和经济是首先决定那一定形态的文化的；然后，那一定形态的文化又才给予影响和作用于一定形态的政治和经济。马克思说："不是人们的意识决定人们的存在，而是人们的社会存在决定人们的意识。"他又说："从来的哲学家只是各式各样地说明世界，但是重要的乃在于改造世界。"这是自有人类历史以来第一次正确地解决意识和存在关系问题的科学的规定，而为后来列宁所深刻地发挥了的能动的革命的反映论之基本的观点。我们讨论中国文化问题，不能忘记这个基本观点。

这样说来，问题是很清楚的，我们要革除的那种中华民族旧文化中的反动成分，它是不能离开中华民族的旧政治和旧经济的；而我们要建立的这种中华民族的新文化，它也不能离开中华民族的新政治和新经济。中华民族的旧政治和旧经济，乃是中华民族的旧文化的根据；而中华民族的新政治和新经济，乃是中华民族的新文化的根据。

所谓中华民族的旧政治和旧经济是什么？而所谓中华民族的旧文化又是什么？

自周秦以来，中国是一个封建社会，其政治是封建的政治，其经济是封建的经济。而为这种政治和经济之反映的占统治地位的文化，则是封建的文化。

自外国资本主义侵略中国，中国社会又逐渐地生长了资本主义因素以来，中国已逐渐地变成了一个殖民地、半殖民地、半封建的社会。现在的中国，在日本占领区，是殖民地社会；在国民党统治区，基本上也还是一个半殖民地社会；而不论在日本占领区和国民党统治区，都是封建半封建制度占优势的社会。这就是现时中国社会的性质，这就是现时中国的国情。作为统治的东西来说，这种社会的政治是殖民地、半殖民地、半封建的政治，其经济是殖民地、半殖民地、半封建的经济，而为这种政治和经济之反映的占统治地位的文化，则是殖民地、半殖民地、半封建的文化。

这些统治的政治、经济和文化形态，就是我们革命的对象。我们要革除的，就是这种殖民地、半殖民地、半封建的旧政治、旧经济和那为这种旧政治、旧经济服务的旧文化。而我们要建立起来的，则是与此相反的东西，乃是中华民族的新政治、新经济和新文化。

那末，什么是中华民族的新政治、新经济，又什么是中华民族的新文化呢？

中国革命的历史进程，必须分为两步，其第一步是民主主义的革命，其第二步是社会主义的革命，这是性质不同的两个革命过程。而所谓民主主义，现在已不是旧范畴的民主主义，已不是旧民主主义，而是新范畴的民主主义，而是新民主主义。

由此可以断言，所谓中华民族的新政治，就是新民主主义的政治；所谓中华民族的新经济，就是新民主主义的经济；所谓中华民族的新文化，就是新民主主义的文化。

这就是现时中国革命的历史特点。在中国从事革命的一切党派，一切人们，谁不懂得这个历史特点，谁就不能指导这个革命和进行这个革命到胜利，谁就会被人民抛弃，变为向隅而泣的可怜虫。

四　中国革命是世界革命的一部分

中国革命的历史特点是分为民主主义和社会主义两个步骤，而其第一步现在已不是一般的民主主义，而是中国式的、特殊的、新式的民主主义，而是新民主主义。那末，这个历史特点是怎样形成的呢？它是一百年来就有了的，还是后来才发生的呢？

只要研究一下中国的和世界的历史发展，就知道这个历史特点，并不是从鸦片战争以来就有了的，而是在后来，在第一次帝国主义世界大战和俄国十月革命之后，才形成的。我们现在就来研究这个形成过程。

很清楚的，中国现时社会的性质，既然是殖民地、半殖民地、半封建的性质，它就决定了中国革命必须分为两个步骤。第一步，改变这个殖民地、半殖民地、半封建的社会形态，使之变成一个独立的民主主义的社会。第二步，使革命向前发展，建立一个社会主义的社会。中国现时的革命，是在走第一步。

这个第一步的准备阶段，还是自从一八四〇年鸦片战争以来，即中国社会开始由封建社会改变为半殖民地半封建社会以来，就开始了的。经太平天国运动、中法战争、中日战争、戊戌变法、辛亥革命、五四运动、北伐战争、土地革命战争，直到今天的抗日战争，这样许多个别的阶段，费去了整整一百年工夫，从某一点上说来，都是实行这第一步，都是中国人民在不同的时间中和不同的程度上实行这第一步，实行反对帝国主义和封建势力，为了建立一个独立的民主主义的社会而斗争，为了完成第一个革命而斗争。而辛亥革命，则是在比较更完全的意义上开始了这个革命。这个革命，按其社会性质说来，是资产阶级民主主义的革命，不是无产阶级社会主义的革命。这个革命，现在还未完成，还须付与很大的气力，这是因为这个革命的敌人，直到现在，还是非常强大的缘故。孙中山先生说的“革命尚未成功，同志仍须努力”，就是指的这种资产阶级民主主义的革命。

然而中国资产阶级民主主义革命，自从一九一四年爆发第一次帝国主义世界大战和一九一七年俄国十月革命在地球六分之一的土地上建立了社会主义国家以来，起了一个变化。

在这以前，中国资产阶级民主主义革命，是属于旧的世界资产阶级民主主义革命的范畴之内的，是属于旧的世界资产阶级民主主义革命的一部分。

在这以后，中国资产阶级民主主义革命，却改变为属于新的资产阶级民主主义革命的范畴，而在革命的阵线上说来，则属于世界无产阶级社会主义革命的一部分了。

为什么呢？因为第一次帝国主义世界大战和第一次胜利的社会主义十月革命，改变了整个世界历史的方向，划分了整个世界历史的时代。

在世界资本主义战线已在地球的一角（这一角占全世界六分之一的土地）崩溃，而在其余的角上又已经充分显露其腐朽性的时代，在这些尚存的资本主义部分非更加依赖殖民地半殖民地便不能过活的时代，在社会主义国家已经建立并宣布它愿意为了扶助一切殖民地半殖民地的解放运动而斗争的时代，在各个资本主义国家的无产阶级一天一天从社会帝国主义的社会民主党的影响下面解放出来并宣布他们赞助殖民地半殖民地解放运动的时代，在这种时代，任何殖民地半殖民地国家，如果发生了反对帝国主义，即反对国际资产阶级、反对国际资本主义的革命，它就不再是属于旧的世界资产阶级民主主义革命的范畴，而属于新的范畴了；它就不再是旧的资产阶级和资本主义的世界革命的一部分，而是新的世界革命的一部分，即无产阶级社会主义世界革命的一部分了。这种革命的殖民地半殖民地，已经不能当作世界资本主义反革命战线的同盟军，而改变为世界社会主义革命战线的同盟军了。

这种殖民地半殖民地革命的第一阶段，第一步，虽然按其社会性质，基本上依然还是资产阶级民主主义的，它的客观要求，是为资本主义的发展扫清道路；然而这种革命，已经不是旧的、被资产阶级领导的、以建立资本主义的社会和资产阶级专政的国家为目的的革命，而是新的、被无产阶级领导的、以在第一阶段上建立新民主主义的社会和建立各个革命阶级联合专政的国家为目的的革命。因此，这种革命又恰是为社会主义的发展扫清更广大的道路。这种革命，在其进行中，因为敌情和同盟军的变化，又分为若干的阶段，然而其基本性质是没有变化的。

这种革命，是彻底打击帝国主义的，因此它不为帝国主义所容许，而为帝国主义所反对。但是它却为社会主义所容许，而为社会主义的国家和社会主义的国际无产阶级所援助。

因此，这种革命，就不能不变成无产阶级社会主义世界革命的一部分。

"中国革命是世界革命的一部分"，这一正确的命题，还是在一九二四年至一九二七年的中国第一次大革命时期，就提出了的。这是中国共产党人提出，而为当时一切参加反帝反封建斗争的人们所赞成的。不过那时这一理论的意义还没有发挥，以致人们还只是模糊地认识这个问题。

这种"世界革命"，已不是旧的世界革命，旧的资产阶级世界革命早已完结了；而是新的世界革命，而是社会主义的世界革命。同样，这种"一部分"，已经不是旧的资产阶级革命的一部分，而是新的社会主义革命的一部分。这是一个绝大的变化，这是自有世界历史和中国历史以来无可比拟的大变化。

中国共产党人提出的这一正确的命题，是根据斯大林的理论的。

斯大林还在一九一八年所作十月革命一周年纪念的论文时，就说道：

"十月革命的伟大的世界意义，主要的是：第一，它扩大了民族问题的范围，把它从欧洲反对民族压迫的斗争的局部问题，变为各被压迫民族、各殖民地及半殖民地从帝国主义之下解放出来的总问题；第二，它给这一解放开辟了广大的可能性和现实的道路，这就大大地促进了西方和东方的被压迫民族的解放事业，把他们吸引到胜利的反帝国主义斗争的巨流中去；第三，它从而在社会主义的西方和被奴役的东方之间架起了一道桥梁，建立了一条从西方无产者经过俄国革命到东方被压迫民族的新的反对世界帝国主义的革命战线。"

从这篇文章以后，斯大林曾经多次地发挥了关于论述殖民地半殖民地的革命脱离了旧范畴，改变成了无产阶级社会主义革命一部分的理论。解释得最清楚明确的，是斯大林在一九二五年六月三十日发表的同当时南斯拉夫的民族主义者争论的文章。这篇文章载在张仲实译的《斯大林论民族问题》一书上面，题目叫做《再论民族问题》。其中有这么一段：

"舍米契引证了斯大林在一九一二年年底所著《马克思主义与民族问题》那本小册子中的一个地方。那里曾说：'在上升的资本主义的条件之下，民族的斗争是资产阶级相互之间的斗争。'显然，他企图以此来暗示他给当前历史条件下的民族运动的社会意义所下的定义是正确的。然而，斯大林那本小册子是在帝国主义战争以前写的，那时候民族问题在马克思主义者看来还不是一个具有全世界意义的问题，那时候马克思主义者关于民族自决权的基本要求不是当作无产阶级革命的一部分，而是当作资产阶级民主革命的一部分。自那时候起，国际形势已经根本地改变了，战争和俄国十月革命已把民族问题从资产阶级民主革命的一部分变成了无产阶级社会主义革命的一部分了，——要是看不清这一点，那就未免太可笑了。列宁还在一九一六年十月间，就在他的《民族自决权讨论的总结》一文中说过，民族问题中关于民族自决权的基本点，已不再是一般民主运动的一部分，它已经变成一般无产阶级的、社会主义革命的一个构成部分了。列宁以及俄国共产主义的其他代表者关于民族问题的以后的一些著作，我就不用讲了。现在，当我们由于新的历史环境而进入于一个新的时代——无产阶级革命的时代，舍米契在这一切以后却引证斯大林在俄国资产阶级民主革命时期所写的那本小册子中的一个地方，这能有什么意义呢？它只能有这样一个意义，就是舍米契是离开时间和空间，不顾到活的历史环境来引证的，因而违反了辩证法的最基本的要求，没有考虑到在某一个历史环境下是正确的东西在另一个历史环境下就可以成为不正确的。”

由此可见，有两种世界革命，第一种是属于资产阶级和资本主义范畴的世界革命。这种世界革命的时期早已过去了，还在一九一四年第一次帝国主义世界大战爆发之时，尤其是在一九一七年俄国十月革命之时，就告终结了。从此以后，开始了第二种世界革命，即无产阶级的社会主义的世界革命。这种革命，以资本主义国家的无产阶级为主力军，以殖民地半殖民地的被压迫民族为同盟军。不管被压迫民族中间参加革命的阶级、党派或个人，是何种的阶级、党派或个人，又不管他们意识着这一点与否，他们主观上了解了这一点与否，只要他们反对帝国主义，他们的革命，就成了无产阶级社会主义世界革命的一部分，他们就成了无产阶级社会主义世界革命的同盟军。

中国革命到了今天，它的意义更加增大了。在今天，是在由于资本主义的经济危机和政治危机已经一天一天把世界拖进第二次世界大战的时候；是在苏联已经到了由社会主义到共产主义的过渡期，有能力领导和援助全世界无产阶级和被压迫民族，反抗帝国主义战争，打击资本主义反动的时候；是在各资本主义国家的无产阶级正在准备打倒资本主义、实现社会主义的时候；是在中国无产阶级、农民阶级、知识分子和其他小资产阶级在中国共产党的领导之下，已经形成了一个伟大的独立的政治力量的时候。在今天，我们是处在这种时候，那末，应该不应该估计中国革命的世界意义是更加增大了呢？我想是应该的。中国革命是世界革命的伟大的一部分。

这个中国革命的第一阶段（其中又分为许多小阶段），其社会性质是新式的资产阶级民主主义的革命，还不是无产阶级社会主义的革命，但早已成了无产阶级社会主义的世界革命的一部分，现在则更成了这种世界革命的伟大的一部分，成了这种世界革命的伟大的同盟军。这个革命的第一步、第一阶段，决不是也不能建立中国资产阶级专政的资本主义的社会，而是要建立以中国无产阶级为首领的中国各个革命阶级联合专政的新民主主义的社会，以完结其第一阶段。然后，再使之发展到第二阶段，以建立中国社会主义的社会。

这就是现时中国革命的最基本的特点，这就是二十年来（从一九一九年五四运动算起）的新的革命过程，这就是现时中国革命的生动的具体的内容。

五　新民主主义的政治

中国革命分为两个历史阶段，而其第一阶段是新民主主义的革命，这是中国革命的新的历史特点。这个新的特点具体地表现在中国内部的政治关系和经济关系上又是怎样的呢？下面我们就来说明这种情形。

在一九一九年五四运动以前（五四运动发生于一九一四年第一次帝国主义大战和一九一七年俄国十月革命之后），中国资产阶级民主革命的政治指导者是中国的小资产阶级和资产阶级（他们的知识分子）。这时，中国无产阶级还没有当作一个觉悟了的独立的阶级力量登上政治的舞台，还是当作小资产阶级和资产阶级的追随者参加了革命。例如辛亥革命时的无产阶级，就是这样的阶级。

在五四运动以后，虽然中国民族资产阶级继续参加了革命，但是中国资产阶级民主革命的政治指导者，已经不是属于中国资产阶级，而是属于中国无产阶级了。这时，中国无产阶级，由于自己的长成和俄国革命的影响，已经迅速地变成了一个觉悟了的独立的政治力量了。打倒帝国主义的口号和整个中国资产阶级民主革命的彻底的纲领，是中国共产党提出的；而土地革命的实行，则是中国共产党单独进行的。

由于中国民族资产阶级是殖民地半殖民地国家的资产阶级，是受帝国主义压迫的，所以，虽然处在帝国主义时代，他们也还是在一定时期中和一定程度上，保存着反对外国帝国主义和反对本国官僚军阀政府（这后者，例如在辛亥革命时期和北伐战争时期）的革命性，可以同无产阶级、小资产阶级联合起来，反对它们所愿意反对的敌人。这是中国资产阶级和旧俄帝国的资产阶级的不同之点。在旧俄帝国，因为它已经是一个军事封建的帝国主义，是侵略别人的，所以俄国的资产阶级没有什么革命性。在那里，无产阶级的任务，是反对资产阶级，而不是联合它。在中国，因为它是殖民地半殖民地，是被人侵略的，所以中国民族资产阶级还有在一定时期中和一定程度上的革命性。在这里，无产阶级的任务，在于不忽视民族资产阶级的这种革命性，而和他们建立反帝国主义和反官僚军阀政府的统一战线。

但同时，也即是由于他们是殖民地半殖民地的资产阶级，他们在经济上和政治上是异常软弱的，他们又保存了另一种性质，即对于革命敌人的妥协性。中国的民族资产阶级，即使在革命时，也不愿意同帝国主义完全分裂，并且他们同农村中的地租剥削有密切联系，因此，他们就不愿和不能彻底推翻帝国主义，更加不愿和更加不能彻底推翻封建势力。这样，中国资产阶级民主革命的两个基本问题，两大基本任务，中国民族资产阶级都不能解决。至于中国的大资产阶级，以国民党为代表，在一九二七年至一九三七年这一个长的时期内，一直是投入帝国主义的怀抱，并和封建势力结成同盟，反对革命人民的。中国的民族资产阶级也曾在一九二七年及其以后的一个时期内一度附和过反革命。在抗日战争中，大资产阶级的一部分，以汪精卫为代表，又已投降敌人，表示了大资产阶级的新的叛变。这又是中国资产阶级同历史上欧美各国的资产阶级特别是法国的资产阶级的不同之点。在欧美各国，特别在法国，当它们还在革命时代，那里的资产阶级革命是比较彻底的；在中国，资产阶级则连这点彻底性都没有。

一方面——参加革命的可能性，又一方面——对革命敌人的妥协性，这就是中国资产阶级“一身而二任焉”的两面性。这种两面性，就是欧美历史上的资产阶级，也是同具的。大敌当前，他们要联合工农反对敌人；工农觉悟，他们又联合敌人反对工农。这是世界各国资产阶级的一般规律，不过中国资产阶级的这个特点更加突出罢了。

在中国，事情非常明白，谁能领导人民推翻帝国主义和封建势力，谁就能取得人民的信仰，因为人民的死敌是帝国主义和封建势力、而特别是帝国主义的缘故。在今日，谁能领导人民驱逐日本帝国主义，并实施民主政治，谁就是人民的救星。历史已经证明：中国资产阶级是不能尽此责任的，这个责任就不得不落在无产阶级的肩上了。

所以，无论如何，中国无产阶级、农民、知识分子和其他小资产阶级，乃是决定国家命运的基本势力。这些阶级，或者已经觉悟，或者正在觉悟起来，他们必然要成为中华民主共和国的国家构成和政权构成的基本部分，而无产阶级则是领导的力量。现在所要建立的中华民主共和国，只能是在无产阶级领导下的一切反帝反封建的人们联合专政的民主共和国，这就是新民主主义的共和国，也就是真正革命的三大政策的新三民主义共和国。

这种新民主主义共和国，一方面和旧形式的、欧美式的、资产阶级专政的、资本主义的共和国相区别，那是旧民主主义的共和国，那种共和国已经过时了；另一方面，也和苏联式的、无产阶级专政的、社会主义的共和国相区别，那种社会主义的共和国已经在苏联兴盛起来，并且还要在各资本主义国家建立起来，无疑将成为一切工业先进国家的国家构成和政权构成的统治形式。但是那种共和国，在一定的历史时期中，还不适用于殖民地半殖民地国家的革命。因此，一切殖民地半殖民地国家的革命，在一定历史时期中所采取的国家形式，只能是第三种形式，这就是所谓新民主主义共和国。这是一定历史时期的形式，因而是过渡的形式，但是不可移易的必要的形式。

因此，全世界多种多样的国家体制中，按其政权的阶级性质来划分，基本地不外乎这三种：（甲）资产阶级专政的共和国；（乙）无产阶级专政的共和国；（丙）几个革命阶级联合专政的共和国。

第一种，是旧民主主义的国家。在今天，在第二次帝国主义战争爆发之后，许多资本主义国家已经没有民主气息，已经转变或即将转变为资产阶级的血腥的军事专政了。某些地主和资产阶级联合专政的国家，可以附在这一类。

第二种，除苏联外，正在各资本主义国家中酝酿着。将来要成为一定时期中的世界统治形式。

第三种，殖民地半殖民地国家的革命所采取的过渡的国家形式。各个殖民地半殖民地国家的革命必然会有某些不同特点，但这是大同中的小异。只要是殖民地或半殖民地的革命，其国家构成和政权构成，基本上必然相同，即几个反对帝国主义的阶级联合起来共同专政的新民主主义的国家。在今天的中国，这种新民主主义的国家形式，就是抗日统一战线的形式。它是抗日的，反对帝国主义的；又是几个革命阶级联合的，统一战线的。但可惜，抗战许久了，除了共产党领导下的抗日民主根据地外，大部分地区关于国家民主化的工作基本上还未着手，日本帝国主义就利用这个最根本的弱点，大踏步地打了进来；再不变计，民族的命运是非常危险的。

这里所谈的是"国体"问题。这个国体问题，从前清末年起，闹了几十年还没有闹清楚。其实，它只是指的一个问题，就是社会各阶级在国家中的地位。资产阶级总是隐瞒这种阶级地位，而用"国民"的名词达到其一阶级专政的实际。这种隐瞒，对于革命的人民，毫无利益，应该为之清楚地指明。"国民"这个名词是可用的，但是国民不包括反革命分子，不包括汉奸。一切革命的阶级对于反革命汉奸们的专政，这就是我们现在所要的国家。

"近世各国所谓民权制度，往往为资产阶级所专有，适成为压迫平民之工具。若国民党之民权主义，则为一般平民所共有，非少数人所得而私也。"这是一九二四年在国共合作的国民党的第一次全国代表大会宣言中的庄严的声明。十六年来，国民党自己违背了这个声明，以致造成今天这样国难深重的局面。这是国民党一个绝大的错误，我们希望它在抗日的洗礼中改正这个错误。

至于还有所谓"政体"问题，那是指的政权构成的形式问题，指的一定的社会阶级取何种形式去组织那反对敌人保护自己的政权机关。没有适当形式的政权机关，就不能代表国家。中国现在可以采取全国人民代表大会、省人民代表大会、县人民代表大会、区人民代表大会直到乡人民代表大会的系统，并由各级代表大会选举政府。但必须实行无男女、信仰、财产、教育等差别的真正普遍平等的选举制，才能适合于各革命阶级在国家中的地位，适合于表现民意和指挥革命斗争，适合于新民主主义的精神。这种制度即是民主集中制。只有民主集中制的政府，才能充分地发挥一切革命人民的意志，也才能最有力量地去反对革命的敌人。“非少数人所得而私”的精神，必须表现在政府和军队的组成中，如果没有真正的民主制度，就不能达到这个目的，就叫做政体和国体不相适应。

国体——各革命阶级联合专政。政体——民主集中制。这就是新民主主义的政治，这就是新民主主义的共和国，这就是抗日统一战线的共和国，这就是三大政策的新三民主义的共和国，这就是名副其实的中华民国。我们现在虽有中华民国之名，尚无中华民国之实，循名责实，这就是今天的工作。

这就是革命的中国、抗日的中国所应该建立和决不可不建立的内部政治关系，这就是今天“建国”工作的唯一正确的方向。

六　新民主主义的经济

在中国建立这样的共和国，它在政治上必须是新民主主义的，在经济上也必须是新民主主义的。

大银行、大工业、大商业，归这个共和国的国家所有。“凡本国人及外国人之企业，或有独占的性质，或规模过大为私人之力所不能办者，如银行、铁道、航路之属，由国家经营管理之，使私有资本制度不能操纵国民之生计，此则节制资本之要旨也。”这也是国共合作的国民党的第一次全国代表大会宣言中的庄严的声明，这就是新民主主义共和国的经济构成的正确的方针。在无产阶级领导下的新民主主义共和国的国营经济是社会主义的性质，是整个国民经济的领导力量，但这个共和国并不没收其他资本主义的私有财产，并不禁止“不能操纵国民生计”的资本主义生产的发展，这是因为中国经济还十分落后的缘故。

这个共和国将采取某种必要的方法，没收地主的土地，分配给无地和少地的农民，实行中山先生“耕者有其田”的口号，扫除农村中的封建关系，把土地变为农民的私产。农村的富农经济，也是容许其存在的。这就是“平均地权”的方针。这个方针的正确的口号，就是“耕者有其田”。在这个阶段上，一般地还不是建立社会主义的农业，但在“耕者有其田”的基础上所发展起来的各种合作经济，也具有社会主义的因素。

中国的经济，一定要走“节制资本”和“平均地权”的路，决不能是“少数人所得而私”，决不能让少数资本家少数地主“操纵国民生计”，决不能建立欧美式的资本主义社会，也决不能还是旧的半封建社会。谁要是敢于违反这个方向，他就一定达不到目的，他就自己要碰破头的。

这就是革命的中国、抗日的中国应该建立和必然要建立的内部经济关系。

这样的经济，就是新民主主义的经济。

而新民主主义的政治，就是这种新民主主义经济的集中的表现。

七　驳资产阶级专政

这种新民主主义政治和新民主主义经济的共和国，是全国百分之九十以上的人民都赞成的，舍此没有第二条路走。

走建立资产阶级专政的资本主义社会之路吗？诚然，这是欧美资产阶级走过的老路，但无如国际国内的环境，都不容许中国这样做。

依国际环境说，这条路是走不通的。现在的国际环境，从基本上说来，是资本主义和社会主义斗争的环境，是资本主义向下没落，社会主义向上生长的环境。要在中国建立资产阶级专政的资本主义社会，首先是国际资本主义即帝国主义不容许。帝国主义侵略中国，反对中国独立，反对中国发展资本主义的历史，就是中国的近代史。历来中国革命的失败，都是被帝国主义绞杀的，无数革命的先烈，为此而抱终天之恨。现在是一个强大的日本帝国主义打了进来，它是要把中国变成殖民地的；现在是日本在中国发展它的资本主义，却不是什么中国发展资本主义；现在是日本资产阶级在中国专政，却不是什么中国资产阶级专政。不错，现在是帝国主义最后挣扎的时期，它快要死了，“帝国主义是垂死的资本主义”。但是正因为它快要死了，它就更加依赖殖民地半殖民地过活，决不容许任何殖民地半殖民地建立什么资产阶级专政的资本主义社会。正因为日本帝国主义陷在严重的经济危机和政治危机的深坑之中，就是说，它快要死了，它就一定要打中国，一定要把中国变为殖民地，它就断绝了中国建立资产阶级专政和发展民族资本主义的路。

其次，是社会主义不容许。这个世界上，所有帝国主义都是我们的敌人，中国要独立，决不能离开社会主义国家和国际无产阶级的援助。这就是说，不能离开苏联的援助，不能离开日本和英、美、法、德、意各国无产阶级在其本国进行反资本主义斗争的援助。虽然不能说，中国革命的胜利一定要在日本和英、美、法、德、意各国或其中一二国的革命胜利之后，但须加上它们的力量才能胜利，这是没有疑义的。尤其是苏联的援助，是抗战最后胜利决不可少的条件。拒绝苏联的援助，革命就要失败，一九二七年以后反苏运动的教训，不是异常明显的吗？现在的世界，是处在革命和战争的新时代，是资本主义决然死灭和社会主义决然兴盛的时代。在这种情形下，要在中国反帝反封建胜利之后，再建立资产阶级专政的资本主义社会，岂非是完全的梦呓？

如果说，由于特殊条件（资产阶级战胜了希腊的侵略，无产阶级的力量太薄弱），在第一次帝国主义大战和十月革命之后，还有过一个基马尔式的小小的资产阶级专政的土耳其，那末，在第二次世界大战和苏联已经完成社会主义建设之后，就决不会再有一个土耳其，尤其决不容许有一个四亿五千万人口的土耳其。由于中国的特殊条件（资产阶级的软弱和妥协性，无产阶级的强大和革命彻底性），中国从来也没有过土耳其的那种便宜事情。一九二七年中国第一次大革命失败之后，中国的资产阶级分子不是曾经高唱过什么基马尔主义吗？然而中国的基马尔在何处？中国的资产阶级专政和资本主义社会又在何处呢？何况所谓基马尔的土耳其，最后也不能不投入英法帝国主义的怀抱，一天一天变成了半殖民地，变成了帝国主义反动世界的一部分。处在今天的国际环境中，殖民地半殖民地的任何英雄好汉们，要就是站在帝国主义战线方面，变为世界反革命力量的一部分；要就是站在反帝国主义战线方面，变为世界革命力量的一部分。二者必居其一，其他的道路是没有的。

依国内环境说，中国资产阶级应该获得了必要的教训。中国资产阶级，以大资产阶级为首，在一九二七年的革命刚刚由于无产阶级、农民和其他小资产阶级的力量而得到胜利之际，他们就一脚踢开了这些人民大众，独占革命的果实，而和帝国主义及封建势力结成了反革命联盟，并且费了九牛二虎之力，举行了十年的“剿共”战争。然而结果又怎么样呢？现在是当一个强大敌人深入国土、抗日战争已打了两年之后，难道还想抄袭欧美资产阶级已经过时了的老章程吗？过去的“剿共十年”并没有“剿”出什么资产阶级专政的资本主义社会，难道还想再来试一次吗？不错，“剿共十年”“剿”出了一个“一党专政”，但这乃是半殖民地半封建的专政。而在“剿共”四年（一九二七年至一九三一年的“九一八”）

之后，就已经“剿”出了一个“满洲国”；再加六年，至一九三七年，就把一个日本帝国主义“剿”进中国本部来了。如果有人还想从今日起，再“剿”十年，那就已经是新的“剿共”典型，同旧的多少有点区别。但是这种新的“剿共”事业，不是已经有人捷足先登、奋勇担负起来了吗？这个人就是汪精卫，他已经是大名鼎鼎的新式反共人物了。谁要加进他那一伙去，那是行的，但是什么资产阶级专政呀，资本主义社会呀，基马尔主义呀，现代国家呀，一党专政呀，一个主义呀，等等花腔，岂非更加不好意思唱了吗？如果不入汪精卫一伙，要入抗日一伙，又想于抗日胜利之后，一脚踢开抗日人民，自己独占抗日成果，来一个“一党专政万岁”，又岂非近于做梦吗？抗日，抗日，是谁之力？离了工人、农民和其他小资产阶级，你就不能走动一步。谁还敢于去踢他们，谁就要变为粉碎，这又岂非成了常识范围里的东西了吗？但是中国资产阶级顽固派（我说的是顽固派），二十年来，似乎并没有得到什么教训。不见他们还在那里高叫什么“限共”、“溶共”、“反共”吗？不见他们一个《限制异党活动办法》之后，再来一个《异党问题处理办法》，再来一个《处理异党问题实施方案》吗？好家伙，这样地“限制”和“处理”下去，不知他们准备置民族命运于何地，也不知他们准备置其自身于何地？我们诚心诚意地奉劝这些先生们，你们也应该睁开眼睛看一看中国和世界，看一看国内和国外，看一看现在是什么样子，不要再重复你们的错误了。再错下去，民族命运固然遭殃，我看你们自己的事情也不大好办。这是断然的，一定的，确实的，中国资产阶级顽固派如不觉悟，他们的事情是并不美妙的，他们将得到一个自寻死路的前途。所以我们希望中国的抗日统一战线坚持下去，不是一家独霸而是大家合作，把抗日的事业弄个胜利，才是上策，否则一概是下策。这是我们共产党人的衷心劝告，“勿谓言之不预也”。

中国有一句老话：“有饭大家吃。”这是很有道理的。既然有敌大家打，就应该有饭大家吃，有事大家做，有书大家读。那种“一人独吞”、“人莫予毒”的派头，不过是封建主的老戏法，拿到二十世纪四十年代来，到底是行不通的。

我们共产党人对于一切革命的人们，是决不排斥的，我们将和所有愿意抗日到底的阶级、阶层、政党、政团以及个人，坚持统一战线，实行长期合作。但人家要排斥共产党，那是不行的；人家要分裂统一战线，那是不行的。中国必须抗战下去，团结下去，进步下去；谁要投降，要分裂，要倒退，我们是不能容忍的。

八　驳“左”倾空谈主义

不走资产阶级专政的资本主义的路，是否就可以走无产阶级专政的社会主义的路呢？

也不可能。

没有问题，现在的革命是第一步，将来要发展到第二步，发展到社会主义。中国也只有进到社会主义时代才是真正幸福的时代。但是现在还不是实行社会主义的时候。中国现在的革命任务是反帝反封建的任务，这个任务没有完成以前，社会主义是谈不到的。中国革命不能不做两步走，第一步是新民主主义，第二步才是社会主义。而且第一步的时间是相当地长，决不是一朝一夕所能成就的。我们不是空想家，我们不能离开当前的实际条件。

有些恶意的宣传家，故意混淆这两个不同的革命阶段，提倡所谓“一次革命论”，用以证明什么革命都包举在三民主义里面了，共产主义就失了存在的理由；用这种“理论”，起劲地反对共产主义和共产党，反对八路军新四军和陕甘宁边区。其目的，是想根本消灭任何革命，反对资产阶级民主革命的彻底性，反对抗日的彻底性，而为投降日寇准备舆论。

这种情形，是日本帝国主义有计划地造成的。因为日本帝国主义在占领武汉后，知道单用武力不能屈服中国，乃着手于政治进攻和经济引诱。所谓政治进攻，就是在抗日阵线中诱惑动摇分子，分裂统一战线，破坏国共合作。所谓经济引诱，就是所谓“合办实业”。在华中华南，日寇允许中国资本家投资百分之五十一，日资占百分之四十九；在华北，日寇允许中国资本家投资百分之四十九，日资占百分之五十一。日寇并允许将各中国资本家原有产业，发还他们，折合计算，充作资本。这样一来，一些丧尽天良的资本家，就见利忘义，跃跃欲试。一部分资本家，以汪精卫为代表，已经投降了。再一部分资本家，躲在抗日阵线内的，也想跑去。但是他们做贼心虚，怕共产党阻挡他们的去路，更怕老百姓骂汉奸。于是打伙儿地开了个会，决议：事先要在文化界舆论界准备一下。计策已定，事不宜迟，于是雇上几个玄学鬼，再加几名托洛茨基，摇动笔杆枪，就乱唤乱叫、乱打乱刺了一顿。于是什么“一次革命论”呀，共产主义不适合中国国情呀，共产党在中国没有存在之必要呀，八路军新四军破坏抗日、游而不击呀，陕甘宁边区是封建割据呀，共产党不听话、不统一、有阴谋、要捣乱呀，来这么一套，骗那些不知世事的人，以便时机一到，资本家们就很有理由地去拿百分之四十九或五十一，而把全民族的利益一概卖给敌人。这个叫做偷梁换柱，实行投降之前的思想准备或舆论准备。这班先生们，像煞有介事地提倡“一次革命论”，反对共产主义和共产党，却原来不为别的，专为百分之四十九或五十一，其用心亦良苦矣。“一次革命论”者，不要革命论也，这就是问题的本质。

但是还有另外一些人，他们似乎并无恶意，也迷惑于所谓“一次革命论”，迷惑于所谓“举政治革命与社会革命毕其功于一役”的纯主观的想头；而不知革命有阶段之分，只能由一个革命到另一个革命，无所谓“毕其功于一役”。这种观点，混淆革命的步骤，降低对于当前任务的努力，也是很有害的。如果说，两个革命阶段中，第一个为第二个准备条件，而两个阶段必须衔接，不容横插一个资产阶级专政的阶段，这是正确的，这是马克思主义的革命发展论。如果说，民主革命没有自己的一定任务，没有自己的一定时间，而可以把只能在另一个时间去完成的另一任务，例如社会主义的任务，合并在民主主义任务上面去完成，这个叫做“毕其功于一役”，那就是空想，而为真正的革命者所不取的。

九　驳顽固派

于是资产阶级顽固派就跑出来说：好，你们共产党既然把社会主义社会制度推到后一个阶段去了，你们既然又宣称“三民主义为中国今日之必需，本党愿为其彻底实现而奋斗”，那末，就把共产主义暂时收起好了。这种议论，在所谓“一个主义”的标题之下，已经变成了狂妄的叫嚣。这种叫嚣，其本质就是顽固分子们的资产阶级专制主义。但为了客气一点，叫它作毫无常识，也是可以的。

共产主义是无产阶级的整个思想体系，同时又是一种新的社会制度。这种思想体系和社会制度，是区别于任何别的思想体系和任何别的社会制度的，是自有人类历史以来，最完全最进步最革命最合理的。封建主义的思想体系和社会制度，是进了历史博物馆的东西了。资本主义的思想体系和社会制度，已有一部分进了博物馆（在苏联）；其余部分，也已“日薄西山，气息奄奄，人命危浅，朝不虑夕”，快进博物馆了。惟独共产主义的思想体系和社会制度，正以排山倒海之势，雷霆万钧之力，磅礴于全世界，而葆其美妙之青春。中国自有科学的共产主义以来，人们的眼界是提高了，中国革命也改变了面目。中国的民主革命，没有共产主义去指导是决不能成功的，更不必说革命的后一阶段了。这也就是资产阶级顽固派为什么要那样叫嚣和要求“收起”它的原因。其实，这是“收起”不得的，一收起，中国就会亡国。现在的世界，依靠共产主义做救星；现在的中国，也正是这样。

谁人不知，关于社会制度的主张，共产党是有现在的纲领和将来的纲领，或最低纲领和最高纲领两部分的。在现在，新民主主义，在将来，社会主义，这是有机构成的两部分，而为整个共产主义思想体系所指导的。因为共产党的最低纲领和三民主义的政治原则基本上相同，就狂叫“收起”共产主义，岂非荒谬绝伦之至？在共产党人，正因三民主义的政治原则有和自己的最低纲领基本上相同之点，所以才有可能承认“三民主义为抗日统一战线的政治基础”，才有可能承认“三民主义为中国今日之必需，本党愿为其彻底实现而奋斗”，否则就没有这种可能了。这是共产主义和三民主义在民主革命阶段上的统一战线，孙中山所谓“共产主义是三民主义的好朋友”，也正是指的这种统一战线。否认共产主义，实际上就是否认统一战线。顽固派也正是要奉行其一党主义，否认统一战线，才造出那些否认共产主义的荒谬说法来。

“一个主义”也不通。在阶级存在的条件之下，有多少阶级就有多少主义，甚至一个阶级的各集团中还各有各的主义。现在封建阶级有封建主义，资产阶级有资本主义，佛教徒有佛教主义，基督徒有基督主义，农民有多神主义，近年还有人提倡什么基马尔主义，法西斯主义，唯生主义，“按劳分配主义”，为什么无产阶级不可以有一个共产主义呢？既然是数不清的主义，为什么见了共产主义就高叫“收起”呢？讲实在话，“收起”是不行的，还是比赛吧。谁把共产主义比输了，我们共产党人自认晦气。如若不然，那所谓“一个主义”的反民权主义的作风，还是早些“收起”吧！

为了免除误会，并使顽固派开开眼界起见，关于三民主义和共产主义的异同，有清楚指明之必要。

三民主义和共产主义两个主义比较起来，有相同的部分，也有不同的部分。

第一，相同部分。这就是两个主义在中国资产阶级民主革命阶段上的基本政纲。一九二四年孙中山重新解释的三民主义中的革命的民族主义、民权主义和民生主义这三个政治原则，同共产主义在中国民主革命阶段的政纲，基本上是相同的。由于这些相同，并由于三民主义见之实行，就有两个主义两个党的统一战线。忽视这一方面，是错误的。

第二，不同部分。则有：（一）民主革命阶段上一部分纲领的不相同。共产主义的全部民主革命政纲中有彻底实现人民权力、八小时工作制和彻底的土地革命纲领，三民主义则没有这些部分。如果它不补足这些，并且准备实行起来，那对于民主政纲就只是基本上相同，不能说完全相同。（二）有无社会主义革命阶段的不同。共产主义于民主革命阶段之外，还有一个社会主义革命阶段，因此，于最低纲领之外，还有一个最高纲领，即实现社会主义和共产主义社会制度的纲领。三民主义则只有民主革命阶段，没有社会主义革命阶段，因此它就只有最低纲领，没有最高纲领，即没有建立社会主义和共产主义社会制度的纲领。（三）宇宙观的不同。共产主义的宇宙观是辩证唯物论和历史唯物论，三民主义的宇宙观则是所谓民生史观，实质上是二元论或唯心论，二者是相反的。（四）革命彻底性的不同。共产主义者是理论和实践一致的，即有革命彻底性。三民主义者除了那些最忠实于革命和真理的人们之外，是理论和实践不一致的，讲的和做的互相矛盾，即没有革命彻底性。上述这些，都是两者的不同部分。由于这些不同，共产主义者和三民主义者之间就有了差别。忽视这种差别，只看见统一方面，不看见矛盾方面，无疑是非常错误的。

明白了这些之后，就可以明白，资产阶级顽固派要求“收起”共产主义，这是什么意思呢？不是资产阶级的专制主义，就是毫无常识了。

一〇 旧三民主义和新三民主义

资产阶级顽固派完全不知道历史的变化，其知识的贫乏几等于零。他们既不知道共产主义和三民主义的区别，也不知道新三民主义和旧三民主义的区别。

我们共产党人承认“三民主义为抗日民族统一战线的政治基础”，承认“三民主义为中国今日之必需，本党愿为其彻底实现而奋斗”，承认共产主义的最低纲领和三民主义的政治原则基本上相同。但是这种三民主义是什么三民主义呢？这种三民主义不是任何别的三民主义，乃是孙中山先生在《中国国民党第一次全国代表大会宣言》中所重新解释的三民主义。我愿顽固派先生们，于其“限共”、“溶共”、“反共”等工作洋洋得意之余，也去翻阅一下这个宣言。原来孙中山先生在这个宣言中说道：“国民党之三民主义，其真释具如此。”就可知只有这种三民主义，才是真三民主义，其他都是伪三民主义。只有《中国国民党第一次全国代表大会宣言》里对于三民主义的解释才是“真释”，其他一切都是伪释。这大概不是共产党“造谣”吧，这篇宣言的通过，我和很多的国民党员都是亲眼看见的。

这篇宣言，区分了三民主义的两个历史时代。在这以前，三民主义是旧范畴的三民主义，是旧的半殖民地资产阶级民主革命的三民主义，是旧民主主义的三民主义，是旧三民主义。

在这以后，三民主义是新范畴的三民主义，是新的半殖民地资产阶级民主革命的三民主义，是新民主主义的三民主义，是新三民主义。只有这种三民主义，才是新时期的革命的三民主义。

这种新时期的革命的三民主义，新三民主义或真三民主义，是联俄、联共、扶助农工三大政策的三民主义。没有三大政策，或三大政策缺一，在新时期中，就都是伪三民主义，或半三民主义。

第一，革命的三民主义，新三民主义，或真三民主义，必须是联俄的三民主义。现在的事情非常明白，如果没有联俄政策，不同社会主义国家联合，那就必然是联帝政策，必然同帝国主义联合。不见一九二七年之后，就已经有过这种情形吗？社会主义的苏联和帝国主义之间的斗争一经进一步尖锐化，中国不站在这方面，就要站在那方面，这是必然的趋势。难道不可以不偏不倚吗？这是梦想。全地球都要卷进这两个战线中去，在今后的世界中，“中立”只是骗人的名词。何况中国是在同一个深入国土的帝国主义奋斗，没有苏联帮助，就休想最后胜利。如果舍联俄而联帝，那就必须将“革命”二字取消，变成反动的三民主义。归根结底，没有“中立”的三民主义，只有革命的或反革命的三民主义。如果照汪精卫从前的话，来一个“夹攻中的奋斗”，来一个“夹攻中奋斗”的三民主义，岂不勇矣哉？但可惜连发明人汪精卫也放弃（或“收起”）了这种三民主义，他现在改取了联帝的三民主义。如果说帝亦有东帝西帝之分，他联的是东帝，我和他相反，联一批西帝，东向而击，又岂不革命矣哉？但无如西帝们要反苏反共，你联它们，它们就要请你北向而击，你革命也革不成。所有这些情形，就规定了革命的三民主义，新三民主义，或真三民主义，必须是联俄的三民主义，决不能是同帝国主义联合反俄的三民主义。

第二，革命的三民主义，新三民主义，或真三民主义，必须是联共的三民主义。如不联共，就要反共。反共是日本帝国主义和汪精卫的政策，你也要反共，那很好，他们就请你加入他们的反共公司。但这岂非有点当汉奸的嫌疑吗？我不跟日本走，单跟别国走。那也滑稽。不管你跟谁走，只要反共，你就是汉奸，因为你不能再抗日。我独立反共。那是梦话。岂有殖民地半殖民地的好汉们，能够不靠帝国主义之力，干得出如此反革命大事吗？昔日差不多动员了全世界帝国主义的气力反了十年之久还没有反了的共，今日忽能“独立”反之吗？听说外边某些人有这么一句话：“反共好，反不了。”如果传言非虚，那末，这句话只有一半是错的，“反共”有什么“好”呢？却有一半是对的，“反共”真是“反不了”。其原因，基本上不在于“共”而在于老百姓，因为老百姓欢喜“共”，却不欢喜“反”。老百姓是决不容情的，在一个民族敌人深入国土之时，你要反共，他们就要了你的命。这是一定的，谁要反共谁就要准备变成齑粉。如果没有决心准备变自己为齑粉的话，那就确实以不反为妙。这是我们向一切反共英雄们的诚恳的劝告。因之清楚而又清楚，今日的三民主义，必须是联共的三民主义，否则，三民主义就要灭亡。这是三民主义的存亡问题。联共则三民主义存，反共则三民主义亡，谁能证明其不然呢？

第三，革命的三民主义，新三民主义，或真三民主义，必须是农工政策的三民主义。不要农工政策，不真心实意地扶助农工，不实行《总理遗嘱》上的“唤起民众”，那就是准备革命失败，也就是准备自己失败。斯大林说：“所谓民族问题，实质上就是农民问题。”这就是说，中国的革命实质上是农民革命，现在的抗日，实质上是农民的抗日。新民主主义的政治，实质上就是授权给农民。新三民主义，真三民主义，实质上就是农民革命主义。大众文化，实质上就是提高农民文化。抗日战争，实质上就是农民战争。现在是“上山主义”的时候，大家开会、办事、上课、出报、著书、演剧，都在山头上，实质上都是为的农民。抗日的一切，生活的一切，实质上都是农民所给。说“实质上”，就是说基本上，并非忽视其他部分，这是斯大林自己解释过了的。中国有百分之八十的人口是农民，这是小学生的常识。因此农民问题，就成了中国革命的基本问题，农民的力量，是中国革命的主要力量。农民之外，中国人口中第二个部分就是工人。中国有产业工人数百万，有手工业工人和农业工人数千万。没有各种工业工人，中国就不能生活，因为他们是工业经济的生产者。没有近代工业工人阶级，革命就不能胜利，因为他们是中国革命的领导者，他们最富于革命性。在这种情形下，革命的三民主义，新三民主义或真三民主义，必然是农工政策的三民主义。如果有什么一种三民主义，它是没有农工政策的，它是并不真心实意扶助农工，并不实行“唤起民众”的，那就一定会灭亡。

由此可知，离开联俄、联共、扶助农工三大政策的三民主义，是没有前途的。一切有良心的三民主义者，必须认真地考虑到这点。

这种三大政策的三民主义，革命的三民主义，新三民主义，真三民主义，是新民主主义的三民主义，是旧三民主义的发展，是孙中山先生的大功劳，是在中国革命作为社会主义世界革命一部分的时代产生的。只有这种三民主义，中国共产党才称之为“中国今日之必需”，才宣布“愿为其彻底实现而奋斗”。只有这种三民主义，才和中国共产党在民主革命阶段中的政纲，即其最低纲领，基本上相同。

至于旧三民主义，那是中国革命旧时期的产物。那时的俄国是帝国主义的俄国，当然不能有联俄政策；那时国内也没有共产党，当然不能有联共政策；那时工农运动也没有充分显露自己在政治上的重要性，尚不为人们所注意，当然就没有联合工农的政策。因此，一九二四年国民党改组以前的三民主义，乃是旧范畴的三民主义，乃是过时了的三民主义。如不把它发展到新三民主义，国民党就不能前进。聪明的孙中山看到了这一点，得了苏联和中国共产党的助力，把三民主义重新作了解释，遂获得了新的历史特点，建立了三民主义同共产主义的统一战线，建立了第一次国共合作，取得了全国人民的同情，举行了一九二四年至一九二七年的革命。

旧三民主义在旧时期内是革命的，它反映了旧时期的历史特点。但如果在新时期内，在新三民主义已经建立之后，还要翻那老套；在有了社会主义国家以后，要反对联俄；在有了共产党之后，要反对联共；在工农已经觉悟并显示了自己的政治威力之后，要反对农工政策；那末，这就是不识时务的反动的东西了。一九二七年以后的反动，就是这种不识时务的结果。语曰："识时务者为俊杰。"我愿今日的三民主义者记取此语。

如果是旧范畴的三民主义，那就同共产主义的最低纲领没有什么基本上相同之点，因为它是旧时期的，是过时了的。如果有什么一种三民主义，它要反俄、反共、反农工，那就是反动的三民主义，它不但和共产主义的最低纲领没有丝毫相同之点，而且是共产主义的敌人，一切都谈不上。这也是三民主义者应该慎重地考虑一番的。

但是无论如何，在反帝反封建的任务没有基本上完成以前，新三民主义是不会被一切有良心的人们放弃的。放弃它的只是那些汪精卫、李精卫之流。汪精卫、李精卫们尽管起劲地干什么反俄、反共、反农工的伪三民主义，自会有一班有良心的有正义感的人们继续拥护孙中山的真三民主义。如果说，一九二七年反动之后，还有许多真三民主义者继续为中国革命而奋斗，那末，在一个民族敌人深入国土的今天，这种人无疑将是成千成万的。我们共产党人将始终和一切真诚的三民主义者实行长期合作，除了汉奸和那班至死不变的反共分子外，我们是决不抛弃任何友人的。

一一　新民主主义的文化

上面，我们说明了中国政治在新时期中的历史特点，说明了新民主主义共和国问题。下面，我们就可以进到文化问题了。

一定的文化是一定社会的政治和经济在观念形态上的反映。在中国，有帝国主义文化，这是反映帝国主义在政治上经济上统治或半统治中国的东西。这一部分文化，除了帝国主义在中国直接办理的文化机关之外，还有一些无耻的中国人也在提倡。一切包含奴化思想的文化，都属于这一类。在中国，又有半封建文化，这是反映半封建政治和半封建经济的东西，凡属主张尊孔读经、提倡旧礼教旧思想、反对新文化新思想的人们，都是这类文化的代表。帝国主义文化和半封建文化是非常亲热的两兄弟，它们结成文化上的反动同盟，反对中国的新文化。这类反动文化是替帝国主义和封建阶级服务的，是应该被打倒的东西。不把这种东西打倒，什么新文化都是建立不起来的。不破不立，不塞不流，不止不行，它们之间的斗争是生死斗争。

至于新文化，则是在观念形态上反映新政治和新经济的东西，是替新政治新经济服务的。

如我们在第三节中已经提过的话，中国自从发生了资本主义经济以来，中国社会就逐渐改变了性质，它不是完全的封建社会了，变成了半封建社会，虽然封建经济还是占优势。这种资本主义经济，对于封建经济说来，它是新经济。同这种资本主义新经济同时发生和发展着的新政治力量，就是资产阶级、小资产阶级和无产阶级的政治力量。而在观念形态上作为这种新的经济力量和新的政治力量之反映并为它们服务的东西，就是新文化。没有资本主义经济，没有资产阶级、小资产阶级和无产阶级，没有这些阶级的政治力量，所谓新的观念形态，所谓新文化，是无从发生的。

新的政治力量，新的经济力量，新的文化力量，都是中国的革命力量，它们是反对旧政治旧经济旧文化的。这些旧东西是由两部分合成的，一部分是中国自己的半封建的政治经济文化，另一部分是帝国主义的政治经济文化，而以后者为盟主。所有这些，都是坏东西，都是应该彻底破坏的。中国社会的新旧斗争，就是人民大众（各革命阶级）的新势力和帝国主义及封建阶级的旧势力之间的斗争。这种新旧斗争，即是革命和反革命的斗争。这种斗争的时间，从鸦片战争算起，已经整整一百年了；从辛亥革命算起，也有了差不多三十年了。

但是如前所说，革命亦有新旧之分，在某一历史时期是新的东西，在另一历史时期就变为旧的了。在中国资产阶级民主革命的一百年中，分为前八十年和后二十年两个大段落。这两大段落中，各有一个基本的带历史性质的特点，即在前八十年，中国资产阶级民主革命是属于旧范畴的；而在后二十年，由于国际国内政治形势的变化，便属于新范畴了。旧民主主义——前八十年的特点。新民主主义——后二十年的特点。这种区别，在政治上如此，在文化上也是如此。

在文化上如何表现这种区别呢？这就是我们要在下面说明的问题。

一二　中国文化革命的历史特点

在中国文化战线或思想战线上，“五四”以前和“五四”以后，构成了两个不同的历史时期。

在“五四”以前，中国文化战线上的斗争，是资产阶级的新文化和封建阶级的旧文化的斗争。在“五四”以前，学校与科举之争，新学与旧学之争，西学与中学之争，都带着这种性质。那时的所谓学校、新学、西学，基本上都是资产阶级代表们所需要的自然科学和资产阶级的社会政治学说（说基本上，是说那中间还夹杂了许多中国的封建余毒在内）。在当时，这种所谓新学的思想，有同中国封建思想作斗争的革命作用，是替旧时期的中国资产阶级民主革命服务的。可是，因为中国资产阶级的无力和世界已经进到帝国主义时代，这种资产阶级思想只能上阵打几个回合，就被外国帝国主义的奴化思想和中国封建主义的复古思想的反动同盟所打退了，被这个思想上的反动同盟军稍稍一反攻，所谓新学，就偃旗息鼓，宣告退却，失了灵魂，而只剩下它的躯壳了。旧的资产阶级民主主义文化，在帝国主义时代，已经腐化，已经无力了，它的失败是必然的。

“五四”以后则不然。在“五四”以后，中国产生了完全崭新的文化生力军，这就是中国共产党人所领导的共产主义的文化思想，即共产主义的宇宙观和社会革命论。五四运动是在一九一九年，中国共产党的成立和劳动运动的真正开始是在一九二一年，均在第一次世界大战和十月革命之后，即在民族问题和殖民地革命运动在世界上改变了过去面貌之时，在这里中国革命和世界革命的联系，是非常之显然的。由于中国政治生力军即中国无产阶级和中国共产党登上了中国的政治舞台，这个文化生力军，就以新的装束和新的武器，联合一切可能的同盟军，摆开了自己的阵势，向着帝国主义文化和封建文化展开了英勇的进攻。这支生力军在社会科学领域和文学艺术领域中，不论在哲学方面，在经济学方面，在政治学方面，在军事学方面，在历史学方面，在文学方面，在艺术方面（又不论是戏剧，是电影，是音乐，是雕刻，是绘画），都有了极大的发展。二十年来，这个文化新军的锋芒所向，从思想到形式（文字等），无不起了极大的革命。其声势之浩大，威力之猛烈，简直是所向无敌的。其动员之广大，超过中国任何历史时代。而鲁迅，就是这个文化新军的最伟大和最英勇的旗手。鲁迅是中国文化革命的主将，他不但是伟大的文学家，而且是伟大的思想家和伟大的革命家。鲁迅的骨头是最硬的，他没有丝毫的奴颜和媚骨，这是殖民地半殖民地人民最可宝贵的性格。鲁迅是在文化战线上，代表全民族的大多数，向着敌人冲锋陷阵的最正确、最勇敢、最坚决、最忠实、最热忱的空前的民族英雄。鲁迅的方向，就是中华民族新文化的方向。

在“五四”以前，中国的新文化，是旧民主主义性质的文化，属于世界资产阶级的资本主义的文化革命的一部分。在“五四”以后，中国的新文化，却是新民主主义性质的文化，属于世界无产阶级的社会主义的文化革命的一部分。

在“五四”以前，中国的新文化运动，中国的文化革命，是资产阶级领导的，他们还有领导作用。在“五四”以后，这个阶级的文化思想却比较它的政治上的东西还要落后，就绝无领导作用，至多在革命时期在一定程度上充当一个盟员，至于盟长资格，就不得不落在无产阶级文化思想的肩上。这是铁一般的事实，谁也否认不了的。

所谓新民主主义的文化，就是人民大众反帝反封建的文化；在今日，就是抗日统一战线的文化。这种文化，只能由无产阶级的文化思想即共产主义思想去领导，任何别的阶级的文化思想都是不能领导了的。所谓新民主主义的文化，一句话，就是无产阶级领导的人民大众的反帝反封建的文化。

一三　四个时期

文化革命是在观念形态上反映政治革命和经济革命，并为它们服务的。在中国，文化革命，和政治革命同样，有一个统一战线。

这种文化革命的统一战线，二十年来，分为四个时期。第一个时期是一九一九年到一九二一年的两年，第二个时期是一九二一年到一九二七年的六年，第三个时期是一九二七年到一九三七年的十年，第四个时期是一九三七年到现在的三年。

第一个时期是一九一九年五四运动到一九二一年中国共产党成立。这一时期中以五四运动为主要的标志。

五四运动是反帝国主义的运动，又是反封建的运动。五四运动的杰出的历史意义，在于它带着为辛亥革命还不曾有的姿态，这就是彻底地不妥协地反帝国主义和彻底地不妥协地反封建主义。五四运动所以具有这种性质，是在当时中国的资本主义经济已有进一步的发展，当时中国的革命知识分子眼见得俄、德、奥三大帝国主义国家已经瓦解，英、法两大帝国主义国家已经受伤，而俄国无产阶级已经建立了社会主义国家，德、奥（匈牙利）、意三国无产阶级在革命中，因而发生了中国民族解放的新希望。五四运动是在当时世界革命号召之下，是在俄国革命号召之下，是在列宁号召之下发生的。五四运动是当时无产阶级世界革命的一部分。五四运动时期虽然还没有中国共产党，但是已经有了大批的赞成俄国革命的具有初步共产主义思想的知识分子。五四运动，在其开始，是共产主义的知识分子、革命的小资产阶级知识分子和资产阶级知识分子（他们是当时运动中的右翼）三部分人的统一战线的革命运动。它的弱点，就在只限于知识分子，没有工人农民参加。但发展到六三运动时，就不但是知识分子，而且有广大的无产阶级、小资产阶级和资产阶级参加，成了全国范围的革命运动了。五四运动所进行的文化革命则是彻底地反对封建文化的运动，自有中国历史以来，还没有过这样伟大而彻底的文化革命。当时以反对旧道德提倡新道德、反对旧文学提倡新文学为文化革命的两大旗帜，立下了伟大的功劳。这个文化运动，当时还没有可能普及到工农群众中去。它提出了“平民文学”口号，但是当时的所谓“平民”，实际上还只能限于城市小资产阶级和资产阶级的知识分子，即所谓市民阶级的知识分子。五四运动是在思想上和干部上准备了一九二一年中国共产党的成立，又准备了五卅运动和北伐战争。当时的资产阶级知识分子，是五四运动的右翼，到了第二个时期，他们中间的大部分就和敌人妥协，站在反动方面了。

第二个时期，以中国共产党的成立和五卅运动、北伐战争为标志，继续了并发展了五四运动时三个阶级的统一战线，吸引了农民阶级加入，并且在政治上形成了这个各阶级的统一战线，这就是第一次国共两党的合作。孙中山先生之所以伟大，不但因为他领导了伟大的辛亥革命（虽然是旧时期的民主革命），而且因为他能够"适乎世界之潮流，合乎人群之需要"，提出了联俄、联共、扶助农工三大革命政策，对三民主义作了新的解释，树立了三大政策的新三民主义。在这以前，三民主义是和教育界、学术界、青年界没有多大联系的，因为它没有提出反帝国主义的口号，也没有提出反封建社会制度和反封建文化思想的口号。在这以前，它是旧三民主义，这种三民主义是被人们看成为一部分人为了夺取政府权力，即是说为了做官，而临时应用的旗帜，看成为纯粹政治活动的旗帜。在这以后，出现了三大政策的新三民主义。由于国共两党的合作，由于两党革命党员的努力，这种新三民主义便被推广到了全中国，推广到了一部分教育界、学术界和广大青年学生之中。这完全是因为原来的三民主义发展成了反帝反封建的三大政策的新民主主义的三民主义之故；没有这一发展，三民主义思想的传播是不可能的。

在这一时期中，这种革命的三民主义，成了国共两党和各个革命阶级的统一战线的政治基础，"共产主义是三民主义的好朋友"，两个主义结成了统一战线。以阶级论，则是无产阶级、农民阶级、城市小资产阶级、资产阶级的统一战线。那时，以共产党的《向导周报》，国民党的上海《民国日报》及各地报纸为阵地，曾经共同宣传了反帝国主义的主张，共同反对了尊孔读经的封建教育，共同反对了封建古装的旧文学和文言文，提倡了以反帝反封建为内容的新文学和白话文。在广东战争和北伐战争中，曾经在中国军队中灌输了反帝反封建的思想，改造了中国的军队。在千百万农民群众中，提出了打倒贪官污吏打倒土豪劣绅的口号，掀起了伟大的农民革命斗争。由于这些，再由于苏联的援助，就取得了北伐的胜利。但是大资产阶级一经爬上了政权，就立即结束了这次革命，转入了新的政治局面。

第三个时期是一九二七年至一九三七年的新的革命时期。因为在前一时期的末期，革命营垒中发生了变化，中国大资产阶级转到了帝国主义和封建势力的反革命营垒，民族资产阶级也附和了大资产阶级，革命营垒中原有的四个阶级，这时剩下了三个，剩下了无产阶级、农民阶级和其他小资产阶级（包括革命知识分子），所以这时候，中国革命就不得不进入一个新的时期，而由中国共产党单独地领导群众进行这个革命。这一时期，是一方面反革命的"围剿"，又一方面革命深入的时期。这时有两种反革命的"围剿"：军事"围剿"和文化"围剿"。也有两种革命深入：农村革命深入和文化革命深入。这两种"围剿"，在帝国主义策动之下，曾经动员了全中国和全世界的反革命力量，其时间延长至十年之久，其残酷是举世未有的，杀戮了几十万共产党员和青年学生，摧残了几百万工人农民。从当事者看来，似乎以为共产主义和共产党是一定可以"剿尽杀绝"的了。但结果却相反，两种"围剿"都惨败了。作为军事"围剿"的结果的东西，是红军的北上抗日；作为文化"围剿"的结果的东西，是一九三五年"一二九"青年革命运动的爆发。而作为这两种"围剿"之共同结果的东西，则是全国人民的觉悟。这三者都是积极的结果。其中最奇怪的，是共产党在国民党统治区域内的一切文化机关中处于毫无抵抗力的地位，为什么文化“围剿”也一败涂地了？这还不可以深长思之吗？而共产主义者的鲁迅，却正在这一“围剿”中成了中国文化革命的伟人。

反革命“围剿”的消极的结果，则是日本帝国主义打进来了。这就是为什么全国人民至今还是非常痛恨那十年反共的最大原因。

这一时期的斗争，在革命方面，是坚持了人民大众反帝反封建的新民主主义和新三民主义；在反革命方面，则是在帝国主义指挥下的地主阶级和大资产阶级联盟的专制主义。这种专制主义，在政治上，在文化上，腰斩了孙中山的三大政策，腰斩了他的新三民主义，造成了中华民族的深重的灾难。

第四个时期就是现在的抗日战争时期。在中国革命的曲线运动中，又来了一次四个阶级的统一战线，但是范围更放大了，上层阶级包括了很多统治者，中层阶级包括了民族资产阶级和小资产阶级，下层阶级包括了一切无产者，全国各阶层都成了盟员，坚决地反抗了日本帝国主义。这个时期的第一阶段，是在武汉失陷以前。这时全国各方面是欣欣向荣的，政治上有民主化的趋势，文化上有较普遍的动员。武汉失陷以后，为第二阶段，政治情况发生了许多变化，大资产阶级的一部分，投降了敌人，其另一部分也想早日结束抗战。在文化方面，反映这种情况，就出现了叶青、张君劢等人的反动和言论出版的不自由。

为了克服这种危机，必须同一切反抗战、反团结、反进步的思想进行坚决的斗争，不击破这些反动思想，抗战的胜利是无望的。这一斗争的前途如何？这是全国人民心目中的大问题。依据国内国际条件，不论抗战路程上有多少困难，中国人民总是要胜利的。全部中国史中，五四运动以后二十年的进步，不但赛过了以前的八十年，简直赛过了以前的几千年。假如再有二十年的工夫，中国的进步将到何地，不是可以想得到的吗？一切内外黑暗势力的猖獗，造成了民族的灾难；但是这种猖獗，不但表示了这些黑暗势力的还有力量，而且表示了它们的最后挣扎，表示了人民大众逐渐接近了胜利。这在中国是如此，在整个东方也是如此，在世界也是如此。

一四　文化性质问题上的偏向

一切新的东西都是从艰苦斗争中锻炼出来的。新文化也是这样，二十年中有三个曲折，走了一个“之”字，一切好的坏的东西都考验出来了。

资产阶级顽固派，在文化问题上，和他们在政权问题上一样，是完全错误的。他们不知道中国新时期的历史特点，他们不承认人民大众的新民主主义的文化。他们的出发点是资产阶级专制主义，在文化上就是资产阶级的文化专制主义。一部分所谓欧美派的文化人（我说的是一部分），他们曾经实际赞助过国民党政府的文化“剿共”，现在似乎又在赞助什么“限共”、“溶共”政策。他们不愿工农在政治上抬头，也不愿工农在文化上抬头。资产阶级顽固派的这条文化专制主义的路是走不通的，它同政权问题一样，没有国内国际的条件。因此，这种文化专制主义，也还是“收起”为妙。

当作国民文化的方针来说，居于指导地位的是共产主义的思想，并且我们应当努力在工人阶级中宣传社会主义和共产主义，并适当地有步骤地用社会主义教育农民及其他群众。但整个的国民文化，现在也还不是社会主义的。

新民主主义的政治、经济、文化，由于其都是无产阶级领导的缘故，就都具有社会主义的因素，并且不是普通的因素，而是起决定作用的因素。但是就整个政治情况、整个经济情况和整个文化情况说来，却还不是社会主义的，而是新民主主义的。因为在现阶段革命的基本任务主要地是反对外国的帝国主义和本国的封建主义，是资产阶级民主主义的革命，还不是以推翻资本主义为目标的社会主义的革命。就国民文化领域来说，如果以为现在的整个国民文化就是或应该是社会主义的国民文化，这是不对的。这是把共产主义思想体系的宣传，当作了当前行动纲领的实践；把用共产主义的立场和方法去观察问题、研究学问、处理工作、训练干部，当作了中国民主革命阶段上整个的国民教育和国民文化的方针。以社会主义为内容的国民文化必须是反映社会主义的政治和经济的。我们在政治上经济上有社会主义的因素，反映到我们的国民文化也有社会主义的因素；但就整个社会来说，我们现在还没有形成这种整个的社会主义的政治和经济，所以还不能有这种整个的社会主义的国民文化。由于现时的中国革命是世界无产阶级社会主义革命的一部分，因而现时的中国新文化也是世界无产阶级社会主义新文化的一部分，是它的一个伟大的同盟军；这种一部分，虽则包含社会主义文化的重大因素，但是就整个国民文化来说，还不是完全以社会主义文化的资格去参加，而是以人民大众反帝反封建的新民主主义文化的资格去参加的。由于现时中国革命不能离开中国无产阶级的领导，因而现时的中国新文化也不能离开中国无产阶级文化思想的领导，即不能离开共产主义思想的领导。但是这种领导，在现阶段是领导人民大众去作反帝反封建的政治革命和文化革命，所以现在整个新的国民文化的内容还是新民主主义的，不是社会主义的。

在现时，毫无疑义，应该扩大共产主义思想的宣传，加紧马克思列宁主义的学习，没有这种宣传和学习，不但不能引导中国革命到将来的社会主义阶段上去，而且也不能指导现时的民主革命达到胜利。但是我们既应把对于共产主义的思想体系和社会制度的宣传，同对于新民主主义的行动纲领的实践区别开来；又应把作为观察问题、研究学问、处理工作、训练干部的共产主义的理论和方法，同作为整个国民文化的新民主主义的方针区别开来。把二者混为一谈，无疑是很不适当的。

由此可知，现阶段上中国新的国民文化的内容，既不是资产阶级的文化专制主义，又不是单纯的无产阶级的社会主义，而是以无产阶级社会主义文化思想为领导的人民大众反帝反封建的新民主主义。

一五　民族的科学的大众的文化

这种新民主主义的文化是民族的。它是反对帝国主义压迫，主张中华民族的尊严和独立的。它是我们这个民族的，带有我们民族的特性。它同一切别的民族的社会主义文化和新民主主义文化相联合，建立互相吸收和互相发展的关系，共同形成世界的新文化；但是决不能和任何别的民族的帝国主义反动文化相联合，因为我们的文化是革命的民族文化。中国应该大量吸收外国的进步文化，作为自己文化食粮的原料，这种工作过去还做得很不够。这不但是当前的社会主义文化和新民主主义文化，还有外国的古代文化，例如各资本主义国家启蒙时代的文化，凡属我们今天用得着的东西，都应该吸收。但是一切外国的东西，如同我们对于食物一样，必须经过自己的口腔咀嚼和胃肠运动，送进唾液胃液肠液，把它分解为精华和糟粕两部分，然后排泄其糟粕，吸收其精华，才能对我们的身体有益，决不能生吞活剥地毫无批判地吸收。所谓“全盘西化”的主张，乃是一种错误的观点。形式主义地吸收外国的东西，在中国过去是吃过大亏的。中国共产主义者对于马克思主义在中国的应用也是这样，必须将马克思主义的普遍真理和中国革命的具体实践完全地恰当地统一起来，就是说，和民族的特点相结合，经过一定的民族形式，才有用处，决不能主观地公式地应用它。公式的马克思主义者，只是对于马克思主义和中国革命开玩笑，在中国革命队伍中是没有他们的位置的。中国文化应有自己的形式，这就是民族形式。民族的形式，新民主主义的内容——这就是我们今天的新文化。

这种新民主主义的文化是科学的。它是反对一切封建思想和迷信思想，主张实事求是，主张客观真理，主张理论和实践一致的。在这点上，中国无产阶级的科学思想能够和中国还有进步性的资产阶级的唯物论者和自然科学家，建立反帝反封建反迷信的统一战线；但是决不能和任何反动的唯心论建立统一战线。共产党员可以和某些唯心论者甚至宗教徒建立在政治行动上的反帝反封建的统一战线，但是决不能赞同他们的唯心论或宗教教义。中国的长期封建社会中，创造了灿烂的古代文化。清理古代文化的发展过程，剔除其封建性的糟粕，吸收其民主性的精华，是发展民族新文化提高民族自信心的必要条件；但是决不能无批判地兼收并蓄。必须将古代封建统治阶级的一切腐朽的东西和古代优秀的人民文化即多少带有民主性和革命性的东西区别开来。中国现时的新政治新经济是从古代的旧政治旧经济发展而来的，中国现时的新文化也是从古代的旧文化发展而来，因此，我们必须尊重自己的历史，决不能割断历史。但是这种尊重，是给历史以一定的科学的地位，是尊重历史的辩证法的发展，而不是颂古非今，不是赞扬任何封建的毒素。对于人民群众和青年学生，主要地不是要引导他们向后看，而是要引导他们向前看。

这种新民主主义的文化是大众的，因而即是民主的。它应为全民族中百分之九十以上的工农劳苦民众服务，并逐渐成为他们的文化。要把教育革命干部的知识和教育革命大众的知识在程度上互相区别又互相联结起来，把提高和普及互相区别又互相联结起来。革命文化，对于人民大众，是革命的有力武器。革命文化，在革命前，是革命的思想准备；在革命中，是革命总战线中的一条必要和重要的战线。而革命的文化工作者，就是这个文化战线上的各级指挥员。"没有革命的理论，就不会有革命的运动"，可见革命的文化运动对于革命的实践运动具有何等的重要性。而这种文化运动和实践运动，都是群众的。因此，一切进步的文化工作者，在抗日战争中，应有自己的文化军队，这个军队就是人民大众。革命的文化人而不接近民众，就是"无兵司令"，他的火力就打不倒敌人。为达此目的，文字必须在一定条件下加以改革，言语必须接近民众，须知民众就是革命文化的无限丰富的源泉。

民族的科学的大众的文化，就是人民大众反帝反封建的文化，就是新民主主义的文化，就是中华民族的新文化。

新民主主义的政治、新民主主义的经济和新民主主义的文化相结合，这就是新民主主义共和国，这就是名副其实的中华民国，这就是我们要造成的新中国。

新中国站在每个人民的面前，我们应该迎接它。

新中国航船的桅顶已经冒出地平线了，我们应该拍掌欢迎它。

举起你的双手吧，新中国是我们的。

——选自《毛泽东选集》第二卷，人民出版社 1991 年版

关于若干历史问题的决议

（1945 年 4 月 20 日中国共产党第六届中央委员会扩大的第七次全体会议通过）

中国共产党成立以来，在民主革命时期经历了两次重大挫折，一次是陈独秀的右倾投降主义错误导致 1927 年大革命失败，中国共产党的力量受到惨重损失；一次是王明的“左”倾教条主义错误导致红军第五次反“围剿”的失利而被迫进行战略转移，红军从 30 万减少到 3 万，共产党员从 30 万减少到 4 万。1935 年 1 月召开的遵义会议虽然实现了党的历史上的伟大转折，但对于这些错误的性质并没有来得及做彻底清算，导致这些错误尤其是王明的“左”倾教条主义的影响很深。为此，中共中央政治局在 1942—1943 年进行了几次关于党的历史的讨论，随后又在 1943—1944 年领导全党高级干部进行了同样的讨论。在讨论中提出了许多重要问题，需要党中央作出回答和作出结论。1944 年 3 月，中共中央召开政治局会议，毛泽东针对高级干部学习中提出的问题，讲了六条意见，得到赞同，成为政治局的结论。这些结论为 1945 年 4 月召开的扩大的六届七中全会通过的《关于若干历史问题的决议》做了重要而充分的准备。这个《决议》有助于我们全面认识和正确把握从中国共产党成立到 1945 年党的 24 年的历史。全文 2.7 万余字，本篇全文选读。

（一）

中国共产党自一九二一年产生以来，就以马克思列宁主义的普遍真理和中国革命的具体实践相结合为自己一切工作的指针，毛泽东同志关于中国革命的理论和实践便是此种结合的代表。我们党一成立，就展开了中国革命的新阶段——毛泽东同志所指出的新民主主义革命的阶段。在为实现新民主主义而进行的二十四年（一九二一年至一九四五年）的奋斗中，在第一次大革命、土地革命和抗日战争的三个历史时期中，我们党始终一贯地领导了广大的中国人民，向中国人民的敌人——帝国主义和封建主义，进行了艰苦卓绝的革命斗争，取得了伟大的成绩和丰富的经验。党在奋斗的过程中产生了自己的领袖毛泽东同志。毛泽东同志代表中国无产阶级和中国人民，将人类最高智慧——马克思列宁主义的科学理论，创造地应用于中国这样的以农民为主要群众、以反帝反封建为直接任务而又地广人众、情况极复杂、斗争极困难的半封建半殖民地的大国，光辉地发展了列宁斯大林关于殖民地半殖民地问题的学说和斯大林关于中国革命问题的学说。由于坚持了正确的马克思列宁主义的路线，并向一切与之相反的错误思想作了胜利的斗争，党才在三个时期中取得了伟大的成绩，达到了今天这样在思想上、政治上、组织上的空前的巩固和统一，发展为今天这样强大的革命力量，有了一百二十余万党员，领导了拥有近一万万人民、近一百万军队的中国解放区，形成为全国人民抗日战争和解放事业的伟大的重心。

（二）

在中国新民主主义革命的第一个时期中，在一九二一年至一九二七年，特别是在一九二四年至一九二七年，中国人民的反帝反封建的大革命，曾经在共产国际的正确指导之下，在中国共产党的正确领导的影响、推动和组织之下，得到了迅速的发展和伟大的胜利。中国共产党的全体同志，在这次大革命中，进行了轰轰烈烈的革命工作，发展了全国的工人运动、青年运动和农民运动，推进并帮助了国民党的改组和国民革命军的建立，形成了东征和北伐的政治上的骨干，领导了全国反帝反封建的伟大斗争，在中国革命史上写下了极光荣的一章。但是，由于当时的同盟者国民党内的反动集团在一九二七年叛变了这个革命，由于当时帝国主义和国民党反动集团的联合力量过于强大，特别是由于在这次革命的最后一个时期内（约有半年时间），党内以陈独秀为代表的右倾思想，发展为投降主义路线，在党的领导机关中占了统治地位，拒绝执行共产国际和斯大林同志的许多英明指示，拒绝接受毛泽东同志和其他同志的正确意见，以至于当国民党叛变革命，向人民突然袭击的时候，党和人民不能组织有效的抵抗，这次革命终于失败了。

从一九二七年革命失败至一九三七年抗日战争爆发的十年间，中国共产党，并且只有中国共产党，在反革命的极端恐怖的统治下，全党团结一致地继续高举着反帝反封建的大旗，领导广大的工人、农民、士兵、革命知识分子和其他革命群众，作了政治上、军事上和思想上的伟大战斗。在这个战斗中，中国共产党创造了红军，建立了工农兵代表会议的政府，建立了革命根据地，分配了土地给贫困的农民，抗击了当时国民党反动政府的进攻和一九三一年“九一八”以来的日本帝国主义的侵略，使中国人民的新民主主义的民族解放和社会解放的事业，取得了伟大的成绩。全党对于企图分裂党和实行叛党的托洛茨基陈独秀派和罗章龙、张国焘等的反革命行为，也同样团结一致地进行了斗争，使党保证了在马克思列宁主义总原则下的统一。在这十年内，党的这个总方针和为实行这个总方针的英勇奋斗，完全是正确的和必要的。无数党员、无数人民和很多党外革命家，当时在各个战线上轰轰烈烈地进行革命斗争，他们的奋斗牺牲、不屈不挠、前仆后继的精神和功绩，在民族的历史上永垂不朽。假如没有这一切，则抗日战争即不能实现；即使实现，亦将因为没有一个积蓄了人民战争丰富经验的中国共产党作为骨干，而不能坚持和取得胜利。这是毫无疑义的。

尤其值得我们庆幸的是，我们党以毛泽东同志为代表，创造性地把马克思、恩格斯、列宁、斯大林的革命学说应用于中国条件的工作，在这十年内有了很大的发展。我党终于在土地革命战争的最后时期，确立了毛泽东同志在中央和全党的领导。这是中国共产党在这一时期的最大成就，是中国人民获得解放的最大保证。

但是我们必须指出，在这十年内，我党不仅有了伟大的成就，而且在某些时期中也犯过一些错误。其中以从党的一九三一年一月第六届中央委员会第四次全体会议（六届四中全会）到一九三五年一月扩大的中央政治局会议（遵义会议）这个时期内所犯政治路线、军事路线和组织路线上的“左”倾错误，最为严重。这个错误，曾经给了我党和中国革命以严重的损失。

为了学习中国革命的历史教训，以便“惩前毖后，治病救人”，使“前车之覆”成为“后车之鉴”，在马克思列宁主义思想一致的基础上，团结全党同志如同一个和睦的家庭一样，如同一块坚固的钢铁一样，为着获得抗日战争的彻底胜利和中国人民的完全解放而奋斗，中国共产党第六届中央委员会扩大的第七次全体会议（扩大的六届七中全会）认为：对于这十年内若干党内历史问题，尤其是六届四中全会至遵义会议期间中央的领导路线问题，作出正式的结论，是有益的和必要的。

（三）

一九二七年革命失败后，在党内曾经发生了“左”、右倾的偏向。

以陈独秀为代表的一小部分第一次大革命时期的投降主义者，这时对于革命前途悲观失望，逐渐变成了取消主义者。他们采取了反动的托洛茨基主义立场，认为一九二七年革命后中国资产阶级对于帝国主义和封建势力已经取得了胜利，它对于人民的统治已趋稳定，中国社会已经是所谓资本主义占优势并将得到和平发展的社会；因此他们武断地说中国资产阶级民主革命已经完结，中国无产阶级只有待到将来再去举行“社会主义革命”，在当时就只能进行所谓以“国民会议”为中心口号的合法运动，而取消革命运动；因此他们反对党所进行的各种革命斗争，并污蔑当时的红军运动为所谓“流寇运动”。他们不但不肯接受党的意见，放弃这种机会主义的取消主义的反党观点，而且还同反动的托洛茨基分子相结合，成立了反党的小组织，因而不得不被驱逐出党，接着并堕落为反革命。

另一方面，由于对国民党屠杀政策的仇恨和对陈独秀投降主义的愤怒而加强起来的小资产阶级革命急性病，也反映到党内，使党内的“左”倾情绪也很快地发展起来了。这种“左”倾情绪在一九二七年八月七日党中央的紧急会议（八七会议）上已经开端。八七会议在党的历史上是有功绩的。它在中国革命的危急关头坚决地纠正了和结束了陈独秀的投降主义，确定了土地革命和武装反抗国民党反动派屠杀政策的总方针，号召党和人民群众继续革命的战斗，这些都是正确的，是它的主要方面。但是八七会议在反对右倾错误的时候，却为“左”倾错误开辟了道路。它在政治上不认识当时应当根据各地不同情况，组织正确的反攻或必要的策略上的退却，借以有计划地保存革命阵地和收集革命力量，反而容许了和助长了冒险主义和命令主义（特别是强迫工人罢工）的倾向。它在组织上开始了宗派主义的过火的党内斗争，过分地或不适当地强调了领导干部的单纯的工人成分的意义，并造成了党内相当严重的极端民主化状态。这种“左”倾情绪在八七会议后继续生长，到了一九二七年十一月党中央的扩大会议，就形成为“左”倾的盲动主义（即冒险主义）路线，并使“左”倾路线第一次在党中央的领导机关内取得了统治地位。这时的盲动主义者认为，中国革命的性质是所谓“不断革命”（混淆民主革命和社会主义革命），中国革命的形势是所谓“不断高涨”（否认一九二七年革命的失败），因而他们仍然不但不去组织有秩序的退却，反而不顾敌人的强大和革命失败后的群众情况，命令少数党员和少数群众在全国组织毫无胜利希望的地方起义。和这种政治上的冒险主义同时，组织上的宗派主义的打击政策也发展了起来。但是由于这个错误路线一开始就引起了毛泽东同志和在白色区域工作的许多同志的正确的批评和非难，并在实际工作中招致了许多损失，到了一九二八年初，这个“左”倾路线的执行在许多地方已经停止，而到同年四月（距“左”倾路线的开始不到半年时间），就在全国范围的实际工作中基本上结束了。

一九二八年六、七月间召开的党的第六次全国代表大会的路线，基本上是正确的。它正确地肯定了中国社会是半殖民地半封建社会，指出了引起现代中国革命的基本矛盾一个也没有解决，因此确定了中国现阶段的革命依然是资产阶级民主革命，并发布了民主革命的十大纲领。它正确地指出了当时的政治形势是在两个革命高潮之间，指出了革命发展的不平衡，指出了党在当时的总任务不是进攻，不是组织起义，而是争取群众。它进行了两条战线的斗争，批判了右的陈独秀主义和“左”的盲动主义，特别指出了党内最主要的危险倾向是脱离群众的盲动主义、军事冒险主义和命令主义。这些都是完全必要的。另一方面，第六次大会也有其缺点和错误。它对于中间阶级的两面性和反动势力的内部矛盾，缺乏正确的估计和政策；对于大革命失败后党所需要的策略上的有秩序的退却，对于农村根据地的重要性和民主革命的长期性，也缺乏必要的认识。这些缺点和错误，虽然使得八七会议以来的“左”倾思想未能根本肃清，并被后来的“左”倾思想所片面发展和极端扩大，但仍然不足以掩盖第六次大会的主要方面的正确性。党在这次大会以后一个时期内的工作，是有成绩的。毛泽东同志在这个时期内，不但在实践上发展了第六次大会路线的正确方面，并正确地解决了许多为这次大会所不曾解决或不曾正确地解决的问题，而且在理论上更具体地和更完满地给了中国革命的方向以马克思列宁主义的科学依据。在他的指导和影响之下，红军运动已经逐渐发展成为国内政治的重要因素。党在白色区域的组织和工作，也有了相当的恢复。

但是，在一九二七年下半年至一九三〇年上半年间，还在党内存在着的若干“左”倾思想和“左”倾政策，又有了某些发展。在这个基础上，遇着时局的对革命有利的变动，便发展成为第二次的“左”倾路线。在一九三〇年五月蒋冯阎战争爆发后的国内形势的刺激下，党中央政治局由李立三同志领导，在六月十一日通过了“左”倾的《新的革命高潮与一省或数省的首先胜利》决议案，使“左”倾路线第二次统治了中央的领导机关。产生这次错误路线（李立三路线）的原因，是由于李立三同志等不承认革命需要主观组织力量的充分准备，认为“群众只要大干，不要小干”，因而认为当时不断的军阀战争，加上红军运动的初步发展和白区工作的初步恢复，就已经是具备了可以在全国“大干”（武装起义）的条件；由于他们不承认中国革命的不平衡性，认为革命危机在全国各地都有同样的生长，全国各地都要准备马上起义，中心城市尤其要首先发动以形成全国革命高潮的中心，并污蔑毛泽东同志在长期中用主要力量去创造农村根据地，以农村来包围城市，以根据地来推动全国革命高潮的思想，是所谓“极端错误的”“农民意识的地方观念与保守观念”；由于他们不承认世界革命的不平衡性，认为中国革命的总爆发必将引起世界革命的总爆发，而中国革命又必须在世界革命的总爆发中才能成功；由于他们不承认中国资产阶级民主革命的长期性，认为一省数省首先胜利的开始即是向社会主义革命转变的开始，并因此规定了若干不适时宜的“左”倾政策。在这些错误认识下，立三路线的领导者定出了组织全国中心城市武装起义和集中全国红军进攻中心城市的冒险计划；随后又将党、青年团、工会的各级领导机关，合并为准备武装起义的各级行动委员会，使一切经常工作陷于停顿。在这些错误决定的形成和执行过程中，立三同志拒绝了许多同志的正确的批评和建议，并在党内强调地反对所谓“右倾”，在反“右倾”的口号下错误地打击了党内不同意他的主张的干部，因而又发展了党内的宗派主义。这样，立三路线的形态，就比第一次“左”倾路线更为完备。

但是立三路线在党内的统治时间也很短（不到四个月时间）。因为凡实行立三路线的地方都使党和革命力量受到了损失，广大的干部和党员都要求纠正这一路线。特别是毛泽东同志，他不但始终没有赞成立三路线，而且以极大的忍耐心纠正了红一方面军中的“左”倾错误，因而使江西革命根据地的红军在这个时期内不但没有受到损失，反而利用了当时蒋冯阎战争的有利形势而得到了发展，并在一九三〇年底至一九三一年初胜利地粉碎了敌人的第一次“围剿”。其他革命根据地的红军，除个别地区外，也得到了大体相同的结果。在白区，也有许多做实际工作的同志，经过党的组织起来反对立三路线。

一九三〇年九月党的第六届中央委员会第三次全体会议（六届三中全会）及其后的中央，对于立三路线的停止执行是起了积极作用的。虽然六届三中全会的文件还表现了对立三路线调和妥协的精神（如否认它是路线错误，说它只是“策略上的错误”等），虽然六届三中全会在组织上还继续着宗派主义的错误，但是六届三中全会既然纠正了立三路线对于中国革命形势的极左估计，停止了组织全国总起义和集中全国红军进攻中心城市的计划，恢复了党、团、工会的独立组织和经常工作，因而它就结束了作为立三路线主要特征的那些错误。立三同志本人，在六届三中全会上也承认了被指出的错误，接着就离开了中央的领导地位。六届三中全会后的中央，又在同年十一月的补充决议和十二月的第九十六号通告中，进一步地指出了立三同志等的路线错误和六届三中全会的调和错误。当然，无论六届三中全会或其后的中央，对于立三路线的思想实质，都没有加以清算和纠正，因此一九二七年八七会议以来特别是一九二九年以来一直存在于党内的若干“左”倾思想和“左”倾政策，在六届三中全会上和六届三中全会后还是浓厚地存在着。但是六届三中全会及其后的中央既然对于停止立三路线作了上述有积极作用的措施，当时全党同志就应该在这些措施的基础上继续努力，以求反“左”倾错误的贯彻。

但在这时，党内一部分没有实际革命斗争经验的犯“左”倾教条主义错误的同志，在陈绍禹（王明）同志的领导之下，却又在“反对立三路线”、“反对调和路线”的旗帜之下，以一种比立三路线更强烈的宗派主义的立场，起来反抗六届三中全会后的中央了。他们的斗争，并不是在帮助当时的中央彻底清算立三路线的思想实质，以及党内从八七会议以来特别是一九二九年以来就存在着而没有受到清算的若干“左”倾思想和“左”倾政策；在当时发表的陈绍禹同志的《两条路线》即《为中共更加布尔什维克化而斗争》的小册子中，实际上是提出了一个在新的形态下，继续、恢复或发展立三路线和其他“左”倾思想“左”倾政策的新的政治纲领。这样，“左”倾思想在党内就获得了新的滋长，而形成为新的“左”倾路线。

陈绍禹同志领导的新的“左”倾路线虽然也批评了立三路线的“左”倾错误和六届三中全会的调和错误，但是它的特点，是它主要地反而批评了立三路线的“右”，是它指责六届三中全会“对立三路线的一贯右倾机会主义的理论与实际，未加以丝毫揭破和打击”，指责第九十六号通告没有看出“右倾依然是目前党内主要危险”。新的“左”倾路线在中国社会性质、阶级关系的问题上，夸大资本主义在中国经济中的比重，夸大中国现阶段革命中反资产阶级斗争、反富农斗争和所谓“社会主义革命成分”的意义，否认中间营垒和第三派的存在。在革命形势和党的任务问题上，它继续强调全国性的“革命高潮”和党在全国范围的“进攻路线”，认为所谓“直接革命形势”很快地即将包括一个或几个有中心城市在内的主要省份。它并从“左”的观点污蔑中国当时还没有“真正的”红军和工农兵代表会议政府，特别强调地宣称当时党内的主要危险是所谓“右倾机会主义”、“实际工作中的机会主义”和“富农路线”。在组织上，这条新的“左”倾路线的代表者们违反组织纪律，拒绝党所分配的工作，错误地结合一部分同志进行反中央的宗派活动，错误地在党员中号召成立临时的中央领导机关，要求以“积极拥护和执行”这一路线的“斗争干部”“来改造和充实各级的领导机关”等，因而造成了当时党内的严重危机。这样，虽然新的“左”倾路线并没有主张在中心城市组织起义，在一个时期内也没有主张集中红军进攻中心城市，但是整个地说来，它却比立三路线的“左”倾更坚决，更“有理论”，气焰更盛，形态也更完备了。

一九三一年一月，党在这些以陈绍禹同志为首的“左”的教条主义宗派主义分子从各方面进行压迫的情势之下，也在当时中央一部分犯经验主义错误的同志对于他们实行妥协和支持的情势之下，召开了六届四中全会。这次会议的召开没有任何积极的建设的作用，其结果就是接受了新的“左”倾路线，使它在中央领导机关内取得胜利，而开始了土地革命战争时期“左”倾路线对党的第三次统治。六届四中全会直接实现了新的“左”倾路线的两项互相联系的错误纲领：反对所谓“目前党内主要危险”的“右倾”，和“改造充实各级领导机关”。尽管六届四中全会在形式上还是打着反立三路线、反“调和路线”的旗帜，它的主要政治纲领实质上却是“反右倾”。六届四中全会虽然在它自己的决议上没有作出关于当时政治形势的分析和党的具体政治任务的规定，而只是笼统地反对所谓“右倾”和所谓“实际工作中的机会主义”；但是在实际上，它是批准了那个代表着当时党内“左”倾思想，即在当时及其以后十多年内还继续被人们认为起过“正确的”“纲领作用”的陈绍禹同志的小册子——《两条路线》即《为中共更加布尔什维克化而斗争》；而这个小册子，如前面所分析的，基本上乃是一个完全错误的“反右倾”的“左”倾机会主义的总纲领。在这个纲领下面，六届四中全会及其后的中央，一方面提拔了那些“左”的教条主义和宗派主义的同志到中央的领导地位，另一方面过分地打击了犯立三路线错误的同志，错误地打击了以瞿秋白同志为首的所谓犯“调和路线错误”的同志，并在六届四中全会后接着就错误地打击了当时所谓“右派”中的绝大多数同志。其实，当时的所谓“右派”，主要地是六届四中全会宗派主义的“反右倾”斗争的产物。这些人中间也有后来成为真正右派并堕落为反革命而被永远驱逐出党的以罗章龙为首的极少数的分裂主义者，对于他们，无疑地是应该坚决反对的；他们之成立并坚持第二党的组织，是党的纪律所绝不容许的。至于林育南、李求实、何孟雄等二十几个党的重要干部，他们为党和人民做过很多有益的工作，同群众有很好的联系，并且接着不久就被敌人逮捕，在敌人面前坚强不屈，慷慨就义。所谓犯“调和路线错误”的瞿秋白同志，是当时党内有威信的领导者之一，他在被打击以后仍继续做了许多有益的工作（主要是在文化方面），在一九三五年六月也英勇地牺牲在敌人的屠刀之下。所有这些同志的无产阶级英雄气概，乃是永远值得我们纪念的。六届四中全会这种对于中央机关的“改造”，同样被推广于各个革命根据地和白区地方组织。六届四中全会以后的中央，比六届三中全会及其以后的中央更着重地更有系统地向全国各地派遣中央代表、中央代表机关或新的领导干部，以此来贯彻其“反右倾”的斗争。

在六届四中全会以后不久，一九三一年五月九日中央所发表的决议，表示新的“左”倾路线已经在实际工作中得到了具体的运用和发展。接着，中国连续发生了许多重大事变。江西中央区红军在毛泽东同志的正确领导和全体同志的积极努力之下，在六届四中全会后的中央还没有来得及贯彻其错误路线的情况之下，取得了粉碎敌人第二次和第三次“围剿”的巨大胜利；其他多数革命根据地和红军，在同一时期和同一情况下，也得到了很多的胜利和发展。另一方面，日本帝国主义在一九三一年“九一八”开始的进攻，又激起了全国民族民主运动的新的高涨。新的中央对于这些事变所造成的新形势，一开始就作了完全错误的估计。它过分地夸大了当时国民党统治的危机和革命力量的发展，忽视了“九一八”以后中日民族矛盾的上升和中间阶级的抗日民主要求，强调了日本帝国主义和其他帝国主义是要一致地进攻苏联的，各帝国主义和中国各反革命派别甚至中间派别是要一致地进攻中国革命的，并断定中间派别是所谓中国革命的最危险的敌人。因此它继续主张打倒一切，认为当时“中国政治形势的中心的中心，是反革命与革命的决死斗争”；因此它又提出了红军夺取中心城市以实现一省数省首先胜利，和在白区普遍地实行武装工农、各企业总罢工等许多冒险主张。这些错误，最先表现于一九三一年九月二十日中央的《由于工农红军冲破敌人第三次“围剿”及革命危机逐渐成熟而产生的紧急任务决议》，并在后来临时中央的或在临时中央领导下作出的《关于日本帝国主义强占满洲事变的决议》（一九三一年九月二十二日）、《关于争取革命在一省与数省首先胜利的决议》(一九三二年一月九日)、《关于一二八事变的决议》（一九三二年二月二十六日）、《在夺取中国革命在一省数省的首先胜利中中国共产党内机会主义的动摇》（一九三二年四月四日）、《中央区中央局关于领导和参加反对帝国主义进攻苏联瓜分中国与扩大民族革命战争运动周的决议》（一九三二年五月十一日）、《革命危机的增长与北方党的任务》（一九三二年六月二十四日）等文件中得到了继续和发挥。

自一九三一年九月间以秦邦宪（博古）同志为首的临时中央成立起，到一九三五年一月遵义会议止，是第三次“左”倾路线的继续发展的时期。其间，临时中央因为白区工作在错误路线的领导下遭受严重损失，在一九三三年初迁入江西南部根据地，更使他们的错误路线得以在中央所在的根据地和邻近各根据地进一步地贯彻执行。在这以前，一九三一年十一月的江西南部根据地党代表大会和一九三二年十月中央区中央局的宁都会议，虽然已经根据六届四中全会的“反右倾”和“改造各级领导机关”的错误纲领，污蔑过去江西南部和福建西部根据地的正确路线为“富农路线”和“极严重的一贯的右倾机会主义错误”，并改变了正确的党的领导和军事领导；但是因为毛泽东同志的正确路线方针在红军中有深刻影响，在临时中央的错误路线尚未完全贯彻到红军中去以前，一九三三年春的第四次反“围剿”战争仍然得到了胜利。而在一九三三年秋开始的第五次反“围剿”战争中，极端错误的战略就取得了完全的统治。在其他许多政策上，特别是对于福建事变的政策上，“左”倾路线的错误也得到了完全的贯彻。

一九三四年一月，由临时中央召集的第六届中央委员会第五次全体会议（六届五中全会），是第三次“左”倾路线发展的顶点。六届五中全会不顾“左”倾路线所造成的中国革命运动的挫折和“九一八”“一二八”以来国民党统治区人民抗日民主运动的挫折，盲目地判断“中国的革命危机已到了新的尖锐的阶段——直接革命形势在中国存在着”；判断第五次反“围剿”的斗争“即是争取中国革命完全胜利的斗争”，说这一斗争将决定中国的“革命道路与殖民地道路之间谁战胜谁的问题”。它又重复立三路线的观点，宣称“在我们已将工农民主革命推广到中国重要部分的时候，实行社会主义革命将成为共产党的基本任务，只有在这个基础上，中国才会统一，中国民众才会完成民族的解放”等等。在反对“主要危险的右倾机会主义”、“反对对右倾机会主义的调和态度”和反对“用两面派的态度在实际工作中对党的路线怠工”等口号之下，它继续发展了宗派主义的过火斗争和打击政策。

第三次“左”倾路线在革命根据地的最大恶果，就是中央所在地区第五次反“围剿”战争的失败和红军主力的退出中央所在地区。“左”倾路线在退出江西和长征的军事行动中又犯了逃跑主义的错误，使红军继续受到损失。党在其他绝大多数革命根据地（闽浙赣区、鄂豫皖区、湘鄂赣区、湘赣区、湘鄂西区、川陕区）和广大白区的工作，也同样由于“左”

倾路线的统治而陷于失败。统治过鄂豫皖区和川陕区的张国焘路线，则除了一般的“左”倾路线之外，还表现为特别严重的军阀主义和在敌人进攻面前的逃跑主义。

以上这些，就是第三次统治全党的、以教条主义分子陈绍禹秦邦宪二同志为首的、错误的“左”倾路线的主要内容。

犯教条主义错误的同志们披着“马列主义理论”的外衣，仗着六届四中全会所造成的政治声势和组织声势，使第三次“左”倾路线在党内统治四年之久，使它在思想上、政治上、军事上、组织上表现得最为充分和完整，在全党影响最深，因而其危害也最大。但是犯这个路线错误的同志，在很长时期内，却在所谓“中共更加布尔什维克化”、“百分之百的布尔什维克”等武断词句下，竭力吹嘘同事实相反的六届四中全会以来中央领导路线之“正确性”及其所谓“不朽的成绩”，完全歪曲了党的历史。

在第三次“左”倾路线时期中，以毛泽东同志为代表的主张正确路线的同志们，是同这条“左”倾路线完全对立的。他们不赞成并要求纠正这条“左”倾路线，因而他们在各地的正确领导，也就被六届四中全会以来的中央及其所派去的组织或人员所推翻了。但是“左”倾路线在实际工作中的不断碰壁，尤其是中央所在地区第五次反“围剿”中的不断失败，开始在更多的领导干部和党员群众面前暴露了这一路线的错误，引起了他们的怀疑和不满。在中央所在地区红军长征开始后，这种怀疑和不满更加增长，以至有些曾经犯过“左”倾错误的同志，这时也开始觉悟，站在反对“左”倾错误的立场上来了。于是广大的反对“左”倾路线的干部和党员，都在毛泽东同志的领导下团结起来，因而在一九三五年一月，在毛泽东同志所领导的在贵州省遵义城召开的扩大的中央政治局会议上，得以胜利地结束了“左”倾路线在党中央的统治，在最危急的关头挽救了党。

遵义会议集中全力纠正了当时具有决定意义的军事上和组织上的错误，是完全正确的。这次会议开始了以毛泽东同志为首的中央的新的领导，是中国党内最有历史意义的转变。也正是由于这一转变，我们党才能够胜利地结束了长征，在长征的极端艰险的条件下保存了并锻炼了党和红军的基干，胜利地克服了坚持退却逃跑并实行成立第二党的张国焘路线，挽救了“左”倾路线所造成的陕北革命根据地的危机，正确地领导了一九三五年的“一二九”救亡运动，正确地解决了一九三六年的西安事变，组织了抗日民族统一战线，推动了神圣的抗日战争的爆发。

遵义会议后，党中央在毛泽东同志领导下的政治路线，是完全正确的。“左”倾路线在政治上、军事上、组织上都被逐渐地克服了。一九四二年以来，毛泽东同志所领导的全党反对主观主义、宗派主义、党八股的整风运动和党史学习，更从思想根源上纠正了党的历史上历次“左”倾以及右倾的错误。过去犯过“左”、右倾错误的同志，在长期体验中，绝大多数都有了很大的进步，做过了许多有益于党和人民的工作。这些同志，和其他广大同志在一起，在共同的政治认识上互相团结起来了。扩大的六届七中全会欣幸地指出：我党经过了自己的各种成功和挫折，终于在毛泽东同志领导下，在思想上、政治上、组织上、军事上，第一次达到了现在这样高度的巩固和统一。这是快要胜利了的党，这是任何力量也不能战胜了的党。

扩大的六届七中全会认为：关于抗日时期党内的若干历史问题，因为抗日阶段尚未结束，留待将来做结论是适当的。

（四）

为了使同志们进一步了解各次尤其是第三次“左”倾路线的错误，以利于“惩前毖后”，不在今后工作上重犯这类错误起见，特分别指出它们在政治上、军事上、组织上、思想上同正确路线相违抗的主要内容如下。

（一）在政治上

如同斯大林同志所指出和毛泽东同志所详细分析过的，现阶段的中国，是一个半殖民地半封建的国家（“九一八”以后部分地变为殖民地）；这个国家的革命，在第一次世界大战之后，是国际无产阶级已在苏联胜利，中国无产阶级已有政治觉悟时代的民族民主革命。这就规定了中国现阶段革命的性质，是无产阶级领导的、以工人农民为主体而有其他广大社会阶层参加的、反帝反封建的革命，即是既区别于旧民主主义又区别于社会主义的新民主主义的革命。由于现阶段的中国是在强大而又内部互相矛盾的几个帝国主义国家和中国封建势力统治之下的半殖民地半封建的大国，其经济和政治的发展具有极大的不平衡性和不统一性，这就规定了中国新民主主义革命的发展之极大的不平衡性，使革命在全国的胜利不能不经历长期的曲折的斗争；同时又使这一斗争能广泛地利用敌人的矛盾，在敌人的统治比较薄弱的广大地区首先建立和保持武装的革命根据地。为中国革命实践所证明的中国革命的上述基本特点和基本规律，既为一切右倾路线所不了解和违抗，也为各次尤其是第三次“左”倾路线所不了解和违抗。“左”倾路线因此在政治上犯了三个主要方面的错误。

第一，各次“左”倾路线首先在革命任务和阶级关系的问题上犯了错误。和斯大林同志一样，毛泽东同志还在第一次大革命时期，就不但指出中国现阶段革命的任务是反帝反封建，而且特别指出农民的土地斗争是中国反帝反封建的基本内容，中国的资产阶级民主革命实质上就是农民革命，因此对于农民斗争的领导是中国无产阶级在资产阶级民主革命中的基本任务。在土地革命战争初期，他又指出中国所需要的仍是资产阶级民主革命，“必定要经过这样的民权主义革命”，才谈得上社会主义的前途；指出土地革命因为革命在城市的失败有了更大的意义，“半殖民地中国的革命，只有农民斗争得不到工人的领导而失败，没有农民斗争的发展超过工人的势力而不利于革命本身的”；指出大资产阶级叛变革命之后，自由资产阶级仍然和买办资产阶级有区别，要求民主尤其是要求反帝国主义的阶层还是很广泛的，因此必须正确地对待和尽可能地联合或中立各种不同的中间阶级，而在乡村中则必须正确地对待中农和富农（“抽多补少，抽肥补瘦”，同时坚决地团结中农，保护富裕中农，给富农以经济的出路，也给一般地主以生活的出路）。凡此都是新民主主义的基本思想，而“左”倾路线是不了解和反对这些思想的。虽然各次“左”倾路线所规定的革命任务，许多也还是民主主义的，但是它们都混淆了民主革命和社会主义革命的一定界限，并主观地急于要超过民主革命；都低估农民反封建斗争在中国革命中的决定作用；都主张整个地反对资产阶级以至上层小资产阶级。第三次“左”倾路线更把反资产阶级和反帝反封建并列，否认中间营垒和第三派的存在，尤其强调反对富农。特别是九一八事变发生以后，中国阶级关系有了一个明显的巨大的变化，但是当时的第三次“左”倾路线则不但不认识这个变化，反而把同国民党反动统治有矛盾而在当时积极活动起来的中间派别断定为所谓“最危险的敌人”。应当指出，第三次“左”倾路线的代表者也领导了农民分配土地，建立政权和武装反抗当时国民党政府的进攻，这些任务都是正确的；但是由于上述的“左”倾认识，他们就错误地害怕承认当时的红军运动是无产阶级领导的农民运动，错误地反对所谓“农民特殊革命性”“农民的资本主义”和所谓“富农路线”，而实行了许多超民主主义的所谓“阶级路线”的政策，例如消灭富农经济及其他过左的经济政策、劳动政策，一切剥削者均无参政权的政权政策，强调以共产主义为内容的国民教育政策，对知识分子的过左政策，要兵不要官的兵运工作和过左的肃反政策等，而使当前的革命任务被歪曲，使革命势力被孤立，使红军运动受挫折。同样，应当指出，我党在一九二七年革命失败后的国民党统治区中，一贯坚持地领导了人民的民族民主运动，领导了工人及其他群众的经济斗争和革命的文化运动，反对了当时国民党政府出卖民族利益和压迫人民的政策；特别是“九一八”以后，我党领导了东北抗日联军，援助了“一二八”战争和察北抗日同盟军，和福建人民政府成立了抗日民主的同盟，提出了在三个条件下红军愿同国民党军队联合抗日，在六个条件下愿同各界人民建立民族武装自卫委员会，在一九三五年八月一日发表了《为抗日救国告全体同胞书》，号召成立国防政府和抗日联军等，这些也都是正确的。但是在各次尤其是第三次“左”倾路线统治时期，由于指导政策的错误，不能在实际上正确地解决问题，以致当时党在国民党统治区的工作也都没有得到应有的结果，或归于失败。当然，在抗日问题上，在当时还不能预料到代表中国大地主大资产阶级主要部分的国民党主要统治集团在一九三五年的华北事变尤其是一九三六年的西安事变以后所起的变化，但是中间阶层和一部分大地主大资产阶级的地方集团已经发生了成为抗日同盟者的变化，这个变化是广大党员和人民都已经认识了的，却被第三次“左”倾路线所忽视或否认，形成了自己的严重的关门主义，使自己远落于中国人民的政治生活之后。这个关门主义错误所造成的孤立和落后的状况，在遵义会议以前，基本上是没有改变的。

第二，各次“左”倾路线在革命战争和革命根据地的问题上，也犯了错误。斯大林同志说：“在中国，是武装的革命反对武装的反革命。这是中国革命的特点之一，也是中国革命的优点之一。”和斯大林同志一样，毛泽东同志在土地革命战争初期即已正确指出，由于半殖民地半封建的中国，是缺乏民主和工业的不统一的大国，武装斗争和以农民为主体的军队，是中国革命的主要斗争形式和组织形式。毛泽东同志又指出：广大农民所在的广大乡村，是中国革命必不可少的重要阵地（革命的乡村可以包围城市，而革命的城市不能脱离乡村）；中国可以而且必须建立武装的革命根据地，以为全国胜利（全国的民主统一）的出发点。在一九二四年至一九二七年革命时期，由于国共合作建立了联合政府，当时的根据地是以某些大城市为中心的，但是即在那个时期，也必须在无产阶级领导下建立以农民为主体的人民军队，并解决乡村土地问题，以巩固根据地的基础。而在土地革命战争时期，由于强大的反革命势力占据了全国的城市，这时的根据地就只能主要地依靠农民游击战争（而不是阵地战），在反革命统治薄弱的乡村（而不是中心城市）首先建立、发展和巩固起来。毛泽东同志指出这种武装的乡村革命根据地在中国存在的历史条件，是中国的“地方的农业经济（不是统一的资本主义经济）和帝国主义划分势力范围的分裂剥削政策”，是由此而来的“白色政权间的长期的分裂和战争”。他又指出这种根据地对于中国革命的历史意义，是“必须这样，才能树立全国革命群众的信仰，如苏联之于全世界然。必须这样，才能给反动统治阶级以甚大的困难，动摇其基础而促进其内部的分解。也必须这样，才能真正地创造红军，成为将来大革命的主要工具。总而言之，必须这样，才能促进革命的高潮”。至于这个时期的城市群众工作，则应如正确路线在白区工作中的代表刘少奇同志所主张的，采取以防御为主（不是以进攻为主），尽量利用合法的机会去工作（而不是拒绝利用合法），以便使党的组织深入群众，长期荫蔽，积蓄力量，并随时输送自己的力量到乡村去发展乡村武装斗争力量，借此以配合乡村斗争，推进革命形势，为其主要方针。因此，直至整个形势重新具有在城市中建立民主政府的条件时为止，中国革命运动应该以乡村工作为主，城市工作为辅；革命在乡村的胜利和在城市的暂时不能胜利，在乡村的进攻和在城市的一般处于防御，以至在这一乡村的胜利及进攻和在另一乡村的失败、退却和防御，就织成了在这一时期中全国的革命和反革命相交错的图画，也就铺成了在这一形势下革命由失败到胜利的必经道路。但是各次“左”倾路线的代表者，因为不了解半殖民地半封建的中国社会的特点，不了解中国资产阶级民主革命实质上是农民革命，不了解中国革命的不平衡性、曲折性和长期性，就从而低估了军事斗争特别是农民游击战争和乡村根据地的重要性，就从而反对所谓“枪杆子主义”和所谓“农民意识的地方观念与保守观念”，而总是梦想这时城市的工人斗争和其他群众斗争能突然冲破敌人的高压而勃兴，而发动中心城市的武装起义，而达到所谓“一省数省的首先胜利”，而形成所谓全国革命高潮和全国胜利，并以这种梦想作为一切工作布置的中心。但是实际上，在一九二七年革命失败后阶级力量对比的整个形势下，这种梦想的结果不是别的，首先就是造成了城市工作本身的失败。第一次“左”倾路线这样失败了，第二次“左”倾路线仍然继续同样的错误；所不同的，是要求红军的配合，因为这时红军已经逐渐长大了。第二次失败了，第三次“左”倾路线仍然要求在大城市“真正”准备武装起义；所不同的，是主要要求红军的占领，因为这时红军更大，城市工作更小了。这样不以当时的城市工作服从乡村工作，而以当时的乡村工作服从城市工作的结果，就是使城市工作失败以后，乡村工作的绝大部分也遭到失败。应当指出，在一九三二年以后，由于红军对中心城市的不能攻克或不能固守，特别是由于国民党的大举进攻，实际上已经停止了夺取中心城市的行动；而在一九三三年以后，又由于城市工作的更大破坏，临时中央也离开了城市而迁入了乡村根据地，实行了一个转变。但是这种转变，对于当时的“左”倾路线的同志们说来，不是自觉的，不是从研究中国革命特点得出正确结论的结果，因此，他们依然是以他们错误的城市观点，来指导红军和根据地的各项工作，并使这些工作受到破坏。例如，他们主张阵地战，而反对游击战和带游击性的运动战；他们错误地强调所谓“正规化”，而反对红军的所谓“游击主义”；他们不知道适应分散的乡村和长期的被敌人分割的游击战争，以节省使用根据地的人力物力，和采取其他必要的对策；他们在第五次反“围剿”中提出所谓“中国两条道路的决战”和所谓“不放弃根据地一寸土地”的错误口号，等等，就是明证。

扩大的六届七中全会着重指出：我们上面所说的这一时期内乡村工作所应推进、城市工作所应等待的形势变化，现时已经迫近了。只有在现时，在抗日战争的最后阶段，在我党领导的军队已经壮大，并还将更加壮大的时候，将敌占区的城市工作提到和解放区工作并重的地位，积极地准备一切条件，以便里应外合地从中心城市消灭日本侵略者，然后把工作重心转到这些城市去，才是正确的。这一点，对于从一九二七年革命失败以来艰难地将工作重心转入乡村的我党，将是一个新的有历史意义的转变；全党同志都应充分自觉地准备这一转变，而不再重复“左”倾路线在土地革命战争时期由城市转入乡村问题上所表现的初则反对、讳抗，继则勉强、被迫和不自觉的那种错误。至于国民党统治区域，则是另外一种情形；在那里，我们现实的任务是无论在乡村或城市，都应放手动员群众，坚决反对内战分裂，力争和平团结，要求加强对日作战，废止国民党一党专政，成立全国统一的民主的联合政府。当敌占城市在人民手中得到了解放，全国统一的民主的联合政府真正地实现了和巩固了的时候，就将是乡村根据地的历史任务完成的时候。

第三，各次“左”倾路线在进攻和防御的策略指导上，也犯了错误。正确的策略指导，必须如斯大林同志所指出的，需要正确的形势分析（正确地估计阶级力量的对比，判断运动的来潮和退潮），需要由此而来的正确的斗争形式和组织形式，需要正确的“利用敌人阵营里的每一缝隙，善于给自己找寻同盟者”；而毛泽东同志对于中国革命运动的指导，正是一个最好的模范。毛泽东同志在一九二七年革命失败后，正确地指出全国革命潮流的低落，在全国范围内敌强于我，冒险的进攻必然要招致失败；但在反动政权内部不断分裂和战争，人民革命要求逐渐恢复和上升的一般条件下，和在群众经过第一次大革命斗争，并有相当力量的红军和有正确政策的共产党的特殊条件下，就可以“在四周白色政权的包围中间，产生一小块或若干小块的红色政权区域”。他又指出：在统治阶级破裂时期，红色政权的发展“可以比较地冒进，用军事发展割据的地方可以比较地广大”；若在统治阶级比较稳定时期，则这种发展“必须是逐渐地推进的。这时在军事上最忌分兵冒进，在地方工作方面（分配土地，建立政权，发展党，组织地方武装）最忌把人力分得四散，而不注意建立中心区域的坚实基础”。即在同一时期，由于敌人的强弱不同，我们的策略也应当不同，所以湘赣边的割据地区就“对统治势力比较强大的湖南取守势，对统治势力比较薄弱的江西取攻势”。湘赣边红军以后进入闽赣边，又提出“争取江西，同时兼及闽西、浙西”的计划。不同的敌人对革命的不同利害关系，是决定不同策略的重要根据。所以毛泽东同志始终主张“利用反革命内部的每一冲突，从积极方面扩大他们内部的裂痕”，“反对孤立政策，承认争取一切可能的同盟者”。这些“利用矛盾，争取多数，反对少数，各个击破”的策略原则的运用，在他所领导的历次反“围剿”战争中，尤其在遵义会议后的长征和抗日民族统一战线工作中，得到了光辉的发展。刘少奇同志在白区工作中的策略思想，同样是一个模范。刘少奇同志正确地估计到一九二七年革命失败后白区特别是城市敌我力量的悬殊，所以主张有系统地组织退却和防御，“在形势与条件不利于我们的时候，暂时避免和敌人决斗”，以“准备将来革命的进攻和决斗”；主张有计划地把一九二四年至一九二七年革命时期的党的公开组织严格地转变为秘密组织，而在群众工作中则“尽可能利用公开合法手段”，以便党的秘密组织能够在这种群众工作中长期地荫蔽力量，深入群众，“聚积与加强群众的力量，提高群众的觉悟”。对于群众斗争的领导，刘少奇同志认为应当“根据当时当地的环境和条件，根据群众觉悟的程度，提出群众可能接受的部分的口号、要求和斗争的方式，去发动群众的斗争，并根据斗争过程中各种条件的变化，把群众的斗争逐渐提高到更高的阶段，或者‘适可而止’地暂时结束战斗，以准备下一次更高阶段和更大范围的战斗”。在利用敌人内部矛盾和争取暂时的同盟者的问题上，他认为应该“推动这些矛盾的爆发，与敌人营垒中可能和我们合作的成分，或者与今天还不是我们主要的敌人，建立暂时的联盟，去反对主要的敌人”；应该“向那些愿意同我们合作的同盟者作必要的让步，吸引他们同我们联合，参加共同的行动，再去影响他们，争取他们下层的群众”。一二九运动的成功，证明了白区工作中这些策略原则的正确性。和这种正确的策略指导相反，各次“左”倾路线的同志们因为不知道客观地考察敌我力量的对比，不知道采取与此相当的斗争形式和组织形式，不承认或不重视敌人内部的矛盾，这样，他们在应当防御的时候，固然因为盲目地实行所谓“进攻路线”而失败，就在真正应当进攻的时候，也因为不会组织胜利的进攻而失败。他们“估计形势”的方法，是把对他们的观点有利的某些个别的、萌芽的、间接的、片面的和表面的现象，夸大为大量的、严重的、直接的、全面的和本质的东西，而对于不合他们的观点的一切实际（如敌人的强大和暂时的胜利，我们的弱小和暂时失败，群众的觉悟不足，敌人的内部矛盾，中间派的进步方面等），则害怕承认，或熟视无睹。他们从不设想到可能的最困难和最复杂的情况，而只是梦想着不可能的最顺利和最简单的情况。在红军运动方面，他们总是把包围革命根据地的敌人描写为“十分动摇”、“恐慌万状”、“最后死亡”、“加速崩溃”、“总崩溃”，等等。第三次“左”倾路线的代表者们甚至认为红军对于超过自己许多倍的整个的国民党军队还占优势，因此总是要求红军作无条件的甚至不休息的冒进。第三次“左”倾路线的代表者们否认一九二四年至一九二七年革命所造成的南方和北方革命发展的不平衡（这种情况只是到了抗日战争期间才起了一个相反的变化），错误地反对所谓“北方落后论”，要求在北方乡村中普遍地建立红色政权，在北方白色军队中普遍地组织哗变成立红军。他们也否认根据地的中心地区和边缘地区的不平衡，错误地反对所谓“罗明路线”。他们拒绝利用进攻红军的各个军阀之间的矛盾，拒绝同愿意停止进攻红军的军队成立妥协。在白区工作方面，他们在革命已转入低潮而反革命的统治力量极为强大的城市，拒绝实行必要的退却和防御的步骤，拒绝利用一切合法的可能，而继续采取为当时情况所不允许的进攻的形式，组织庞大的没有掩护的党的机关和各种脱离广大群众的第二党式的所谓赤色群众团体，经常地无条件地号召和组织政治罢工、同盟罢工、罢课、罢市、罢操、罢岗、游行示威、飞行集会以至武装暴动等不易或不能得到群众参加和支持的行动，并曲解这一切行动的失败为“胜利”。总之，各次尤其是第三次“左”倾路线的同志们只知道关门主义和冒险主义，盲目地认为“斗争高于一切，一切为了斗争”，“不断地扩大和提高斗争”，因而不断地陷于不应有的和本可避免的失败。

（二）在军事上

在中国革命的现阶段，军事斗争是政治斗争的主要形式。在土地革命战争时期，这一问题成为党的路线中的最迫切的问题。毛泽东同志不但运用马克思列宁主义规定了中国革命的正确的政治路线，而且从土地革命战争时期以来，也运用马克思列宁主义规定了服从于这一政治路线的正确的军事路线。毛泽东同志的军事路线从两个基本观点出发：第一，我们的军队不是也不能是其他样式的军队，它必须是服从于无产阶级思想领导的、服务于人民斗争和根据地建设的工具；第二，我们的战争不是也不能是其他样式的战争，它必须在承认敌强我弱、敌大我小的条件下，充分地利用敌之劣点与我之优点，充分地依靠人民群众的力量，以求得生存、胜利和发展。从第一个观点出发，红军（现在是八路军、新四军及其他人民军队）必须全心全意地为着党的路线、纲领和政策，也就是为着全国人民的各方面利益而奋斗，反对一切与此相反的军阀主义倾向。因此，红军必须反对军事不服从于政治或以军事来指挥政治的单纯军事观点和流寇思想；红军必须同时负起打仗、做群众工作和筹款（现在是生产）的三位一体的任务，而所谓做群众工作，就是要成为党和人民政权的宣传者和组织者，就是要帮助地方人民群众分配土地（现在是减租减息），建立武装，建立政权以至建立党的组织。因此，红军在军政关系和军民关系上，必须要求严格地尊重人民的政权机关和群众团体，巩固它们的威信，严格地执行“三大纪律”“八项注意”；在军队的内部，必须建立正确的官兵关系，必须要有一定的民主生活和有威权的以自觉为基础的军事纪律；在对敌军的工作上，必须具有瓦解敌军和争取俘虏的正确政策。从第二个观点出发，红军必须承认游击战和带游击性的运动战是土地革命战争时期的主要战争形式，承认只有主力兵团和地方兵团相结合，正规军和游击队、民兵相结合，武装群众和非武装群众相结合的人民战争，才能够战胜比自己强大许多倍的敌人。因此，红军必须反对战略的速决战和战役的持久战，坚持战略的持久战和战役的速决战；反对战役战术的以少胜多，坚持战役战术的以多胜少。因此，红军必须实行“分兵以发动群众，集中以应付敌人”；“敌进我退，敌驻我扰，敌疲我打，敌退我追”；“固定区域的割据，用波浪式的推进政策；强敌跟追，用盘旋式的打圈子政策”；“诱敌深入”；“集中优势兵力，选择敌人的弱点，在运动战中有把握地消灭敌人的一部或大部，以各个击破敌人”等项战略战术的原则。各次“左”倾路线在军事上都是同毛泽东同志站在恰恰相反对的方面：第一次“左”倾路线的盲动主义，使红军脱离人民群众；第二次“左”倾路线，使红军实行冒险的进攻。但是这两次“左”倾路线在军事上都没有完整的体系。具有完整体系的是第三次。第三次“左”倾路线，在建军的问题上，把红军的三项任务缩小成为单纯的打仗一项，忽略正确的军民、军政、官兵关系的教育；要求不适当的正规化，把当时红军的正当的游击性当作所谓“游击主义”来反对；又发展了政治工作中的形式主义。在作战问题上，它否认了敌强我弱的前提；要求阵地战和单纯依靠主力军队的所谓“正规”战；要求战略的速决战和战役的持久战；要求“全线出击”和“两个拳头打人”；反对诱敌深入，把必要的转移当作所谓“退却逃跑主义”；要求固定的作战线和绝对的集中指挥等；总之是否定了游击战和带游击性的运动战，不了解正确的人民战争。在第五次反“围剿”作战中，他们始则实行进攻中的冒险主义，主张“御敌于国门之外”；继则实行防御中的保守主义，主张分兵防御，“短促突击”，同敌人“拼消耗”；最后，在不得不退出江西根据地时，又变为实行真正的逃跑主义。这些都是企图用阵地战代替游击战和运动战，用所谓“正规”战争代替正确的人民战争的结果。

在抗日战争的战略退却和战略相持阶段中，因为敌强我弱相差更甚，八路军和新四军的正确方针是：“基本的是游击战，但不放松有利条件下的运动战。”强求过多的运动战是错误的。但在将要到来的战略反攻阶段，正如全党的工作重心需要由乡村转到城市一样，在我军获得新式装备的条件下，战略上也需要由以游击战为主变为以运动战和阵地战为主。对于这个即将到来的转变，也需要全党有充分的自觉来作准备。

（三）在组织上

如毛泽东同志所说，正确的政治路线应该是“从群众中来，到群众中去”。而为使这个路线真正从群众中来，特别是真正能到群众中去，就不但需要党和党外群众（阶级和人民）有密切的联系，而且首先需要党的领导机关和党内群众（干部和党员）有密切的联系，也就是说，需要正确的组织路线。因此，毛泽东同志在党的各个时期既然规定了代表人民群众利益的政治路线，同时也就规定了服务于这一政治路线的联系党内党外群众的组织路线。这个工作，在土地革命战争时期也得到了重要的发展，其集中的表现，便是一九二九年红四军党的第九次代表大会的决议。这个决议，一方面把党的建设提到了思想原则和政治原则的高度，坚持无产阶级思想的领导，正确地进行了反对单纯军事观点、主观主义、个人主义、平均主义、流寇思想、盲动主义等倾向的斗争，指出了这些倾向的根源、危害和纠正的办法；另一方面又坚持严格的民主集中制，既反对不正当地限制民主，也反对不正当地限制集中。毛泽东同志又从全党团结的利益出发，坚持局部服从全体，并根据中国革命的具体特点，规定了新干部和老干部、外来干部和本地干部、军队干部和地方干部、以及不同部门、不同地区的干部间的正确关系。这样，毛泽东同志就供给了一个坚持真理的原则性和服从组织的纪律性相结合的模范，供给了一个正确地进行党内斗争和正确地保持党内团结的模范。与此相反，在一切错误政治路线统治的同时，也就必然出现了错误的组织路线；这条错误的政治路线统治得愈久，则其错误的组织路线的为害也愈烈。因此，土地革命战争时期各次“左”倾路线，不但反对了毛泽东同志的政治路线，也反对了毛泽东同志的组织路线；不但形成了脱离党外群众的宗派主义（不把党当作人民群众利益的代表者和人民群众意志的集中者），也形成了脱离党内群众的宗派主义（不使党内一部分人的局部利益服从全党利益，不把党的领导机关当作全党意志的集中者）。尤其是第三次“左”倾路线的代表者，为贯彻其意旨起见，在党内曾经把一切因为错误路线行不通而对它采取怀疑、不同意、不满意、不积极拥护、不坚决执行的同志，不问其情况如何，一律错误地戴上“右倾机会主义”、“富农路线”、“罗明路线”、“调和路线”、“两面派”等大帽子，而加以“残酷斗争”和“无情打击”。甚至以对罪犯和敌人作斗争的方式来进行这种“党内斗争”。这种错误的党内斗争，成了领导或执行“左”倾路线的同志们提高其威信、实行其要求和吓唬党员干部的一种经常办法。它破坏了党内民主集中制的基本原则，取消了党内批评和自我批评的民主精神，使党内纪律成为机械的纪律，发展了党内盲目服从随声附和的倾向，因而使党内新鲜活泼的、创造的马克思主义之发展，受到打击和阻挠。同这种错误的党内斗争相结合的，则是宗派主义的干部政策。宗派主义者不把老干部看作党的宝贵的资本，大批地打击、处罚和撤换中央和地方一切同他们气味不相投的、不愿盲目服从随声附和的、有工作经验并联系群众的老干部。他们也不给新干部以正确的教育，不严肃地对待提拔新干部（特别是工人干部）的工作，而是轻率地提拔一切同他们气味相投的、只知盲目服从随声附和的、缺乏工作经验、不联系群众的新干部和外来干部，来代替中央和地方的老干部。这样，他们既打击了老干部，又损坏了新干部。很多地区，更由于错误的肃反政策和干部政策中的宗派主义纠缠在一起，使大批优秀的同志受到了错误的处理而被诬害，造成了党内极可痛心的损失。这种宗派主义的错误，使党内发生了上下脱节和其他许多不正常现象，极大地削弱了党。

扩大的六届七中全会在此宣布：对于一切被错误路线所错误地处罚了的同志，应该根据情形，撤消这种处分或其错误部分。一切经过调查确系因错误处理而被诬害的同志，应该得到昭雪，恢复党籍，并受到同志的纪念。

（四）在思想上

一切政治路线、军事路线和组织路线之正确或错误，其思想根源都在于它们是否从马克思列宁主义的辩证唯物论和历史唯物论出发，是否从中国革命的客观实际和中国人民的客观需要出发。毛泽东同志从他进入中国革命事业的第一天起，就着重于应用马克思列宁主义的普遍真理以从事于对中国社会实际情况的调查研究，在土地革命战争时期，尤其再三再四地强调了“没有调查就没有发言权”的真理，再三再四地反对了教条主义和主观主义的危害。毛泽东同志在土地革命战争时期所规定的政治路线、军事路线和组织路线，正是他根据马克思列宁主义的普遍真理，根据辩证唯物论和历史唯物论，具体地分析了当时国内外党内外的现实情况及其特点，并具体地总结了中国革命的历史经验，特别是一九二四年至一九二七年革命的历史经验的光辉的成果。在中国生活和奋斗的中国共产党人学习辩证唯物论和历史唯物论，应该是为了用以研究和解决中国革命的各种实际问题，如同毛泽东同志所做的。但是一切犯“左”倾错误的同志们，在那时，当然是不能了解和接受毛泽东同志的做法的，第三次“左”倾路线的代表者更污蔑他是“狭隘经验主义者”；这是因为他们的思想根源乃是主观主义和形式主义，在第三次“左”倾路线统治时期更特别突出地表现为教条主义的缘故。教条主义的特点，是不从实际情况出发，而从书本上的个别词句出发。它不是根据马克思列宁主义的立场和方法来认真研究中国的政治、军事、经济、文化的过去和现在，认真研究中国革命的实际经验，得出结论，作为中国革命的行动指南，再在群众的实践中去考验这些结论是否正确；相反地，它抛弃了马克思列宁主义的实质，而把马克思列宁主义书本上的若干个别词句搬运到中国来当做教条，毫不研究这些词句是否合乎中国现实的实际情况。因此，他们的“理论”和实际脱离，他们的领导和群众脱离，他们不是实事求是，而是自以为是，他们自高自大，夸夸其谈，害怕正确的批评和自我批评，就是必然的了。

在教条主义统治时期，同它合作并成为它的助手的经验主义的思想，也是主观主义和形式主义的一种表现形式。经验主义同教条主义的区别，是在于它不是从书本出发，而是从狭隘的经验出发。应当着重地指出：最广大的有实际工作经验的同志，他们的一切有益的经验，是极可宝贵的财产。科学地把这些经验总结起来，作为以后行动中的指导，这完全不是经验主义，而是马克思列宁主义；正像把马克思列宁主义的原理原则当做革命行动的指南，而不把它们当做教条，就完全不是教条主义，而是马克思列宁主义一样。但是，在一切有实际工作经验的同志中，如果有一些人满足于甚至仅仅满足于他们的局部经验，把它们当做到处可以使用的教条，不懂得而且不愿意承认“没有革命的理论，就不会有革命的运动”和“为着领导，必须预见”的真理，因而轻视从世界革命经验总结出来的马克思列宁主义的学习，并醉心于狭隘的无原则的所谓实际主义和无头脑无前途的事务主义，却坐在指挥台上，盲目地称英雄，摆老资格，不肯倾听同志们的批评和发展自我批评，这样，他们就成为经验主义者了。因此，经验主义和教条主义的出发点虽然不同，但是在思想方法的本质上，两者却是一致的。他们都是把马克思列宁主义的普遍真理和中国革命的具体实践分割开来；他们都违背辩证唯物论和历史唯物论，把片面的相对的真理夸大为普遍的绝对的真理；他们的思想都不符合于客观的全面的实际情况。因此，他们对于中国社会和中国革命，就有了许多共同的错误的认识（如错误的城市中心观点，白区工作中心观点，脱离实际情况的“正规”战观点等）。这就是这两部分同志能够互相合作的思想根源。虽然因为经验主义者的经验是局部的、狭隘的，他们中的多数对于全面性的问题往往缺乏独立的明确的完整的意见，因此，他们在和教条主义者相结合时，一般地是作为后者的附庸而出现；但是党的历史证明，教条主义者缺乏经验主义者的合作就不易“流毒全党”，而在教条主义被战胜以后，经验主义更成为党内的马克思列宁主义发展的主要障碍。因此，我们不但要克服主观主义的教条主义，而且也要克服主观主义的经验主义。必须彻底克服教条主义和经验主义的思想，马克思列宁主义的思想、路线和作风，才能普及和深入全党。

以上所述政治、军事、组织和思想四方面的错误，实为各次尤其是第三次“左”倾路线的基本错误。而一切政治上、军事上和组织上的错误，都是从思想上违背马克思列宁主义的辩证唯物论和历史唯物论而来，都是从主观主义和形式主义、教条主义和经验主义而来。

扩大的六届七中全会指出：我们在否定各次“左”倾路线的错误时，同时要牢记和实行毛泽东同志“对于任何问题应取分析态度，不要否定一切”的指示。应当指出：犯了这些错误的同志们的观点中，并不是一切都错了，他们在反帝反封建、土地革命、反蒋战争等问题上的若干观点，同主张正确路线的同志们仍然是一致的。还应指出，第三次“左”倾路线统治时间特别长久，所给党和革命的损失特别重大，但是这个时期的党，因为有广大的干部、党员群众和广大的军民群众在一起，进行了积极的工作和英勇的斗争，因而在许多地区和许多部门的实际工作中，仍然获得了很大的成绩（例如在战争中，在军事建设中，在战争动员中，在政权建设中，在白区工作中）。正是由于这种成绩，才能够支持反对敌人进攻的战争至数年之久，给了敌人以重大的打击；仅因错误路线的统治，这些成绩才终于受到了破坏。在各次错误路线统治时期，和党的任何其他历史时期一样，一切为人民利益而壮烈牺牲了的党内党外的领袖、领导者、干部、党员和人民群众，都将永远被党和人民所崇敬。

（五）

“左”倾路线的上述四方面错误的产生，不是偶然的，它有很深的社会根源。

如同毛泽东同志所代表的正确路线反映了中国无产阶级先进分子的思想一样，“左”倾路线则反映了中国小资产阶级民主派的思想。半殖民地半封建的中国，是小资产阶级极其广大的国家。我们党不但从党外说是处在这个广大阶层的包围之中；而且在党内，由于十月革命以来马克思列宁主义在世界的伟大胜利，由于中国现实的社会政治情况，特别是国共两党的历史发展，决定了中国不能有强大的小资产阶级政党，因此就有大批的小资产阶级革命民主分子向无产阶级队伍寻求出路，使党内小资产阶级出身的分子也占了大多数。此外，即使工人群众和工人党员，在中国的经济条件下，也容易染有小资产阶级的色彩。因此，小资产阶级思想在我们党内常常有各色各样的反映，这是必然的，不足为怪的。

党外的小资产阶级群众，除了农民是中国资产阶级民主革命的主要力量以外，城市小资产阶级大多数群众在中国也受着重重压迫，经常迅速大量地陷于贫困破产和失业的境地，其经济和政治的民主要求十分迫切，所以在现阶段的革命中，城市小资产阶级也是革命动力之一。但是小资产阶级由于是一个过渡的阶级，它是有两面性的：就其好的、革命的一面说来，是其大多数群众在政治上、组织上以至思想上能够接受无产阶级的影响，在目前要求民主革命，并能为此而团结奋斗，在将来也可能和无产阶级共同走向社会主义；而就其坏的、落后的一面说来，则不但有其各种区别于无产阶级的弱点，而且在失去无产阶级的领导时，还往往转而接受自由资产阶级以至大资产阶级的影响，成为他们的俘虏。因此，在现阶段上，无产阶级及其先进部队——中国共产党，对于党外的小资产阶级群众，应该在坚决地广泛地联合他们的基础上，一方面给以宽大的待遇，在不妨碍对敌斗争和共同的社会生活的条件下，容许其自由主义的思想和作风的存在；另一方面则给以适当的教育，以便巩固同他们的联合。

至于由小资产阶级出身而自愿抛弃其原有立场、加入无产阶级政党的分子，则是完全另一种情形。党对于他们，和对于党外的小资产阶级群众，应该采取原则上不同的政策。由于他们本来和无产阶级相接近，又自愿地加入无产阶级政党，在党的马克思列宁主义教育和群众革命斗争的实际锻炼中，他们是可以逐渐在思想上无产阶级化，并给无产阶级队伍以重大利益的；而且在事实上，加入我党的小资产阶级出身的分子之绝大多数，也都为党和人民作了勇敢的奋斗和牺牲，他们的思想已经进步，很多人并已成为马克思列宁主义者了。但是，必须着重指出：任何没有无产阶级化的小资产阶级分子的革命性，在本质上和无产阶级革命性不相同，而且这种差别往往可能发展成为对抗状态。带着小资产阶级革命性的党员，虽然在组织上入了党，但是在思想上却还没有入党，或没有完全入党，他们往往是以马克思列宁主义者的面貌出现的自由主义者、改良主义者、无政府主义者、布朗基主义者，等等；在这种情况下，他们不但不能引导中国将来的共产主义运动达到胜利，而且也不能引导中国今天的新民主主义运动达到胜利。如果无产阶级先进分子不以马克思列宁主义的思想和这些小资产阶级出身的党员的旧有思想坚决地分清界限，严肃地、但是恰当地和耐心地进行教育和斗争，则他们的小资产阶级思想不但不能克服，而且必然力图以他们自己的本来面貌来代替党的无产阶级先进部队的面貌，实行篡党，使党和人民的事业蒙受损失。党外的小资产阶级愈是广大，党内的小资产阶级出身的党员愈是众多，则党便愈须严格地保持自己的无产阶级先进部队的纯洁性，否则小资产阶级思想向党的进攻必然愈是猛烈，而党所受的损失也必然愈是巨大。我党历史上各次错误路线和正确路线之间的斗争，实质上即是党外的阶级斗争在党内的表演；而上述“左”倾路线在政治上、军事上、组织上和思想上的错误，也即是这种小资产阶级思想在党内的反映。在这个问题上，可以从三个方面来加以分析：

首先，在思想方法方面。小资产阶级的思想方法，基本上表现为观察问题时的主观性和片面性，即不从阶级力量对比之客观的全面的情况出发，而把自己主观的愿望、感想和空谈当做实际，把片面当成全面，局部当成全体，树木当做森林。脱离实际生产过程的小资产阶级知识分子，因为只有书本知识而缺乏感性知识，他们的思想方法就比较容易表现为我们前面所说的教条主义。联系生产的小资产阶级分子虽具有一定的感性知识，但是受着小生产的狭隘性、散漫性、孤立性和保守性的限制，他们的思想方法就比较容易表现为我们前面所说的经验主义。

第二，在政治倾向方面。小资产阶级的政治倾向，因为他们的生活方式和由此而来的思想方法上的主观性片面性，一般地容易表现为左右摇摆。小资产阶级革命家的许多代表人物希望革命马上胜利，以求根本改变他们今天所处的地位；因而他们对于革命的长期努力缺乏忍耐心，他们对于“左”的革命词句和口号有很大的兴趣，他们容易发生关门主义和冒险主义的情绪和行动。小资产阶级的这种倾向，在党内反映出来，就构成了我们前面所说的“左”倾路线在革命任务问题、革命根据地问题、策略指导问题和军事路线问题上的各种错误。

但是，这些小资产阶级革命家在另外一种情况下，或是另一部分小资产阶级革命家，也可以表现悲观失望，表现追随于资产阶级之后的右倾情绪和右倾观点。一九二四年至一九二七年革命后期的陈独秀主义，土地革命后期的张国焘主义和长征初期的逃跑主义，都是小资产阶级这种右倾思想在党内的反映。抗日时期，又曾发生过投降主义的思想。一般地说，在资产阶级和无产阶级分裂的时期，比较容易发生“左”倾错误（例如土地革命时期“左”倾路线统治党的领导机关至三次之多），而在资产阶级和无产阶级联合的时期，则比较容易发生右倾错误（例如一九二四年至一九二七年革命后期和抗日战争初期）。而无论是“左”倾或右倾，都是不利于革命而仅仅利于反革命的。由于各种情况的变化而产生的左右摇摆、好走极端、华而不实、投机取巧，是小资产阶级思想在坏的一面的特点。

这是小资产阶级在经济上所处的不稳定地位在思想上的反映。

第三，在组织生活方面。由于一般小资产阶级的生活方式和思想方法的限制，特别由于中国的落后的分散的宗法社会和帮口行会的社会环境，小资产阶级在组织生活上的倾向，容易表现为脱离群众的个人主义和宗派主义。这种倾向反映到党内，就造成我们前面所说的“左”倾路线的错误的组织路线。党长期地处在分散的乡村游击战争中的情况，更有利于这种倾向的发展。这种倾向，不是自我牺牲地为党和人民工作，而是利用党和人民的力量并破坏党和人民的利益来达到个人和宗派的目的，因此它是同党的联系群众的原则、党的民主集中制和党的纪律不相容的。这种倾向，常常采取各种各样的形式，如官僚主义、家长制度、惩办主义、命令主义、个人英雄主义、半无政府主义、自由主义、极端民主主义、闹独立性、行会主义、山头主义、同乡同学观念、派别纠纷、耍流氓手腕等，破坏着党同人民群众的联系和党内的团结。

这些就是小资产阶级思想的三个方面。我们党内历次发生的思想上的主观主义，政治上的“左”、右倾，组织上的宗派主义等项现象，无论其是否形成了路线，掌握了领导，显然都是小资产阶级思想之反马克思列宁主义、反无产阶级的表现。为了党和人民的利益，采取教育方法，将党内的小资产阶级思想加以分析和克服，促进其无产阶级化，是完全必要的。

（六）

由上所述，可见各次尤其是第三次统治全党的“左”倾路线，不是偶然的产物，而是一定的社会历史条件的产物。因此，要克服错误的“左”倾思想或右倾思想，既不能草率从事，也不能操切从事，而必须深入马克思列宁主义的教育，提高全党对于无产阶级思想和小资产阶级思想的鉴别能力，并在党内发扬民主，展开批评和自我批评，进行耐心说服和教育的工作，具体地分析错误的内容及其危害，说明错误之历史的和思想的根源及其改正的办法。这是马克思列宁主义者克服党内错误的应有态度。扩大的六届七中全会指出：毛泽东同志在这次全党整风和党史学习中所采取的方针，即“惩前毖后，治病救人”，“既要弄清思想又要团结同志”的方针，是马克思列宁主义者克服党内错误的正确态度的模范，因而取得了在思想上、政治上和组织上提高并团结全党的伟大成就。

扩大的六届七中全会指出：在党的历史上，曾经有过反对陈独秀主义和李立三主义的斗争，这些斗争，是完全必要的。这些斗争的缺点，是没有自觉地作为改造在党内严重存在着的小资产阶级思想的严重步骤，因而没有在思想上彻底弄清错误的实质及其根源，也没有恰当地指出改正的方法，以致易于重犯错误；同时，又太着重了个人的责任，以为对于犯错误的人们一经给以简单的打击，问题就解决了。党在检讨了六届四中全会以来的错误以后，认为今后进行一切党内思想斗争时，应该避免这种缺点，而坚决执行毛泽东同志的方针。任何过去犯过错误的同志，只要他已经了解和开始改正自己的错误，就应该不存成见地欢迎他，团结他为党工作。即使还没有很好地了解和改正错误，但已不坚持错误的同志，也应该以恳切的同志的态度，帮助他去了解和改正错误。现在全党对于过去错误路线的认识，已经一致了，全党已经在以毛泽东同志为首的中央周围团结起来了。因此，全党今后的任务，就是在弄清思想、坚持原则的基础上加强团结，正像本决议的第二节上所说的：“团结全党同志如同一个和睦的家庭一样，如同一块坚固的钢铁一样，为着获得抗日战争的彻底胜利和中国人民的完全解放而奋斗”。我们党关于党内历史问题的一切分析、批判、争论，是应该从团结出发，而又达到团结的，如果违背了这个原则，那就是不正确的。但是鉴于党内小资产阶级思想的社会根源的存在以及党所处的长期分散的农村游击战争的环境，又鉴于教条主义和经验主义的思想残余还是存在着，尤其是对于经验主义还缺乏足够的批判，又鉴于党内严重的宗派主义虽然基本上已经被克服，而具有宗派主义倾向的山头主义则仍然相当普遍地存在着等项事实，全党应该警觉：要使党内思想完全统一于马克思列宁主义，还需要一个长时期的继续克服错误思想的斗争过程。因此，扩大的六届七中全会决定：全党必须加强马克思列宁主义的思想教育，并着重联系中国革命的实践，以达到进一步地养成正确的党风，彻底地克服教条主义、经验主义、宗派主义、山头主义等项倾向之目的。

（七）

扩大的六届七中全会着重指出：二十四年来中国革命的实践证明了，并且还在证明着，毛泽东同志所代表的我们党和全国广大人民的奋斗方向是完全正确的。今天我党在抗日战争中所已经取得的伟大胜利及其所起的决定作用，就是这条正确路线的生动的证明。党在个别时期中所犯的“左”、右倾错误，对于二十四年来在我党领导之下的轰轰烈烈地发展着的、取得了伟大成绩和丰富经验的整个中国革命事业说来，不过是一些部分的现象。这些现象，在党还缺乏充分经验和充分自觉的时期内，是难于完全避免的；而且党正是在克服这些错误的斗争过程中而更加坚强起来，到了今天，全党已经空前一致地认识了毛泽东同志的路线的正确性，空前自觉地团结在毛泽东的旗帜下了。以毛泽东同志为代表的马克思列宁主义的思想更普遍地更深入地掌握干部、党员和人民群众的结果，必将给党和中国革命带来伟大的进步和不可战胜的力量。

扩大的六届七中全会坚决相信：有了北伐战争、土地革命战争和抗日战争这样三次革命斗争的丰富经验的中国共产党，在以毛泽东同志为首的中央的正确领导之下，必将使中国革命达到彻底的胜利。

——选自《毛泽东选集》第三卷，人民出版社 1991 年版

唯心历史观的破产

毛泽东·1949 年 9 月 16 日

随着三大战役、渡江战役的胜利和中国共产党七届二中全会的召开，中国革命的胜利已经指日可待。1949 年 7 月 30 日，美国国务卿艾奇逊给美国总统杜鲁门写了一封信，在中国革命发生的原因问题上，宣扬了一种资产阶级的唯心的历史观，他认为在形成现代化中国之命运中，有两个因素起了主要作用：一是中国的人口，二是西方以及西方观念给予中国的影响。艾奇逊的历史观点，在当时中国知识分子中的一部分人中间具有影响。驳斥了艾奇逊，就可以使广大的中国人打开眼界，就可以教育那些和艾奇逊相同或者有某些相同的观点的人们。为此，毛泽东于 1949 年 9 月为新华社写了这篇评论。全文约 5000 字，本篇全文选读。

中国人之所以应当感谢美国资产阶级发言人艾奇逊，不但是因为艾奇逊明确地供认了美国出钱出枪，蒋介石出人，替美国打仗杀中国人这样一种事实，使得中国的先进分子有证据地去说服落后分子。不是吗？你们看，艾奇逊自己招认了，最近数年的这一场使得几百万中国人丧失生命的大血战，是美国帝国主义有计划地组织成功的。中国人之所以应当感谢艾奇逊，又不但因为艾奇逊公开地宣称，他们要招收中国的所谓“民主个人主义”分子，组织美国的第五纵队，推翻中国共产党领导的人民政府，因此引起了中国人特别是那些带有自由主义色彩的中国人的注意，大家相约不要上美国人的当，到处警戒美帝国主义在暗地里进行的阴谋活动。中国人之所以应当感谢艾奇逊，还因为艾奇逊胡诌了一大篇中国近代史，而艾奇逊的历史观点止是中国知识分子中有一部分人所同具的观点，就是说资产阶级的唯心的历史观。驳斥了艾奇逊，就有可能使得广大的中国人获得打开眼界的益处。对于那些抱着和艾奇逊相同或者有某些相同的观点的人们，则可能是更加有益的。

艾奇逊胡诌的中国近代史是什么呢？他首先试图从中国的经济状况和思想状况去说明中国革命的发生。在这里，他讲了很多的神话。

艾奇逊说：“中国人口在十八、十九两个世纪里增加了一倍，因此使土地受到不堪负担的压力。人民的吃饭问题是每个中国政府必然碰到的第一个问题。一直到现在没有一个政府使这个问题得到了解决。国民党在法典里写上了许多土地改革法令，想这样来解决这个问题。这些法令有的失败了，有的被忽视。国民政府之所以有今天的窘况，很大的一个原因是它没有使中国有足够的东西吃。中共宣传的内容，一大部分是他们决心解决土地问题的诺言。”

在不明事理的中国人看来，很有点像。人口太多了，饭少了，发生革命。国民党没有解决这个问题，共产党也不见得能解决这个问题，“一直到现在没有一个政府使这个问题得到了解决”。

革命的发生是由于人口太多的缘故吗？古今中外有过很多的革命，都是由于人口太多吗？中国几千年以来的很多次的革命，也是由于人口太多吗？美国一百七十四年以前的反英革命，也是由于人口太多吗？艾奇逊的历史知识等于零，他连美国独立宣言也没有读过。华盛顿杰斐逊们之所以举行反英革命，是因为英国人压迫和剥削美国人，而不是什么美国人口过剩。中国人民历次推翻自己的封建朝廷，是因为这些封建朝廷压迫和剥削人民，而不是什么人口过剩。俄国人所以举行二月革命和十月革命，是因为俄皇和俄国资产阶级的压迫和剥削，而不是什么人口过剩，俄国至今还是土地多过人口很远的。蒙古土地那么广大，人口那么稀少，照艾奇逊的道理是不能设想会发生革命的，但是却早已发生了。

按照艾奇逊的说法，中国是毫无出路的，人口有了四亿七千五百万，是一种“不堪负担的压力”，革命也好，不革命也好，总之是不得了。艾奇逊在这里寄予了很大的希望，这个希望他没有说出来，却被许多美国新闻记者经常地透露了出来，这就是所谓中国共产党解决不了自己的经济问题，中国将永远是天下大乱，只有靠美国的面粉，即是说变为美国的殖民地，才有出路。

辛亥革命为什么没有成功，没有解决吃饭问题呢？是因为辛亥革命只推翻一个清朝政府，而没有推翻帝国主义和封建主义的压迫和剥削。

北伐战争为什么没有成功，没有解决吃饭问题呢？是因为蒋介石背叛革命，投降帝国主义，成了压迫和剥削中国人的反革命首领。

“一直到现在没有一个政府使这个问题得到了解决”吗？西北、华北、东北、华东各个解决了土地问题的老解放区，难道还有如同艾奇逊所说的那种“吃饭问题”存在吗？美国在中国的侦探或所谓观察家是不少的，为什么连这件事也没有探出来呢？上海等处的失业问题即吃饭问题，完全是帝国主义、封建主义、官僚资本主义和国民党反动政府的残酷无情的压迫和剥削的结果。在人民政府下，只消几年工夫，就可以和华北、东北等处一样完全地解决失业即吃饭的问题。

中国人口众多是一件极大的好事。再增加多少倍人口也完全有办法，这办法就是生产。西方资产阶级经济学家如像马尔萨斯者流所谓食物增加赶不上人口增加的一套谬论，不但被马克思主义者早已从理论上驳斥得干干净净，而且已被革命后的苏联和中国解放区的事实所完全驳倒。根据革命加生产即能解决吃饭问题的真理，中共中央已命令全国各地的共产党组织和人民解放军，对于国民党的旧工作人员，只要有一技之长而不是反动有据或劣迹昭著的分子，一概予以维持，不要裁减。十分困难时，饭匀着吃，房子挤着住。已被裁减而生活无着者，收回成命，给以饭吃。国民党军起义的或被俘的，按此原则，一律收留。凡非首要的反动分子，只要悔罪，亦须给以生活出路。

世间一切事物中，人是第一个可宝贵的。在共产党领导下，只要有了人，什么人间奇迹也可以造出来。我们是艾奇逊反革命理论的驳斥者，我们相信革命能改变一切，一个人口众多、物产丰盛、生活优裕、文化昌盛的新中国，不要很久就可以到来，一切悲观论调是完全没有根据的。

“西方的影响”，这是艾奇逊解释中国革命所以发生的第二个原因。艾奇逊说：“中国自己的高度文化和文明，有了三千多年的发展，大体上不曾沾染外来的影响。中国人即是被武力征服，最后总是能够驯服和融化侵入者。他们自然会因此把自己当作世界的中心，把自己看成是文明人类的最高表现。到了十九世纪中叶，西方突破了中国孤立的墙壁，那在以前是不可逾越的。这些外来者带来了进取性，带来了发展得盖世无双的西方技术，带来了为以往的侵入者所从来不曾带入中国的高度文化。一部分由于这些品质，一部分由于清朝统治的衰落，西方人不但没有被中国融化，而且介绍了许多新思想进来，这些新思想发生了重要作用，激起了骚动和不安。”

在不明事理的中国人看来，艾奇逊说得很有点像。西方的新观念输入了中国，引起了革命。

革什么人的命呢？因为“清朝统治的衰落”，向弱点进攻，是革清朝的命了。艾奇逊在这里说得不恰当。辛亥革命是革帝国主义的命。中国人所以要革清朝的命，是因为清朝是帝国主义的走狗。反对英国鸦片侵略的战争，反对英法联军侵略的战争，反对帝国主义走狗清朝的太平天国战争，反对法国侵略的战争，反对日本侵略的战争，反对八国联军侵略的战争，都失败了，于是再有反对帝国主义走狗清朝的辛亥革命，这就是到辛亥为止的近代中国史。艾奇逊所说的“西方的影响”是什么呢？就是马克思恩格斯在《共产党宣言》（一八四八年）中所说的西方资产阶级按照自己的面貌用恐怖的方法去改造世界。在这个影响或改造过程中，西方资产阶级需要买办和熟习西方习惯的奴才，不得不允许中国这一类国家开办学校和派遣留学生，给中国“介绍了许多新思想进来”。随着也就产生了中国这类国家的民族资产阶级和无产阶级。同时并使农民破产，造成了广大的半无产阶级。这样，西方资产阶级就在东方造成了两类人，一类是少数人，这就是为帝国主义服务的洋奴；一类是多数人，这就是反抗帝国主义的工人阶级、农民阶级、城市小资产阶级、民族资产阶级和从这些阶级出身的知识分子，所有这些，都是帝国主义替自己造成的掘墓人，革命就是从这些人发生的。不是什么西方思想的输入引起了“骚动和不安”，而是帝国主义的侵略引起了反抗。

在这个反抗运动中，在一个很长的时期内，即从一八四〇年的鸦片战争到一九一九年的五四运动的前夜，共计七十多年中，中国人没有什么思想武器可以抗御帝国主义。旧的顽固的封建主义的思想武器打了败仗了，抵不住，宣告破产了。不得已，中国人被迫从帝国主义的老家即西方资产阶级革命时代的武器库中学来了进化论、天赋人权论和资产阶级共和国等项思想武器和政治方案，组织过政党，举行过革命，以为可以外御列强，内建民国。但是这些东西也和封建主义的思想武器一样，软弱得很，又是抵不住，败下阵来，宣告破产了。

一九一七年的俄国革命唤醒了中国人，中国人学得了一样新的东西，这就是马克思列宁主义。中国产生了共产党，这是开天辟地的大事变。孙中山也提倡“以俄为师”，主张“联俄联共”。总之是从此以后，中国改换了方向。

艾奇逊是帝国主义政府的发言人，他当然一个字也不愿意提到帝国主义。他将帝国主义的侵略，说成“外来者带来了进取性”。看啊，多么美丽的名称——“进取性”。中国人学了这种“进取性”，不是进取到英国或美国去，只是在中国境内引起了“骚动和不安”，即是革帝国主义及其走狗的命。可惜没有一次成功，都给“进取性”的发明人即帝国主义者打败了。于是掉转头去学别的东西，很奇怪，果然一学就灵。

“中国共产党是在二十年代初期，在俄罗斯革命的思想推动之下建立起来的”。艾奇逊说对了。这种思想不是别的，就是马克思列宁主义。这种思想，和艾奇逊所说的西方资产阶级的“为以往的侵入者所从来不曾带入中国的高度文化”相比较，不知要高出几多倍。其明效大验，就是和中国旧的封建主义文化相比较可以被艾奇逊们傲视为“高度文化”的那种西方资产阶级的文化，一遇见中国人民学会了的马克思列宁主义的新文化，即科学的宇宙观和社会革命论，就要打败仗。被中国人民学会了的科学的革命的新文化，第一仗打败了帝国主义的走狗北洋军阀，第二仗打败了帝国主义的又一名走狗蒋介石在二万五千里长征路上对于中国红军的拦阻，第三仗打败了日本帝国主义及其走狗汪精卫，第四仗最后地结束了美国和一切帝国主义在中国的统治及其走狗蒋介石等一切反动派的统治。

马克思列宁主义来到中国之所以发生这样大的作用，是因为中国的社会条件有了这种需要，是因为同中国人民革命的实践发生了联系，是因为被中国人民所掌握了。任何思想，如果不和客观的实际的事物相联系，如果没有客观存在的需要，如果不为人民群众所掌握，即使是最好的东西，即使是马克思列宁主义，也是不起作用的。我们是反对历史唯心论的历史唯物论者。

非常奇怪，“苏维埃的学说和实践，对于孙中山先生的思想和原则，尤其是在经济方面和党的组织方面，有相当的影响”。被艾奇逊们所傲视的西方的“高度文化”，对于孙先生的影响怎么样呢？艾奇逊没有说。孙先生以大半辈子的光阴从西方资产阶级文化中寻找救国真理，结果是失望，转而“以俄为师”，这是一个偶然的事件吗？显然不是。孙先生和他所代表的苦难的中国人民，一齐被“西方的影响”所激怒，下决心“联俄联共”，和帝国主义及其走狗奋斗和拚命，当然不是偶然的。在这里，艾奇逊不敢说苏联人是帝国主义侵略者，孙中山是向侵略者学习。那末，好了，孙中山可以向苏联人学习，而苏联人并非帝国主义侵略者，为什么孙中山的继承者，孙中山死后的中国人，就不可以向苏联人学习呢？为什么孙中山以外的中国人从马克思列宁主义学了科学的宇宙观和社会革命理论，并使之和中国的特点相结合，发动了中国的人民解放战争和人民大革命，创立了人民民主专政的共和国，就叫做“受苏联控制”，“共产国际的第五纵队”，“赤色帝国主义的走狗”呢？世上有这样高明的逻辑吗？

自从中国人学会了马克思列宁主义以后，中国人在精神上就由被动转入主动。从这时起，近代世界历史上那种看不起中国人，看不起中国文化的时代应当完结了。伟大的胜利的中国人民解放战争和人民大革命，已经复兴了并正在复兴着伟大的中国人民的文化。这种中国人民的文化，就其精神方面来说，已经超过了整个资本主义的世界。比方美国的国务卿艾奇逊之流，他们对于现代中国和现代世界的认识水平，就在中国人民解放军的一个普通战士的水平之下。

至此为止，艾奇逊以一个资产阶级大学教授讲述无聊课本的姿态，向人们表示他在寻求中国事变的因果关系。中国之所以发生革命，一因人口太多，二因西方思想的刺激。你们看，他好像是一个因果论者。接下去，他就连这点无聊的伪造的因果论也不见了，出现了一大堆莫名其妙的事变。中国人就是那样毫无原因地互相争权夺利和猜疑仇恨。斗争中的国民党和共产党，双方的精神力量的对比，发生了莫名其妙的变化，一方极度下降，降到零度以下，另一方极度上升，升到狂热的程度。什么原因呢？谁也不知道——这就是艾奇逊所代表的美国的“高度文化”中所固有的逻辑。

——选自《毛泽东选集》第四卷，人民出版社 1991 年版

抗日战争胜利后的时局和我们的方针

毛泽东·1945 年 8 月 13 日

1945 年 8 月 10 日，日本政府发出乞降照会，中国人民的抗日战争胜利在即。虽然世界帝国主义的力量大大削弱，和平、民主、民族解放和社会主义的力量正在汇成世界潮流的主流，但从国内的情况看，美国支持的国民党蒋介石一方面大肆抢夺胜利果实，一方面又积极准备内战，企图消灭中国共产党及其领导的人民武装，消灭中国的民主势力。8 月 11 日即日本乞降照会的第二天，蒋介石就发出了禁止八路军、新四军和一切人民武装打击日伪军队的命令；8 月 12 日，国民党中央把中国共产党污称为“奸伪”，要采取“打击”措施。中国进入两种命运、两个前途大决战的重要历史关头。在这种形势下面，中国国内的阶级关系，国共两党的关系，现在怎么样，将来可能怎么样？中国共产党的方针怎么样？成为全国人民很关心的问题，成为全党同志很关心的问题。为此，毛泽东于 1945 年 8 月 13 日在延安干部会议上作了这个重要演讲，对抗战胜利后的时局和我们应该采取的方针进行了详细的阐释。全文约 8000 字，本篇全文选读。

最近几天是远东时局发生极大变动的时候。日本帝国主义投降的大势已经定了。日本投降的决定因素是苏联参战。百万红军进入中国的东北，这个力量是不可抗拒的。日本帝国主义已经不能继续打下去了。中国人民的艰苦抗战，已经取得了胜利。抗日战争当作一个历史阶段来说，已经过去了。

在这种形势下面，中国国内的阶级关系，国共两党的关系，现在怎么样，将来可能怎么样？我党的方针怎么样？这是全国人民很关心的问题，是全党同志很关心的问题。

国民党怎么样？看它的过去，就可以知道它的现在；看它的过去和现在，就可以知道它的将来。这个党过去打过整整十年的反革命内战。在抗日战争中间，在一九四〇年、一九四一年和一九四三年，它发动过三次大规模的反共高潮，每一次都准备发展成为全国范围的内战，仅仅由于我党的正确政策和全国人民的反对，才没有实现。中国大地主大资产阶级的政治代表蒋介石，大家知道，是一个极端残忍和极端阴险的家伙。他的政策是袖手旁观，等待胜利，保存实力，准备内战。果然胜利被等来了，这位“委员长”现在要“下山”了。八年来我们和蒋介石调了一个位置：以前我们在山上，他在水边；抗日时期，我们在敌后，他上了山。现在他要下山了，要下山来抢夺抗战胜利的果实了。

我们解放区的人民和军队，八年来在毫无外援的情况之下，完全靠着自己的努力，解放了广大的国土，抗击了大部的侵华日军和几乎全部的伪军。由于我们的坚决抗战，英勇奋斗，大后方的二万万人民才没有受到日本侵略者摧残，二万万人民所在的地方才没有被日本侵略者占领。蒋介石躲在峨眉山上，前面有给他守卫的，这就是解放区，就是解放区的人民和军队。我们保卫了大后方的二万万人民，同时也就保卫了这位“委员长”，给了他袖手旁观、坐待胜利的时间和地方。时间——八年零一个月，地方——二万万人民所在的地方，这些条件是我们给他的。没有我们，他是旁观不成的。那末，“委员长”是不是感谢我们呢？他不！此人历来是不知感恩的。蒋介石是怎样上台的？是靠北伐战争，靠第一次国共合作，靠那时候人民还没有摸清他的底细，还拥护他。他上了台，非但不感谢人民，还把人民一个巴掌打了下去，把人民推入了十年内战的血海。这段历史同志们都是知道的。这一次抗日战争，中国人民又保卫了他。现在抗日战争胜利了，日本要投降了，他绝不感谢人民，相反地，翻一翻一九二七年的老账，还想照样来干。蒋介石说中国过去没有过“内战”，只有过“剿匪”；不管叫做什么吧，总之是要发动反人民的内战，要屠杀人民。

当全国规模的内战还没有爆发的时候，人民中间和我们党内的许多同志中间，对于这个问题还不是都认识得清楚的。因为大规模的内战还没有到来，内战还不普遍、不公开、不大量，就有许多人认为：“不一定吧！”还有许多人怕打内战。怕，是有理由的，因为过去打了十年，抗战又打八年，再打，怎么得了。产生怕的情绪是很自然的。对于蒋介石发动内战的阴谋，我党所采取的方针是明确的和一贯的，这就是坚决反对内战，不赞成内战，要阻止内战。今后我们还要以极大的努力和耐心领导着人民来制止内战。但是，必须清醒地看到，内战危险是十分严重的，因为蒋介石的方针已经定了。按照蒋介石的方针，是要打内战的。按照我们的方针，人民的方针，是不要打内战的。不要打内战的只是中国共产党和中国人民，可惜不包括蒋介石和国民党。一个不要打，一个要打。如果两方面都不要打，就打不起来。现在不要打的只是一个方面，并且这一方面的力量又还不足以制止那一方面，所以内战危险就十分严重。

蒋介石要坚持独裁和内战的反动方针，我党曾经及时地指明了这一点。在党的七次代表大会以前、七次代表大会中间和七次代表大会以后，我们曾经进行了相当充分的工作，唤起人民对于内战危险的注意，使全国人民、我们的党员和军队，早有精神准备。这一点很重要，有这一点和没有这一点是大不相同的。一九二七年的时候，我党还是幼年的党，对于蒋介石的反革命的突然袭击毫无精神准备，以致人民已经取得的胜利果实跟着就失掉了，人民遭受了长期的灾难，光明的中国变成了黑暗的中国。这一次不同了，我党已经有了三次革命的丰富经验，党的政治成熟程度已经大大提高了。党中央再三再四地讲明内战危险，使全国人民、全党同志和党所领导的军队，都处于有准备的状态中。

蒋介石对于人民是寸权必夺，寸利必得。我们呢？我们的方针是针锋相对，寸土必争。我们是按照蒋介石的办法办事。蒋介石总是要强迫人民接受战争，他左手拿着刀，右手也拿着刀。我们就按照他的办法，也拿起刀来。这是经过调查研究以后才找到的办法。这个调查研究很重要。看到人家手里拿着东西了，我们就要调查一下。他手里拿的是什么？是刀。刀有什么用处？可以杀人。他要拿刀杀谁？要杀人民。调查了这几件事，再调查一下：中国人民也有手，也可以拿刀，没有刀可以打一把。中国人民经过长期的调查研究，发现了这个真理。军阀、地主、土豪劣绅、帝国主义，手里都拿着刀，要杀人。人民懂得了，就照样办理。我们有些人，对于这个调查研究常不注意。例如陈独秀，他就不知道拿着刀可以杀人。有人说，这是普遍的日常真理，共产党的领导人还会不知道？这很难说。他没有调查研究就不懂得这件事，所以我们给他起个名字，叫做机会主义者。没有调查研究就没有发言权，我们取消了他的发言权。我们采取了和陈独秀不同的办法，使被压迫、被屠杀的人民拿起刀来，谁如果再要杀我们，我们就照样办理。不久以前，国民党调了六个师来打我们关中分区，有三个师打进来了，占领了宽一百里、长二十里的地方。我们也照他的办法，把在这宽一百里、长二十里地面上的国民党军队，干净、彻底、全部消灭之。我们是针锋相对，寸土必争，绝不让国民党轻轻易易地占我们的地方，杀我们的人。当然，寸土必争，并不是说要像过去“左”倾路线那样“不放弃根据地的一寸土地”。这一回我们就放弃了宽一百里、长二十里的地方。七月底放弃，八月初收回。在皖南事变以后，有一次，国民党的联络参谋问我们的动向如何。我说，你天天在延安还不清楚？“何反我亦反，何停我亦停”。那时候还没有提出蒋介石的名字，只提何应钦。现在是：“蒋反我亦反，蒋停我亦停。”照他的办法办理。现在蒋介石已经在磨刀了，因此，我们也要磨刀。

人民得到的权利，绝不允许轻易丧失，必须用战斗来保卫。我们是不要内战的。如果蒋介石一定要强迫中国人民接受内战，为了自卫，为了保卫解放区人民的生命、财产、权利和幸福，我们就只好拿起武器和他作战。这个内战是他强迫我们打的。如果我们打不赢，不怪天也不怪地，只怪自己没有打赢。但是谁要想轻轻易易地把人民已经得到的权利抢去或者骗去，那是办不到的。去年有个美国记者问我：“你们办事，是谁给的权力？”我说：“人民给的。”如果不是人民给的，还有谁给呢？当权的国民党没有给。国民党是不承认我们的。我们参加国民参政会，按照参政会条例的规定，是以“文化团体”的资格。我们说，我们不是“文化团体”，我们有军队，是“武化团体”。今年三月一日蒋介石说过：共产党交出军队，才有合法地位。蒋介石的这句话，现在还适用。我们没有交出军队，所以没有合法地位，我们是“无法无天”。我们的责任，是向人民负责。每句话，每个行动，每项政策，都要适合人民的利益，如果有了错误，定要改正，这就叫向人民负责。同志们，人民要解放，就把权力委托给能够代表他们的、能够忠实为他们办事的人，这就是我们共产党人。我们当了人民的代表，必须代表得好，不要像陈独秀。陈独秀对于反革命向人民的进攻，不是采取针锋相对、寸土必争的方针，结果在一九二七年的几个月内，把人民已经取得的权利统统丧失干净。这一次我们就要注意。我们和陈独秀的方针绝不相同，任何骗人的东西都骗不了我们。我们要有清醒的头脑和正确的方针，要不犯错误。

抗战胜利的果实应该属谁？这是很明白的。比如一棵桃树，树上结了桃子，这桃子就是胜利果实。桃子该由谁摘？这要问桃树是谁栽的，谁挑水浇的。蒋介石蹲在山上一担水也不挑，现在他却把手伸得老长老长地要摘桃子。他说，此桃子的所有权属于我蒋介石，我是地主，你们是农奴，我不准你们摘。我们在报上驳了他。我们说，你没有挑过水，所以没有摘桃子的权利。我们解放区的人民天天浇水，最有权利摘的应该是我们。同志们，抗战胜利是人民流血牺牲得来的，抗战的胜利应当是人民的胜利，抗战的果实应当归给人民。至于蒋介石呢，他消极抗战，积极反共，是人民抗战的绊脚石。现在这块绊脚石却要出来垄断胜利果实，要使抗战胜利后的中国仍然回到抗战前的老样子，不许有丝毫的改变。这样就发生了斗争。同志们，这是一场很严重的斗争。

抗战胜利的果实应该属于人民，这是一个问题；但是，胜利果实究竟落到谁手，能不能归于人民，这是另一个问题。不要以为胜利的果实都靠得住落在人民的手里。一批大桃子，例如上海、南京、杭州等大城市，那是要被蒋介石抢去的。蒋介石勾结着美国帝国主义，在那些地方他们的力量占优势，革命的人民还基本上只能占领乡村。另一批桃子是双方要争夺的。太原以北的同蒲，平绥中段，北宁，郑州以北的平汉，正太，白晋，德石，津浦，胶济，郑州以东的陇海，这些地方的中小城市是必争的，这一批中小桃子都是解放区人民流血流汗灌溉起来的。究竟这些地方能不能落到人民的手里，现在还不能说。现在只能讲两个字：力争。靠得住落在人民手里的有没有呢？有的，河北、察哈尔、热河、山西的大部、山东、江苏的北部，这些地方的大块乡村和大批城市，乡村和乡村打成一片，上百的城市一块，七八十个城市一块，四五十个城市一块，大小三、四、五、六块。什么城市？中等城市和小城市。这是靠得住的，我们的力量能够取得这批胜利果实。得到了这批果实，在中国革命的历史上还是头一次。历史上，我们只在一九三一年下半年打破了敌人的第三次“围剿”以后，江西中央区联合起来有过二十一个县城，但是还没有中等城市。二十一个小城市联在一起，最多的时候有过二百五十万人口。依靠着这些，中国人民就能奋斗那样久的时间，取得那样大的胜利，粉碎那样大的“围剿”。后来我们打输了，这不能怪蒋介石，要怪我们自己没有打好。如果这一次，大小城市几十个联成一块，有了三四五六块的话，中国人民就有了三四五六个大于江西中央区的革命根据地，中国革命的形势就很可观了。

从整个形势看来，抗日战争的阶段过去了，新的情况和任务是国内斗争。蒋介石说要“建国”，今后就是建什么国的斗争。是建立一个无产阶级领导的人民大众的新民主主义的国家呢，还是建立一个大地主大资产阶级专政的半殖民地半封建的国家？这将是一场很复杂的斗争。目前这个斗争表现为蒋介石要篡夺抗战胜利果实和我们反对他的篡夺的斗争。这个时期如果有机会主义的话，那就是不力争，自愿地把人民应得的果实送给蒋介石。

公开的全面的内战会不会爆发？这决定于国内的因素和国际的因素。国内的因素主要是我们的力量和觉悟程度。会不会因为国际国内的大势所趋和人心所向，经过我们的奋斗，使内战限制在局部的范围，或者使全面内战拖延时间爆发呢？这种可能性是有的。

蒋介石要放手发动内战也有许多困难。第一，解放区有一万万人民、一百万军队、二百多万民兵。第二，国民党统治地区的觉悟的人民是反对内战的，这对蒋介石是一种牵制。第三，国民党内部也有一部分人不赞成内战。目前的形势和一九二七年的时候是大不相同了。特别是我党目前的情况和一九二七年时候的情况大不相同。那时候的党是幼年的党，没有清醒的头脑，没有武装斗争的经验，没有针锋相对的方针。现在党的觉悟程度已经大大地提高了。

除了我们的觉悟，无产阶级先锋队的觉悟问题以外，还有一个人民群众的觉悟问题。当着人民还不觉悟的时候，把革命果实送给人家是完全可能的。这种事在历史上曾经有过。今天中国人民的觉悟程度也已经是大大地提高了。我党在人民中的威信从来没有过现在这样高。但是，在人民中间，主要是在日本占领区和国民党统治区的人民中间，还有相当多的人相信蒋介石，存在着对于国民党和美国的幻想，蒋介石也在努力散布这种幻想。中国人民中有这样一部分人还不觉悟，就是说明我们的宣传工作和组织工作还做得很不够。人民的觉悟不是容易的，要去掉人民脑子中的错误思想，需要我们做很多切切实实的工作。对于中国人民脑子中的落后的东西，我们要去扫除，就像用扫帚打扫房子一样。从来没有不经过打扫而自动去掉的灰尘。我们要在人民群众中间，广泛地进行宣传教育工作，使人民认识到中国的真实情况和动向，对于自己的力量具备信心。

人民靠我们去组织。中国的反动分子，靠我们组织起人民去把他打倒。凡是反动的东西，你不打，他就不倒。这也和扫地一样，扫帚不到，灰尘照例不会自己跑掉。陕甘宁边区南面有条介子河。介子河南是洛川，河北是富县。河南河北两个世界。河南是国民党的，因为我们没有去，人民没有组织起来，龌龊的东西多得很。我们有些同志就是相信政治影响，以为靠着影响就可以解决问题。那是迷信。一九三六年，我们住在保安。离保安四五十里的地方有个地主豪绅的土围子。那时候党中央的所在地就在保安，政治影响可谓大矣，可是那个土围子里的反革命就是死不投降。我们在南面扫、北面扫，都不行，后来把扫帚搞到里面去扫，他才说："啊哟！我不干了。"世界上的事情，都是这样。钟不敲是不响的。桌子不搬是不走的。苏联红军不进入东北，日本就不投降。我们的军队不去打，敌伪就不缴枪。扫帚到了，政治影响才能充分发生效力。我们的扫帚就是共产党、八路军和新四军。手里拿着扫帚就要研究扫的办法，不要躺在床上，以为会来一阵什么大风，把灰尘统统刮掉。我们马克思主义者是革命的现实主义者，绝不作空想。中国有句古话说："黎明即起，洒扫庭除。"黎明者，天刚亮也。古人告诉我们，在天刚亮的时候，就要起来打扫。这是告诉了我们一项任务。只有这样想，这样做，才有益处，也才有工作做。中国的地面很大，要靠我们一寸一寸地去扫。

我们的方针要放在什么基点上？放在自己力量的基点上，叫做自力更生。我们并不孤立，全世界一切反对帝国主义的国家和人民都是我们的朋友。但是我们强调自力更生，我们能够依靠自己组织的力量，打败一切中外反动派。蒋介石同我们相反，他完全是依靠美国帝国主义的帮助，把美国帝国主义作为靠山。独裁、内战和卖国三位一体，这一贯是蒋介石方针的基本点。美国帝国主义要帮助蒋介石打内战，要把中国变成美国的附庸，它的这个方针也是老早定了的。但是，美国帝国主义是外强中干的。我们要有清醒的头脑，这里包括不相信帝国主义的"好话"和不害怕帝国主义的恐吓。曾经有个美国人向我说："你们要听一听赫尔利的话，派几个人到国民党政府里去做官。"我说："捆住手脚的官不好做，我们不做。要做，就得放开手放开脚，自由自在地做，这就是在民主的基础上成立联合政府。"他说："不做不好。"我问："为什么不好？"他说："第一，美国人会骂你们；第二，美国人要给蒋介石撑腰。"我说："你们吃饱了面包，睡足了觉，要骂人，要撑蒋介石的腰，这是你们美国人的事，我不干涉。现在我们有的是小米加步枪，你们有的是面包加大炮。你们爱撑蒋介石的腰就撑，愿撑多久就撑多久。不过要记住一条，中国是什么人的中国？中国绝不是蒋介石的，中国是中国人民的。总有一天你们会撑不下去！"同志们，这个美国人的话是吓人的。帝国主义者就会吓人的那一套，殖民地有许多人也就是怕吓。他们以为所有殖民地的人都怕吓，但是不知道中国有这么一些人是不怕那一套的。我们过去对于美国的扶蒋反共政策作了公开的批评和揭露，这是必要的，今后还要继续揭穿它。

苏联出兵了，红军来援助中国人民驱逐侵略者，这是中国历史上从来没有过的事。这件事情所发生的影响，是不可估计的。美国和蒋介石的宣传机关，想拿两颗原子弹把红军的政治影响扫掉。但是扫不掉，没有那样容易。原子弹能不能解决战争？不能。原子弹不能使日本投降。只有原子弹而没有人民的斗争，原子弹是空的。假如原子弹能够解决战争，为什么还要请苏联出兵？为什么投了两颗原子弹日本还不投降，而苏联一出兵日本就投降了呢？我们有些同志也相信原子弹了不起，这是很错误的。这些同志看问题，还不如一个英国贵族。英国有个勋爵，叫蒙巴顿。他说，认为原子弹能解决战争是最大的错误。我们这些同志比蒙巴顿还落后。这些同志把原子弹看得神乎其神，是受了什么影响呢？是资产阶级的影响。这种影响是从哪里来的呢？是从资产阶级的学校教育中来的，是从资产阶级的报纸、通讯社来的。有两种世界观、方法论：无产阶级的世界观、方法论和资产阶级的世界观、方法论。这些同志把资产阶级的世界观、方法论，经常拿在手里；无产阶级的世界观、方法论，却经常丢在脑后。我们队伍中的唯武器论，单纯军事观点，官僚主义、脱离群众的作风，个人主义思想，等等，都是资产阶级的影响。对于我们队伍中的这些资产阶级的东西，也要像打扫灰尘一样，常常扫除。

苏联的参战，决定了日本的投降，中国的时局发展到了一个新的时期。新时期和抗日战争时期之间有一个过渡阶段。过渡阶段的斗争，就是反对蒋介石篡夺抗战胜利果实的斗争。蒋介石要发动全国规模的内战，他的方针已经定了，我们对此要有准备。全国性的内战不论哪一天爆发，我们都要准备好。早一点，明天早上就打吧，我们也在准备着。这是第一条。现在的国际国内形势，有可能把内战暂时限制在局部范围，内战可能暂时是若干地方性的战争。这是第二条。第一条我们准备着，第二条是早已如此。总而言之，我们要有准备。有了准备，就能恰当地应付各种复杂的局面。

——选自《毛泽东选集》第四卷，人民出版社 1991 年版

中国土地法大纲

（中国共产党全国土地会议1947年9月13日通过）

土地问题是中国革命的核心问题。中国共产党在领导中国革命的过程中，始终围绕土地问题来制定革命的路线方针政策，在土地革命战争时期即形成了较为完整的土地革命路线，在抗战时期形成了“减租减息”的土地政策。1946年6月全面内战爆发后，国民党反动派与中国共产党领导的人民大众之间的矛盾成为主要矛盾，谁能争取农民的支持将成为赢得战争最后胜利的重要一环。1946年5月中共中央发出《关于清算减租及土地问题的指示》（即《五四指示》），明确提出“实现耕者有其田”，标志着党的土地政策的改变。1947年9月，中共中央在西柏坡召开了全国土地会议，制定并通过了《中国土地法大纲》，并于10月10日正式公布。《中国土地法大纲》对土地的所有权、土地分配、特殊问题的处置、保障人民权利、保护工商业者等作了明确规定，得到了农民的拥护，成为一个重要的有历史意义的文献。全文约1700字，本篇全文选读。

第一条　废除封建性及半封建性剥削的土地制度，实行耕者有其田的土地制度。

第二条　废除一切地主的土地所有权。

第三条　废除一切祠堂、庙宇、寺院、学校、机关及团体的土地所有权。

第四条　废除一切乡村中在土地制度改革以前的债务。（中共中央注：本条所称应予废除之债务，系指土地改革前劳动人民所欠地主富农高利贷者的高利贷债务。）

第五条　乡村农民大会及其选出的委员会，乡村无地少地的农民所组织的贫农团大会及其选出的委员会，区、县、省等级农民代表大会及其选出的委员会为改革土地制度的合法执行机关。

第六条　除本法第九条乙项所规定者外，乡村中一切地主的土地及公地，由乡村农会接收，连同乡村中其他一切土地，按乡村全部人口，不分男女老幼，统一平均分配，在土地数量上抽多补少，质量上抽肥补瘦，使全乡村人民均获得同等的土地，并归各人所有。（中共中央注：在平分土地时应注意中农的意见，如果中农不同意则应向中农让步，并容许中农保有比较一般贫农所得土地的平均水平为高的土地量。在老区半老区平分土地时，应按照一九四八年二月二十二日中共中央关于在老区半老区进行土地改革工作与整党工作的指示进行。）

第七条　土地分配，以乡或等于乡的行政村为单位，但区或县农会得在各乡或等于乡的各行政村之间，作某些必要的调剂。在地广人稀地区，为便于耕种起见，得以乡以下的较小单位分配土地。

第八条　乡村农会接收地主的牲畜、农具、房屋、粮食及其他财产，并征收富农的上述财产的多余部分，分给缺乏这些财产的农民及其他贫民，并分给地主同样的一份。分给各人的财产归本人所有，使全乡村人民均获得适当的生产资料及生活资料。

第九条　若干特殊的土地及财产之处理办法，规定如下：

（甲）山林、水利、芦苇地、果园、池塘、荒地及其他可分土地，按普通土地的标准分配之。

（乙）大森林、大水利工程、大矿山、大牧场、大荒地及湖沼等，归政府管理。

（丙）名胜古迹，应妥为保护。被接收的有历史价值或学术价值的特殊的图书、古物、美术品等，应开具清单，呈交各地高级政府处理。

（丁）军火武器及满足农民需要后余下的大宗货币、资财、粮食等物，应开具清单，呈交各地高级政府处理。

第十条　土地分配中的若干特殊问题之处理办法，规定如下：

（甲）只有一口或两口人的贫苦农民，得由乡村农民大会酌量分给等于两口或三口人的土地。

（乙）一般的乡村工人、自由职业者及其家庭，分给与农民同样的土地，但其职业足以经常维持生活费用之全部或大部者，不分土地，或分给部分土地，由乡村农民大会及其委员会酌量处理。

（丙）家居乡村的一切人民解放军、民主政府及人民团体的人员，其本人及其家庭，分给与农民同样的土地及财产。

（丁）地主及其家庭，分给与农民同样的土地及财产。

（戊）家居乡村的国民党军队官兵、国民党政府官员、国民党党员及敌方其他人员，其家庭分给与农民同样的土地及财产。

（己）汉奸、卖国贼及内战罪犯，其本人不得分给土地及财产。其家庭在乡村、未参与犯罪行为，并愿自己耕种者，分给与农民同样的土地及财产。

第十一条　分配给人民的土地，由政府发给土地所有证，并承认其自由经营、买卖及在特定条件下出租的权利。土地制度改革以前的土地契约及债约，一律缴销。

第十二条　保护工商业者的财产及其合法的营业，不受侵犯。

第十三条　为贯彻土地改革的实施，对于一切违抗或破坏本法的罪犯，应组织人民法庭予以审判及处分，人民法庭由农民大会或农民代表会所选举及由政府所委派的人员组成之。

第十四条　在土地制度改革期间，为保持土地改革的秩序及保护人民的财富，应由乡村农民大会或其委员会指定人员，经过一定手续，采取必要措施，负责接收、登记，清理及保管一切转移的土地及财产，防止破坏、损失、浪费及舞弊。农会应禁止任何人为着妨碍公平分配之目的而任意宰杀牲畜，砍伐树木，破坏农具、水利、建筑物、农作物或其他物品，及进行偷窃、强占、私下赠送、隐瞒、埋藏、分散、贩卖这些物品的行为。违者应受人民法庭的审判及处分。

第十五条　为保证土地改革中一切措施符合于绝大多数人民的利益及意志，政府负责切实保障人民的民主权利，保障农民及其代表有全权得在各种会议上自由批评及弹劾各方各级的一切干部，有全权得在各种相当会议上自由撤换及选举政府及农民团体中的一切干部。侵犯上述人民民主权利者，应受人民法庭的审判及处分。

第十六条　在本法公布以前土地业已平均分配的地区，如农民不要求重分时，可不重分。

——选自《中共党史教学参考资料》，人民出版社1979年版

中国民主同盟一届三中全会宣言

1948 年 1 月

这是中国民主同盟于 1947 年 10 月被国民党政府“非法”取缔之后，于 1948 年 1 月 5 日在香港复会时发表的宣言。该宣言分析了国际国内形势，阐述了民主同盟的政治主张：反对国民党独裁统治；反对美国把中国当成远东反苏反共的基地及其一切直接间接危害中国主权的行动；愿意与一切民主党派结成坚强的民主统一战线，建立民主联合政府；愿意与共产党进行合作。此宣言表明民主同盟在两个中国之命运的大搏斗中，选择了与中国共产党及一切民主势力合作的道路。这是民主同盟的伟大进步，对民主革命的胜利起到了积极的作用。全文约 1700 字，本篇全文选读。

一、本盟为求中国民主和平独立统一的实现而奋斗，此一目标，始终不变。唯因国际与国内形势的转变，为何方能达到这一目标，则今天与二中全会时显已不同，过去本盟主张以“和平”求民主，以“公开”争合法。但在今天，南京国民党反动集团既已关闭和平之门，且不复容许任何不同意一党专政的反对党存在，则欲实现中国的和平民主，已不可能由谈判妥协中求之。我们必须粉碎一个独裁反动贪污腐化的政权，才能建立一个和平民主廉洁有效能的新政权。我们今后必须发动，领导中国人民积极从事此项斗争。我们过去一贯的主张是反对内战，恢复和平，今日也依然如此。但我们所要反对的是国民党反动集团所进行的反人民的内战，我们所要求的是真正的永久的民主的和平。

二、对于卖国独裁的国民党反动集团，我们要反对的不只是独裁者个人，而是那代表地土豪绅买办封建的整个集团。为了彻底消灭整个反动集团的统治，中国人民就得彻底消除这一反动统治所寄托的经济基础，那就是彻底消灭封建剥削的土地关系，实行耕者有其田，彻底实行土地改革，在消极方面可以铲除反动统治的经济基础，使之无所凭借，在积极方面也可为真正的民主政治开了一条道路，因为占人口百分之八十五以上是农民，如果得不到真正的解放，都市之商业就谈不到繁荣，实现民主政治也就会变成一句空话。

三、对于过去一年多来，美国反动派在中国所执行的援蒋政策，本盟不能不加以严重的指责。自从去年魏德迈来华调查之后，美国的对华侵略政策非但没有丝毫的转变，反而以各种各样直接间接的方式加强援助国民党反动独裁势力。在美国政府中，援蒋虽有所谓急进缓进之分，但在基本上同样支持中国的反动独裁力量以反对中国革命的民主势力，这一点却是极清楚的。本盟认为美国目前的这种对华政策，决不足以代表爱好和平民主的美国人民，不过是执行着少数金融寡头独占资本家的意志，而这种对华政策执行的结果，业已使中国的战火扩大，使中国人民的痛苦加深。本盟站在中国人民的立场，坚决地反对美国目前的对华政策，反对美国把中国当成远东反苏反共的基地，反对美国反动派一切直接间接危害中国主权的行动。本盟并且愿意唤起美国政府的注意：中国人民决不承认美国政府与南京政府所签订的一切损害中国人民利益的条约，并认为美国政府给予南京政府的所有援助，都是与中国人民为敌。

四、为了反对独裁卖国，实现真正的民主的和平，本盟愿伸出手来，欢迎一切民主党派的合作，而且要与一切民主党派结成坚强的民主统一战线。中国共产党为民主事业而奋斗的历史，日寇投降以来，为实现国内和平的努力，是值得每个爱国的中国人赞佩，本盟今后要与他们携手合作。同时，对于最近国民党革命委员会的成立，因为他是国民党的新生，也是中山先生革命精神的复活，本盟亦致其深挚的期望，并愿与共同奋斗。民主和平自由独立的新中国的实现，是有赖于中国民主同盟、中国共产党、国民党民主派以及其他各民主党派与无党无派民主人士的亲密合作，才能达到的。

以上各项，为本盟最近对时局的态度与主张。最后，我们以十分兴奋的心情指出：今日中国民主与反民主力量的对比，已经起了重大的变化，即民主力量已占着绝对的优势。尽管国民党反动独裁派如何穷凶极恶，倒行逆施，但这并不是他力量的强大，反而证明了他的日暮途穷。在今天，我们对于民主的胜利，有绝对坚定的信心，一个和平民主独立统一的新中国之实现，为期已经不远。我们知道今天中国的民主运动，决不是孤军奋斗。南京的反动独裁集团，有美国反动派替它撑腰，但我们也有全世界的包括美国人民在内的民主力量给我们支援。自然，这决不是民主前途已经没有曲折或者没有困难。但这种困难，只要我们对内加强团结人民与各民主党派，对外与全世界的民主力量及亚洲的被压迫民族联合起来，为实现全世界的民主和平而奋斗，这些困难便绝对可以克服，这也就是说：中国的民主，世界的和平，就一定可以实现。让我们高呼：

一、彻底消灭独裁卖国的国民党反动集团！

二、各民主党派联合起来，建立民主联合政府！

三、保障人民言论、出版、集会、结社、信仰及人身之完全自由！

四、彻底清除封建残余的剥削，实行耕者有其田！

五、保障民族工商业家的营业自由及合法利润！

六、废除国民党官僚资本的经济统制及一切苛捐杂税！

七、没收豪门资本的财产，整理币制，救济难胞！

八、改善工人生活，保障每一个公民的就业权利。

九、保障学术教学的完全自由，增加教育经费。

十、制定保侨政策，维护海外华侨利益！

十一、反对美国反动派的对华侵略政策！

十二、一切真正爱好民主和平的国家和人民联合起来！

十三、被压迫的民族联合起来，争取民族解放！

十四、中国民主胜利万岁！

——选自《中国民主同盟历史文献》，中国民主同盟中央文史资料委员会编，文史资料出版社 1983 年版

论人民民主专政
纪念中国共产党二十八周年

毛泽东·1949年6月30日

1949年4月23日，人民解放军攻占南京，宣告了国民党政权的覆灭。随后，中共中央一方面指示中国人民解放军继续向西北、西南、东南、华南进军，另一方面即着手筹备召开新的政治协商会议。6月15—19日，在北平中南海勤政殿召开了新政协筹备会第一次会议，选出了筹备会常委会，毛泽东为主任。下设6个小组，分头进行起草政协组织法草案、共同纲领草案、政府组织草案等具体筹备工作。这表明，一个新的中华人民共和国即将诞生。但是，将要成立的新中国是一个什么性质的国家？各阶级在这个国家中的地位、作用和相互关系是怎样的？国家的内外政策、前途是什么？这些问题都必须予以回答。同时，国内外的敌人也在制造混乱，对即将成立的新中国进行攻击和污蔑，党内外也有不少人对这些问题的认识也不清楚，继而出现了要与共产党“轮流执政”、对反动派施以“仁政”、幻想英美的“援助”等论调。为此，毛泽东专门写下了这篇具有历史意义的文献，既纪念中国共产党成立二十八周年，又阐明中国共产党在政权问题上的基本纲领和主张。全文约9000字，本篇全文选读。

一九四九年的七月一日这一个日子表示，中国共产党已经走过二十八年了。像一个人一样，有他的幼年、青年、壮年和老年。中国共产党已经不是小孩子，也不是十几岁的年青小伙子，而是一个大人了。人到老年就要死亡，党也是这样。阶级消灭了，作为阶级斗争的工具的一切东西，政党和国家机器，将因其丧失作用，没有需要，逐步地衰亡下去，完结自己的历史使命，而走到更高级的人类社会。我们和资产阶级政党相反。他们怕说阶级的消灭，国家权力的消灭和党的消灭。我们则公开声明，恰是为着促使这些东西的消灭而创设条件，而努力奋斗。共产党的领导和人民专政的国家权力，就是这样的条件。不承认这一条真理，就不是共产主义者。没有读过马克思列宁主义的刚才进党的青年同志们，也许还不懂得这一条真理。他们必须懂得这一条真理，才有正确的宇宙观。他们必须懂得，消灭阶级，消灭国家权力，消灭党，全人类都要走这一条路的，问题只是时间和条件。全世界共产主义者比资产阶级高明，他们懂得事物的生存和发展的规律，他们懂得辩证法，他们看得远些。资产阶级所以不欢迎这一条真理，是因为他们不愿意被人们推翻。被推翻，例如眼前国民党反动派被我们所推翻，过去日本帝国主义被我们和各国人民所推翻，对于被推翻者来说，这是痛苦的，不堪设想的。对于工人阶级、劳动人民和共产党，则不是什么被推翻的问题，而是努力工作，创设条件，使阶级、国家权力和政党很自然地归于消灭，使人类进到大同境域。为着说清我们在下面所要说的问题，在这里顺便提一下这个人类进步的远景的问题。

我们党走过二十八年了，大家知道，不是和平地走过的，而是在困难的环境中走过的，我们要和国内外党内外的敌人作战。谢谢马克思、恩格斯、列宁和斯大林，他们给了我们以武器。这武器不是机关枪，而是马克思列宁主义。

列宁在一九二〇年在《共产主义运动中的“左派”幼稚病》一书中，描写过俄国人寻找革命理论的经过。俄国人曾经在几十个年头内，经历艰难困苦，方才找到了马克思主义。中国有许多事情和十月革命以前的俄国相同，或者近似。封建主义的压迫，这是相同的。经济和文化落后，这是近似的。两个国家都落后，中国则更落后。先进的人们，为了使国家复兴，不惜艰苦奋斗，寻找革命真理，这是相同的。

自从一八四〇年鸦片战争失败那时起，先进的中国人，经过千辛万苦，向西方国家寻找真理。洪秀全、康有为、严复和孙中山，代表了在中国共产党出世以前向西方寻找真理的一派人物。那时，求进步的中国人，只要是西方的新道理，什么书也看。向日本、英国、美国、法国、德国派遣留学生之多，达到了惊人的程度。国内废科举，兴学校，好像雨后春笋，努力学习西方。我自己在青年时期，学的也是这些东西。这些是西方资产阶级民主主义的文化，即所谓新学，包括那时的社会学说和自然科学，和中国封建主义的文化即所谓旧学是对立的。学了这些新学的人们，在很长的时期内产生了一种信心，认为这些很可以救中国，除了旧学派，新学派自己表示怀疑的很少。要救国，只有维新，要维新，只有学外国。那时的外国只有西方资本主义国家是进步的，它们成功地建设了资产阶级的现代国家。日本人向西方学习有成效，中国人也想向日本人学。在那时的中国人看来，俄国是落后的，很少人想学俄国。这就是十九世纪四十年代至二十世纪初期中国人学习外国的情形。

帝国主义的侵略打破了中国人学西学的迷梦。很奇怪，为什么先生老是侵略学生呢？中国人向西方学得很不少，但是行不通，理想总是不能实现。多次奋斗，包括辛亥革命那样全国规模的运动，都失败了。国家的情况一天一天坏，环境迫使人们活不下去。怀疑产生了，增长了，发展了。第一次世界大战震动了全世界。俄国人举行了十月革命，创立了世界上第一个社会主义国家。过去蕴藏在地下为外国人所看不见的伟大的俄国无产阶级和劳动人民的革命精力，在列宁、斯大林领导之下，像火山一样突然爆发出来了，中国人和全人类对俄国人都另眼相看了。这时，也只是在这时，中国人从思想到生活，才出现了一个崭新的时期。中国人找到了马克思列宁主义这个放之四海而皆准的普遍真理，中国的面目就起了变化了。

中国人找到马克思主义，是经过俄国人介绍的。在十月革命以前，中国人不但不知道列宁、斯大林，也不知道马克思、恩格斯。十月革命一声炮响，给我们送来了马克思列宁主义。十月革命帮助了全世界的也帮助了中国的先进分子，用无产阶级的宇宙观作为观察国家命运的工具，重新考虑自己的问题。走俄国人的路——这就是结论。一九一九年，中国发生了五四运动。一九二一年，中国共产党成立。孙中山在绝望里，遇到了十月革命和中国共产党。孙中山欢迎十月革命，欢迎俄国人对中国人的帮助，欢迎中国共产党同他合作。孙中山死了，蒋介石起来。在二十二年的长时间内，蒋介石把中国拖到了绝境。在这个时期中，以苏联为主力军的反法西斯的第二次世界大战，打倒了三个帝国主义大国，两个帝国主义大国在战争中被削弱了，世界上只剩下一个帝国主义大国即美国没有受损失。而美国的国内危机是很深重的。它要奴役全世界，它用武器帮助蒋介石杀戮了几百万中国人。中国人民在中国共产党领导之下，在驱逐日本帝国主义之后，进行了三年的人民解放战争，取得了基本的胜利。

就是这样，西方资产阶级的文明，资产阶级的民主主义，资产阶级共和国的方案，在中国人民的心目中，一齐破了产。资产阶级的民主主义让位给工人阶级领导的人民民主主义，资产阶级共和国让位给人民共和国。这样就造成了一种可能性：经过人民共和国到达社会主义和共产主义，到达阶级的消灭和世界的大同。康有为写了《大同书》，他没有也不可能找到一条到达大同的路。资产阶级的共和国，外国有过的，中国不能有，因为中国是受帝国主义压迫的国家。唯一的路是经过工人阶级领导的人民共和国。

一切别的东西都试过了，都失败了。曾经留恋过别的东西的人们，有些人倒下去了，有些人觉悟过来了，有些人正在换脑筋。事变是发展得这样快，以至使很多人感到突然，感到要重新学习。人们的这种心情是可以理解的，我们欢迎这种善良的要求重新学习的态度。

中国无产阶级的先锋队，在十月革命以后学了马克思列宁主义，建立了中国共产党。接着就进入政治斗争，经过曲折的道路，走了二十八年，方才取得了基本的胜利。积二十八年的经验，如同孙中山在其临终遗嘱里所说"积四十年之经验"一样，得到了一个相同的结论，即是：深知欲达到胜利，"必须唤起民众，及联合世界上以平等待我之民族，共同奋斗"。孙中山和我们具有各不相同的宇宙观，从不同的阶级立场出发去观察和处理问题，但在二十世纪二十年代，在怎样和帝国主义作斗争的问题上，却和我们达到了这样一个基本上一致的结论。

孙中山死去二十四年了，中国革命的理论和实践，在中国共产党领导之下，都大大地向前发展了，根本上变换了中国的面目。到现在为止，中国人民已经取得的主要的和基本的经验，就是这两件事：（一）在国内，唤起民众。这就是团结工人阶级、农民阶级、城市小资产阶级和民族资产阶级，在工人阶级领导之下，结成国内的统一战线，并由此发展到建立工人阶级领导的以工农联盟为基础的人民民主专政的国家；（二）在国外，联合世界上以平等待我的民族和各国人民，共同奋斗。这就是联合苏联，联合各人民民主国家，联合其他各国的无产阶级和广大人民，结成国际的统一战线。

"你们一边倒。"正是这样。一边倒，是孙中山的四十年经验和共产党的二十八年经验教给我们的，深知欲达到胜利和巩固胜利，必须一边倒。积四十年和二十八年的经验，中国人不是倒向帝国主义一边，就是倒向社会主义一边，绝无例外。骑墙是不行的，第三条道路是没有的。我们反对倒向帝国主义一边的蒋介石反动派，我们也反对第三条道路的幻想。

"你们太刺激了。"我们讲的是对付国内外反动派即帝国主义者及其走狗们，不是讲对付任何别的人。对于这些人，并不发生刺激与否的问题，刺激也是那样，不刺激也是那样，因为他们是反动派。划清反动派和革命派的界限，揭露反动派的阴谋诡计，引起革命派内部的警觉和注意，长自己的志气，灭敌人的威风，才能孤立反动派，战而胜之，或取而代之。在野兽面前，不可以表示丝毫的怯懦。我们要学景阳冈上的武松。在武松看来，景阳冈上的老虎，刺激它也是那样，不刺激它也是那样，总之是要吃人的。或者把老虎打死，或者被老虎吃掉，二者必居其一。

"我们要做生意。"完全正确，生意总是要做的。我们只反对妨碍我们做生意的内外反动派，此外并不反对任何人。大家须知，妨碍我们和外国做生意以至妨碍我们和外国建立外交关系的，不是别人，正是帝国主义者及其走狗蒋介石反动派。团结国内国际的一切力量击破内外反动派，我们就有生意可做了，我们就有可能在平等、互利和互相尊重领土主权的基础之上和一切国家建立外交关系了。

“不要国际援助也可以胜利。”这是错误的想法。在帝国主义存在的时代，任何国家的真正的人民革命，如果没有国际革命力量在各种不同方式上的援助，要取得自己的胜利是不可能的。胜利了，要巩固，也是不可能的。伟大的十月革命的胜利和巩固，就是这样的，列宁和斯大林早已告诉我们了。第二次世界大战打倒三个帝国主义国家并建立各人民民主国家，也是这样。人民中国的现在和将来，也是这样。请大家想一想，假如没有苏联的存在，假如没有反法西斯的第二次世界大战的胜利，假如没有打倒日本帝国主义，假如没有各人民民主国家的出现，假如没有东方各被压迫民族正在起来斗争，假如没有美国、英国、法国、德国、意大利、日本等等资本主义国家内部的人民大众和统治他们的反动派之间的斗争，假如没有这一切的综合，那末，堆在我们头上的国际反动势力必定比现在不知要大多少倍。在这种情形下，我们能够胜利吗？显然是不能的。胜利了，要巩固，也不可能。这件事，中国人民的经验是太多了。孙中山临终时讲的那句必须联合国际革命力量的话，早已反映了这一种经验。

“我们需要英美政府的援助。”在现时，这也是幼稚的想法。现时英美的统治者还是帝国主义者，他们会给人民国家以援助吗？我们同这些国家做生意以及假设这些国家在将来愿意在互利的条件之下借钱给我们，这是因为什么呢？这是因为这些国家的资本家要赚钱，银行家要赚利息，借以解救他们自己的危机，并不是什么对中国人民的援助。这些国家的共产党和进步党派，正在促使它们的政府和我们做生意以至建立外交关系，这是善意的，这就是援助，这和这些国家的资产阶级的行为，不能相提并论。孙中山的一生中，曾经无数次地向资本主义国家呼吁过援助，结果一切落空，反而遭到了无情的打击。在孙中山一生中，只得过一次国际的援助，这就是苏联的援助。请读者们看一看孙先生的遗嘱吧，他在那里谆谆嘱咐人们的，不是叫人们把眼光向着帝国主义国家的援助，而是叫人们“联合世界上以平等待我之民族”。孙先生有了经验了，他吃过亏，上过当。我们要记得他的话，不要再上当。我们在国际上是属于以苏联为首的反帝国主义战线一方面的，真正的友谊的援助只能向这一方面去找，而不能向帝国主义战线一方面去找。

“你们独裁。”可爱的先生们，你们讲对了，我们正是这样。中国人民在几十年中积累起来的一切经验，都叫我们实行人民民主专政，或曰人民民主独裁，总之是一样，就是剥夺反动派的发言权，只让人民有发言权。

人民是什么？在中国，在现阶段，是工人阶级，农民阶级，城市小资产阶级和民族资产阶级。这些阶级在工人阶级和共产党的领导之下，团结起来，组成自己的国家，选举自己的政府，向着帝国主义的走狗即地主阶级和官僚资产阶级以及代表这些阶级的国民党反动派及其帮凶们实行专政，实行独裁，压迫这些人，只许他们规规矩矩，不许他们乱说乱动。如要乱说乱动，立即取缔，予以制裁。对于人们内部，则实行民主制度，人民有言论集会结社等项的自由权。选举权，只给人民，不给反动派。这两方面，对人民内部的民主方面和对反动派的专政方面，互相结合起来，就是人民民主专政。

为什么理由要这样做？大家很清楚。不这样，革命就要失败，人民就要遭殃，国家就要灭亡。

“你们不是要消灭国家权力吗？”我们要，但是我们现在还不要，我们现在还不能要。为什么？帝国主义还存在，国内反动派还存在，国内阶级还存在。我们现在的任务是要强化人民的国家机器，这主要地是指人民的军队、人民的警察和人民的法庭，借以巩固国防和保护人民利益。以此作为条件，使中国有可能在工人阶级和共产党的领导之下稳步地由农业国进到工业国，由新民主主义社会进到社会主义社会和共产主义社会，消灭阶级和实现大同。军队、警察、法庭等项国家机器，是阶级压迫阶级的工具。对于敌对的阶级，它是压迫的工具，它是暴力，并不是什么“仁慈”的东西。“你们不仁。”正是这样。我们对于反动派和反动阶级的反动行为，决不施仁政。我们仅仅施仁政于人民内部，而不施于人民外部的反动派和反动阶级的反动行为。

人民的国家是保护人民的。有了人民的国家，人民才有可能在全国范围内和全体规模上，用民主的方法，教育自己和改造自己，使自己脱离内外反动派的影响（这个影响现在还是很大的，并将在长时期内存在着，不能很快地消灭），改造自己从旧社会得来的坏习惯和坏思想，不使自己走入反动派指引的错误路上去，并继续前进，向着社会主义社会和共产主义社会前进。

我们在这方面使用的方法，是民主的即说服的方法，而不是强迫的方法。人民犯了法，也要受处罚，也要坐班房，也有死刑，但这是若干个别的情形，和对于反动阶级当作一个阶级的专政来说，有原则的区别。

对于反动阶级和反动派的人们，在他们的政权被推翻以后，只要他们不造反，不破坏，不捣乱，也给土地，给工作，让他们活下去，让他们在劳动中改造自己，成为新人。他们如果不愿意劳动，人民的国家就要强迫他们劳动。也对他们做宣传教育工作，并且做得很用心，很充分，像我们对俘虏军官们已经做过的那样。这也可以说是“施仁政”吧，但这是我们对于原来是敌对阶级的人们所强迫地施行的，和我们对于革命人民内部的自我教育工作，不能相提并论。

这种对于反动阶级的改造工作，只有共产党领导的人民民主专政的国家才能做到。这件工作做好了，中国的主要的剥削阶级——地主阶级和官僚资产阶级即垄断资产阶级，就最后地消灭了。剩下一个民族资产阶级，在现阶段就可以向他们中间的许多人进行许多适当的教育工作。等到将来实行社会主义即实行私营企业国有化的时候，再进一步对他们进行教育和改造的工作。人民手里有强大的国家机器，不怕民族资产阶级造反。

严重的问题是教育农民。农民的经济是分散的，根据苏联的经验，需要很长的时间和细心的工作，才能做到农业社会化。没有农业社会化，就没有全部的巩固的社会主义。农业社会化的步骤，必须和以国有企业为主体的强大的工业的发展相适应。人民民主专政的国家，必须有步骤地解决国家工业化的问题。本文不打算多谈经济问题，这里不来详说。

一九二四年，孙中山亲自领导的有共产党人参加的国民党第一次全国代表大会，通过了一个著名的宣言。这个宣言上说：“近世各国所谓民权制度，往往为资产阶级所专有，适成为压迫平民之工具。若国民党之民权主义，则为一般平民所共有，非少数人所得而私也。”除了谁领导谁这一个问题以外，当作一般的政治纲领来说，这里所说的民权主义，是和我们所说的人民民主主义或新民主主义相符合的。只许为一般平民所共有、不许为资产阶级所私有的国家制度，如果加上工人阶级的领导，就是人民民主专政的国家制度了。

蒋介石背叛孙中山，拿了官僚资产阶级和地主阶级的专政作为压迫中国平民的工具。这个反革命专政，实行了二十二年，到现在才为我们领导的中国平民所推翻。

骂我们实行“独裁”或“极权主义”的外国反动派，就是实行独裁或极权主义的人们。他们实行了资产阶级对无产阶级和其他人民的一个阶级的独裁制度，一个阶级的极权主义。

孙中山所说压迫平民的近世各国的资产阶级，正是指的这些人。蒋介石的反革命独裁，就是从这些反动家伙学来的。

宋朝的哲学家朱熹，写了许多书，说了许多话，大家都忘记了，但有一句话还没有忘记："即以其人之道，还治其人之身。"我们就是这样做的，即以帝国主义及其走狗蒋介石反动派之道，还治帝国主义及其走狗蒋介石反动派之身。如此而已，岂有他哉！

革命的专政和反革命的专政，性质是相反的，而前者是从后者学来的。这个学习很要紧。革命的人民如果不学会这一项对待反革命阶级的统治方法，他们就不能维持政权，他们的政权就会被内外反动派所推翻，内外反动派就会在中国复辟，革命的人民就会遭殃。

人民民主专政的基础是工人阶级、农民阶级和城市小资产阶级的联盟，而主要是工人和农民的联盟，因为这两个阶级占了中国人口的百分之八十到九十。推翻帝国主义和国民党反动派，主要是这两个阶级的力量。由新民主主义到社会主义，主要依靠这两个阶级的联盟。

人民民主专政需要工人阶级的领导。因为只有工人阶级最有远见，大公无私，最富于革命的彻底性。整个革命历史证明，没有工人阶级的领导，革命就要失败，有了工人阶级的领导，革命就胜利了。在帝国主义时代，任何国家的任何别的阶级，都不能领导任何真正的革命达到胜利。中国的小资产阶级和民族资产阶级曾经多次领导过革命，都失败了，就是明证。

民族资产阶级在现阶段上，有其很大的重要性。我们还有帝国主义站在旁边，这个敌人是很凶恶的。中国的现代工业在整个国民经济上的比重还很小。现在没有可靠的数目字，根据某些材料来估计，在抗日战争以前，现代工业产值不过只占全国国民经济总产值的百分之十左右。为了对付帝国主义的压迫，为了使落后的经济地位提高一步，中国必须利用一切于国计民生有利而不是有害的城乡资本主义因素，团结民族资产阶级，共同奋斗。我们现在的方针是节制资本主义，而不是消灭资本主义。但是民族资产阶级不能充当革命的领导者，也不应当在国家政权中占主要的地位。民族资产阶级之所以不能充当革命的领导者和所以不应当在国家政权中占主要地位，是因为民族资产阶级的社会经济地位规定了他们的软弱性，他们缺乏远见，缺乏足够的勇气，并且有不少人害怕民众。

孙中山主张"唤起民众"，或"扶助农工"。谁去"唤起"和"扶助"呢？孙中山的意思是说小资产阶级和民族资产阶级。但这在事实上是办不到的。孙中山的四十年革命是失败了，这是什么原因呢？在帝国主义时代，小资产阶级和民族资产阶级不可能领导任何真正的革命到胜利，原因就在此。

我们的二十八年，就大不相同。我们有许多宝贵的经验。一个有纪律的，有马克思列宁主义的理论武装的，采取自我批评方法的，联系人民群众的党。一个由这样的党领导的军队。一个由这样的党领导的各革命阶级各革命派别的统一战线。这三件是我们战胜敌人的主要武器。这些都是我们区别于前人的。依靠这三件，使我们取得了基本的胜利。我们走过了曲折的道路。我们曾和党内的机会主义倾向作斗争，右的和"左"的。凡在这三件事上犯了严重错误的时候，革命就受挫折。错误和挫折教训了我们，使我们比较地聪明起来了，我们的事情就办得好一些。任何政党，任何个人，错误总是难免的，我们要求犯得少一点。犯了错误则要求改正，改正得越迅速，越彻底，越好。

总结我们的经验，集中到一点，就是工人阶级（经过共产党）领导的以工农联盟为基础的人民民主专政。这个专政必须和国际革命力量团结一致。这就是我们的公式，这就是我们的主要经验，这就是我们的主要纲领。

党的二十八年是一个长时期，我们仅仅做了一件事，这就是取得了革命战争的基本胜利。这是值得庆祝的，因为这是人民的胜利，因为这是在中国这样一个大国的胜利。但是我们的事情还很多。比如走路，过去的工作只不过是像万里长征走完了第一步。残余的敌人尚待我们扫灭。严重的经济建设任务摆在我们面前。我们熟习的东西有些快要闲起来了，我们不熟习的东西正在强迫我们去做。这就是困难。帝国主义者算定我们办不好经济，他们站在一旁看，等待我们的失败。

我们必须克服困难，我们必须学会自己不懂的东西。我们必须向一切内行的人们（不管什么人）学经济工作。拜他们做老师，恭恭敬敬地学，老老实实地学。不懂就是不懂，不要装懂。不要摆官僚架子。钻进去，几个月，一年两年，三年五年，总可以学会的。苏联共产党人开头也有一些人不大会办经济，帝国主义者也曾等待过他们的失败。但是苏联共产党是胜利了，在列宁和斯大林领导之下，他们不但会革命，也会建设。他们已经建设起来了一个伟大的光辉灿烂的社会主义国家。苏联共产党就是我们的最好的先生，我们必须向他们学习。国际和国内的形势都对我们有利，我们完全可以依靠人民民主专政这个武器，团结全国除了反动派以外的一切人，稳步地走到目的地。

——选自《毛泽东选集》第四卷，人民出版社 1991 年版

中国人民政治协商会议共同纲领

（1949 年 9 月 29 日中国人民政治协商会议第一届全体会议通过）

1948 年 4 月 30 日，中共中央发布五一劳动节口号，发出“迅速召开政治协商会议”的号召，揭开了筹建新中国的序幕，而建立新中国准备工作的主要任务之一，就是起草中国人民政治协商会议共同纲领。该纲领曾先后历经《中国人民民主革命纲领草稿》《新民主主义的共同纲领》和《中国人民政治协商会议共同纲领》三次起稿，是在毛泽东的亲自领导下，由周恩来具体负责完成的。《共同纲领》分序言和总纲、政权机构、军事制度、经济政策、文化教育政策、民族政策、外交政策七章，总计 60 条。《共同纲领》是全国人民意志和利益的集中体现，是革命斗争经验的总结，成为新中国在相当长的时期内的施政准则，起到了临时宪法的作用。由于它切合实际而又坚定明确，清楚地指出了哪些事是应该做而且必须做的，哪些事是不应做而且不允许做的，对新生的中华人民共和国的各项工作起到规范和指导作用，成为中国共产党和中华人民共和国历史上非常成功的文件之一。全文 7000 余字，本篇全文选读。

序 言

中国人民解放战争和人民革命的伟大胜利，已使帝国主义、封建主义和官僚资本主义在中国的统治时代宣告结束。中国人民由被压迫的地位变成为新社会新国家的主人，而以人民民主专政的共和国代替那封建买办法西斯专政的国民党反动统治。中国人民民主专政是中国工人阶级、农民阶级、小资产阶级、民族资产阶级及其他爱国民主分子的人民民主统一战线的政权，而以工农联盟为基础，以工人阶级为领导。由中国共产党、各民主党派、各人民团体、各地区、人民解放军、各少数民族、国外华侨及其他爱国民主分子的代表们所组成的中国人民政治协商会议，就是人民民主统一战线的组织形式。中国人民政治协商会议代表全国人民的意志，宣告中华人民共和国的成立，组织人民自己的中央政府。中国人民政治协商会议一致同意以新民主主义即人民民主主义为中华人民共和国建国的政治基础，并制定以下的共同纲领，凡参加人民政治协商会议的各单位、各级人民政府和全国人民均应共同遵守。

第一章 总 纲

第一条 中华人民共和国为新民主主义即人民民主主义的国家，实行工人阶级领导的、以工农联盟为基础的、团结各民主阶级和国内各民族的人民民主专政，反对帝国主义、封建主义和官僚资本主义，为中国的独立、民主、和平、统一和富强而奋斗。

第二条 中华人民共和国中央人民政府必须负责将人民解放进行到底，解放中国全部领土，完成统一中国的事业。

第三条　中华人民共和国必须取消帝国主义国家在中国的一切特权，没收官僚资本归人民的国家所有，有步骤地将封建半封建的土地所有制改变为农民的土地所有制，保护国家的公共财产和合作社的财产，保护工人、农民、小资产阶级和民族资产阶级的经济利益及其私有财产，发展新民主主义的人民经济，稳步地变农业国为工业国。

第四条　中华人民共和国人民依法有选举权和被选举权。

第五条　中华人民共和国人民有思想、言论、出版、集会、结社、通讯、人身、居住、迁徙、宗教信仰及示威游行的自由权。

第六条　中华人民共和国废除束缚妇女的封建制度。妇女在政治的、经济的、文化教育的、社会的生活各方面，均有与男子平等的权利。实行男女婚姻自由。

第七条　中华人民共和国必须镇压一切反革命的活动，严厉惩罚一切勾结帝国主义、背叛祖国、反对人民民主事业的国民党反革命战争罪犯和其他怙恶不悛的反革命首要分子。对于一般的反动分子、封建地主、官僚资本家，在解除其武装、消灭其特殊势力后，仍须依法在必要时期内剥夺他们的政治权利，但同时给以生活出路，并强迫他们在劳动中改造自己，成为新人，假如他们继续进行反革命活动，必须予以严厉的制裁。

第八条　中华人民共和国国民均有保卫祖国、遵守法律、遵守劳动纪律、爱护公共财产、应征公役兵役和缴纳赋税的义务。

第九条　中华人民共和国境内各民族，均有平等的权利和义务。

第十条　中华人民共和国的武装力量，即人民解放军、人民公安部队和人民警察，是属于人民的武力。其任务为保卫中国的独立和领土主权的完整，保卫中国人民的革命成果和一切合法权益。中华人民共和国中央人民政府应努力巩固和加强人民武装力量，使其能够有效的执行自己的任务。

第十一条　中华人民共和国联合世界上一切爱好和平、自由的国家和人民。首先是联合苏联、各人民民主国家和各被压迫民族，站在国际和平民主阵营方面，共同反对帝国主义侵略，以保障世界的持久和平。

第二章　政权机关

第十二条　中华人民共和国的国家政权属于人民。人民行使国家政权的机关为各级人民代表大会和各级人民政府。各级人民代表大会由人民用普选方法产生之。各级人民代表大会选举各级人民政府，各级人民代表大会闭会期间，各级人民政府为行使各级政权的机关。

国家最高政权机关为全国人民代表大会。全国人民代表大会闭会期间，中央人民政府为行使国家政权的最高机关。

第十三条　中国人民政治协商会议为人民民主统一的组织形式。其组织成分，应包含有工人阶级、农民阶级、革命军人、知识分子、小资产阶级、民族资产阶级、少数民族、国外华侨及其他爱国主义分子的代表。

在普选的全国人民代表大会召开以前，由中国人民政治协商会议的全体会议执行全国人民代表大会的职权，制定中华人民共和国中央人民政府组织法，选举中华人民共和国中央人民政府委员会，并付之以行使国家权力的职权。

在普选的全国人民代表大会召开以后，中国人民政治协商会议得就有关国家建设事业的根本大计及其他重要措施，向全国人民代表大会或中央人民政府提出建议案。

第十四条　凡人民解放军初解放的地方，应一律实施军事管制，取消国民党反动政权机关，由中央人民政府或前线军政机关委任人员组织军事管制委员会和地方人民政府，领导人民建立革命秩序，镇压反革命活动，并在条件许可时召集各界人民代表会议。

在普选的地方人民代表大会召开以前，由地方各界人民代表会议逐步地代行人民代表大会的职权。

军事管制时间的长短，由中央人民政府依据各地的军事政治情况决定之。

凡在军事行动已经完全结束、土地改革已经彻底实现、各界人民已有充分组织的地方，即应实行普选，召开地方的人民代表大会。

第十五条　各级政权机关一律实行民主集中制。其主要原则为：人民代表大会向人民负责并报告工作。人民政府委员会向人民代表大会负责并报告工作。在人民代表大会和人民政府委员会内，实行少数服从多数的制度。各下级人民政府均由上级人民政府加委并服从上级人民政府。全国各地方人民政府均服从中央人民政府。

第十六条　中央人民政府与地方人民政府间职权的划分，应按照各项事务的性质，由中央人民政府委员会以法令加以规定，使之既利于国家统一，又利于因地制宜。

第十七条　废除国民党反动政府一切压迫人民的法律、法令和司法制度，制定保护人民的法律、法令，建立人民司法制度。

第十八条　中华人民共和国的一切国家机关，必须厉行廉洁的、朴素的、为人民服务的革命工作作风，严惩贪污，禁止浪费，反对脱离人民群众的官僚主义作风。

第十九条　在县市以上的各级人民政府内，设人民监察机关，以监察各级国家机关和各种公务人员是否履行其职责，并纠举其中之违法失职的机关和人员。

人民和人民团体有权向人民监察机关或人民司法机关控告任何国家机关和任何公务人员的违法失职行为。

第三章　军事制度

第二十条　中华人民共和国建立统一的军队，即人民解放军和人民公安部队，受中央人民政府人民革命军事委员会统率，实行统一的指挥，统一的制度，统一的编制，统一的纪律。

第二十一条　人民解放军和人民公安部队根据官兵一致、军民一致的原则，建立政治工作制度，以革命精神和爱国精神教育部队的指挥员和战斗员。

第二十二条　中华人民共和国应加强现代化的陆军，并建设空军和海军，以巩固国防。

第二十三条　中华人民共和国实行民兵制度，保卫地方秩序，建立国家动员基础，并准备在适当时机实行义务兵役制。

第二十四条　中华人民共和国的军队在和平时期，在不妨碍军事任务的条件下，应有计划地参加农业和工业的生产，帮助国家的建设工作。

第二十五条　革命烈士和革命军人的家属，其生活困难者应受国家和社会的优待。参加革命战争的残废军人和退伍军人，应由人民政府给以适当安置，使能谋生立业。

第四章　经济政策

第二十六条　中华人民共和国经济建设的根本方针，是以公私兼顾、劳资两利、城乡互助、内外交流的政策，达到发展生产、繁荣经济的目的。国家应在经营范围、原料供给、销售市场、劳动条件、技术设备、财政政策、金融政策等方面，调剂国营经济、合作社经济、农民和手工业者的个体经济、私人资本主义经济和国家资本主义经济，使各种社会经济成分在国营经济领导之下，分工合作，各得其所，以促进整个社会经济的发展。

第二十七条　土地改革为发展生产力和国家工业化的必要条件。凡已实行土地改革的地区，必须保护农民已得土地的所有权。凡尚未实行土地改革的地区，必须发动农民群众，建立农民团体，经过清除土匪恶霸、减租减息和分配土地等项步骤，实现耕者有其田。

第二十八条　国营经济为社会主义性质的经济。凡属有关国家经济命脉和足以操纵国民生计的事业，均应由国家统一经营。凡属国有的资源和企业，均为全体人民的公共财产，为人民共和国发展生产、繁荣经济的主要物质基础和整个社会经济的领导力量。

第二十九条　合作社经济为半社会主义性质的经济，为整个人民经济的一个重要组成部分。人民政府应扶助其发展，并给以优待。

第三十条　凡有利于国计民生的私营经济事业，人民政府应鼓励其经营的积极性，并扶助其发展。

第三十一条　国家资本与私人资本合作的经济为国家资本主义性质的经济。在必要和可能的条件下，应鼓励私人资本向国家资本主义方向发展，例如为国家企业加工，或与国家合营，或用租借形式经营国家的企业，开发国家的富源等。

第三十二条　在国家经营的企业中，目前时期应实行工人参加生产管理的制度，即建立在厂长领导之下的工厂管理委员会。私人经营的企业，为实现劳资两利的原则，应由工会代表工人职员与资方订立集体合同。公私企业目前一般应实行八小时至十小时的工作制，特殊情况得斟酌办理。人民政府应按照各地各业情况规定最低工资。逐步实行劳动保险制度。保护青工女工的特殊利益。实行工矿检查制度，以改进工矿的安全和卫生设备。

第三十三条　中央人民政府应争取早日制定恢复和发展全国公私经济各主要部门的总计划，规定中央和地方在经济建设上分工合作的范围，统一调剂中央各经济部门和地方各经济部门的相互联系。

中央各经济部门和地方各经济部门在中央人民政府统一领导之下各自发挥其创造性和积极性。

第三十四条　关于农林渔牧业：在一切已彻底实现土地改革的地区，人民政府应组织农民及一切可以从事农业的劳动力以发展农业生产及其副业为中心任务，并应引导农民逐步按照自愿和互利的原则，组织各种形式的劳动互助和生产合作。在新解放区，土地改革工作的每一步骤均应与恢复和发展农业生产相结合。人民政府应根据国家计划和人民生活的需要，争取于短时期内恢复并超过战前粮食、工业原料和外销物资的生产水平，应注意兴修水利，防洪抗旱，恢复和发展畜力，增加肥料，改良农具和种子，防止病虫害，救济灾荒，并有计划地移民开垦。

保护森林，并有计划的发展林业。

保护沿海渔场，发展水产业。

保护和发展畜牧业，防止兽疫。

第三十五条　关于工业：应以有计划有步骤地恢复和发展重工业为重点，例如矿业、钢铁业、动力工业、机器制造业、电器工业和主要化学工业等，以创立国家工业化的基础。同时，应恢复和增加纺织业及其他有利于国计民生的轻工业的生产，以供应人民日常消费的需要。

第三十六条　关于交通：必须迅速恢复并逐步增建铁路和公路，疏浚河流，推广水运，改善发展邮政和电信事业，有计划有步骤地建造各种交通工具和创办民用航空。

第三十七条　关于商业：保护一切合法的公私贸易。实行对外贸易的管制，并采用保护贸易政策。在国家统一的经济计划内实行国内贸易的自由，但对于扰乱市场的投机商业必须严格取缔。国营贸易机关应负调剂供求、稳定物价和扶助人民合作事业的责任。人民政府应采取必要的办法，鼓励人民储蓄，便利侨汇，引导社会游资及无益于国计民生的商业资本投入工业及其他生产事业。

第三十八条　关于合作社：鼓励和扶助广大劳动人民根据自愿原则，发展合作事业。在城镇中和乡村中组织供销合作社、消费合作社、信用合作社、生产合作社和运输合作社，在工厂、机关和学校中应尽先组织消费合作社。

第三十九条　关于金融：金融事业应受国家严格管理。货币发行权属于国家。禁止外币在国内流通。外汇、外币和金银的买卖，应由国家银行经理。依法营业的私人金融事业，应受国家的监督和指导。凡进行金融投机、破坏国家金融事业者，应受严厉制裁。

第四十条　关于财政：建立国家预算决算制度，划分中央和地方财政范围，厉行精简节约，逐步平衡财政收支，积累国家生产资金。

国家的税收政策，应以保障革命战争的供给、照顾生产的恢复和发展及国家建设的需要为原则，简化税制，实行合理负担。

第五章　文化教育政策

第四十一条　中华人民共和国的文化教育为新民主主义的，即民族的、科学的、大众的文化教育。人民政府的文化教育工作，应以提高人民文化水平、培养国家建设人才、肃清封建的、买办的、法西斯主义的思想、发展为人民服务的思想为主要任务。

第四十二条　提倡爱祖国、爱人民、爱劳动、爱科学、爱护公共财物为中华人民共和国全体国民的公德。

第四十三条　努力发展自然科学，以服务于工业农业和国防的建设。奖励科学的发现和发明，普及科学知识。

第四十四条　提倡用科学的历史观点，研究和解释历史、经济、政治、文化及国际事务。奖励优秀的社会科学著作。

第四十五条　提倡文学艺术为人民服务，启发人民的政治觉悟，鼓励人民的劳动热情。奖励优秀的文学艺术作品。发展人民的戏剧电影事业。

第四十六条　中华人民共和国的教育方法为理论与实际一致。人民政府应有计划有步骤地改革旧的教育制度、教育内容和教学法。

第四十七条　有计划有步骤地实行普及教育，加强中等教育和高等教育，注重技术教育，加强劳动者的业余教育和在职干部教育，给青年知识分子和旧知识分子以革命的政治教育，以应革命工作和国家建设工作的广泛需要。

第四十八条　提倡国民体育。推广卫生医药事业，并注意保护母亲、婴儿和儿童的健康。

第四十九条　保护报道真实新闻的自由。禁止利用新闻以进行诽谤，破坏国家人民的利益和煽动世界战争。发展人民广播事业。发展人民出版事业，并注重出版有益于人民的通俗书报。

第六章　民族政策

第五十条　中华人民共和国境内各民族一律平等，实行团结互助，反对帝国主义和各民族内部的人民公敌，使中华人民共和国成为各民族友爱合作的大家庭。反对大民族主义和狭隘民族主义，禁止民族间的歧视、压迫和分裂各民族团结的行为。

第五十一条　各少数民族聚居的地区，应实行民族的区域自治，按照民族聚居的人口多少和区域大小，分别建立各种民族自治机关。凡各民族杂居的地方及民族自治区内，各民族在当地政权机关中均应有相当名额的代表。

第五十二条　中华人民共和国境内各少数民族，均有按照统一的国家军事制度，参加人民解放军及组织地方人民公安部队的权利。

第五十三条　各少数民族均有发展其语言文学、保持或改革其风俗习惯及宗教信仰的自由。人民政府应帮助少数民族的人民大众发展其政治、经济、文化、教育的建设事业。

第七章　外交政策

第五十四条　中华人民共和国外交政策的原则，为保障本国独立、自由和领土主权的完整，拥护国际的持久和平和各国人民间的友好合作，反对帝国主义的侵略政策和战争政策。

第五十五条　对于国民党政府与外国政府所订立的各项条约和协定，中华人民共和国中央人民政府应加以审查，按其内容，分别予以承认，或废除，或修改，或重订。

第五十六条　凡与国民党反动派断绝关系、并对中华人民共和国采取友好态度的外国政府，中华人民共和国中央人民政府可在平等、互利及互相尊重领土主权的基础上，与之谈判，建立外交关系。

第五十七条 中华人民共和国可在平等互利的基础上，与各外国政府和人民恢复并发展通商贸易关系。

第五十八条　中华人民共和国中央人民政府应尽力保护国外华侨的正当权益。

第五十九条　中华人民共和国中央人民政府保护守法的外国侨民。

第六十条　中华人民共和国对于外国人因拥护人民利益参加和平民主斗争受其本国政府压迫而避难于中国境内者，应予以居留权。

——选自中华俄汉对照丛书《中国人民政治协商会议共同纲领》，中华书局出版社1951年版

第四专题　从新中国成立到社会主义现代化建设新时期

1949 年新中国的成立开启了中国的现代历史。1949 年 3 月，在新中国成立前的中国共产党七届二中全会上，毛泽东在其所作的报告中不仅提出了工作重心转移到城市，还谆谆告诫全党要务必继续保持“谦虚谨慎、不骄不躁的作风”和“艰苦奋斗的作风”，这“两个务必”促使党警醒。新中国建立后，面对战争创伤留下的千疮百孔的烂摊子和一穷二白的现实状况，面对极为复杂的国际国内形势，党领导全国各族人民不仅在短期内恢复了国民经济，而且迅速地开展了对农业、手工业和资本主义工商业的社会主义改造，创造性地实现了由新民主主义到社会主义的转变，使占世界人口四分之一的东方大国进入社会主义社会，实现了中国历史上最广泛最深刻的社会变革。在此基础上，又开始了社会主义建设的艰辛探索。虽然在探索的过程中经历了曲折，尤其是发生了“文化大革命”这样的内乱，但我们仍然建立起了独立的比较完整的工业体系和国民经济体系，积累了在中国这样一个社会生产力水平十分落后的东方大国进行社会主义建设的重要经验。1978 年 12 月党的十一届三中全会召开，党的工作重心重新转移到经济建设，并开始实行改革开放，成为党的历史上又一个重要的伟大转折。党的十一届三中全会以后，我们党总结我国社会主义建设的经验，同时借鉴国际经验，以巨大的政治勇气、理论勇气、实践勇气实行改革开放，建设中国特色社会主义，经过艰辛探索，形成了党在社会主义初级阶段的基本理论、基本路线、基本纲领、基本经验，建立和完善了社会主义市场经济体制，推动社会主义现代化建设取得了举世瞩目的伟大成就，这些成就归纳起来，就是开辟了中国特色社会主义道路，形成了中国特色社会主义理论体系，确立了中国特色社会主义制度。事实充分证明，是历史和人民选择了改革开放。因此，继续高举中国特色社会主义伟大旗帜，坚持和拓展中国特色社会主义道路，坚持和丰富中国特色社会主义理论体系，坚持和完善中国特色社会主义制度，坚定道路自信、理论自信、制度自信和文化自信，成为党团结带领人民继续前进，开创工作新局面，赢得事业新胜利的根本要求和重要法宝。

本专题选取《在中国共产党第七届中央委员会第二次全体会议上的报告》《论十大关系》《答意大利记者奥林埃娜·法拉奇问》《中共中央关于建国以来党的若干历史问题的决议》《在武昌、深圳、珠海、上海等地的谈话要点》《在庆祝改革开放 40 周年大会上的讲话》《在庆祝中国共产党成立 95 周年大会上的讲话》《在同各界优秀青年代表座谈时的讲话》《青年要自觉践行社会主义核心价值观》等著作 9 篇。

在中国共产党第七届中央委员会第二次全体会议上的报告

毛泽东·1949年3月5日

三大战役胜利后，国民党军队的主力已经被消灭，夺取全国的最后胜利已经指日可待。为了实现从新民主主义革命向社会主义革命的转变，1949年3月5日至10日，中国共产党第七届中央委员会第二次全体会议在河北省平山县西柏坡村召开。本次会议是一次制定夺取全国胜利和胜利后的各项方针政策的极其重要的决策性会议。会上，毛泽东作了具有划时代意义的报告。毛泽东在报告中明确提出要把党的工作重心由乡村转移到城市，要学会建设城市、管理城市；分析了当时中国经济的状况和党所必须采取的方针政策；阐述了新中国的对外关系、召开新政协、与国民党谈判的原则、对党外人士的政策等；尤其是提出了“两个务必”的思想，对加强党的建设尤其是作风建设具有重要的意义。全文约1万字，本篇全文选读。

一

辽沈、淮海、平津三战役以后，国民党军队的主力已被消灭。国民党的作战部队仅仅剩下一百多万人，分布在新疆到台湾的广大的地区内和漫长的战线上。今后解决这一百多万国民党军队的方式，不外天津、北平、绥远三种。用战斗去解决敌人，例如解决天津的敌人那样，仍然是我们首先必须注意和必须准备的。人民解放军的全体指挥员、战斗员，绝对不可以稍微松懈自己的战斗意志，任何松懈战斗意志的思想和轻敌的思想，都是错误的。按照北平方式解决问题的可能性是增加了，这就是迫使敌军用和平方法，迅速地彻底地按照人民解放军的制度改编为人民解放军。用这种方法解决问题，对于反革命遗迹的迅速扫除和反革命政治影响的迅速肃清，比较用战争方法解决问题是要差一些的。但是，这种方法是在敌军主力被消灭以后必然地要出现的，是不可避免的；同时也是于我军于人民有利的，即是可以避免伤亡和破坏。因此，各野战军领导同志都应注意和学会这样一种斗争方式。这是一种斗争方式，是一种不流血的斗争方式，并不是不用斗争可以解决问题的。绥远方式，是有意地保存一部分国民党军队，让它原封不动，或者大体上不动，就是说向这一部分军队作暂时的让步，以利于争取这部分军队在政治上站在我们方面，或者保持中立，以便我们集中力量首先解决国民党残余力量中的主要部分，在一个相当的时间之后（例如在几个月，半年，或者一年之后），再去按照人民解放军制度将这部分军队改编为人民解放军。这是又一种斗争方式。这种斗争方式对于反革命遗迹和反革命的政治影响，较之北平方式将要保留得较多些，保留的时间也将较长些。但是这种反革命遗迹和反革命政治影响，归根到底要被肃清，这是毫无疑问的。决不可以认为反革命力量顺从我们了，他们就成了革命党了，他们的反革命思想和反革命企图就不存在了。决不是这样。他们中的许多人将被改造，他们中的一部分人将被淘汰，某些坚决反革命分子将受到镇压。

二

人民解放军永远是一个战斗队。就是在全国胜利以后，在国内没有消灭阶级和世界上存在着帝国主义制度的历史时期内，我们的军队还是一个战斗队。对于这一点不能有任何的误解和动摇。人民解放军又是一个工作队，特别是在南方各地用北平方式或者绥远方式解决问题的时候是这样。随着战斗的逐步地减少，工作队的作用就增加了。有一种可能的情况，即在不要很久的时间之内，将要使人民解放军全部地转化为工作队，这种情况我们必须估计到。现在准备随军南下的五万三千个干部，对于不久将要被我们占领的极其广大的新地区来说，是很不够用的，我们必须准备把二百一十万野战军全部地化为工作队。这样，干部就够用了，广大地区的工作就可以展开了。我们必须把二百一十万野战军看成一个巨大的干部学校。

三

从一九二七年到现在，我们的工作重点是在乡村，在乡村聚集力量，用乡村包围城市，然后取得城市。采取这样一种工作方式的时期现在已经完结。从现在起，开始了由城市到乡村并由城市领导乡村的时期。党的工作重心由乡村移到了城市。在南方各地，人民解放军将是先占城市，后占乡村。城乡必须兼顾，必须使城市工作和乡村工作，使工人和农民，使工业和农业，紧密地联系起来。决不可以丢掉乡村，仅顾城市，如果这样想，那是完全错误的。但是党和军队的工作重心必须放在城市，必须用极大的努力去学会管理城市和建设城市。必须学会在城市中向帝国主义者、国民党、资产阶级作政治斗争、经济斗争和文化斗争，并向帝国主义者作外交斗争。既要学会同他们作公开的斗争，又要学会同他们作荫蔽的斗争。如果我们不去注意这些问题，不去学会同这些人作这些斗争，并在斗争中取得胜利，我们就不能维持政权，我们就会站不住脚，我们就会失败。在拿枪的敌人被消灭以后，不拿枪的敌人依然存在，他们必然地要和我们作拚死的斗争，我们决不可以轻视这些敌人。如果我们现在不是这样地提出问题和认识问题，我们就要犯极大的错误。

四

在城市斗争中，我们依靠谁呢？有些糊涂的同志认为不是依靠工人阶级，而是依靠贫民群众。有些更糊涂的同志认为是依靠资产阶级。在发展工业的方向上，有些糊涂的同志认为主要地不是帮助国营企业的发展，而是帮助私营企业的发展；或者反过来，认为只要注意国营企业就够了，私营企业是无足轻重的了。我们必须批判这些糊涂思想。我们必须全心全意地依靠工人阶级，团结其他劳动群众，争取知识分子，争取尽可能多的能够同我们合作的民族资产阶级分子及其代表人物站在我们方面，或者使他们保持中立，以便向帝国主义者、国民党、官僚资产阶级作坚决的斗争，一步一步地去战胜这些敌人。同时即开始着手我们的建设事业，一步一步地学会管理城市，恢复和发展城市中的生产事业。关于恢复和发展生产的问题，必须确定：第一是国营工业的生产，第二是私营工业的生产，第三是手工业生产。从我们接管城市的第一天起，我们的眼睛就要向着这个城市的生产事业的恢复和发展。务须避免盲目地乱抓乱碰，把中心任务忘记了，以至于占领一个城市好几个月，生产建设的工作还没有上轨道，甚至许多工业陷于停顿状态，引起工人失业，工人生活降低，不满意共产党。这种状态是完全不能容许的。为了这一点，我们的同志必须用极大的努力去学习生产的技术和管理生产的方法，必须去学习同生产有密切联系的商业工作、银行工作和其他工作。只有将城市的生产恢复起来和发展起来了，将消费的城市变成生产的城市了，人民政权才能巩固起来。城市中其他的工作，例如党的组织工作，政权机关的工作，工会的工作，其他各种民众团体的工作，文化教育方面的工作，肃反工作，通讯社报纸广播电台的工作，都是围绕着生产建设这一个中心工作并为这个中心工作服务的。如果我们在生产工作上无知，不能很快地学会生产工作，不能使生产事业尽可能迅速地恢复和发展，获得确实的成绩，首先使工人生活有所改善，并使一般人民的生活有所改善，那我们就不能维持政权，我们就会站不住脚，我们就会要失败。

五

南方和北方的情况是不同的，党的工作任务也就必须有所区别。南方现时还是被国民党统治的区域。在这里，党和人民解放军的任务是在城市和乡村中消灭国民党的反动武装力量，建立党的组织，建立政权，发动民众，建立工会、农会和其他民众团体，建立人民武装力量，肃清国民党残余势力，恢复和发展生产事业。在乡村中，则是首先有步骤地展开清剿土匪和反对恶霸即地主阶级当权派的斗争，完成减租减息的准备工作，以便在人民解放军到达那个地区大约一年或者两年以后，就能实现减租减息的任务，造成分配土地的先决条件；同时必须注意尽可能地维持农业生产的现有水平不使降低。北方则除少数新解放区以外，是完全另外一种情况。在这里，已经推翻了国民党的统治，建立了人民的统治，并且根本上解决了土地问题。党在这里的中心任务，是动员一切力量恢复和发展生产事业，这是一切工作的重点所在。同时必须恢复和发展文化教育事业，肃清残余的反动力量，巩固整个北方，支援人民解放军。

六

我们已经进行了广泛的经济建设工作，党的经济政策已经在实际工作中实施，并且收到了显著的成效。但是，在为什么应当采取这样的经济政策而不应当采取别样的经济政策这个问题上，在理论和原则性的问题上，党内是存在着许多糊涂思想的。这个问题应当怎样来回答呢？我们认为应当这样地来回答。中国的工业和农业在国民经济中的比重，就全国范围来说，在抗日战争以前，大约是现代性的工业占百分之十左右，农业和手工业占百分之九十左右。这是帝国主义制度和封建制度压迫中国的结果，这是旧中国半殖民地和半封建社会性质在经济上的表现，这也是在中国革命的时期内和在革命胜利以后一个相当长的时期内一切问题的基本出发点。从这一点出发，产生了我党一系列的战略上、策略上和政策上的问题。对于这些问题的进一步的明确的认识和解决，是我党当前的重要任务。这就是说：

第一，中国已经有大约百分之十左右的现代性的工业经济，这是进步的，这是和古代不同的。由于这一点，中国已经有了新的阶级和新的政党——无产阶级和资产阶级，无产阶级政党和资产阶级政党。无产阶级及其政党，由于受到几重敌人的压迫，得到了锻炼，具有了领导中国人民革命的资格。谁要是忽视或轻视了这一点，谁就要犯右倾机会主义的错误。

第二，中国还有大约百分之九十左右的分散的个体的农业经济和手工业经济，这是落后的，这是和古代没有多大区别的，我们还有百分之九十左右的经济生活停留在古代。古代有封建的土地所有制，现在被我们废除了，或者即将被废除，在这点上，我们已经或者即将区别于古代，取得了或者即将取得使我们的农业和手工业逐步地向着现代化发展的可能性。但是，在今天，在今后一个相当长的时期内，我们的农业和手工业，就其基本形态说来，还是和还将是分散的和个体的，即是说，同古代近似的。谁要是忽视或轻视了这一点，谁就要犯"左"倾机会主义的错误。

第三，中国的现代性工业的产值虽然还只占国民经济总产值的百分之十左右，但是它却极为集中，最大的和最主要的资本是集中在帝国主义者及其走狗中国官僚资产阶级的手里。没收这些资本归无产阶级领导的人民共和国所有，就使人民共和国掌握了国家的经济命脉，使国营经济成为整个国民经济的领导成分。这一部分经济，是社会主义性质的经济，不是资本主义性质的经济。谁要是忽视或轻视了这一点，谁就要犯右倾机会主义的错误。

第四，中国的私人资本主义工业，占了现代性工业中的第二位，它是一个不可忽视的力量。中国的民族资产阶级及其代表人物，由于受了帝国主义、封建主义和官僚资本主义的压迫或限制，在人民民主革命斗争中常常采取参加或者保持中立的立场。由于这些，并由于中国经济现在还处在落后状态，在革命胜利以后一个相当长的时期内，还需要尽可能地利用城乡私人资本主义的积极性，以利于国民经济的向前发展。在这个时期内，一切不是于国民经济有害而是于国民经济有利的城乡资本主义成分，都应当容许其存在和发展。这不但是不可避免的，而且是经济上必要的。但是中国资本主义的存在和发展，不是如同资本主义国家那样不受限制任其泛滥的。它将从几个方面被限制——在活动范围方面，在税收政策方面，在市场价格方面，在劳动条件方面。我们要从各方面，按照各地、各业和各个时期的具体情况，对于资本主义采取恰如其分的有伸缩性的限制政策。孙中山的节制资本的口号，我们依然必须用和用得着。但是为了整个国民经济的利益，为了工人阶级和劳动人民现在和将来的利益，决不可以对私人资本主义经济限制得太大太死，必须容许它们在人民共和国的经济政策和经济计划的轨道内有存在和发展的余地。对于私人资本主义采取限制政策，是必然要受到资产阶级在各种程度和各种方式上的反抗的，特别是私人企业中的大企业主，即大资本家。限制和反限制，将是新民主主义国家内部阶级斗争的主要形式。如果认为我们现在不要限制资本主义，认为可以抛弃"节制资本"的口号，这是完全错误的，这就是右倾机会主义的观点。但是反过来，如果认为应当对私人资本限制得太大太死，或者认为简直可以很快地消灭私人资本，这也是完全错误的，这就是"左"倾机会主义或冒险主义的观点。

第五，占国民经济总产值百分之九十的分散的个体的农业经济和手工业经济，是可能和必须谨慎地、逐步地而又积极地引导它们向着现代化和集体化的方向发展的，任其自流的观点是错误的。必须组织生产的、消费的和信用的合作社，和中央、省、市、县、区的合作社的领导机关。这种合作社是以私有制为基础的在无产阶级领导的国家政权管理之下的劳动人民群众的集体经济组织。中国人民的文化落后和没有合作社传统，可能使得我们遇到困难；但是可以组织，必须组织，必须推广和发展。单有国营经济而没有合作社经济，我们就不可能领导劳动人民的个体经济逐步地走向集体化，就不可能由新民主主义社会发展到将来的社会主义社会，就不可能巩固无产阶级在国家政权中的领导权。谁要是忽视或轻视了这一点，谁也就要犯绝大的错误。国营经济是社会主义性质的，合作社经济是半社会主义性质的，加上私人资本主义，加上个体经济，加上国家和私人合作的国家资本主义经济，这些就是人民共和国的几种主要的经济成分，这些就构成新民主主义的经济形态。

第六，人民共和国的国民经济的恢复和发展，没有对外贸易的统制政策是不可能的。从中国境内肃清了帝国主义、封建主义、官僚资本主义和国民党的统治（这是帝国主义、封建主义和官僚资本主义三者的集中表现），还没有解决建立独立的完整的工业体系问题，只有待经济上获得了广大的发展，由落后的农业国变成了先进的工业国，才算最后地解决了这个问题。而欲达此目的，没有对外贸易的统制是不可能的。中国革命在全国胜利，并且解决了土地问题以后，中国还存在着两种基本的矛盾。第一种是国内的，即工人阶级和资产阶级的矛盾。第二种是国外的，即中国和帝国主义国家的矛盾。因为这样，工人阶级领导的人民共和国的国家政权，在人民民主革命胜利以后，不是可以削弱，而是必须强化。对内的节制资本和对外的统制贸易，是这个国家在经济斗争中的两个基本政策。谁要是忽视或轻视了这一点，谁就将要犯绝大的错误。

第七，中国的经济遗产是落后的，但是中国人民是勇敢而勤劳的，中国人民革命的胜利和人民共和国的建立，中国共产党的领导，加上世界各国工人阶级的援助，其中主要地是苏联的援助，中国经济建设的速度将不是很慢而可能是相当地快的，中国的兴盛是可以计日程功的。对于中国经济复兴的悲观论点，没有任何的根据。

七

旧中国是一个被帝国主义所控制的半殖民地国家。中国人民民主革命的彻底的反帝国主义的性质，使得帝国主义者极为仇视这个革命，竭尽全力地帮助国民党。这就更加激起了中国人民对于帝国主义者的深刻的愤怒，并使帝国主义者丧失了自己在中国人民中的最后一点威信。同时，整个帝国主义制度在第二次世界大战以后是大大地削弱了，以苏联为首的世界反帝国主义阵线的力量是空前地增长了。所有这些情形，使得我们可以采取和应当采取有步骤地彻底地摧毁帝国主义在中国的控制权的方针。帝国主义者的这种控制权，表现在政治、经济和文化等方面。在国民党军队被消灭、国民党政府被打倒的每一个城市和每一个地方，帝国主义者在政治上的控制权即随之被打倒，他们在经济上和文化上的控制权也被打倒。但帝国主义者直接经营的经济事业和文化事业依然存在，被国民党承认的外交人员和新闻记者依然存在。对于这些，我们必须分别先后缓急，给以正当的解决。不承认国民党时代的任何外国外交机关和外交人员的合法地位，不承认国民党时代的一切卖国条约的继续存在，取消一切帝国主义在中国开办的宣传机关，立即统制对外贸易，改革海关制度，这些都是我们进入大城市的时候所必须首先采取的步骤。在做了这些以后，中国人民就在帝国主义面前站立起来了。剩下的帝国主义的经济事业和文化事业，可以让它们暂时存在，由我们加以监督和管制，以待我们在全国胜利以后再去解决。对于普通外侨，则保护其合法的利益，不加侵犯。关于帝国主义对我国的承认问题，不但现在不应急于去解决，而且就是在全国胜利以后的一个相当时期内也不必急于去解决。我们是愿意按照平等原则同一切国家建立外交关系的，但是从来敌视中国人民的帝国主义，决不能很快地就以平等的态度对待我们，只要一天它们不改变敌视的态度，我们就一天不给帝国主义国家在中国以合法的地位。关于同外国人做生意，那是没有问题的，有生意就得做，并且现在已经开始做，几个资本主义国家的商人正在互相竞争。我们必须尽可能地首先同社会主义国家和人民民主国家做生意，同时也要同资本主义国家做生意。

八

召集政治协商会议和成立民主联合政府的一切条件，均已成熟。一切民主党派、人民团体和无党派民主人士都站在我们方面。上海和长江流域的资产阶级，正在同我们拉关系。南北通航通邮业已开始。陷于四分五裂的国民党，已经脱离了一切群众。我们正在准备和南京反动政府进行谈判。南京反动政府方面在这个谈判中的推动力量是桂系军阀，国民党主和派和上海资产阶级。他们的目的是使联合政府中有他们一份，尽可能地保存较多的军队，保存上海和南方资产阶级的利益，力求使革命带上温和的色彩。这一派人承认以我们的八条为谈判基础，但是希望讨价还价，使他们的损失不要太大。企图破坏这一谈判的是蒋介石及其死党。蒋介石还有六十个师位于江南一带，他们仍在准备作战。我们的方针是不拒绝谈判，要求对方完全承认八条，不许讨价还价。其交换条件是不打桂系和其他国民党主和派；一年左右也不去改编他们的军队；南京政府中的一部分人员允许其加入政治协商会议和联合政府；对上海和南方资产阶级的某些利益允许给以保护。这个谈判是全面性的，如能成功，对于我们向南方进军和占领南方各大城市将要减少许多阻碍，是有很大利益的。不能成功，则待进军以后各个地进行地方性的谈判。谈判的时间拟在三月下旬。我们希望四月或五月占领南京，然后在北平召集政治协商会议，成立联合政府，并定都北平。我们既然允许谈判，就要准备在谈判成功以后许多麻烦事情的到来，就要准备一副清醒的头脑去对付对方采用孙行者钻进铁扇公主肚子里兴妖作怪的政策。只要我们精神上有了充分的准备，我们就可以战胜任何兴妖作怪的孙行者。不论是全面的和平谈判，或者局部的和平谈判，我们都应当这样去准备。我们不应当怕麻烦、图清静而不去接受这些谈判，我们也不应当糊里糊涂地去接受这些谈判。我们的原则性必须是坚定的，我们也要有为了实现原则性的一切许可的和必需的灵活性。

九

无产阶级领导的以工农联盟为基础的人民民主专政，要求我们党去认真地团结全体工人阶级、全体农民阶级和广大的革命知识分子，这些是这个专政的领导力量和基础力量。没有这种团结，这个专政就不能巩固。同时也要求我们党去团结尽可能多的能够同我们合作的城市小资产阶级和民族资产阶级的代表人物，它们的知识分子和政治派别，以便在革命时期使反革命势力陷于孤立，彻底地打倒国内的反革命势力和帝国主义势力；在革命胜利以后，迅速地恢复和发展生产，对付国外的帝国主义，使中国稳步地由农业国转变为工业国，把中国建设成一个伟大的社会主义国家。因为这样，我党同党外民主人士长期合作的政策，必须在全党思想上和工作上确定下来。我们必须把党外大多数民主人士看成和自己的干部一样，同他们诚恳地坦白地商量和解决那些必须商量和解决的问题，给他们工作做，使他们在工作岗位上有职有权，使他们在工作上做出成绩来。从团结他们出发，对他们的错误和缺点进行认真的和适当的批评或斗争，达到团结他们的目的。对他们的错误或缺点采取迁就态度，是不对的。对他们采取关门态度或敷衍态度，也是不对的。每一个大城市和每一个中等城市，每一个战略性区域和每一个省，都应当培养一批能够同我们合作的有威信的党外民主人士。我们党内由土地革命战争时期的关门主义作风所养成的对待党外民主人士的不正确态度，在抗日时期并没有完全克服，在一九四七年各根据地土地改革高潮时期又曾出现过。这种态度只会使我党陷于孤立，使人民民主专政不能巩固，使敌人获得同盟者。现在中国第一次在我党领导之下的政治协商会议即将召开，民主联合政府即将成立，革命即将在全国胜利，全党对于这个问题必须有认真的检讨和正确的认识，必须反对右的迁就主义和“左”的关门主义或敷衍主义两种倾向，而采取完全正确的态度。

十

我们很快就要在全国胜利了。这个胜利将冲破帝国主义的东方战线，具有伟大的国际意义。夺取这个胜利，已经是不要很久的时间和不要花费很大的气力了；巩固这个胜利，则是需要很久的时间和要花费很大的气力的事情。资产阶级怀疑我们的建设能力。帝国主义者估计我们终久会要向他们讨乞才能活下去。因为胜利，党内的骄傲情绪，以功臣自居的情绪，停顿起来不求进步的情绪，贪图享乐不愿再过艰苦生活的情绪，可能生长。因为胜利，人民感谢我们，资产阶级也会出来捧场。敌人的武力是不能征服我们的，这点已经得到证明了。资产阶级的捧场则可能征服我们队伍中的意志薄弱者。可能有这样一些共产党人，他们是不曾被拿枪的敌人征服过的，他们在这些敌人面前不愧英雄的称号；但是经不起人们用糖衣裹着的炮弹的攻击，他们在糖弹面前要打败仗。我们必须预防这种情况。夺取全国胜利，这只是万里长征走完了第一步。如果这一步也值得骄傲，那是比较渺小的，更值得骄傲的还在后头。在过了几十年之后来看中国人民民主革命的胜利，就会使人们感觉那好像只是一出长剧的一个短小的序幕。剧是必须从序幕开始的，但序幕还不是高潮。中国的革命是伟大的，但革命以后的路程更长，工作更伟大，更艰苦。这一点现在就必须向党内讲明白，务必使同志们继续地保持谦虚、谨慎、不骄、不躁的作风，务必使同志们继续地保持艰苦奋斗的作风。我们有批评和自我批评这个马克思列宁主义的武器。我们能够去掉不良作风，保持优良作风。我们能够学会我们原来不懂的东西。我们不但善于破坏一个旧世界，我们还将善于建设一个新世界。中国人民不但可以不要向帝国主义者讨乞也能活下去，而且还将活得比帝国主义国家要好些。

——选自《毛泽东选集》第四卷，人民出版社 1991 年版

论十大关系

毛泽东·1956年4月25日

1956年对于中国共产党而言是极不平凡的一年，面临着十分复杂的国内国际形势。从国内看，社会主义改造如火如荼地展开，但出现了急躁冒进的情况，对如何建设和发展社会主义，客观上需要党给予回答；从国际上看，"日内瓦会议"和"万隆会议"后，世界局势趋于缓和，有利于抓住时机进行经济建设，同时由于苏共二十大对斯大林的全盘否定引起国际共产主义运动的混乱，迫使中国共产党人去思考如何走自己的路的问题。于是从1956年2月起，毛泽东用了一个半月的时间听取了中央34个部委的汇报，在调查研究的基础上，又经过中央政治局几次讨论，最后由毛泽东归纳为十大关系问题。4月25日，毛泽东在有各省、市、自治区党委书记参加的中共中央政治局扩大会议上作了《论十大关系》的报告，随后又在5月2日最高国务会议上进一步进行了阐述。毛泽东在这篇讲话中，以苏联的经验为鉴戒，总结了我国的经验，提出了调动一切积极因素为社会主义事业服务的基本方针，对适合我国情况的社会主义建设道路进行了初步探索。文中论及的十大关系，对于今天我们进行的中国特色社会主义事业仍然具有重要的指导意义。全文约1.2万字，本篇全文选读。

最近几个月，中央政治局听了中央工业、农业、运输业、商业、财政等三十四个部门的工作汇报，从中看到一些有关社会主义建设和社会主义改造的问题。综合起来，一共有十个问题，也就是十大关系。

提出这十个问题，都是围绕着一个基本方针，就是要把国内外一切积极因素调动起来，为社会主义事业服务。过去为了结束帝国主义、封建主义和官僚资本主义的统治，为了人民民主革命的胜利，我们就实行了调动一切积极因素的方针。现在为了进行社会主义革命，建设社会主义国家，同样也实行这个方针。但是，我们工作中间还有些问题需要谈一谈。特别值得注意的是，最近苏联方面暴露了他们在建设社会主义过程中的一些缺点和错误，他们走过的弯路，你还想走？过去我们就是鉴于他们的经验教训，少走了一些弯路，现在当然更要引以为戒。

什么是国内外的积极因素？在国内，工人和农民是基本力量。中间势力是可以争取的力量。反动势力虽是一种消极因素，但是我们仍然要作好工作，尽量争取化消极因素为积极因素。在国际上，一切可以团结的力量都要团结，不中立的可以争取为中立，反动的也可以分化和利用。总之，我们要调动一切直接的和间接的力量，为把我国建设成为一个强大的社会主义国家而奋斗。

下面我讲十个问题。

一　重工业和轻工业、农业的关系

重工业是我国建设的重点。必须优先发展生产资料的生产，这是已经定了的。但是决不可以因此忽视生活资料尤其是粮食的生产。如果没有足够的粮食和其他生活必需品，首先就不能养活工人，还谈什么发展重工业？所以，重工业和轻工业、农业的关系，必须处理好。

在处理重工业和轻工业、农业的关系上，我们没有犯原则性的错误。我们比苏联和一些东欧国家做得好些。像苏联的粮食产量长期达不到革命前最高水平的问题，像一些东欧国家由于轻重工业发展太不平衡而产生的严重问题，我们这里是不存在的。他们片面地注重重工业，忽视农业和轻工业，因而市场上的货物不够，货币不稳定。我们对于农业、轻工业是比较注重的。我们一直抓了农业，发展了农业，相当地保证了发展工业所需要的粮食和原料。我们的民生日用商品比较丰富，物价和货币是稳定的。

我们现在的问题，就是还要适当地调整重工业和农业、轻工业的投资比例，更多地发展农业、轻工业。这样，重工业是不是不为主了？它还是为主，还是投资的重点。但是，农业、轻工业投资的比例要加重一点。

加重的结果怎么样？加重的结果，一可以更好地供给人民生活的需要，二可以更快地增加资金的积累，因而可以更多更好地发展重工业。重工业也可以积累，但是，在我们现有的经济条件下，轻工业、农业积累得更多更快些。

这里就发生一个问题，你对发展重工业究竟是真想还是假想，想得厉害一点，还是差一点？你如果是假想，或者想得差一点，那就打击农业、轻工业，对它们少投点资。你如果是真想，或者想得厉害，那你就要注重农业、轻工业，使粮食和轻工业原料更多些，积累更多些，投到重工业方面的资金将来也会更多些。

我们现在发展重工业可以有两种办法，一种是少发展一些农业、轻工业，一种是多发展一些农业、轻工业。从长远观点来看，前一种办法会使重工业发展得少些和慢些，至少基础不那么稳固，几十年后算总账是划不来的。后一种办法会使重工业发展得多些和快些，而且由于保障了人民生活的需要，会使它发展的基础更加稳固。

二　沿海工业和内地工业的关系

我国的工业过去集中在沿海。所谓沿海，是指辽宁、河北、北京、天津、河南东部、山东、安徽、江苏、上海、浙江、福建、广东、广西。我国全部轻工业和重工业，都有约百分之七十在沿海，只有百分之三十在内地。这是历史上形成的一种不合理的状况。沿海的工业基地必须充分利用，但是，为了平衡工业发展的布局，内地工业必须大力发展。在这两者的关系问题上，我们也没有犯大的错误，只是最近几年，对于沿海工业有些估计不足，对它的发展不那么十分注重了。这要改变一下。

过去朝鲜还在打仗，国际形势还很紧张，不能不影响我们对沿海工业的看法。现在，新的侵华战争和新的世界大战，估计短时期内打不起来，可能有十年或者更长一点的和平时期。这样，如果还不充分利用沿海工业的设备能力和技术力量，那就不对了。不说十年，就算五年，我们也应当在沿海好好地办四年的工业，等第五年打起来再搬家。从现有材料看来，轻工业工厂的建设和积累一般都很快，全部投产以后，四年之内，除了收回本厂的投资以外，还可以赚回三个厂，两个厂，一个厂，至少半个厂。这样好的事情为什么不做？认为原子弹已经在我们头上，几秒钟就要掉下来，这种形势估计是不合乎事实的，由此而对沿海工业采取消极态度是不对的。

这不是说新的工厂都建在沿海。新的工业大部分应当摆在内地，使工业布局逐步平衡，并且利于备战，这是毫无疑义的。但是沿海也可以建立一些新的厂矿，有些也可以是大型的。至于沿海原有的轻重工业的扩建和改建，过去已经做了一些，以后还要大大发展。

好好地利用和发展沿海的工业老底子，可以使我们更有力量来发展和支持内地工业。如果采取消极态度，就会妨碍内地工业的迅速发展。所以这也是一个对于发展内地工业是真想还是假想的问题。如果是真想，不是假想，就必须更多地利用和发展沿海工业，特别是轻工业。

三　经济建设和国防建设的关系

国防不可不有。现在，我们有了一定的国防力量。经过抗美援朝和几年的整训，我们的军队加强了，比第二次世界大战前的苏联红军要更强些，装备也有所改进。我们的国防工业正在建立。自从盘古开天辟地以来，我们不晓得造飞机，造汽车，现在开始能造了。

我们现在还没有原子弹。但是，过去我们也没有飞机和大炮，我们是用小米加步枪打败了日本帝国主义和蒋介石的。我们现在已经比过去强，以后还要比现在强，不但要有更多的飞机和大炮，而且还要有原子弹。在今天的世界上，我们要不受人家欺负，就不能没有这个东西。怎么办呢？可靠的办法就是把军政费用降到一个适当的比例，增加经济建设费用。只有经济建设发展得更快了，国防建设才能够有更大的进步。

一九五〇年，我们在党的七届三中全会上，已经提出精简国家机构、减少军政费用的问题，认为这是争取我国财政经济情况根本好转的三个条件之一。第一个五年计划期间，军政费用占国家预算全部支出的百分之三十。这个比重太大了。第二个五年计划期间，要使它降到百分之二十左右，以便抽出更多的资金，多开些工厂，多造些机器。经过一段时间，我们就不但会有很多的飞机和大炮，而且还可能有自己的原子弹。

这里也发生这么一个问题，你对原子弹是真正想要、十分想要，还是只有几分想，没有十分想呢？你是真正想要、十分想要，你就降低军政费用的比重，多搞经济建设。你不是真正想要、十分想要，你就还是按老章程办事。这是战略方针的问题，希望军委讨论一下。

现在我们把兵统统裁掉好不好，那不好。因为还有敌人，我们还受敌人欺负和包围嘛！我们一定要加强国防，因此，一定要首先加强经济建设。

四　国家、生产单位和生产者个人的关系

国家和工厂、合作社的关系，工厂、合作社和生产者个人的关系，这两种关系都要处理好。为此，就不能只顾一头，必须兼顾国家、集体和个人三个方面，也就是我们过去常说的“军民兼顾”、“公私兼顾”。鉴于苏联和我们自己的经验，今后务必更好地解决这个问题。

拿工人讲，工人的劳动生产率提高了，他们的劳动条件和集体福利就需要逐步有所改进。我们历来提倡艰苦奋斗，反对把个人物质利益看得高于一切，同时我们也历来提倡关心群众生活，反对不关心群众痛痒的官僚主义。随着整个国民经济的发展，工资也需要适当调整。关于工资，最近决定增加一些，主要加在下面，加在工人方面，以便缩小上下两方面的距离。我们的工资一般还不高，但是因为就业的人多了，因为物价低和稳，加上其他种种条件，工人的生活比过去还是有了很大改善。在无产阶级政权下面，工人的政治觉悟和劳动积极性一直很高。去年年底中央号召反右倾保守，工人群众热烈拥护，奋战三个月，破例地超额完成了今年第一季度的计划。我们需要大力发扬他们这种艰苦奋斗的精神，也需要更多地注意解决他们在劳动和生活中的迫切问题。

这里还要谈一下工厂在统一领导下的独立性问题。把什么东西统统都集中在中央或省市，不给工厂一点权力，一点机动的余地，一点利益，恐怕不妥。中央、省市和工厂的权益究竟应当各有多大才适当，我们经验不多，还要研究。从原则上说，统一性和独立性是对立的统一，要有统一性，也要有独立性。比如我们现在开会是统一性，散会以后有人散步，有人读书，有人吃饭，就是独立性。如果我们不给每个人散会后的独立性，一直把会无休止地开下去，不是所有的人都要死光吗？个人是这样，工厂和其他生产单位也是这样。各个生产单位都要有一个与统一性相联系的独立性，才会发展得更加活泼。

再讲农民。我们同农民的关系历来都是好的，但是在粮食问题上曾经犯过一个错误。一九五四年我国部分地区因水灾减产，我们却多购了七十亿斤粮食。这样一减一多，闹得去年春季许多地方几乎人人谈粮食，户户谈统销。农民有意见，党内外也有许多意见。尽管不少人是故意夸大，乘机攻击，但是不能说我们没有缺点。调查不够，摸不清底，多购了七十亿斤，这就是缺点。我们发现了缺点，一九五五年就少购了七十亿斤，又搞了一个“三定”，就是定产定购定销，加上丰收，一少一增，使农民手里多了二百多亿斤粮食。这样，过去有意见的农民也说“共产党真是好”了。这个教训，全党必须记住。

苏联的办法把农民挖得很苦。他们采取所谓义务交售制等办法，把农民生产的东西拿走太多，给的代价又极低。他们这样来积累资金，使农民的生产积极性受到极大的损害。你要母鸡多生蛋，又不给它米吃；又要马儿跑得好，又要马儿不吃草。世界上哪有这样的道理？

我们对农民的政策不是苏联的那种政策，而是兼顾国家和农民的利益。我们的农业税历来比较轻。工农业品的交换，我们是采取缩小剪刀差，等价交换或者近乎等价交换的政策。我们统购农产品是按照正常的价格，农民并不吃亏，而且收购的价格还逐步有所增长。我们在向农民供应工业品方面，采取薄利多销、稳定物价或适当降价的政策，在向缺粮区农民供应粮食方面，一般略有补贴。但是就是这样，如果粗心大意，也还是会犯这种或那种错误。鉴于苏联在这个问题上犯了严重错误，我们必须更多地注意处理好国家同农民的关系。

合作社同农民的关系也要处理好。在合作社的收入中，国家拿多少，合作社拿多少，农民拿多少，以及怎样拿法，都要规定得适当。合作社所拿的部分，都是直接为农民服务的。生产费不必说，管理费也是必要的，公积金是为了扩大再生产，公益金是为了农民的福利。但是，这几项各占多少，应当同农民研究出一个合理的比例。生产费管理费都要力求节约。公积金公益金也要有个控制，不能希望一年把好事都做完。

除了遇到特大自然灾害以外，我们必须在增加农业生产的基础上，争取百分之九十的社员每年的收入比前一年有所增加，百分之十的社员的收入能够不增不减，如有减少，也要及早想办法加以解决。

总之，国家和工厂，国家和工人，工厂和工人，国家和合作社，国家和农民，合作社和农民，都必须兼顾，不能只顾一头。无论只顾那一头，都是不利于社会主义，不利于无产阶级专政的。这是一个关系到六亿人民的大问题，必须在全党和全国人民中间反复进行教育。

五　中央和地方的关系

中央和地方的关系也是一个矛盾。解决这个矛盾，目前要注意的是，应当在巩固中央统一领导的前提下，扩大一点地方的权力，给地方更多的独立性，让地方办更多的事情。这对我们建设强大的社会主义国家比较有利。我们的国家这样大，人口这样多，情况这样复杂，有中央和地方两个积极性，比只有一个积极性好得多。我们不能像苏联那样，把什么都集中到中央，把地方卡得死死的，一点机动权也没有。

中央要发展工业，地方也要发展工业。就是中央直属的工业，也还是要靠地方协助。至于农业和商业，更需要依靠地方。总之，要发展社会主义建设，就必须发挥地方的积极性。中央要巩固，就要注意地方的利益。

现在几十只手插到地方，使地方的事情不好办。立了一个部就要革命，要革命就要下命令。各部不好向省委、省人民委员会下命令，就同省、市的厅局联成一线，天天给厅局下命令。这些命令虽然党中央不知道，国务院不知道，但都说是中央来的，给地方压力很大。表报之多，闹得泛滥成灾。这种情况，必须纠正。

我们要提倡同地方商量办事的作风。党中央办事，总是同地方商量，不同地方商量从来不冒下命令。在这方面，希望中央各部好好注意，凡是同地方有关的事情，都要先同地方商量，商量好了再下命令。

中央的部门可以分成两类。有一类，它们的领导可以一直管到企业，它们设在地方的管理机构和企业由地方进行监督；有一类，它们的任务是提出指导方针，制定工作规划，事情要靠地方办，要由地方去处理。

处理好中央和地方的关系，这对于我们这样的大国大党是一个十分重要的问题。这个问题，有些资本主义国家也是很注意的。他们的制度和我们的制度根本不同，但是他们发展的经验，还是值得我们研究。拿我们自己的经验来说，我们建国初期实行的那种大区制度，当时有必要，但是也有缺点，后来的高饶反党联盟，就多少利用了这个缺点。以后决定取消大区，各省直属中央，也是正确的。但是由此走到取消地方的必要的独立性，结果也不那么好。我们的宪法规定，立法权集中在中央。但是在不违背中央方针的条件下，按照情况和工作需要，地方可以搞章程、条例、办法，宪法并没有约束。我们要统一，也要特殊。为了建设一个强大的社会主义国家，必须有中央的强有力的统一领导，必须有全国的统一计划和统一纪律，破坏这种必要的统一，是不允许的。同时，又必须充分发挥地方的积极性，各地都要有适合当地情况的特殊。这种特殊不是高岗的那种特殊，而是为了整体利益，为了加强全国统一所必要的特殊。

还有一个地方和地方的关系问题，这里说的主要是地方的上下级关系问题。省市对中央部门有意见，地、县、区、乡对省市就没有意见吗？中央要注意发挥省市的积极性，省市也要注意发挥地、县、区、乡的积极性，都不能够框得太死。当然，也要告诉下面的同志哪些事必须统一，不能乱来。总之，可以和应当统一的，必须统一，不可以和不应当统一的，不能强求统一。正当的独立性，正当的权利，省、市、地、县、区、乡都应当有，都应当争。这种从全国整体利益出发的争权，不是从本位利益出发的争权，不能叫作地方主义，不能叫作闹独立性。

省市和省市之间的关系，也是一种地方和地方的关系，也要处理得好。我们历来的原则，就是提倡顾全大局，互助互让。

在解决中央和地方、地方和地方的关系问题上，我们的经验还不多，还不成熟，希望你们好好研究讨论，并且每过一个时期就要总结经验，发扬成绩，克服缺点。

六　汉族和少数民族的关系

对于汉族和少数民族的关系，我们的政策是比较稳当的，是比较得到少数民族赞成的。

我们着重反对大汉族主义。地方民族主义也要反对，但是那一般地不是重点。

我国少数民族人数少，占的地方大。论人口，汉族占百分之九十四，是压倒优势。如果汉人搞大汉族主义，歧视少数民族，那就很不好。而土地谁多呢？土地是少数民族多，占百分之五十到六十。我们说中国地大物博，人口众多，实际上是汉族“人口众多”，少数民族“地大物博”，至少地下资源很可能是少数民族“物博”。

各个少数民族对中国的历史都作过贡献。汉族人口多，也是长时期内许多民族混血形成的。历史上的反动统治者，主要是汉族的反动统治者，曾经在我们各民族中间制造种种隔阂，欺负少数民族。这种情况所造成的影响，就在劳动人民中间也不容易很快消除。所以我们无论对干部和人民群众，都要广泛地持久地进行无产阶级的民族政策教育，并且要对汉族和少数民族的关系经常注意检查。早两年已经作过一次检查，现在应当再来一次，如果关系不正常，就必须认真处理，不要只口里讲。

在少数民族地区，经济管理体制和财政体制，究竟怎样才适合，要好好研究一下。

我们要诚心诚意地积极帮助少数民族发展经济建设和文化建设。在苏联，俄罗斯民族同少数民族的关系很不正常，我们应当接受这个教训。天上的空气，地上的森林，地下的宝藏，都是建设社会主义所需要的重要因素，而一切物质因素只有通过人的因素，才能加以开发利用。我们必须搞好汉族和少数民族的关系，巩固各民族的团结，来共同努力建设伟大的社会主义祖国。

七 党和非党的关系

究竟是一个党好，还是几个党好？现在看来，恐怕是几个党好。不但过去如此，而且将来也可以如此，就是长期共存，互相监督。

在我们国内，在抗日反蒋斗争中形成的以民族资产阶级及其知识分子为主的许多民主党派，现在还继续存在。在这一点上，我们和苏联不同。我们有意识地留下民主党派，让他们有发表意见的机会，对他们采取又团结又斗争的方针。一切善意地向我们提意见的民主人士，我们都要团结。像卫立煌、翁文灏这样的有爱国心的国民党军政人员，我们应当继续调动他们的积极性。就是那些骂我们的，像龙云、梁漱溟、彭一湖之类，我们也要养起来，让他们骂，骂得无理，我们反驳，骂得有理，我们接受。这对党，对人民，对社会主义比较有利。

中国现在既然还有阶级和阶级斗争，就不会没有各种形式的反对派。所有民主党派和无党派民主人士虽然都表示接受中国共产党的领导，但是他们中的许多人，实际上就是程度不同的反对派。在“把革命进行到底”、抗美援朝、土地改革等等问题上，他们都是又反对又不反对。对于镇压反革命，他们一直到现在还有意见。他们说《共同纲领》好得不得了，不想搞社会主义类型的宪法，但是宪法起草出来了，他们又全都举手赞成。事物常常走到自己的反面，民主党派对许多问题的态度也是这样。他们是反对派，又不是反对派，常常由反对走到不反对。

共产党和民主党派都是历史上发生的。凡是历史上发生的东西，都要在历史上消灭。因此，共产党总有一天要消灭，民主党派也总有一天要消灭。消灭就是那么不舒服？我看很舒服。共产党，无产阶级专政，哪一天不要了，我看实在好。我们的任务就是要促使它们消灭得早一点。这个道理，过去我们已经说过多次了。

但是，无产阶级政党和无产阶级专政，现在非有不可，而且非继续加强不可。否则，不能镇压反革命，不能抵抗帝国主义，不能建设社会主义，建设起来也不能巩固。列宁关于无产阶级政党和无产阶级专政的理论，决没有像有些人说的那样“已经过时”。无产阶级专政不能没有很大的强制性。但是，必须反对官僚主义，反对机构庞大。在一不死人二不废事的条件下，我建议党政机构进行大精简，砍掉三分之二。

话说回来，党政机构要精简，不是说不要民主党派。希望你们抓一下统一战线工作，使他们和我们的关系得到改善，尽可能把他们的积极性调动起来为社会主义服务。

八　革命和反革命的关系

反革命是什么因素？是消极因素，破坏因素，是积极因素的反对力量。反革命可不可以转变？当然，有些死心塌地的反革命不会转变。但是，在我国的条件下，他们中间的大多数将来会有不同程度的转变。由于我们采取了正确的政策，现在就有不少反革命被改造成不反革命了，有些人还做了一些有益的事。

有几点应当肯定：

第一点，应当肯定，一九五一年和一九五二年那一次镇压反革命是必须的。有这么一种意见，认为那一次镇压反革命也可以不搞。这种意见是错误的。

对待反革命分子的办法是：杀、关、管、放。杀，大家都知道是什么一回事。关，就是关起来劳动改造。管，就是放在社会上由群众监督改造。放，就是可捉可不捉的一般不捉，或者捉起来以后表现好的，把他放掉。按照不同情况，给反革命分子不同的处理，是必要的。

现在只说杀。那一次镇压反革命杀了一批人，那是些什么人呢？是老百姓非常仇恨的、血债累累的反革命分子。六亿人民的大革命，不杀掉那些“东霸天”、“西霸天”，人民是不能起来的。如果没有那次镇压，今天我们采取宽大政策，老百姓就不可能赞成。现在有人听到说斯大林杀错了一些人，就说我们杀的那批反革命也杀错了，这是不对的。肯定过去根本上杀得对，在目前有实际意义。

第二点，应当肯定，还有反革命，但是已经大为减少。在胡风问题出来以后，清查反革命是必要的，有些没有清查出来的，还要继续清查。要肯定现在还有少数反革命分子，他们还在进行各种反革命破坏活动，比如把牛弄死，把粮食烧掉，破坏工厂，盗窃情报，贴反动标语，等等。所以，说反革命已经肃清了，可以高枕无忧了，是不对的。只要中国和世界上还有阶级斗争，就永远不可以放松警惕。但是，说现在还有很多反革命，也是不对的。

第三点，今后社会上的镇反，要少捉少杀。社会上的反革命因为是老百姓的直接冤头，老百姓恨透了，所以少数人还是要杀。他们中的多数，要交给农业合作社去管制生产，劳动改造。但是，我们还不能宣布一个不杀，不能废除死刑。

第四点，机关、学校、部队里面清查反革命，要坚持在延安开始的一条，就是一个不杀，大部不捉。真凭实据的反革命，由机关清查，但是公安局不捉，检察机关不起诉，法院也不审判。一百个反革命里面，九十几个这样处理。这就是所谓大部不捉。至于杀呢，就是一个不杀。

什么样的人不杀呢？胡风、潘汉年、饶漱石这样的人不杀，连被俘的战犯宣统皇帝、康泽这样的人也不杀。不杀他们，不是没有可杀之罪，而是杀了不利。这样的人杀了一个，第二个第三个就要来比，许多人头就要落地。这是第一条。第二条，可以杀错人。一颗脑袋落地，历史证明是接不起来的，也不像韭菜那样，割了一次还可以长起来，割错了，想改正错误也没有办法。第三条，消灭证据。镇压反革命要有证据。这个反革命常常就是那个反革命的活证据，有官司可以请教他。你把他消灭了，可能就再找不到证据了。这就只有利于反革命，而不利于革命。第四条，杀了他们，一不能增加生产，二不能提高科学水平，三不能帮助除四害，四不能强大国防，五不能收复台湾。杀了他们，你得一个杀俘虏的名声，杀俘虏历来是名声不好的。还有一条，机关里的反革命跟社会上的反革命不同。社会上的反革命爬在人民的头上，而机关里的反革命跟人民隔得远些，他们有普遍的冤头，但是直接的冤头不多。这些人一个不杀有什么害处呢？能劳动改造的去劳动改造，不能劳动改造的就养一批。反革命是废物，是害虫，可是抓到手以后，却可以让他们给人民办点事情。

但是，要不要立条法律，讲机关里的反革命一个不杀呢？这是我们的内部政策，不用宣布，实际上尽量做到就是了。假使有人丢个炸弹，把这个屋子里的人都炸死了，或者一半，或者三分之一，你说杀不杀？那就一定要杀。

机关肃反实行一个不杀的方针，不妨碍我们对反革命分子采取严肃态度。但是，可以保证不犯无法挽回的错误，犯了错误也有改正的机会，可以稳定很多人，可以避免党内同志之间互不信任。不杀头，就要给饭吃。对一切反革命分子，都应当给以生活出路，使他们有自新的机会。这样做，对人民事业，对国际影响，都有好处。

镇压反革命还要作艰苦的工作，大家不能松懈。今后，除社会上的反革命还要继续镇压以外，必须把混在机关、学校、部队中的一切反革命分子继续清查出来。一定要分清敌我。如果让敌人混进我们的队伍，甚至混进我们的领导机关，那会对社会主义事业和无产阶级专政造成多么严重的危险，这是大家都清楚的。

九　是非关系

党内党外都要分清是非。如何对待犯了错误的人，这是一个重要的问题。正确的态度应当是，对于犯错误的同志，采取“惩前毖后，治病救人”的方针，帮助他们改正错误，允许他们继续革命。过去，在以王明为首的教条主义者当权的时候，我们党在这个问题上犯了错误，学了斯大林作风中不好的一面。他们在社会上不要中间势力，在党内不允许人家改正错误，不准革命。

《阿Q正传》是一篇好小说，我劝看过的同志再看一遍，没看过的同志好好地看看。鲁迅在这篇小说里面，主要是写一个落后的不觉悟的农民。他专门写了“不准革命”一章，说假洋鬼子不准阿Q革命。其实，阿Q当时的所谓革命，不过是想跟别人一样拿点东西而已。可是，这样的革命假洋鬼子也还是不准。我看在这点上，有些人很有点像假洋鬼子。他们不准犯错误的人革命，不分犯错误和反革命的界限，甚至把一些犯错误的人杀掉了。我们要记住这个教训。无论在社会上不准人家革命，还是在党内不准犯错误的同志改正错误，都是不好的。

对于犯了错误的同志，有人说要看他们改不改。我说单是看还不行，还要帮助他们改。这就是说，一要看，二要帮。人是要帮助的，没有犯错误的人要帮助，犯了错误的人更要帮助。人大概是没有不犯错误的，多多少少要犯错误，犯了错误就要帮助。只看，是消极的，要设立各种条件帮助他改。是非一定要搞清楚，因为党内的原则争论，是社会上阶级斗争在党内的反映，是不允许含糊的。按照情况，对于犯错误的同志采取恰如其分的合乎实际的批评，甚至必要的斗争，这是正常的，是为了帮助他们改正错误。对犯错误的同志不给帮助，反而幸灾乐祸，这就是宗派主义。

对于革命来说，总是多一点人好。犯错误的人，除了极少数坚持错误、屡教不改的以外，大多数是可以改正的。正如得过伤寒病的可以免疫一样，犯过错误的人，只要善于从错误中取得教训，也可以少犯错误。倒是没有犯过错误的人容易犯错误，因为他容易把尾巴翘得高。我们要注意，对犯错误的人整得过分，常常整到自己身上。高岗本来是想搬石头打人的，结果却打倒了自己。好意对待犯错误的人，可以得人心，可以团结人。对待犯错误的同志，究竟是采取帮助态度还是采取敌视态度，这是区别一个人是好心还是坏心的一个标准。

“惩前毖后，治病救人”的方针，是团结全党的方针，我们必须坚持这个方针。

十　中国和外国的关系

我们提出向外国学习的口号，我想是提得对的。现在有些国家的领导人就不愿意提，甚至不敢提这个口号。这是要有一点勇气的，就是要把戏台上的那个架子放下来。

应当承认，每个民族都有它的长处，不然它为什么能存在？为什么能发展？同时，每个民族也都有它的短处，有人以为社会主义就了不起，一点缺点也没有了。哪有这个事？应当承认，总是有优点和缺点这两点。我们党的支部书记，部队的连排长，都晓得在小本本上写着，今天总结经验有两点，一是优点，一是缺点。他们都晓得有两点，为什么我们只提一点？一万年都有两点，将来有将来的两点，现在有现在的两点，各人有各人的两点。总之，是两点而不是一点。说只有一点，叫知其一不知其二。

我们的方针是，一切民族、一切国家的长处都要学，政治、经济、科学、技术、文学、艺术的一切真正好的东西都要学。但是，必须有分析有批判地学，不能盲目地学，不能一切照抄、机械搬运。他们的短处、缺点，当然不要学。

对于苏联和其他社会主义国家的经验，也应当采取这样的态度。过去我们一些人不清楚，人家的短处也去学，当着学到以为了不起的时候，人家那里已经不要了，结果栽了个斤斗，像孙悟空一样，翻过来了。比如，过去有人因为苏联是设电影部、文化局，我们是设文化部、电影局，就说我们犯了原则错误。他们没有料到，苏联不久也改设文化部，和我们一样。有些人对任何事物都不加分析，完全以“风”为准。今天刮北风，他是北风派，明天刮西风，他是西风派，后来又刮北风，他又是北风派。自己毫无主见，往往由一个极端走到另一个极端。

苏联过去把斯大林捧得一万丈高的人，现在一下子把他贬到地下九千丈。我们国内也有人跟着转。中央认为斯大林是三分错误，七分成绩，总起来还是一个伟大的马克思主义者，按照这个分寸，写了《关于无产阶级专政的历史经验》。三七开的评价比较合适。斯大林对中国作了一些错事。第二次国内革命战争后期的王明“左”倾冒险主义，抗日战争初期的王明右倾机会主义，都是从斯大林那里来的。解放战争时期，先是不准革命，说是如果打内战，中华民族有毁灭的危险。仗打起来，对我们半信半疑。仗打胜了，又怀疑我们是铁托式的胜利，一九四九、一九五〇两年对我们的压力很大。可是，我们还认为他是三分错误，七分成绩。这是公正的。

社会科学，马克思列宁主义，斯大林讲得对的那些方面，我们一定要继续努力学习。我们要学的是属于普遍真理的东西，并且学习一定要与中国实际相结合。如果每句话，包括马克思的话，都要照搬，那就不得了。我们的理论，是马克思列宁主义的普遍真理同中国革命的具体实践相结合。党内一些人有一个时期搞过教条主义，那时我们批评了这个东西。但是现在也还是有。学术界也好，经济界也好，都还有教条主义。

自然科学方面，我们比较落后，特别要努力向外国学习。但是也要有批判地学，不可盲目地学，在技术方面，我看大部分先要照办，因为那些我们现在还没有，还不懂，学了比较有利。但是，已经清楚的那一部分，就不要事事照办了。

外国资产阶级的一切腐败制度和思想作风，我们要坚决抵制和批判。但是，这并不妨碍我们去学习资本主义国家的先进的科学技术和企业管理方法中合乎科学的方面。工业发达国家的企业，用人少，效率高，会做生意，这些都应当有原则地好好学过来，以利于改进我们的工作。现在，学英文的也不研究英文了，学术论文也不译成英文、法文、德文、日文同人家交换了。这也是一种迷信。对外国的科学、技术和文化，不加分析地一概排斥，和前面所说的对外国东西不加分析地一概照搬，都不是马克思主义的态度，都对我们的事业不利。

我认为，中国有两条缺点，同时又是两条优点。

第一，我国过去是殖民地、半殖民地，不是帝国主义，历来受人欺负。工农业不发达，科学技术水平低，除了地大物博，人口众多，历史悠久，以及在文学上有部《红楼梦》等等以外，很多地方不如人家，骄傲不起来。但是，有些人做奴隶做久了，感觉事事不如人，在外国人面前伸不直腰，像《法门寺》里的贾桂一样，人家让他坐，他说站惯了，不想坐。在这方面要鼓点劲，要把民族自信心提高起来，把抗美援朝中提倡的“藐视美帝国主义”的精神发展起来。

第二，我们的革命是后进的。虽然辛亥革命打倒皇帝比俄国早，但是那时没有共产党，那次革命也失败了。人民革命的胜利是在一九四九年，比苏联的十月革命晚了三十几年。在这点上，也轮不到我们来骄傲。苏联和我们不同，一、沙皇俄国是帝国主义，二、后来又有了一个十月革命。所以许多苏联人很骄傲，尾巴翘得很高。

我们这两条缺点，也是优点。我曾经说过，我们一为“穷”二为“白”。“穷”就是没有多少工业，农业也不发达。“白”，就是一张白纸，文化水平、科学水平都不高。从发展的观点看，这并不坏。穷就要革命，富的革命就困难。科学技术水平高的国家，就骄傲得很。我们是一张白纸，正好写字。

因此，这两条对我们都有好处。将来我们国家富强了，我们一定还要坚持革命立场，还要谦虚谨慎，还要向人家学习，不要把尾巴翘起来。不但在第一个五年计划期间要向人家学习，就是在几十个五年计划之后，还应当向人家学习。一万年都要学习嘛！这有什么不好呢？

一共讲了十点。这十种关系，都是矛盾。世界是由矛盾组成的。没有矛盾就没有世界。我们的任务，是要正确处理这些矛盾。这些矛盾在实践中是否能完全处理好，也要准备两种可能性，而且在处理这些矛盾的过程中，一定还会遇到新的矛盾，新的问题。但是，像我们常说的那样，道路总是曲折的，前途总是光明的。我们一定要努力把党内党外、国内国外的一切积极的因素，直接的、间接的积极因素，全部调动起来，把我国建设成为一个强大的社会主义国家。

——选自《毛泽东文集》第七卷，人民出版社 1999 年版

答意大利记者奥琳埃娜·法拉奇问

邓小平·1980 年 8 月 21、23 日

这是邓小平 1980 年 8 月 21 日和 23 日会见意大利著名女记者奥琳埃娜·法拉奇时两次谈话的国内部分。在经历了“文化大革命”十年的内乱后，我国开始了各方面的拨乱反正，特别是十一届三中全会后，我国开始了改革开放，工作重心转向经济建设，在很短时间内取得了显著的成就，但最大的问题还是指导思想上如何拨乱反正，即如何评价毛泽东的历史功过、如何科学对待毛泽东思想。这个问题不仅中国人民很关心，世界各国也很关注，它将决定中国究竟走什么路的问题。法拉奇是一个令许多世界政治家闻之发怵的著名政治女记者，一向以言辞泼辣、问题尖锐而著称，曾采访过许多位国际知名人物。对邓小平的采访，法拉奇也作了充分的准备，连珠炮似地提了许多尖锐、敏感的问题，但邓小平的回答却使法拉奇感到非常满意，称这次采访是她“一次独一无二，不会再有的经历”，她认为在采访中，很少发现“如此智慧、如此坦率和如此文雅的，邓小平是一位出类拔萃的人物”！法拉奇之所以会对邓小平给予如此高的评价，除了邓小平智慧幽默、从容不迫、儒雅温和的外交风度外，根本的原因还在于他对当时国际国内都非常关注的一些敏感的政治历史问题进行了坦诚、深入地回答。法拉奇曾经说：“我所采访的世界领导人中，没有一个人能像邓这样坦率、深入地谈论历史问题。”从邓小平的精彩问答中，我们既可以领略到邓小平沉着冷静、机智幽默的卓越政治家的智慧和风采，同时，我们还可以通过邓小平对法拉奇提出的一些最敏感的政治历史问题的回答，更好地来把握以邓小平为核心的党的第二代中央领导集体在如何正确评价毛泽东的历史功绩与错误、如何认识“文化大革命”、如何处理历史与未来、社会主义和资本主义的关系等一系列重大历史问题上的立场和观点，有助于我们更加全面、深入、准确地理解和把握邓小平理论。

·奥琳埃娜·法拉奇：天安门上的毛主席像，是否要永远保留下去？

·邓小平：永远要保留下去。过去毛主席像挂得太多，到处都挂，并不是一件严肃的事情，也并不能表明对毛主席的尊重。尽管毛主席过去有段时间也犯了错误，但他终究是中国共产党、中华人民共和国的主要缔造者。拿他的功和过来说，错误毕竟是第二位的。他为中国人民做的事情是不能抹杀的。从我们中国人民的感情来说，我们永远把他作为我们党和国家的缔造者来纪念。

·奥：对西方人来说，我们有很多问题不理解。中国人民在讲起“四人帮”时，把很多错误都归咎于“四人帮”，说的是“四人帮”，但他们伸出的却是五个手指。

·邓：毛主席的错误和林彪、“四人帮”问题的性质是不同的。毛主席一生中大部分时间是做了非常好的事情的，他多次从危机中把党和国家挽救过来。没有毛主席，至少我们中国人民还要在黑暗中摸索更长的时间。毛主席最伟大的功绩是把马列主义的原理同中国革命的实际结合起来，指出了中国夺取革命胜利的道路。应该说，在六十年代以前或五十年代后期以前，他的许多思想给我们带来了胜利，他提出的一些根本的原理是非常正

确的。他创造性地把马列主义运用到中国革命的各个方面，包括哲学、政治、军事、文艺和其他领域，都有创造性的见解。但是很不幸，他在一生的后期，特别在“文化大革命”中是犯了错误的，而且错误不小，给我们党、国家和人民带来许多不幸。你知道，我们党在延安时期，把毛主席各方面的思想概括为毛泽东思想，把它作为我们党的指导思想。正是因为我们遵循毛泽东思想，才取得了革命的伟大胜利。当然，毛泽东思想不是毛泽东同志一个人的创造，包括老一辈革命家都参与了毛泽东思想的建立和发展，主要是毛泽东同志的思想。但是，由于胜利，他不够谨慎了，在他晚年有些不健康的因素、不健康的思想逐渐露头，主要是一些“左”的思想。有相当部分违背了他原来的思想，违背了他原来十分好的正确主张，包括他的工作作风。这时，他接触实际少了。他在生前没有把过去良好的作风，比如说民主集中制、群众路线，很好地贯彻下去，没有制定也没有形成良好的制度。这不仅是毛泽东同志本人的缺点，我们这些老一辈的革命家，包括我，也是有责任的。我们党的政治生活、国家的政治生活有些不正常了，家长制或家长作风发展起来了，颂扬个人的东西多了，整个政治生活不那么健康，以致最后导致了“文化大革命”。“文化大革命”是错误的。

·奥：你说在后一段时期毛主席身体不好，但刘少奇被捕入狱以及死在狱中时，毛主席身体并不坏。过去还有其他错误，大跃进难道不是错误？照搬苏联的模式难道不是错误？对过去这段错误要追溯至何时？毛主席发动“文化大革命”到底想干什么？

·邓：错误是从五十年代后期开始的。比如说，大跃进是不正确的。这个责任不仅仅是毛主席一个人的，我们这些人脑子都发热了。完全违背客观规律，企图一下子把经济搞上去。主观愿望违背客观规律，肯定要受损失。但大跃进本身的主要责任还是毛主席的。当时，经过几个月的时间，毛主席首先很快地发觉了这些错误，提出改正这些错误。由于其他因素，这个改正没有贯彻下去。一九六二年，毛主席对这些问题进行了自我批评。但毕竟对这些教训总结不够，导致爆发了“文化大革命”。搞“文化大革命”，就毛主席本身的愿望来说，是出于避免资本主义复辟的考虑，但对中国本身的实际情况作了错误的估计。首先把革命的对象搞错了，导致了抓所谓“党内走资本主义道路的当权派”。这样打击了原来在革命中有建树的、有实际经验的各级领导干部，其中包括刘少奇同志在内。毛主席在去世前一两年讲过，“文化大革命”有两个错误，一个是“打倒一切”，一个是“全面内战”。只就这两点讲，就已经不能说“文化大革命”是正确的。毛主席犯的是政治错误，这个错误不算小。另一方面，错误被林彪、“四人帮”这两个反革命集团利用了。他们的目的就是阴谋夺权。所以要区别毛主席的错误同林彪、“四人帮”的罪行。

·奥：但我们大家都知道，是毛主席选择了林彪，就像西方的国王选择继承人那样，选择了林彪。

·邓：这就是我刚才说的不正确的做法。一个领导人，自己选择自己的接班人，是沿用了一种封建主义的做法。刚才我说我们制度不健全，其中也包括这个在内。

·奥：你们对“四人帮”进行审判的时候，以及你们开下一届党代会时，在何种程度上会牵涉毛主席？

·邓：我们要对毛主席一生的功过作客观的评价。我们将肯定毛主席的功绩是第一位的，他的错误是第二位的。我们要实事求是地讲毛主席后期的错误。我们还要继续坚持毛泽东思想。毛泽东思想是毛主席一生中正确的部分。毛泽东思想不仅过去引导我们取得革命的胜利，现在和将来还应该是中国党和国家的宝贵财富。所以，我们不但要把毛主席的像永远挂在天安门前作为我们国家的象征，要把毛主席作为我们党和国家的缔造者来纪念，而且还要坚持毛泽东思想。我们不会像赫鲁晓夫对待斯大林那样对待毛主席。

·奥：这是否意味着在审判“四人帮”和开下一届党代会时，毛主席的名字不可避免地会被提到？

·邓：是会提到的。不光在党代会，在其他场合也要提到。但是审判“四人帮”不会影响毛主席。当然，用“四人帮”，毛主席是有责任的。但“四人帮”自己犯的罪行，怎么判他们都够了。

·奥：据说，毛主席经常抱怨你不太听他的话，不喜欢你，这是否是真的？

·邓：毛主席说我不听他的话是有过的。但也不是只指我一个人，对其他领导人也有这样的情况。这也反映毛主席后期有些不健康的思想，就是说，有家长制这些封建主义性质的东西。他不容易听进不同的意见。毛主席批评的事不能说都是不对的。但有不少正确的意见，不仅是我的，其他同志的在内，他不大听得进了。民主集中制被破坏了，集体领导被破坏了。否则，就不能理解为什么会爆发“文化大革命”。

·奥：在中国有这么一个人，他在任何时候都没有被碰到过，这就是周恩来总理。这个情况如何解释？

·邓：周总理是一生勤勤恳恳、任劳任怨工作的人。他一天的工作时间总超过十二小时，有时在十六小时以上，一生如此。我们认识很早，在法国勤工俭学时就住在一起。对我来说他始终是一个兄长。我们差不多同时期走上了革命的道路。他是同志们和人民很尊敬的人。“文化大革命”时，我们这些人都下去了，幸好保住了他。在“文化大革命”中，他所处的地位十分困难，也说了好多违心的话，做了好多违心的事，但人民原谅他。因为他不做这些事，不说这些话，他自己也保不住，也不能在其中起中和作用，起减少损失的作用。他保护了相当一批人。

·奥：我看不出怎样才能避免或防止再发生诸如“文化大革命”这样可怕的事情。

·邓：这要从制度方面解决问题。我们过去的一些制度，实际上受了封建主义的影响，包括个人迷信、家长制或家长作风，甚至包括干部职务终身制。我们现在正在研究避免重复这种现象，准备从改革制度着手。我们这个国家有几千年封建社会的历史，缺乏社会主义的民主和社会主义的法制。现在我们要认真建立社会主义的民主制度和社会主义法制。只有这样，才能解决问题。

·奥：你是否能肯定，今后事情的发展更为顺利？你们是否能够达到你们的目的？因为我听说，所谓“毛主义分子”仍然存在。我说的“毛主义分子”是指“文化大革命”的支持者。

·邓：不能低估“四人帮”的影响。但要看到，百分之九十七、九十八的广大人民对“四人帮”的罪行是痛恨的。这表现在“四人帮”横行、毛主席病重、周总理去世时，一九七六年四月五日天安门广场爆发的反抗“四人帮”的群众运动。粉碎“四人帮”以后，特别是最近两年，我们党的三中全会、四中全会、五中全会体现了人民的意志和人民的要求。我们正在考虑从制度上解决问题。已经提出了许多问题，特别是强调要一心一意搞四化建设，这是得人心的。人民需要一个安定团结的政治局面，对大规模的运动厌烦了。凡是这样的运动都要伤害一批人，而且不是小量的。经常搞运动，实际上就安不下心来搞建设。所以我们可以确信，只要我们现在走的路子是对的，人民是拥护的，像“文化大革命”那样的情况就不会重复。

·奥：很显然，只有在毛主席逝世以后才能逮捕“四人帮”，到底是谁组织的，是谁提出把“四人帮”抓起来的？

·邓：这是集体的力量。我认为首先有四五运动的群众基础。“四人帮”这个词是毛主席在逝世前一两年提出来的。一九七四年、一九七五年，我们同“四人帮”进行了两年的斗争。“四人帮”的面貌，人们已看得很清楚。尽管毛主席指定了接班人，但“四人帮”是不服的。毛主席去世以后，“四人帮”利用这个时机拼命抢权，形势逼人。“四人帮”那时很厉害，要打倒新的领导。在这样的情况下，政治局大多数同志一致的意见是要对付“四人帮”。要干这件事，一个人、两个人的力量是办不到的。

粉碎“四人帮”后，建毛主席纪念堂，应该说，那是违反毛主席自己的意愿的。五十年代，毛主席提议所有的人身后都火化，只留骨灰，不留遗体，并且不建坟墓。毛主席是第一个签名的。我们都签了名。中央的高级干部、全国的高级干部差不多都签了名。现在签名册还在。粉碎“四人帮”以后做的这些事，都是从为了求得比较稳定这么一个思想考虑的。

·奥：那末毛主席纪念堂不久是否将要拆掉？

·邓：我不赞成把它改掉。已经有了的把它改变，就不见得妥当。建是不妥当的，如果改变，人们就要议论纷纷。现在世界上都在猜测我们要毁掉纪念堂，我们没有这个想法。

·奥：为什么你想辞去副总理职务？

·邓：不但我辞职，我们老一代的都不兼职了。华国锋主席也不兼国务院总理的职务了，党中央委员会推荐赵紫阳同志为候选人。我们这些老同志摆在那里，他们也不好工作。我们存在一个领导层需要逐渐年轻化的问题。我们需要带个头。

过去没有规定，但实际上存在领导职务终身制。这不利于领导层更新，不利于年轻人上来，这是我们制度上的缺陷。这个缺陷在六十年代还看不出来，那时我们还年轻。这不是一个人的问题，是整个制度的问题，更多地是关系到我们的方针、四个现代化能否实现的问题。所以我们说，老同志带个头，开明一点好。

·奥：我看到中国有其他的画像。在天安门我看到有马、恩、列，特别还有斯大林的画像。这些像，你们是否还要保留？

·邓：要保留。“文化大革命”以前，只在重要的节日才挂出来。“文化大革命”期间才改变了做法，经常挂起。现在我们恢复过去的做法。

·奥：四个现代化将使外国资本进入中国，这样不可避免地引起私人投资问题。这是否会在中国形成小资本主义？

·邓：归根到底，我们的建设方针还是毛主席过去制定的自力更生为主、争取外援为辅的方针。不管怎样开放，不管外资进来多少，它占的份额还是很小的，影响不了我们社会主义的公有制。吸收外国资金、外国技术，甚至包括外国在中国建厂，可以作为我们发展社会主义社会生产力的补充。当然，会带来一些资本主义的腐朽的东西。我们意识到了这个问题，但这不可怕。

·奥：那末，你是否认为资本主义并不是都是坏的？

·邓：要弄清什么是资本主义。资本主义要比封建主义优越。有些东西并不能说是资本主义的。比如说，技术问题是科学，生产管理是科学，在任何社会，对任何国家都是有用的。

我们学习先进的技术、先进的科学、先进的管理来为社会主义服务，而这些东西本身并没有阶级性。

·奥：我记得几年前，你谈到农村自留地时说过，人是需要一些个人利益来从事生产的，这是否意味着共产主义本身也要讨论呢？

·邓：按照马克思说的，社会主义是共产主义第一阶段，这是一个很长的历史阶段，必须实行按劳分配，必须把国家、集体和个人利益结合起来，才能调动积极性，才能发展社会主义的生产。共产主义的高级阶段，生产力高度发达，实行各尽所能，按需分配，将更多地承认个人利益、满足个人需要。

·奥：你谈到还有其他人对毛泽东思想作出了贡献，这些人是谁？

·邓：老一辈的革命家。比如说，周恩来总理、刘少奇同志、朱德同志等，还有其他许多人都作了贡献。很多老干部都有创造，有见解。

·奥：你为什么不提自己的名字？

·邓：我算不了什么。当然我总是做了点事情的，革命者还能不做事？

·奥：你说"四人帮"是少数，全国很多人反对他们。他们这些少数人怎么可以控制中国，甚至整老一辈的革命家？是否他们当中有一个是毛主席的夫人，他们的关系太好，你们不敢动她？

·邓：有这个因素。我说过，毛主席是犯了错误的，其中包括起用他们。但应该说，他们也是有一帮的，特别是利用一些年轻人没有知识，拉帮结派，有相当的基础。

·奥：是否毛主席对江青的错误视而不见？江青是否像慈禧一样的人？

·邓：江青本人是打着毛主席的旗帜干坏事的。但毛主席和江青已分居多年。

·奥：我们不知道。

·邓：江青打着毛主席的旗帜搞，毛主席干预不力，这点，毛主席是有责任的。江青坏透了。怎么给"四人帮"定罪都不过分。"四人帮"伤害了成千上万的人。

·奥：对江青你觉得应该怎么评价，给她打多少分？

·邓：零分以下。

·奥：你对自己怎么评价？

·邓：我自己能够对半开就不错了。但有一点可以讲，我一生问心无愧。你一定要记下我的话，我是犯了不少错误的，包括毛泽东同志犯的有些错误，我也有份，只是可以说，也是好心犯的错误。不犯错误的人没有。不能把过去的错误都算成是毛主席一个人的。所以我们对毛主席的评价要非常客观，第一他是有功的，第二才是过。毛主席的许多好的思想，我们要继承下来，他的错误也要讲清楚。

——选自《邓小平文选》第二卷，人民出版社 1994 年版

中共中央《关于建国以来党的若干历史问题的决议》

（1981年6月27日中国共产党第十一届中央委员会第六次全体会议一致通过）

1978年党的十一届三中全会后，党的工作重心转向经济建设并实行改革开放，开启了党和国家历史上的伟大转折。随着经济建设的发展，对过去的冤假错案全面平反，妥善解决历史遗留问题，调整各方面的社会关系，促进了国家政治生活的正常化。各方面拨乱反正的进行，指导思想上的拨乱反正也被提上议事日程，即如何全面认识建国以来的历史道路、如何科学总结建国以来特别是“文化大革命”时期的经验教训、如何正确评价毛泽东的历史功过和正确对待毛泽东思想，成为全党全国乃至世界各国关注的问题。为此，1979年11月，在邓小平、胡耀邦的主持下，中共中央着手起草《关于建国以来党的若干历史问题的决议》，历时一年零四个月，前后八易其稿，期间曾交给党内4000名干部讨论了20天，后中共中央政治局又邀请了40多人讨论了12天，再后来又经过70多人讨论修改，并征求了130名各民主党派代表的意见，最后在1981年6月召开的党的十一届六中全会上审议通过了这个《决议》。《决议》既对建国以前28年中国共产党领导人民进行的新民主主义革命斗争的历史进行了回顾，也对建国32年以来党的重大历史事件特别是“文化大革命”作了正确的总结，实事求是地评价了毛泽东的历史地位，充分论述了毛泽东思想作为党的指导思想的伟大意义，肯定了十一届三中全会以来逐步确立的一条适合我国情况的社会主义现代化建设的正确道路。《决议》的通过标志着党在指导思想上完成了拨乱反正的任务，对于统一全党和全国人民的思想，开辟有中国特色的社会主义道路，起到了十分重要的作用。全文3.4万字，本篇全文选读。

建国以前二十八年历史的回顾

（1）中国共产党自一九二一年成立以来，已经走过六十年的光辉战斗历程。为了总结党在建国以来三十二年的经验，有必要简略地回顾一下建国以前二十八年党领导人民进行的新民主主义革命斗争。

（2）中国共产党是马克思列宁主义同中国工人运动相结合的产物，是在俄国十月革命和我国“五四”运动的影响下，在列宁领导的共产国际帮助下诞生的。伟大的革命先行者孙中山先生一九一一年领导的辛亥革命，推翻了清王朝，结束了两千多年的封建帝制。但是，中国社会的半殖民地、半封建性质并没有改变。无论是当时的国民党，还是其他资产阶级和小资产阶级政治派别，都没有也不可能找到国家和民族的出路。只有中国共产党才给人民指出了中国的出路在于彻底推翻帝国主义、封建主义的反动统治，并进而转入社会主义。中国共产党成立时只有五十多个党员。党发动了轰轰烈烈的工人运动和广大人民群众的反帝反封建斗争，很快发展成为中国人民前所未有的领导力量。

（3）中国共产党在领导中国各族人民为新民主主义而斗争的过程中，经历了国共合作的北伐战争，土地革命战争，抗日战争和全国解放战争这四个阶段，其间经受了一九二七年和一九三四年两次严重失败的痛苦考验。经过长期武装斗争和各个方面、各种形式斗争的密切配合，终于在一九四九年取得了革命的胜利。

一九二七年，蒋介石和汪精卫控制的国民党，不顾以宋庆龄为杰出代表的国民党左派的坚决反对，背叛了孙中山所决定的国共合作政策和反帝反封建政策，勾结帝国主义，残酷屠杀共产党人和革命人民。党当时还比较幼稚，又处在陈独秀右倾投降主义的领导下，致使革命在强大敌人的突然袭击下遭到惨重失败，已经发展到六万多党员的党只剩下了一万多党员。

党仍然顽强地继续战斗。周恩来等同志领导的南昌起义打响了武装反抗国民党反动派的第一枪。党的"八七会议"确定了实行土地革命和武装起义的方针，会后举行了秋收起义、广州起义和其他许多地区的起义。毛泽东同志领导的湖南江西边界地区的秋收起义，创建了工农革命军第一师，在井冈山建立了第一个农村革命根据地。朱德同志领导的起义部队不久就到井冈山会师。随着斗争的发展，党创建了江西中央革命根据地和湘鄂西、海陆丰、鄂豫皖、琼崖、闽浙赣、湘鄂赣、湘赣、左右江、川陕、陕甘、湘鄂川黔等根据地，建立了工农红军第一、第二、第四方面军和其他许多红军部队。在国民党统治下的白区，也在艰苦的条件下，发展了党和其他革命组织，展开了群众革命斗争。在土地革命战争中，毛泽东、朱德同志直接领导的红军第一方面军和中央革命根据地起了最重要的作用。红军各个方面军曾连续击败国民党军队的多次"围剿"。由于王明"左"倾冒险主义领导造成的第五次反"围剿"的失败，第一方面军不得不进行二万五千里长征而转战到陕北，同在那里坚持斗争的陕北红军和先期到达的红二十五军相会合。第二、第四方面军也先后经过长征转战到陕北。红军主力撤离后的一些南方根据地，坚持了艰苦的游击战争。王明"左"倾错误造成的失败使革命根据地和白区的革命力量都受到极大损失，红军从三十万人减到三万人左右，共产党员从三十万人减到四万人左右。

一九三五年一月党中央政治局在长征途中举行的遵义会议，确立了毛泽东同志在红军和党中央的领导地位，使红军和党中央得以在极其危急的情况下保存下来，并且在这以后能够战胜张国焘的分裂主义，胜利地完成长征，打开中国革命的新局面。这在党的历史上是一个生死攸关的转折点。

在日本帝国主义加紧对我国的侵略、民族危机空前严重的关头，以毛泽东同志为首的党中央决定和实行了正确的抗日民族统一战线政策。党领导了"一二·九"学生运动，掀起了要求停止内战、抗日救亡的强大群众斗争。张学良、杨虎城两将军发动的西安事变以及我们党促成的这次事变的和平解决，对推动国共再次合作、团结抗日，起了重大的历史作用。抗战期间，国民党统治集团继续反共反人民，消极抗战，因而在抗日的正面战场上节节败退。我们党坚持统一战线中独立自主的政策，紧密地依靠广大人民群众，开展敌后游击战争，建立了许多抗日根据地。由红军改编的八路军、新四军迅速地发展成为抗战的中坚力量。东北抗日联军在十分困难的情况下坚持战斗。在敌占区和国民党统治区，广泛开展了各种形式的抗日斗争。这样，中国人民的抗日战争才能够坚持八年之久，并同苏联和其他国家反法西斯战争的人民互相支援，直到取得最后胜利。

抗日战争期间，我们党从一九四二年开始在全党进行整风，这场马克思主义的思想教育运动收到了巨大的成效。在此基础上，一九四五年党的六届七中全会作出了《关于若干历史问题的决议》，接着举行了党的第七次全国代表大会，总结了历史的经验，为建立新民主主义的新中国，制定了正确的路线、方针和政策，使全党在思想上、政治上、组织上达到空前的统一和团结。抗日战争结束后，蒋介石政府依赖美帝国主义的援助，拒绝我们党和全国人民关于实现和平民主的正义要求，悍然发动全面内战。党在全国各解放区人民的全力支持下，在国民党统治区学生运动、工人运动和各阶层人民斗争的有力配合下，在各民主党派和无党派民主人士的积极合作下，领导人民解放军进行了三年多的解放战争，经过辽沈、平津、淮海三大战役和渡江作战，消灭了蒋介石的八百万军队，推翻了国民党反动政府，建立了伟大的中华人民共和国。从此，中国人民站起来了。

（4）二十八年斗争的胜利充分说明：

一、中国革命的胜利，是在马克思列宁主义的指导下取得的。我们党创造性地运用马克思列宁主义的基本原理，把它同中国革命的具体实践结合起来，形成了伟大的毛泽东思想，找到了夺取中国革命胜利的正确道路。这对于马克思列宁主义的发展是一个重大的贡献。

二、中国共产党是无产阶级的先锋队，是全心全意为人民服务的不谋任何私利的政党，是敢于并善于领导人民百折不挠地同敌人作斗争的政党。中国各民族人民从亲身经历中看到了这个事实，从而在党的周围结成广泛的统一战线，实现了我国历史上空前强大的政治团结。

三、中国革命的胜利，主要是依靠我们党所领导的完全新型的与人民血肉相连的人民军队，通过长期人民战争战胜强大敌人取得的。没有这样一支人民的军队，就不可能有人民的解放和国家的独立。

四、中国革命在各个阶段都曾得到各国革命力量的援助，这是中国人民永远不会忘记的。但是中国革命的胜利，从根本上说是中国共产党坚持独立自主、自力更生的原则，依靠中国各族人民自身的力量，经历千辛万苦，战胜许多艰难险阻才取得的。

五、中国革命的胜利，在我国结束了极少数剥削者统治广大劳动人民的历史，结束了帝国主义、殖民主义奴役中国各族人民的历史。劳动人民成了新国家新社会的主人。人民革命在一个人口占全人类近四分之一的大国的胜利，改变了世界政治力量的对比，也激励了许多类似中国这样受帝国主义、殖民主义剥削压迫的国家的人民，增强了他们前进的信心。中国革命的胜利是第二次世界大战以后最重大的政治事件，对国际局势和世界人民斗争的发展具有深刻的久远的影响。

（5）新民主主义革命的胜利是无数先烈和全党同志、全国各族人民长期牺牲奋斗的结果。我们不应该把一切功劳归于革命的领袖们，但也不应该低估领袖们的重要作用。在党的许多杰出领袖中，毛泽东同志居于首要地位。早在一九二七年革命失败以前，毛泽东同志就已经明确指出无产阶级领导农民斗争的极端重要性以及在这个问题上的右倾危险。革命失败后，他是成功地把党的工作重点由城市转入农村，在农村保存、恢复和发展革命力量的主要代表。在一九二七年至一九四九年的二十二年中，毛泽东同志和党的其他领导人一道，克服重重困难，逐步制定和领导执行了使革命由惨重失败转为伟大胜利的总的战略和各项政策。如果没有毛泽东同志多次从危机中挽救中国革命，如果没有以他为首的党中央给全党、全国各族人民和人民军队指明坚定正确的政治方向，我们党和人民可能还要在黑暗中摸索更长时间。同中国共产党被公认为全国各族人民的领导核心一样，毛泽东同志被公认为中国共产党和中国各族人民的伟大领袖，在党和人民集体奋斗中产生的毛泽东思想被公认为党的指导思想，这是中华人民共和国建国以前二十八年历史发展的必然结果。

建国三十二年历史的基本估计

（6）中国共产党在中华人民共和国成立以后的历史，总的说来，是我们党在马克思列宁主义、毛泽东思想指导下，领导全国各族人民进行社会主义革命和社会主义建设并取得巨大成就的历史。社会主义制度的建立，是我国历史上最深刻最伟大的社会变革，是我国今后一切进步和发展的基础。

（7）建国三十二年来，我们取得的主要成就是：

一、建立和巩固了工人阶级领导的、以工农联盟为基础的人民民主专政即无产阶级专政的国家政权。它是中国历史上从来没有过的人民当家作主的新型政权，是建设社会主义的富强民主文明的现代化国家的根本保证。

二、实现和巩固了全国范围（除台湾等岛屿以外）的国家统一，根本改变了旧中国四分五裂的局面。实现和巩固了全国各族人民的大团结，形成和发展了五十多个民族平等互助的社会主义民族关系。实现和巩固了全国工人、农民、知识分子和其他各阶层人民的大团结，加强和扩大了中国共产党领导的，同各爱国民主党派、人民团体通力合作的，由全体社会主义劳动者、拥护社会主义的爱国者和拥护祖国统一的爱国者组成的，包括台湾同胞、港澳同胞和国外华侨在内的广泛统一战线。

三、战胜了帝国主义、霸权主义的侵略、破坏和武装挑衅，维护了国家的安全和独立，胜利地进行了保卫祖国边疆的斗争。

四、建立和发展了社会主义经济，基本上完成了对生产资料私有制的社会主义改造，基本上实现了生产资料公有制和按劳分配。剥削制度消灭了，剥削阶级作为阶级已经不再存在，他们中的绝大多数人已经改造成为自食其力的劳动者。

五、在工业建设中取得重大成就，逐步建立了独立的比较完整的工业体系和国民经济体系。一九八〇年同完成经济恢复的一九五二年相比，全国工业固定资产按原价计算，增长二十六倍多，达到四千一百多亿元；棉纱产量增长三点五倍，达到二百九十三万吨；原煤产量增长八点四倍，达到六亿二千万吨；发电量增长四十倍，达到三千多亿度；原油产量达到一亿零五百多万吨；钢产量达到三千七百多万吨；机械工业产值增长五十三倍，达到一千二百七十多亿元。在辽阔的内地和少数民族地区，兴建了一批新的工业基地。国防工业从无到有地逐步建设起来。资源勘探工作成绩很大。铁路、公路、水运、空运和邮电事业，都有很大的发展。

六、农业生产条件发生显著改变，生产水平有了很大提高。全国灌溉面积已由一九五二年的三亿亩扩大到现在的六亿七千多万亩，长江、黄河、淮河、海河、珠江、辽河、松花江等大江河的一般洪水灾害得到初步控制。解放前我国农村几乎没有农业机械、化肥和电力，现在农用拖拉机、排灌机械和化肥施用量都大大增加，用电量等于解放初全国发电量的七点五倍。一九八〇年同一九五二年相比，全国粮食增长近一倍，棉花增长一倍多。尽管人口增长过快，现在已近十亿，我们仍然依靠自己的力量基本上保证了人民吃饭穿衣的需要。

七、城乡商业和对外贸易都有很大增长。一九八〇年与一九五二年相比，全民所有制商业收购商品总额由一百七十五亿元增加到二千二百六十三亿元，增长十一点九倍；社会商品零售总额由二百七十七亿元增加到二千一百四十亿元，增长六点七倍。国家进出口贸易的总额，一九八〇年比一九五二年增长七点七倍。随着工业、农业和商业的发展，人民生活比解放前有了很大的改善。一九八〇年，全国城乡平均每人的消费水平，扣除物价因素，比一九五二年提高近一倍。

八、教育、科学、文化、卫生、体育事业有很大发展。一九八〇年，全国各类全日制学校在校学生二亿零四百万人，比一九五二年增长二点七倍。三十二年来，高等学校和中等专业学校培养出近九百万专门人才。核技术、人造卫星和运载火箭等方面的成就，表现出我国的科学技术水平有很大的提高。文艺方面创作了一大批为人民服务、为社会主义服务的优秀作品。群众性体育事业蓬勃发展，不少运动项目取得出色的成绩。烈性传染病被消灭或基本消灭，城乡人民的健康水平大大提高，平均寿命大大延长。

九、人民解放军在新的历史条件下得到壮大和提高，由单一的陆军发展成为包括海军、空军和其他技术兵种在内的合成军队。野战军、地方军和民兵三结合的武装力量得到了加强，部队的素质和技术装备有了很大的提高和改进。在保卫和参加社会主义革命和社会主义建设中，人民解放军发挥了人民民主专政的坚强柱石作用。

十、在国际上，始终不渝地奉行社会主义的独立自主的外交方针，倡导和坚持了和平共处五项原则，同全世界一百二十四个国家建立了外交关系，同更多的国家和地区发展了经济、贸易和文化往来。我国在联合国和安理会的席位得到恢复。我们坚持无产阶级国际主义，发展同各国人民的友谊，支持和援助被压迫民族的解放事业、新独立国家的建设事业和各国人民的正义斗争，坚决反对帝国主义、霸权主义、殖民主义和种族主义，维护世界和平，在国际事务中发挥着越来越重大的积极作用。这一切为我国的社会主义建设创造了有利的国际条件，促进了国际形势朝着有利于世界人民的方向发展。

（8）新中国建立的时间不长，我们取得的成就只是初步的。由于我们党领导社会主义事业的经验不多，党的领导对形势的分析和对国情的认识有主观主义的偏差，“文化大革命”前就有过把阶级斗争扩大化和在经济建设上急躁冒进的错误。后来，又发生了“文化大革命”这样全局性的、长时间的严重错误。这就使得我们没有取得本来应该取得的更大成就。忽视错误、掩盖错误是不允许的，这本身就是错误，而且将招致更多更大的错误。但是，三十二年来我们取得的成就还是主要的，忽视或否认我们的成就，忽视或否认取得这些成就的成功经验，同样是严重的错误。我们的成就和成功经验是党和人民创造性地运用马克思列宁主义的结果，是社会主义制度优越性的表现，是全党和全国各族人民继续前进的基础。“坚持真理，修正错误”，这是我们党必须采取的辩证唯物主义的根本立场。过去采取这个立场，曾使我们的事业转危为安、转败为胜。今后继续采取这个立场，必将引导我们取得更大的胜利。

基本完成社会主义改造的七年

（9）从一九四九年十月中华人民共和国成立到一九五六年，我们党领导全国各族人民有步骤地实现从新民主主义到社会主义的转变，迅速恢复了国民经济并开展了有计划的经济建设，在全国绝大部分地区基本上完成了对生产资料私有制的社会主义改造。在这个历史阶段中，党确定的指导方针和基本政策是正确的，取得的胜利是辉煌的。

（10）建国后的头三年，我们肃清了国民党反动派在大陆的残余武装力量和土匪，实现了西藏的和平解放，建立了各地各级的人民政府，没收了官僚资本企业并把它们改造成为社会主义国营企业，统一了全国财政经济工作，稳定了物价，完成了新解放区土地制度的改革，镇压了反革命，开展了反贪污、反浪费、反官僚主义的“三反”运动，开展了打退资产阶级进攻的反行贿、反偷税漏税、反盗骗国家财产、反偷工减料、反盗窃国家经济情报的“五反”运动。对旧中国的教育科学文化事业，进行了很有成效的改造。在胜利完成繁重的社会改革任务和进行伟大的抗美援朝、保家卫国战争的同时，我们迅速恢复了在旧中国遭到严重破坏的国民经济，全国工农业生产一九五二年底已经达到历史的最高水平。

（11）一九五二年，党中央按照毛泽东同志的建议，提出了过渡时期的总路线：要在一个相当长的时期内，逐步实现国家的社会主义工业化，并逐步实现国家对农业、对手工业和对资本主义工商业的社会主义改造。这个总路线反映了历史的必然性。

一、国家的社会主义工业化，是国家独立和富强的当然要求和必要条件。

二、新民主主义革命在全国胜利和土地制度改革在全国完成以后，国内的主要矛盾已经转为工人阶级和资产阶级之间、社会主义道路和资本主义道路之间的矛盾。国家需要有利于国计民生的资本主义工商业有一定的发展，但资本主义工商业的发展也必然出现不利于国计民生的一面，这就不能不发生限制和反限制的斗争。在资本主义企业和国家的各项经济政策之间，在它们和社会主义国营经济之间，在它们和本企业职工、全国各族人民之间，利益冲突越来越明显。打击投机倒把、调整和改组工商业、进行“五反”运动、工人监督生产、粮棉统购统销等一系列必要的措施和步骤，必然地把原来落后、混乱、畸形发展、唯利是图的资本主义工商业逐步引上社会主义改造的道路。

三、我国个体农民，特别是在土地改革中新获得土地而缺少其他生产资料的贫农下中农，为了避免重新借高利贷甚至典让和出卖土地，产生两极分化，为了发展生产，兴修水利，抗御自然灾害，采用农业机械和其他新技术，确有走互助合作道路的要求。随着工业化的发展，一方面对农产品的需要日益增大，一方面对农业技术改造的支援日益增强，这也是促进个体农业向合作化方向发展的一个动力。

历史证明，党提出的过渡时期总路线是完全正确的。

（12）在过渡时期中，我们党创造性地开辟了一条适合中国特点的社会主义改造的道路。对资本主义工商业，我们创造了委托加工、计划订货、统购包销、委托经销代销、公私合营、全行业公私合营等一系列从低级到高级的国家资本主义的过渡形式，最后实现了马克思和列宁曾经设想过的对资产阶级的和平赎买。对个体农业，我们遵循自愿互利、典型示范和国家帮助的原则，创造了从临时互助组和常年互助组，发展到半社会主义性质的初级农业生产合作社，再发展到社会主义性质的高级农业生产合作社的过渡形式。对于个体手工业的改造，也采取了类似的方法。在改造过程中，国家资本主义经济和合作经济表现了明显的优越性。到一九五六年，全国绝大部分地区基本上完成了对生产资料私有制的社会主义改造。这项工作中也有缺点和偏差。在一九五五年夏季以后，农业合作化以及对手工业和个体商业的改造要求过急，工作过粗，改变过快，形式也过于简单划一，以致在长期间遗留了一些问题。一九五六年资本主义工商业改造基本完成以后，对于一部分原工商业者的使用和处理也不很适当。但整个来说，在一个几亿人口的大国中比较顺利地实现了如此复杂、困难和深刻的社会变革，促进了工农业和整个国民经济的发展，这的确是伟大的历史性胜利。

（13）我国第一个五年计划的经济建设，依靠我们自己的努力，加上苏联和其他友好国家的支援，同样取得了重大的成就。一批为国家工业化所必需而过去又非常薄弱的基础工业建立了起来。从一九五三年到一九五六年，全国工业总产值平均每年递增百分之十九点六，农业总产值平均每年递增百分之四点八。经济发展比较快，经济效果比较好，重要经济部门之间的比例比较协调。市场繁荣，物价稳定。人民生活显著改善。一九五六年四月，毛泽东同志发表《论十大关系》的讲话，初步总结了我国社会主义建设的经验，提出了探索适合我国国情的社会主义建设道路的任务。

（14）一九五四年九月召开了第一次全国人民代表大会，制定了中华人民共和国宪法。一九五五年三月召开的党的全国代表会议，总结了反对野心家高岗、饶漱石阴谋分裂党、篡夺党和国家最高权力的重大斗争，增强了党的团结。一九五六年一月党中央召开的知识分子问题会议和随后提出的“百花齐放、百家争鸣”方针，规定了对知识分子和教育科学文化工作的正确政策，促进了这方面事业的繁荣。由于党的正确政策、优良作风和崇高威信深入人心，广大干部、群众、青年和知识分子自觉学习马克思列宁主义、毛泽东思想，在党的领导下积极参加各项革命和建设工作，在全国形成了革命的、健康的、朝气蓬勃的社会道德风尚。

（15）一九五六年九月党的第八次全国代表大会开得很成功。大会指出：社会主义制度在我国已经基本上建立起来；我们还必须为解放台湾、为彻底完成社会主义改造、最后消灭剥削制度和继续肃清反革命残余势力而斗争，但是国内主要矛盾已经不再是工人阶级和资产阶级的矛盾，而是人民对于经济文化迅速发展的需要同当前经济文化不能满足人民需要的状况之间的矛盾；全国人民的主要任务是集中力量发展社会生产力，实现国家工业化，逐步满足人民日益增长的物质和文化需要；虽然还有阶级斗争，还要加强人民民主专政，但其根本任务已经是在新的生产关系下面保护和发展生产力。大会坚持了一九五六年五月党中央提出的既反保守又反冒进即在综合平衡中稳步前进的经济建设方针。大会着重提出了执政党的建设问题，强调要坚持民主集中制和集体领导制度，反对个人崇拜，发展党内民主和人民民主，加强党和群众的联系。八大的路线是正确的，它为新时期社会主义事业的发展和党的建设指明了方向。

开始全面建设社会主义的十年

（16）社会主义改造基本完成以后，我们党领导全国各族人民开始转入全面的大规模的社会主义建设。直到“文化大革命”前夕的十年中，我们虽然遭到过严重挫折，仍然取得了很大的成就。以一九六六年同一九五六年相比，全国工业固定资产按原价计算，增长了三倍。棉纱、原煤、发电量、原油、钢和机械设备等主要工业产品的产量，都有巨大的增长。从一九六五年起实现了石油全部自给。电子工业、石油化工等一批新兴的工业部门建设了起来。工业布局有了改善。农业的基本建设和技术改造开始大规模地展开，并逐渐收到成效。全国农业用拖拉机和化肥施用量都增长六倍以上，农村用电量增长七十倍。高等学校的毕业生为前七年的四点九倍。经过整顿，教育质量得到显著提高。科学技术工作也有比较突出的成果。

党在这十年中积累了领导社会主义建设的重要经验。毛泽东同志在一九五七年春提出必须正确区分和处理社会主义社会两类不同性质的社会矛盾，把正确处理人民内部矛盾作为国家政治生活的主题。接着，他提出要“造成一个又有集中又有民主，又有纪律又有自由，又有统一意志又有个人心情舒畅、生动活泼，那样一种政治局面”的要求。一九五八年，他又提出要把党和国家的工作重点转到技术革命和社会主义建设上来。这些都是八大路线的继续发展，具有长远的指导意义。毛泽东同志在领导纠正“大跃进”和人民公社化运动中的错误时提出了不能剥夺农民，不能超越阶段，反对平均主义，强调发展商品生产、遵守价值规律和做好综合平衡，主张以农轻重为序安排国民经济计划等观点；刘少奇同志提出了许多生产资料可以作为商品进行流通和社会主义社会要有两种劳动制度、两种教育制度的观点；周恩来同志提出了我国知识分子绝大多数已经是劳动人民的知识分子，科学技术在我国现代化建设中具有关键性作用等观点；陈云同志提出了计划指标必须切合实际，建设规模必须同国力相适应，人民生活和国家建设必须兼顾，制定计划必须做好物资、财政、信贷平衡等观点；邓小平同志提出了关于整顿工业企业，改善和加强企业管理，实行职工代表大会制等观点；朱德同志提出了要注意发展手工业和农业多种经营的观点；邓子恢等同志提出了农业中要实行生产责任制的观点。所有这些，在当时和以后都有重大的意义。党中央在调整国民经济过程中陆续制定的农村人民公社工作条例草案和有关工业、商业、教育、科学、文艺等方面的工作条例草案，比较系统地总结了社会主义建设的经验，分别规定了适合当时情况的各项具体政策，至今对我们仍然有重要的借鉴作用。

总之，我们现在赖以进行现代化建设的物质技术基础，很大一部分是这个期间建设起来的；全国经济文化建设等方面的骨干力量和他们的工作经验，大部分也是在这个期间培养和积累起来的。这是这个期间党的工作的主导方面。

（17）这十年中，党的工作在指导方针上有过严重失误，经历了曲折的发展过程。

一九五七年的经济工作，由于认真执行党的八大的正确方针，是建国以来效果最好的年份之一。这一年在全党开展整风运动，发动群众向党提出批评建议，是发扬社会主义民主的正常步骤。在整风过程中，极少数资产阶级右派分子乘机鼓吹所谓“大鸣大放”，向党和新生的社会主义制度放肆地发动进攻，妄图取代共产党的领导，对这种进攻进行坚决的反击是完全正确和必要的。但是反右派斗争被严重地扩大化了，把一批知识分子、爱国人士和党内干部错划为“右派分子”，造成了不幸的后果。

一九五八年，党的八大二次会议通过的社会主义建设总路线及其基本点，其正确的一面是反映了广大人民群众迫切要求改变我国经济文化落后状况的普遍愿望，其缺点是忽视了客观的经济规律。在这次会议前后，全党同志和全国各族人民在生产建设中发挥了高度的社会主义积极性和创造精神，并取得了一定的成果。但是，由于对社会主义建设经验不足，对经济发展规律和中国经济基本情况认识不足，更由于毛泽东同志、中央和地方不少领导同志在胜利面前滋长了骄傲自满情绪，急于求成，夸大了主观意志和主观努力的作用，没有经过认真的调查研究和试点，就在总路线提出后轻率地发动了“大跃进”运动和农村人民公社化运动，使得以高指标、瞎指挥、浮夸风和“共产风”为主要标志的“左”倾错误严重地泛滥开来。从一九五八年底到一九五九年七月中央政治局庐山会议前期，毛泽东同志和党中央曾经努力领导全党纠正已经觉察到的错误。但是，庐山会议后期，毛泽东同志错误地发动了对彭德怀同志的批判，进而在全党错误地开展了“反右倾”斗争。八届八中全会关于所谓“彭德怀、黄克诚、张闻天、周小舟反党集团”的决议是完全错误的。这场斗争在政治上使党内从中央到基层的民主生活遭到严重损害，在经济上打断了纠正“左”倾错误的进程，使错误延续了更长时间。主要由于“大跃进”和“反右倾”的错误，加上当时的自然灾害和苏联政府背信弃义地撕毁合同，我国国民经济在一九五九年到一九六一年发生严重困难，国家和人民遭到重大损失。

一九六〇年冬，党中央和毛泽东同志开始纠正农村工作中的“左”倾错误，并且决定对国民经济实行“调整、巩固、充实、提高”的方针，随即在刘少奇、周恩来、陈云、邓小平等同志的主持下，制定和执行了一系列正确的政策和果断的措施，这是这个历史阶段中的重要转变。一九六二年一月召开的有七千人参加的扩大的中央工作会议，初步总结了“大跃进”中的经验教训，开展了批评和自我批评。会议前后又为“反右倾”运动中被错误批判的大多数同志进行了甄别平反。此外，还给被划为“右派分子”的大多数人摘掉了“右派分子”帽子。由于这些经济和政治的措施，从一九六二年到一九六六年国民经济得到了比较顺利的恢复和发展。

但是，“左”倾错误在经济工作的指导思想上并未得到彻底纠正，而在政治和思想文化方面还有发展。在一九六二年九月的八届十中全会上，毛泽东同志把社会主义社会中一定范围内存在的阶级斗争扩大化和绝对化，发展了他在一九五七年反右派斗争以后提出的无产阶级同资产阶级的矛盾仍然是我国社会的主要矛盾的观点，进一步断言在整个社会主义历史阶段资产阶级都将存在和企图复辟，并成为党内产生修正主义的根源。一九六三年至一九六五年间，在部分农村和少数城市基层开展的社会主义教育运动，虽然对于解决干部作风和经济管理等方面的问题起了一定作用，但由于把这些不同性质的问题都认为是阶级斗争或者是阶级斗争在党内的反映，在一九六四年下半年使不少基层干部受到不应有的打击，在一九六五年初又错误地提出了运动的重点是整所谓“党内走资本主义道路的当权派”。在意识形态领域，也对一些文艺作品、学术观点和文艺界学术界的一些代表人物进行了错误的、过火的政治批判，在对待知识分子问题、教育科学文化问题上发生了愈来愈严重的“左”的偏差，并且在后来发展成为“文化大革命”的导火线。不过，这些错误当时还没有达到支配全局的程度。

由于全党和全国各族人民的主要注意力从一九六〇年冬以后一直是在贯彻执行调整经济的正确方针，社会主义建设逐步地重新出现欣欣向荣的景象。党和人民团结一致，同甘共苦，对内克服了自己的困难，对外顶住了苏联领导集团的压力，还清了对苏联的全部债款（主要是抗美援朝中的军火债款），并且大力支援了许多国家人民的革命斗争和建设事业。一九六四年底到一九六五年初召开的第三届全国人民代表大会宣布：调整国民经济的任务已经基本完成，整个国民经济将进入一个新的发展时期，要努力把我国逐步建设成为一个具有现代农业、现代工业、现代国防和现代科学技术的社会主义强国。这个号召由于“文化大革命”而没有得到实行。

（18）这十年中的一切成就，是在以毛泽东同志为首的党中央集体领导下取得的。这个期间工作中的错误，责任同样也在党中央的领导集体。毛泽东同志负有主要责任，但也不能把所有错误归咎于毛泽东同志个人。这个期间，毛泽东同志在关于社会主义社会阶级斗争的理论和实践上的错误发展得越来越严重，他的个人专断作风逐步损害党的民主集中制，个人崇拜现象逐步发展。党中央未能及时纠正这些错误。林彪、江青、康生这些野心家又别有用心地利用和助长了这些错误。这就导致了“文化大革命”的发动。

“文化大革命”的十年

（19）一九六六年五月至一九七六年十月的“文化大革命”，使党、国家和人民遭到建国以来最严重的挫折和损失。这场“文化大革命”是毛泽东同志发动和领导的。他的主要论点是：一大批资产阶级的代表人物、反革命的修正主义分子，已经混进党里、政府里、军队里和文化领域的各界里，相当大的一个多数的单位的领导权已经不在马克思主义者和人民群众手里。党内走资本主义道路的当权派在中央形成了一个资产阶级司令部，它有一条修正主义的政治路线和组织路线，在各省、市、自治区和中央各部门都有代理人。过去的各种斗争都不能解决问题，只有实行“文化大革命”，公开地、全面地、自下而上地发动广大群众来揭发上述的黑暗面，才能把被走资派篡夺的权力重新夺回来。这实质上是一个阶级推翻一个阶级的政治大革命，以后还要进行多次。这些论点主要地出现在作为“文化大革命”纲领性文件的《五·一六通知》和党的九大的政治报告中，并曾被概括成为所谓“无产阶级专政下继续革命的理论”，从而使“无产阶级专政下继续革命”一语有了特定的含义。毛泽东同志发动“文化大革命”的这些“左”倾错误论点，明显地脱离了作为马克思列宁主义普遍原理和中国革命具体实践相结合的毛泽东思想的轨道，必须把它们同毛泽东思想完全区别开来。至于毛泽东同志所重用过的林彪、江青等人，他们组成两个阴谋夺取最高权力的反革命集团，利用毛泽东同志的错误，背着他进行了大量祸国殃民的罪恶活动，这完全是另外一种性质的问题。他们的反革命罪行已被充分揭露，所以本决议不多加论列。

（20）“文化大革命”的历史，证明毛泽东同志发动“文化大革命”的主要论点既不符合马克思列宁主义，也不符合中国实际。这些论点对当时我国阶级形势以及党和国家政治状况的估计，是完全错误的。

一、“文化大革命”被说成是同修正主义路线或资本主义道路的斗争，这个说法根本没有事实根据，并且在一系列重大理论和政策问题上混淆了是非。“文化大革命”中被当作修正主义或资本主义批判的许多东西，实际上正是马克思主义原理和社会主义原则，其中很多是毛泽东同志自己过去提出或支持过的。“文化大革命”否定了建国以来十七年大量的正确方针政策和成就，这实际上也就在很大程度上否定了包括毛泽东同志自己在内的党中央和人民政府的工作，否定了全国各族人民建设社会主义的艰苦卓绝的奋斗。

二、上述的是非混淆必然导致敌我的混淆。“文化大革命”所打倒的“走资派”，是党和国家各级组织中的领导干部，即社会主义事业的骨干力量。党内根本不存在所谓以刘少奇、邓小平为首的“资产阶级司令部”。确凿的事实证明，硬加给刘少奇同志的所谓“叛徒”、“内奸”、“工贼”的罪名，完全是林彪、江青等人的诬陷。八届十二中全会对刘少奇同志所作的政治结论和组织处理，是完全错误的。“文化大革命”对所谓“反动学术权威”的批判，使许多有才能、有成就的知识分子遭到打击和迫害，也严重地混淆了敌我。

三、“文化大革命”名义上是直接依靠群众，实际上既脱离了党的组织，又脱离了广大群众。运动开始后，党的各级组织普遍受到冲击并陷于瘫痪、半瘫痪状态，党的各级领导干部普遍受到批判和斗争，广大党员被停止了组织生活，党长期依靠的许多积极分子和基本群众受到排斥。“文化大革命”初期被卷入运动的大多数人，是出于对毛泽东同志和党的信赖，但是除了极少数极端分子以外，他们也不赞成对党的各级领导干部进行残酷斗争。后来，他们经过不同的曲折道路而提高觉悟之后，逐步对“文化大革命”采取怀疑观望以至抵制反对的态度，许多人因此也遭到了程度不同的打击。以上这些情况，不可避免地给一些投机分子、野心分子、阴谋分子以可乘之机，其中有不少人还被提拔到了重要的以至非常重要的地位。

四、实践证明，“文化大革命”不是也不可能是任何意义上的革命或社会进步。它根本不是“乱了敌人”而只是乱了自己，因而始终没有也不可能由“天下大乱”达到“天下大治”。在我国，在人民民主专政的国家政权建立以后，尤其是社会主义改造基本完成、剥削阶级作为阶级已经消灭以后，虽然社会主义革命的任务还没有最后完成，但是革命的内容和方法已经同过去根本不同。对于党和国家的肌体中确实存在的某些阴暗面，当然需要作出恰当的估计并运用符合宪法、法律和党章的正确措施加以解决，但决不应该采取“文化大革命”的理论和方法。在社会主义条件下进行所谓“一个阶级推翻一个阶级”的政治大革命，既没有经济基础，也没有政治基础。它必然提不出任何建设性的纲领，而只能造成严重的混乱、破坏和倒退。历史已经判明，“文化大革命”是一场由领导者错误发动，被反革命集团利用，给党、国家和各族人民带来严重灾难的内乱。

（21）“文化大革命”的过程分为三段。

一、从“文化大革命”的发动到一九六九年四月党的第九次全国代表大会。一九六六年五月中央政治局扩大会议和同年八月八届十一中全会的召开，是“文化大革命”全面发动的标志。这两次会议相继通过了《五·一六通知》和《关于无产阶级文化大革命的决定》，对所谓“彭真、罗瑞卿、陆定一、杨尚昆反党集团”和对所谓“刘少奇、邓小平司令部”进行了错误的斗争，对党中央领导机构进行了错误的改组，成立了所谓“中央文革小组”并让它掌握了中央的很大部分权力。毛泽东同志的“左”倾错误的个人领导实际上取代了党中央的集体领导，对毛泽东同志的个人崇拜被鼓吹到了狂热的程度。林彪、江青、康生、张春桥等人主要利用所谓“中央文革小组”的名义，乘机煽动“打倒一切、全面内战”。一九六七年二月前后，谭震林、陈毅、叶剑英、李富春、李先念、徐向前、聂荣臻等政治局和军委的领导同志，在不同的会议上对“文化大革命”的错误作法提出了强烈的批评，但被诬为“二月逆流”而受到压制和打击。朱德、陈云同志也受到错误的批判。各部门各地方的党政领导机构几乎都被夺权或改组。人民解放军实行三支两军（支左、支工、支农、军管、军训），在当时的混乱情况下是必要的，对稳定局势起了积极的作用，但也带来了一些消极的后果。党的“九大”使“文化大革命”的错误理论和实践合法化，加强了林彪、江青、康生等人在党中央的地位。“九大”在思想上、政治上和组织上的指导方针都是错误的。

二、从党的“九大”到一九七三年八月党的第十次全国代表大会。一九七〇年至一九七一年发生了林彪反革命集团阴谋夺取最高权力、策动反革命武装政变的事件。这是“文化大革命”推翻党的一系列基本原则的结果，客观上宣告了“文化大革命”的理论和实践的失败。毛泽东、周恩来同志机智地粉碎了这次叛变。周恩来同志在毛泽东同志支持下主持中央日常工作，使各方面的工作有了转机。一九七二年，在批判林彪的过程中，周恩来同志正确地提出要批判极左思潮的意见，这是一九六七年二月前后许多中央领导同志要求纠正“文化大革命”错误这一正确主张的继续。毛泽东同志却错误地认为当时的任务仍然是反对“极右”。党的十大继续了九大的“左”倾错误，并且使王洪文当上了党中央副主席。江青、张春桥、姚文元、王洪文在中央政治局内结成“四人帮”，江青反革命集团的势力又得到加强。

三、从党的“十大”到一九七六年十月。一九七四年初，江青、王洪文等提出开展所谓“批林批孔”运动；同有的地方和单位清查与林彪反革命集团阴谋活动有关的人和事不同，江青等人的矛头是指向周恩来同志的。毛泽东同志先是批准开展所谓“批林批孔”运动，在发现江青等人借机进行篡权活动以后，又对他们作了严厉批评，宣布他们是“四人帮”，指出江青有当党中央主席和操纵“组阁”的野心。一九七五年，周恩来同志病重，邓小平同志在毛泽东同志支持下主持中央日常工作，召开了军委扩大会议和解决工业、农业、交通、科技等方面问题的一系列重要会议，着手对许多方面的工作进行整顿，使形势有了明显好转。但是毛泽东同志不能容忍邓小平同志系统地纠正“文化大革命”的错误，又发动了所谓“批邓、反击右倾翻案风”运动，全国因而再度陷入混乱。一九七六年一月周恩来同志逝世。周恩来同志对党和人民无限忠诚，鞠躬尽瘁。他在“文化大革命”中处于非常困难的地位。他顾全大局，任劳任怨，为继续进行党和国家的正常工作，为尽量减少“文化大革命”所造成的损失，为保护大批的党内外干部，作了坚持不懈的努力，费尽了心血。他同林彪、江青反革命集团的破坏进行了各种形式的斗争。他的逝世引起了全党和全国各族人民的无限悲痛。同年四月间，在全国范围内掀起了以天安门事件为代表的悼念周总理、反对“四人帮”的强大抗议运动。这个运动实际上是拥护以邓小平同志为代表的党的正确领导，它为后来粉碎江青反革命集团奠定了伟大的群众基础。当时，中央政治局和毛泽东同志对天安门事件的性质作出了错误的判断，并且错误地撤销了邓小平同志的党内外一切职务。一九七六年九月毛泽东同志逝世，江青反革命集团加紧夺取党和国家最高领导权的阴谋活动。同年十月上旬，中央政治局执行党和人民的意志，毅然粉碎了江青反革命集团，结束了“文化大革命”这场灾难。这是全党、全军和全国各族人民长期斗争取得的伟大胜利。在粉碎江青反革命集团的斗争中，华国锋、叶剑英、李先念等同志起了重要作用。

（22）对于“文化大革命”这一全局性的、长时间的“左”倾严重错误，毛泽东同志负有主要责任。但是，毛泽东同志的错误终究是一个伟大的无产阶级革命家所犯的错误。毛泽东同志是经常注意要克服我们党内和国家生活中存在着的缺点的，但他晚年对许多问题不仅没有能够加以正确的分析，而且在“文化大革命”中混淆了是非和敌我。他在犯严重错误的时候，还多次要求全党认真学习马克思、恩格斯、列宁的著作，还始终认为自己的理论和实践是马克思主义的，是为巩固无产阶级专政所必需的，这是他的悲剧所在。他在全局上一直坚持“文化大革命”的错误，但也制止和纠正过一些具体错误，保护过一些党的领导干部和党外著名人士，使一些负责干部重新回到重要的领导岗位。他领导了粉碎林彪反革命集团的斗争，对江青、张春桥等人也进行过重要的批评和揭露，不让他们夺取最高领导权的野心得逞。这些都对后来我们党顺利地粉碎“四人帮”起了重要作用。他晚年仍然警觉地注意维护我国的安全，顶住了社会帝国主义的压力，执行正确的对外政策，坚决支援各国人民的正义斗争，并且提出了划分三个世界的正确战略和我国永远不称霸的重要思想。在“文化大革命”中，我们党没有被摧毁并且还能维持统一，国务院和人民解放军还能进行许多必要的工作，有各族各界代表人物出席的第四届全国人民代表大会还能召开并且确定了以周恩来、邓小平同志为领导核心的国务院人选，我国社会主义制度的根基仍然保存着，社会主义经济建设还在进行，我们的国家仍然保持统一并且在国际上发挥重要影响。这些重要事实都同毛泽东同志的巨大作用分不开。因为这一切，特别是因为他对革命事业长期的伟大贡献，中国人民始终把毛泽东同志看作是自己敬爱的伟大领袖和导师。

（23）党和人民在“文化大革命”中同“左”倾错误和林彪、江青反革命集团的斗争是艰难曲折的，是一直没有停止的。“文化大革命”整个过程的严峻考验表明：党的八届中央委员会和它所选出的政治局、政治局常委、书记处的成员，绝大多数都站在斗争的正确方面。我们党的干部，无论是曾被错误地打倒的，或是一直坚持工作和先后恢复工作的，绝大多数是忠于党和人民的，对社会主义、共产主义事业的信念是坚定的。遭到过打击和折磨的知识分子、劳动模范、爱国民主人士、爱国华侨以及各民族各阶层的干部和群众，绝大多数都没有动摇热爱祖国和拥护党、拥护社会主义的立场。在“文化大革命”中受迫害而牺牲的刘少奇、彭德怀、贺龙、陶铸等党和国家领导人以及其他一切党内外同志，将永远被铭记在各族人民心中。正是由于全党和广大工人、农民、解放军指战员、知识分子、知识青年和干部的共同斗争，使“文化大革命”的破坏受到了一定程度的限制。我国国民经济虽然遭到巨大损失，仍然取得了进展。粮食生产保持了比较稳定的增长。工业交通、基本建设和科学技术方面取得了一批重要成就，其中包括一些新铁路和南京长江大桥的建成，一些技术先进的大型企业的投产，氢弹试验和人造卫星发射回收的成功，籼型杂交水稻的育成和推广，等等。在国家动乱的情况下，人民解放军仍然英勇地保卫着祖国的安全。对外工作也打开了新的局面。当然，这一切决不是“文化大革命”的成果，如果没有“文化大革命”，我们的事业会取得大得多的成就。在“文化大革命”中，我们尽管遭到林彪、江青两个反革命集团的破坏，但终于战胜了他们。党、人民政权、人民军队和整个社会的性质都没有改变。历史再一次表明，我们的人民是伟大的人民，我们的党和社会主义制度具有伟大而顽强的生命力。

（24）“文化大革命”所以会发生并且持续十年之久，除了前面所分析的毛泽东同志领导上的错误这个直接原因以外，还有复杂的社会历史原因。主要的是：

一、社会主义运动的历史不长，社会主义国家的历史更短，社会主义社会的发展规律有些已经比较清楚，更多的还有待于继续探索。我们党过去长期处于战争和激烈阶级斗争的环境中，对于迅速到来的新生的社会主义社会和全国规模的社会主义建设事业，缺乏充分的思想准备和科学研究。马克思、恩格斯、列宁、斯大林的科学著作是我们行动的指针，但是不可能给我国社会主义事业中的各种问题提供现成答案。从领导思想上来看，由于我们党的历史特点，在社会主义改造基本完成以后，在观察和处理社会主义社会发展进程中出现的政治、经济、文化等方面的新矛盾新问题时，容易把已经不属于阶级斗争的问题仍然看做是阶级斗争，并且面对新条件下的阶级斗争，又习惯于沿用过去熟习而这时已不能照搬的进行大规模急风暴雨式群众性斗争的旧方法和旧经验，从而导致阶级斗争的严重扩大化。同时，这种脱离现实生活的主观主义的思想和做法，由于把马克思、恩格斯、列宁、斯大林著作中的某些设想和论点加以误解或教条化，反而显得有“理论根据”。例如：认为社会主义社会在消费资料分配中通行的等量劳动相交换的平等权利，即马克思所说的“资产阶级权利”应该限制和批判，因而按劳分配原则和物质利益原则就应该限制和批判；认为社会主义改造基本完成以后小生产还会每日每时地大批地产生资本主义和资产阶级，因而形成一系列“左”倾的城乡经济政策和城乡阶级斗争政策；认为党内的思想分歧都是社会阶级斗争的反映，因而形成频繁激烈的党内斗争，等等。这就使我们把关于阶级斗争扩大化的迷误当成保卫马克思主义的纯洁性。此外，苏联领导人挑起中苏论战，并把两党之间的原则争论变为国家争端，对中国施加政治上、经济上和军事上的巨大压力，迫使我们不得不进行反对苏联大国沙文主义的正义斗争。在这种情况的影响下，我们在国内进行了反修防修运动，使阶级斗争扩大化的迷误日益深入到党内，以致党内同志间不同意见的正常争论也被当作是所谓修正主义路线的表现或所谓路线斗争的表现，使党内关系日益紧张化。这样，党就很难抵制毛泽东等同志提出的一些“左”倾观点，而这些“左”倾观点的发展就导致“文化大革命”的发生和持续。

二、党在面临着工作重心转向社会主义建设这一新任务因而需要特别谨慎的时候，毛泽东同志的威望也达到高峰。他逐渐骄傲起来，逐渐脱离实际和脱离群众，主观主义和个人专断作风日益严重，日益凌驾于党中央之上，使党和国家政治生活中的集体领导原则和民主集中制不断受到削弱以至破坏。这种现象是逐渐形成的，党中央对此也应负一定的责任。从马克思主义的观点看来，这个复杂现象是一定历史条件的产物，如果仅仅归咎于某个人或若干人，就不能使全党得到深刻教训，并找出切实有效的改革步骤。在共产主义运动中，领袖人物具有十分重要的作用，这是历史已经反复证明和不容置疑的。但是国际共产主义运动史上由于没有正确解决领袖和党的关系问题而出现过的一些严重偏差，对我们党也产生了消极的影响。中国是一个封建历史很长的国家，我们党对封建主义特别是对封建土地制度和豪绅恶霸进行了最坚决最彻底的斗争，在反封建斗争中养成了优良的民主传统；但是长期封建专制主义在思想政治方面的遗毒仍然不是很容易肃清的，种种历史原因又使我们没有能把党内民主和国家政治社会生活的民主加以制度化，法律化，或者虽然制定了法律，却没有应有的权威。这就提供了一种条件，使党的权力过分集中于个人，党内个人专断和个人崇拜现象滋长起来，也就使党和国家难于防止和制止“文化大革命”的发动和发展。

历史的伟大转折

（25）一九七六年十月粉碎江青反革命集团的胜利，从危难中挽救了党，挽救了革命，使我们的国家进入了新的历史发展时期。从这时开始到十一届三中全会之前的两年中，广大干部和群众以极大的热情投入各项革命和建设工作。揭发批判江青反革命集团的罪行，清查他们的反革命帮派体系，取得了很大成绩。党和国家组织的整顿，冤假错案的平反，开始部分地进行。工农业生产得到比较快的恢复。教育科学文化工作也开始走向正常。党内外同志越来越强烈地要求纠正“文化大革命”的错误，但是遇到了严重的阻碍。这固然是由于十年“文化大革命”造成的政治上思想上的混乱不容易在短期内消除，同时也由于当时担任党中央主席的华国锋同志在指导思想上继续犯了“左”的错误。华国锋同志是由毛泽东同志在一九七六年“批邓”运动中提议担任党中央第一副主席兼国务院总理的。他在粉碎江青反革命集团的斗争中有功，以后也做了有益的工作。但是，他推行和迟迟不改正“两个凡是”（即“凡是毛主席作出的决策，我们都坚决维护，凡是毛主席的指示，我们都始终不渝地遵循”）的错误方针；压制一九七八年开展的对拨乱反正具有重大意义的关于真理标准问题的讨论；拖延和阻挠恢复老干部工作和平反历史上冤假错案（包括“天安门事件”）的进程；在继续维护旧的个人崇拜的同时，还制造和接受对他自己的个人崇拜。一九七七年八月召开的党的第十一次全国代表大会，在揭批“四人帮”和动员全党建设社会主义现代化强国方面起了积极作用。但是，由于当时历史条件的限制和华国锋同志的错误的影响，这次大会没有能够纠正“文化大革命”的错误理论、政策和口号，反而加以肯定。对经济工作中的求成过急和其他一些“左”倾政策的继续，华国锋同志也负有责任。很明显，由他来领导纠正党内的“左”倾错误特别是恢复党的优良传统，是不可能的。

（26）一九七八年十二月召开的十一届三中全会，是建国以来我党历史上具有深远意义的伟大转折。全会结束了一九七六年十月以来党的工作在徘徊中前进的局面，开始全面地认真地纠正“文化大革命”中及其以前的“左”倾错误。这次全会坚决批判了“两个凡是”的错误方针，充分肯定了必须完整地、准确地掌握毛泽东思想的科学体系；高度评价了关于真理标准问题的讨论，确定了解放思想、开动脑筋、实事求是、团结一致向前看的指导方针；果断地停止使用“以阶级斗争为纲”这个不适用于社会主义社会的口号，作出了把工作重点转移到社会主义现代化建设上来的战略决策；提出了要注意解决好国民经济重大比例严重失调的要求，制订了关于加快农业发展的决定；着重提出了健全社会主义民主和加强社会主义法制的任务；审查和解决了党的历史上一批重大冤假错案和一些重要领导人的功过是非问题。全会还增选了中央领导机构的成员。这些在领导工作中具有重大意义的转变，标志着党重新确立了马克思主义的思想路线、政治路线和组织路线。从此，党掌握了拨乱反正的主动权，有步骤地解决了建国以来的许多历史遗留问题和实际生活中出现的新问题，进行了繁重的建设和改革工作，使我们的国家在经济上和政治上都出现了很好的形势。

一、在三中全会提出的解放思想、实事求是的号召下，广大干部和群众从过去盛行的个人崇拜和教条主义的精神枷锁中解脱出来，党内外思想活跃，出现了努力研究新情况解决新问题的生动景象。为了正确地贯彻解放思想的方针，党及时地重申必须坚持社会主义道路，坚持人民民主专政即无产阶级专政，坚持共产党的领导，坚持马克思列宁主义、毛泽东思想这四项基本原则，重申民主和集中不可偏废的原理，并指出剥削阶级作为阶级已经消灭，但阶级斗争仍在一定范围内继续存在的基本事实。党的四中全会通过的叶剑英同志在庆祝建国三十周年大会上的讲话，既充分肯定了建国以来党和人民所取得的伟大成就，又对党在过去工作中的错误作了自我批评，对国家的光明前途作了论证，加强了全党和全国各族人民的认识统一。一九八〇年八月的中央政治局会议，提出反对资产阶级思想侵蚀和肃清政治思想上的封建余毒的历史性任务。同年十二月的中央工作会议，决定加强党的思想政治工作，加强建设社会主义精神文明，批判违反四项基本原则的错误思潮，打击破坏社会主义事业的反革命活动，对全国安定团结、生动活泼的政治局面发生了重大的良好影响。

二、党在一九七九年四月召开的中央工作会议上提出对整个国民经济实行“调整、改革、整顿、提高”的方针，坚决纠正前两年经济工作中的失误，认真清理过去在这方面长期存在的“左”倾错误影响。党指出经济建设必须适合我国国情，符合经济规律和自然规律；必须量力而行，循序前进，经过论证，讲求实效，使生产的发展同人民生活的改善密切结合；必须在坚持独立自主、自力更生的基础上，积极开展对外经济合作和技术交流。在这些方针指导下，轻工业的发展加快了，工业内部结构正朝着合理的协调的方向发展；包括扩大企业自主权、恢复职工代表大会制度和加强企业的民主管理、财政分级管理等在内的经济管理体制的改革，正结合经济调整有步骤地进行。党认真补救农业合作化后期以来农村工作上的失误，提高农副产品价格，推行各种形式的联产计酬责任制，恢复并适当扩大自留地，恢复农村集市贸易，发展农村副业和多种经营，极大地调动了农民的积极性。这两年的粮食产量是建国以来最高的，经济作物和农副产品的生产都获得了迅速的发展。由于农业和整个国民经济的发展，人民生活有了改善。

三、经过大量切实的调查研究，为原中共中央副主席、中华人民共和国主席刘少奇同志以及遭受冤屈的其他党和国家领导人、各族各界的领袖人物恢复了名誉，肯定了他们在长期革命斗争中为党和人民建树的历史功勋。

四、在全国复查和平反了大量的冤假错案，改正了错划右派分子的案件。宣布原工商业者已改造成为劳动者；把原为劳动者的小商小贩、手工业者从原资产阶级工商业者中区别出来；为现已改造成为劳动者的绝大多数原地主、富农分子改订了成分。这一系列工作妥善地解决了大量党内和人民内部的矛盾。

五、各级人民代表大会的工作得到加强，省、县两级人代会增设了常设机构，县级和县级以下人民代表由选民直接选举的制度正在普遍实行。党和国家的集体领导和民主集中制正在健全。地方和基层组织的权力正在逐步扩大。取消了不利于发扬社会主义民主的所谓“大鸣、大放、大字报、大辩论”。恢复、制订和施行了一系列重要的法律、法令和条例，包括建国以来一直没有制定的刑法、刑事诉讼法。加强了司法、检察和公安机关的工作。打击了各种严重的刑事犯罪分子。依法公开审判了林彪、江青反革命集团十名主犯。

六、党大力调整和加强了各级领导班子。五中全会增补政治局常委委员，成立中央书记处，有力地加强了党中央的领导。中央和各级纪律检查委员会的建立，《关于党内政治生活的若干准则》和其他有关党内法规的制定，各级党的领导机关和纪律检查机关为纠正不正之风所做的工作，提高了党的战斗力。党的舆论机关在这方面也做了许多努力。党决定废除干部领导职务实际上存在的终身制，改变权力过分集中的状况，要求在坚持革命化的前提下逐步实现各级领导人员的年轻化、知识化和专业化，并在这些方面着手做了一些工作。由于调整了国务院的领导成员和实行党政分工，中央和地方政府工作得到加强。

此外，党在教育、科学、文化、卫生、体育工作，民族工作，统战工作，侨务工作，军事工作和外交工作等方面，认真落实党的各项政策，都取得了重要的成就。

总之，三中全会以来，毛泽东思想的科学原理和党的正确政策在新的条件下得到了恢复和发展，党和国家的各项工作重新蒸蒸日上。我们的工作中还有失误和缺点，我们的面前还有许多困难。但是，胜利前进的航道已经打通，党在人民中的威信正在日益提高。

毛泽东同志的历史地位和毛泽东思想

（27）毛泽东同志是伟大的马克思主义者，是伟大的无产阶级革命家、战略家和理论家。他虽然在“文化大革命”中犯了严重错误，但是就他的一生来看，他对中国革命的功绩远远大于他的过失。他的功绩是第一位的，错误是第二位的。他为我们党和中国人民解放军的创立和发展，为中国各族人民解放事业的胜利，为中华人民共和国的缔造和我国社会主义事业的发展，建立了永远不可磨灭的功勋。他为世界被压迫民族的解放和人类进步事业作出了重大的贡献。

（28）以毛泽东同志为主要代表的中国共产党人，根据马克思列宁主义的基本原理，把中国长期革命实践中的一系列独创性经验作了理论概括，形成了适合中国情况的科学的指导思想，这就是马克思列宁主义普理原理和中国革命具体实践相结合的产物——毛泽东思想。在一个半殖民地、半封建的东方大国里进行革命，必然遇到许多特殊的复杂问题。靠背诵马克思列宁主义一般原理和照搬外国经验，不可能解决这些问题。主要在本世纪二十年代后期和三十年代前期在国际共产主义运动中和我们党内盛行的把马克思主义教条化、把共产国际决议和苏联经验神圣化的错误倾向，曾使中国革命几乎陷于绝境。毛泽东思想是在同这种错误倾向作斗争并深刻总结这方面的历史经验的过程中逐渐形成和发展起来的。它在土地革命战争后期和抗日战争时期得到系统总结和多方面展开而达到成熟，在解放战争时期和中华人民共和国成立以后继续得到发展。毛泽东思想是马克思列宁主义在中国的运用和发展，是被实践证明了的关于中国革命的正确的理论原则和经验总结，是中国共产党集体智慧的结晶。我党许多卓越领导人对它的形成和发展都作出了重要贡献，毛泽东同志的科学著作是它的集中概括。

（29）毛泽东思想具有多方面的内容。在以下几个方面，它以独创性的理论丰富和发展了马克思列宁主义。

一、关于新民主主义革命。毛泽东同志从中国的历史状况和社会状况出发，深刻研究中国革命的特点和中国革命的规律，发展了马克思列宁主义关于无产阶级在民主革命中的领导权的思想，创立了无产阶级领导的，工农联盟为基础的，人民大众的，反对帝国主义、封建主义和官僚资本主义的新民主主义革命的理论。这方面的主要著作有：《中国社会各阶级的分析》，《湖南农民运动考察报告》，《星星之火，可以燎原》，《〈共产党人〉发刊词》，《新民主主义论》，《论联合政府》，《目前形势和我们的任务》。其基本点，一是认为中国资产阶级有两个部分，一部分是依附于帝国主义的大资产阶级（即买办资产阶级、官僚资产阶级），另一部分是既有革命要求又有动摇性的民族资产阶级。无产阶级领导的统一战线要争取民族资产阶级参加，并且在特殊条件下把一部分大资产阶级也包括在内，以求最大限度地孤立最主要的敌人。在同资产阶级结成统一战线时，要保持无产阶级的独立性，实行又团结又斗争、以斗争求团结的政策；在被迫同资产阶级、主要是同大资产阶级分裂时，要敢于并善于同大资产阶级进行坚决的武装斗争，同时要继续争取民族资产阶级的同情或中立。二是认为由于中国没有资产阶级民主，反动统治阶级凭借武装力量对人民实行独裁恐怖统治，革命只能以长期的武装斗争为主要形式。中国的武装斗争，是无产阶级领导的以农民为主体的革命战争。农民是无产阶级的最可靠的同盟军。无产阶级有可能和必要通过自己的先锋队用先进思想、组织性和纪律性来提高农民群众的觉悟水平，建立农村根据地，长期进行革命战争，发展和壮大革命力量。毛泽东同志指出，“统一战线和武装斗争，是战胜敌人的两个基本武器”，加上党本身的建设，就成为革命的“三个法宝”。以上这些，就是中国共产党所以能成为全民族的领导核心，并且创造出一条以农村包围城市，最后夺取全国胜利的道路的基本依据。

二、关于社会主义革命和社会主义建设。毛泽东同志和中国共产党，依据新民主主义革命胜利所创造的向社会主义过渡的经济政治条件，采取社会主义工业化和社会主义改造同时并举的方针，实行逐步改造生产资料私有制的具体政策，从理论和实践上解决了在中国这样一个占世界人口近四分之一的、经济文化落后的大国中建立社会主义制度的艰难任务。毛泽东同志提出的对人民内部的民主方面和对反动派的专政方面互相结合起来就是人民民主专政的理论，丰富了马克思列宁主义关于无产阶级专政的学说。在社会主义制度建立以后，毛泽东同志指出，在社会主义制度下，人民的根本利益是一致的，但人民内部还存在着各种矛盾，必须严格区分和正确处理敌我矛盾和人民内部矛盾。他提出人民内部要在政治上实行“团结——批评——团结”，在党与民主党派的关系上实行“长期共存、互相监督”，在科学文化工作中实行“百花齐放、百家争鸣”，在经济工作中实行对全国城乡各阶层统筹安排和兼顾国家、集体、个人三者利益等一系列正确方针。他多次强调不要机械搬用外国的经验，而要从中国是一个大农业国这种情况出发，以农业为基础，正确处理重工业同农业、轻工业的关系，充分重视发展农业和轻工业，走出一条适合我国国情的中国工业化道路。他强调在社会主义建设中要处理好经济建设和国防建设，大型企业和中小型企业，汉族和少数民族，沿海和内地，中央和地方，自力更生和学习外国等各种关系，处理好积累和消费的关系，注意综合平衡。他还强调工人是企业的主人，要实行干部参加劳动、工人参加管理、改革不合理的规章制度和技术人员、工人、干部“三结合”。他提出了调动一切积极因素，化消极因素为积极因素，以便团结全国各族人民建设社会主义强大国家的战略思想。毛泽东同志关于社会主义革命和社会主义建设的重要思想，集中地体现在《在中国共产党第七届中央委员会第二次全体会议上的报告》，《论人民民主专政》，《论十大关系》，《关于正确处理人民内部矛盾的问题》，《在扩大的中央工作会议上的讲话》等主要著作中。

三、关于革命军队的建设和军事战略。毛泽东同志系统地解决了以农民为主要成分的革命军队如何建设成为一支无产阶级性质的、具有严格纪律的、同人民群众保持亲密联系的新型人民军队的问题。他规定了全心全意为人民服务是人民军队的唯一宗旨，规定了是党指挥枪而不是枪指挥党的原则，制定了三大纪律八项注意，强调实行政治、经济、军事三大民主，实行官兵一致、军民一致和瓦解敌军的原则，提出和总结了一套军队政治工作的方针和方法。他在《关于纠正党内的错误思想》，《中国革命战争的战略问题》，《抗日游击战争的战略问题》，《论持久战》，《战争和战略问题》等军事著作中，总结了中国长期革命战争的经验，系统地提出了建设人民军队的思想，提出了以人民军队为骨干，依靠广大人民群众，建立农村根据地，进行人民战争的思想。他把游击战争提到了战略的地位，认为中国革命战争在长时期内的主要作战形式是游击战和带游击性的运动战。他论述了要随着敌我力量对比的变化和战争发展的进程，正确地实行军事战略的转变。他为革命军队制定了在敌强我弱的形势下实行战略的持久战和战役、战斗的速决战，把战略上的劣势转变为战役、战斗上的优势，集中优势兵力、各个歼灭敌人等一系列人民战争的战略战术。他在解放战争中总结出著名的十大军事原则。这些是毛泽东同志对马克思列宁主义的军事理论的极为杰出的贡献。在建国以后，他提出必须加强国防，建设现代化革命武装力量（包括海军、空军以及其他技术兵种）和发展现代化国防技术（包括用于自卫的核武器）的重要指导思想。

四、关于政策和策略。毛泽东同志精辟地论证了革命斗争中政策和策略问题的极端重要性，指出政策和策略是党的生命，是革命政党一切实际行动的出发点和归宿，必须根据政治形势、阶级关系和实际情况及其变化制定党的政策，把原则性和灵活性结合起来。他在对敌斗争和统一战线等方面，提出了许多重要的政策和策略思想。他指出：弱小的革命力量在变化着的主客观条件下能够最终战胜强大的反动力量；战略上要藐视敌人，战术上要重视敌人；要掌握斗争的主要方向，不要四面出击；对敌人要区别对待、分化瓦解，实行利用矛盾、争取多数、反对少数、各个击破的策略；在反动统治地区，把合法斗争和非法斗争结合起来，在组织上采取荫蔽精干的方针；对被打倒的反动阶级成员和反动分子，只要他们不造反、不捣乱，都给以生活出路，让他们在劳动中改造成为自食其力的劳动者；无产阶级及其政党要实现自己对同盟者的领导，必须具备两个条件：一是率领被领导者向着共同的敌人作坚决斗争并取得胜利；二是对被领导者给以物质利益，至少不损害其利益，同时给以政治教育，等等。毛泽东同志的这些政策和策略思想，表现在他的许多著作中，特别是集中表现在《目前抗日统一战线中的策略问题》，《论政策》，《关于打退第二次反共高潮的总结》，《关于目前党的政策中的几个重要问题》，《不要四面出击》，《关于帝国主义和一切反动派是不是真老虎的问题》等著作中。

五、关于思想政治工作和文化工作。毛泽东同志在《新民主主义论》中指出：“一定的文化（当作观念形态的文化）是一定社会的政治和经济的反映，又给予伟大影响和作用于一定社会的政治和经济；而经济是基础，政治则是经济的集中表现。”他根据这个基本观点，在这方面提出过许多具有长远意义的重要思想。例如：关于思想政治工作是经济工作和其他一切工作的生命线，要实行政治和经济的统一、政治和技术的统一、又红又专的方针；关于发展民族的、科学的、大众的文化，实行百花齐放、推陈出新、古为今用、洋为中用的方针；关于知识分子在革命和建设中具有重要作用，知识分子要同工农相结合，通过学习马克思列宁主义、学习社会和工作实践树立无产阶级世界观的思想，等等。他指出“为什么人的问题，是一个根本的问题，原则的问题”，强调要全心全意为人民服务，对革命工作要极端负责，要艰苦奋斗和不怕牺牲。毛泽东同志关于思想政治文化的许多著名的著作，例如《青年运动的方向》、《大量吸收知识分子》、《在延安文艺座谈会上的讲话》、《纪念白求恩》、《为人民服务》、《愚公移山》等，至今仍有重要意义。

六、关于党的建设。在无产阶级人数很少而战斗力很强，农民和其他小资产阶级占人口大多数的国家，建设一个具有广大群众性的、马克思主义的无产阶级政党，是极其艰巨的任务。毛泽东同志的建党学说成功地解决了这个问题。这方面的主要著作有：《反对自由主义》、《中国共产党在民族战争中的地位》、《改造我们的学习》、《整顿党的作风》、《反对党八股》、《学习和时局》、《关于健全党委制》、《党委会的工作方法》等。他特别着重于从思想上建设党，提出党员不但要在组织上入党，而且要在思想上入党，经常注意以无产阶级思想改造和克服各种非无产阶级思想。他指出，理论和实践相结合的作风，和人民群众紧密地联系在一起的作风，以及自我批评的作风，是中国共产党区别于其他任何政党的显著标志。他针对历史上党内斗争中存在过的“残酷斗争、无情打击”的“左”倾错误，提出“惩前毖后、治病救人”的正确方针，强调在党内斗争中要达到既弄清思想又团结同志的目的。他创造了在全党通过批评与自我批评进行马克思列宁主义思想教育的整风形式。建国前夕和建国以后，鉴于我们党成为领导全国政权的党，毛泽东同志多次提出要继续保持谦虚谨慎、戒骄戒躁、艰苦奋斗的作风，警惕资产阶级思想的侵蚀，反对脱离群众的官僚主义。

（30）毛泽东思想的活的灵魂，是贯串于上述各个组成部分的立场、观点和方法，它们有三个基本方面，即实事求是，群众路线，独立自主。毛泽东同志把辩证唯物主义和历史唯物主义运用于无产阶级政党的全部工作，在中国革命的长期艰苦斗争中形成了具有中国共产党人特色的这些立场、观点和方法，丰富和发展了马克思列宁主义。它们不仅表现在《反对本本主义》、《实践论》、《矛盾论》、《〈农村调查〉的序言和跋》、《关于领导方法的若干问题》、《人的正确思想是从哪里来的？》等重要著作中，而且表现在毛泽东同志的全部科学著作中，表现在中国共产党人的革命活动中。

一、实事求是，就是从实际出发，理论联系实际，就是要把马克思列宁主义普遍原理同中国革命具体实践相结合。毛泽东同志从来反对离开中国社会和中国革命的实际去研究马克思主义。早在一九三〇年，他就提出反对本本主义，强调调查研究是一切工作的第一步，没有调查就没有发言权。他在延安整风运动前夕指出，主观主义是共产党的大敌，是党性不纯的一种表现。这些精辟论断冲破了教条主义的束缚，使人们的思想得到一大解放。他的哲学著作和其他许多包含着丰富哲学思想的著作，从总结中国革命的经验教训中，深刻地论述和丰富了马克思主义的认识论和辩证法。毛泽东同志着重阐明辩证唯物主义认识论是能动的革命的反映论，特别强调充分发扬根据和符合客观实际的自觉的能动性。他以社会实践为基础，全面地系统地论述了辩证唯物主义关于认识的源泉、认识的发展过程、认识的目的、真理的标准的理论；指出正确认识的形成和发展，往往需要经过由物质到精神，由精神到物质，即由实践到认识，由认识到实践多次的反复；指出真理是同谬误相比较而存在、相斗争而发展的，真理是不可穷尽的，认识的是非即认识是否符合客观实际，最终只能通过社会实践来解决。毛泽东同志阐述和发挥了马克思主义辩证法的核心——对立统一规律。他指出不仅要研究客观事物的矛盾的普遍性，尤其重要的是要研究它的特殊性，对于不同性质的矛盾，要用不同的方法去解决。因此，不能把辩证法看作是可以死背硬套的公式，而必须把它同实践、同调查研究密切结合，加以灵活运用。他使哲学真正成为无产阶级和人民群众认识世界和改造世界的锐利武器。特别是他论述中国革命战争问题的重要著作，提供了在实践中运用和发展马克思主义认识论和辩证法的最光辉的范例。毛泽东同志的上述的思想路线，我们党必须永远坚持。

二、群众路线，就是一切为了群众，一切依靠群众，从群众中来，到群众中去。把马克思列宁主义关于人民群众是历史的创造者的原理系统地运用在党的全部活动中，形成党在一切工作中的群众路线，这是我们党长时期在敌我力量悬殊的艰难环境里进行革命活动的无比宝贵的历史经验的总结。毛泽东同志经常强调，只要我们依靠人民，坚决地相信人民的创造力是无穷无尽的，因而信任人民，和人民打成一片，那就任何困难都有可能克服，任何敌人最终都压不倒我们，而只能被我们所压倒。他还指出，领导群众进行一切实际工作时，要取得正确的领导意见，必须从群众中来、到群众中去，实行领导和群众相结合，一般号召和个别指导相结合。这就是说，把群众的意见集中起来，化为系统的意见，又到群众中坚持下去，在群众的行动中考验这些意见是否正确。如此循环往复，使领导的认识更正确、更生动、更丰富。这样，毛泽东同志就把马克思主义的认识论同党的群众路线统一起来了。党是阶级的先进部队，党是为人民的利益而存在和奋斗的，但是党永远只是人民的一小部分；离开人民，党的一切斗争和理想不但都会落空，而且都要变得毫无意义。我们党要坚持革命，把社会主义事业推向前进，就必须坚持群众路线。

三、独立自主，自力更生，是从中国实际出发、依靠群众进行革命和建设的必然结论。无产阶级革命是国际性的事业，需要各国无产阶级互相支援。但是完成这个事业，首先需要各国无产阶级立足于本国，依靠本国革命力量和人民群众的努力，使马克思列宁主义的普遍原理同本国革命的具体实践相结合，把本国的革命事业做好。毛泽东同志一贯强调，我们的方针要放在自己力量的基点上，自己找出适合我国情况的前进道路。在我们这样一个大国，尤其必须主要依靠自己的力量发展革命和建设事业。我们一定要有自己奋斗到底的决心，要信任和依靠本国亿万人民的智慧和力量，否则，无论革命和建设都不可能取得胜利，胜利了也不可能巩固。当然，我国的革命和建设不是也不可能孤立于世界之外，我们在任何时候都需要争取外援，特别需要学习外国一切对我们有益的先进事物。闭关自守、盲目排外以及任何大国主义的思想行为都是完全错误。但是，尽管我国经济文化还比较落后，我们对待世界上任何大国、强国和富国，都必须坚持自己的民族自尊心和自信心，决不允许有任何奴颜婢膝、卑躬屈节的表现。建国以前和建国以后，在党和毛泽东同志领导下，无论遇到什么样的困难，我们都没有动摇过独立自主、自力更生的决心，没有在任何外来的压力面前屈服，表现了中国共产党、中国各族人民的大无畏的英雄气概。我们主张各国人民和平共处，平等互助。我们坚持独立自主，也尊重别国人民独立自主的权利。适合本国特点的革命道路和建设道路，只能由本国人民自己来寻找、创造和决定，任何人都无权把自己的意见强加于人。只有这样，才能有真正的国际主义，否则就只能是霸权主义。在今后的国际交往中，我们将永远坚持这样的原则立场。

（31）毛泽东思想是我们党的宝贵的精神财富，它将长期指导我们的行动。由马克思列宁主义、毛泽东思想培育的党的领导者和大批干部，过去是我们的事业取得巨大胜利的基本骨干，现在和今后仍然是社会主义现代化建设事业的宝贵中坚。毛泽东同志的重要著作，有许多是在新民主主义革命时期和社会主义改造时期写的，但仍然是我们必须经常学习的。这不但因为历史不能割断，如果不了解过去，就会妨碍我们对当前问题的了解；而且因为这些著作中包含的许多基本原理、原则和科学方法，是有普遍意义的，现在和今后对我们都具有重要的指导作用。因此，我们必须继续坚持毛泽东思想，认真学习和运用它的立场、观点和方法来研究实践中出现的新情况，解决新问题。毛泽东思想为马克思列宁主义的理论宝库增添了许多新的内容，我们应该把学习毛泽东同志的科学著作同学习马克思、恩格斯、列宁、斯大林的科学著作结合起来。因为毛泽东同志晚年犯了错误，就企图否认毛泽东思想的科学价值，否认毛泽东思想对我国革命和建设的指导作用，这种态度是完全错误的。对毛泽东同志的言论采取教条主义态度，以为凡是毛泽东同志说过的话都是不可移易的真理，只能照抄照搬，甚至不愿实事求是地承认毛泽东同志晚年犯了错误，并且还企图在新的实践中坚持这些错误，这种态度也是完全错误的。这两种态度都是没有把经过长期历史考验形成为科学理论的毛泽东思想，同毛泽东同志晚年所犯的错误区别开来，而这种区别是十分必要的。我们必须珍视半个多世纪以来在中国革命和建设过程中把马克思列宁主义普遍原理和中国实际相结合的一切积极成果，在新的实践中运用和发展这些成果，以符合实际的新原理和新结论丰富和发展我们党的理论，保证我们的事业沿着马克思列宁主义、毛泽东思想的科学轨道继续前进。

团结起来，为建设社会主义现代化强国而奋斗

（32）我们党在新的历史时期的奋斗目标，就是要把我们的国家，逐步建设成为具有现代农业、现代工业、现代国防和现代科学技术的，具有高度民主和高度文明的社会主义强国。我们还要实现台湾回归祖国，完成祖国统一的大业。我们总结建国以来三十二年历史经验的根本目的，就是要在坚持社会主义道路，坚持人民民主专政即无产阶级专政，坚持共产党的领导，坚持马克思列宁主义、毛泽东思想这四项基本原则的基础上，把全党、全军和全国各族人民的意志和力量进一步集中到建设社会主义现代化强国这个伟大目标上来。四项基本原则，是全党团结和全国各族人民团结的共同的政治基础，也是社会主义现代化建设事业顺利进行的根本保证。一切偏离四项基本原则的言论和行动都是错误的，一切否定和破坏四项基本原则的言论和行动都是不能容许的。

（33）只有社会主义才能救中国。这是中国各族人民从一百多年来的切身体验中得出的不可动摇的结论，也是建国三十二年来最基本的历史经验。尽管我们的社会主义制度还是处于初级的阶段，但是毫无疑问，我国已经建立了社会主义制度，进入了社会主义社会，任何否认这个基本事实的观点都是错误的。我们在社会主义条件下取得了旧中国根本不可能达到的成就，初步地但又有力地显示了社会主义制度的优越性。我们能够依靠自己的力量战胜各种困难，同样也是社会主义制度具有强大生命力的表现。当然，我们的社会主义制度由比较不完善到比较完善，必然要经历一个长久的过程。这就要求我们在坚持社会主

义基本制度的前提下，努力改革那些不适应生产力发展需要和人民利益的具体制度，并且坚决地同一切破坏社会主义的活动作斗争。随着我们事业的发展，社会主义的巨大优越性必将越来越充分地显示出来。

（34）没有中国共产党就没有新中国，同样，没有中国共产党也就不会有现代化的社会主义中国。中国共产党是用马克思列宁主义、毛泽东思想武装起来的，以最终实现共产主义为历史使命的，有严明纪律和富于自我批评精神的无产阶级政党。如果没有这个党的领导，没有这个党在长期斗争中同人民群众形成的血肉联系，没有这个党在人民中间所进行的艰苦细致的有成效的工作和由此而享有的崇高威信，那么我们的国家就必然由于种种内外原因而四分五裂，我们民族和人民的前途就只能被断送。党的领导不会没有错误，但是党和人民的亲密团结必定能够纠正这种错误，任何人都不能用党曾犯过错误作为削弱、摆脱甚至破坏党的领导的理由。削弱、摆脱和破坏党的领导，只会犯更大的错误，并且招致严重的灾难。为了坚持党的领导，必须改善党的领导。我们党在思想作风、组织状况、领导制度以及同群众的联系等方面仍然存在着不少缺点，必须坚决加以克服。只要我们认真坚持和不断改善党的领导，我们党就一定能够更好地担负起历史所赋予的巨大的责任。

（35）三中全会以来，我们党已经逐步确立了一条适合我国情况的社会主义现代化建设的正确道路。这条道路还将在实践中不断充实和发展，但是它的主要点，已经可以从建国以来正反两方面的经验、特别是"文化大革命"的教训中得到基本的总结。

一、在社会主义改造基本完成以后，我国所要解决的主要矛盾，是人民日益增长的物质文化需要同落后的社会生产之间的矛盾。党和国家工作的重点必须转移到以经济建设为中心的社会主义现代化建设上来，大大发展社会生产力，并在这个基础上逐步改善人民的物质文化生活。我们过去所犯的错误，归根到底，就是没有坚定不移地实现这个战略转移，而到了"文化大革命"期间，竟然提出了反对所谓"唯生产力论"这样一种根本违反历史唯物主义的荒谬观点。今后，除了发生大规模外敌入侵（那时仍然必须进行为战争所需要和容许的经济建设），决不能再离开这个重点。党的各项工作都必须服从和服务于经济建设这个中心，全党干部特别是经济部门的干部要努力学习经济理论、经济工作和科学技术。

二、社会主义经济建设必须从我国国情出发，量力而行，积极奋斗，有步骤分阶段地实现现代化的目标。我们过去在经济工作中长期存在的"左"倾错误的主要表现，就是离开了我国国情，超越了实际的可能性，忽视了生产建设、经营管理的经济效果和各项经济计划、经济政策、经济措施的科学论证，从而造成大量的浪费和损失。我们必须采取科学态度，深入了解和分析情况，认真听取各方面干部、群众和专家的意见，努力按照客观经济规律和自然规律办事，努力做到各经济部门按比例地协调发展。我们必须看到我国经济文化还比较落后这个基本事实，同时又必须看到我国经济建设已经取得的成就和经验以及国际经济技术交流的扩大等国内国际的有利条件，并充分利用这些有利条件。既反对急于求成，也反对消极情绪。

三、社会主义生产关系的变革和完善必须适应于生产力的状况，有利于生产的发展。国营经济和集体经济是我国基本的经济形式，一定范围的劳动者个体经济是公有制经济的必要补充。必须实行适合于各种经济成分的具体管理制度和分配制度。必须在公有制基础上实行计划经济，同时发挥市场调节的辅助作用。要大力发展社会主义的商品生产和商品交换。社会主义生产关系的发展并不存在一套固定的模式，我们的任务是要根据我国生产力发展的要求，在每一个阶段上创造出与之相适应和便于继续前进的生产关系的具体形式。

四、在剥削阶级作为阶级消灭以后，阶级斗争已经不是主要矛盾。由于国内的因素和国际的影响，阶级斗争还将在一定范围内长期存在，在某种条件下还有可能激化。既要反对把阶级斗争扩大化的观点，又要反对认为阶级斗争已经熄灭的观点。对敌视社会主义的分子在政治上、经济上、思想文化上、社会生活上进行的各种破坏活动，必须保持高度警惕和进行有效的斗争。必须正确认识我国社会内部大量存在的不属于阶级斗争范围的各种社会矛盾，采取不同于阶级斗争的方法来正确地加以解决，否则也会危害社会的安定团结。一定要毫不动摇地团结一切可以团结的力量，巩固和扩大爱国统一战线。

五、逐步建设高度民主的社会主义政治制度，是社会主义革命的根本任务之一。建国以来没有重视这一任务，成了“文化大革命”得以发生的一个重要条件，这是一个沉痛教训。必须根据民主集中制的原则加强各级国家机关的建设，使各级人民代表大会及其常设机构成为有权威的人民权力机关，在基层政权和基层社会生活中逐步实现人民的直接民主，特别要着重努力发展各城乡企业中劳动群众对于企业事务的民主管理。必须巩固人民民主专政，完善国家的宪法和法律并使之成为任何人都必须严格遵守的不可侵犯的力量，使社会主义法制成为维护人民权利，保障生产秩序、工作秩序、生活秩序，制裁犯罪行为，打击阶级敌人破坏活动的强大武器。决不能让类似“文化大革命”的混乱局面在任何范围内重演。

六、社会主义必须有高度的精神文明。要坚决扫除长期间存在而在“文化大革命”期间登峰造极的那种轻视教育科学文化和歧视知识分子的完全错误的观念，努力提高教育科学文化在现代化建设中的地位和作用，明确肯定知识分子同工人、农民一样是社会主义事业的依靠力量，没有文化和知识分子是不可能建设社会主义的。要在全党大大加强对马克思主义理论的研究，对中外历史和现状的研究，对各门社会科学和自然科学的研究。要加强和改善思想政治工作，用马克思主义世界观和共产主义道德教育人民和青年，坚持德智体全面发展、又红又专、知识分子与工人农民相结合、脑力劳动与体力劳动相结合的教育方针，抵制腐朽的资产阶级思想和封建残余思想的影响，克服小资产阶级思想的影响，发扬祖国利益高于一切的爱国主义精神和为现代化建设贡献一切的艰苦创业精神。

七、改善和发展社会主义的民族关系，加强民族团结，这对于我们这个多民族国家具有重大意义。在民族问题上，过去，特别是在“文化大革命”中，我们犯过把阶级斗争扩大化的严重错误，伤害了许多少数民族干部和群众。在工作中，对少数民族自治权利尊重不够。这个教训一定要认真记取。必须明确认识，现在我国的民族关系基本上是各族劳动人民之间的关系。必须坚持实行民族区域自治，加强民族区域自治的法制建设，保障各少数民族地区根据本地实际情况贯彻执行党和国家政策的自主权。要切实帮助少数民族地区发展经济文化，努力培养和提拔少数民族干部。坚决反对一切破坏民族团结和民族平等的言论和行为。要继续贯彻执行宗教信仰自由的政策。坚持四项基本原则并不要求宗教信徒放弃他们的宗教信仰，只是要求他们不得进行反对马列主义、毛泽东思想的宣传，要求宗教不得干预政治和干预教育。

八、在战争危险依然存在的国际条件下，必须加强现代化的国防建设。国防建设要同国家的经济建设相适应。人民解放军要加强军事训练、政治工作、后勤工作和军事科学研究，进一步提高战斗力，逐步把自己建设成为一支强大的现代化的革命军队。要恢复和发扬军队内部和军政之间、军民之间紧密团结的优良传统。民兵建设也要进一步加强。

九、在对外关系上，必须继续坚持反对帝国主义、霸权主义、殖民主义和种族主义，维护世界和平。在和平共处五项原则的基础上，积极发展同世界各国的关系和经济文化往来。坚持无产阶级国际主义，支持被压迫民族的解放事业、新独立国家的建设事业和各国人民的正义斗争。

十、根据“文化大革命”的教训和党的现状，必须把我们党建设成为具有健全的民主集中制的党。一定要树立党必须由在群众斗争中产生的德才兼备的领袖们实行集体领导的马克思主义观点，禁止任何形式的个人崇拜。一定要维护党的领袖人物的威信，同时保证他们的活动处于党和人民的监督之下。在高度民主的基础上实行高度的集中，坚持少数服从多数、个人服从组织、下级服从上级、全党服从中央。执政党的党风问题是关系到党的生死存亡的问题。各级党组织和全体党员干部必须深入群众，深入实际，谦虚谨慎，和群众同甘共苦，坚决克服官僚主义。必须正确运用批评和自我批评的武器，克服离开党的正确原则的各种错误思想，根除派性，反对无政府主义和极端个人主义，纠正特殊化等不正之风。必须整顿党的组织，纯洁党的队伍，清除那些欺压人民的腐化变质分子。党在对国家事务和各项经济、文化、社会工作的领导中，必须正确处理党同其他组织的关系，从各方面保证国家权力机关、行政机关、司法机关和各种经济文化组织有效地行使自己的职权，保证工会、共青团、妇联、科协、文联等群众组织主动负责地进行工作。党要加强同党外人士的合作共事，发挥人民政协的作用，在国家事务的重大问题上同民主党派和无党派人士认真协商，尊重他们和各方面专家的意见。党的各级组织同其他社会组织一样，都必须在宪法和法律的范围内活动。

（36）我们坚决纠正“文化大革命”中所谓一个阶级推翻一个阶级的“无产阶级专政下继续革命”口号的错误，这绝对不是说革命的任务已经完成，不需要坚决继续进行各方面的革命斗争。社会主义不但要消灭一切剥削制度和剥削阶级，而且要大大发展社会生产力，完善和发展社会主义的生产关系和上层建筑，并在这个基础上逐步消灭一切阶级差别，逐步消灭一切主要由于社会生产力发展不足而造成的重大社会差别和社会不平等，直到共产主义的实现。这是人类历史上空前伟大的革命。我们现在为建设社会主义现代化国家而进行的斗争，正是这个伟大革命的一个阶段。这种革命和剥削制度被推翻以前的革命不同，不是通过激烈的阶级对抗和冲突来实现，而是通过社会主义制度本身，有领导、有步骤、有秩序地进行。这个转入和平发展时期的革命比过去的革命更深刻，更艰巨，不但需要很长的历史时期才能完成，而且仍然需要许多代人坚持不懈、严守纪律的艰苦奋斗，英勇牺牲。在这个和平发展的历史时期中，革命的道路决不会是风平浪静的，仍然有公开的和暗藏的敌人以及其他破坏分子在伺机捣乱，我们必须十分注意提高革命警惕，随时准备挺身而出，捍卫革命利益。我们全体中国共产党员和全国各族人民，在新的历史时期中一定要继续保持崇高的革命理想和旺盛的革命斗志，把伟大的社会主义革命和社会主义建设进行到底。

（37）经过建国三十二年来成功和失败、正确和错误的反复比较，特别是经过近几年来的思考和总结，全党同志和我国各族爱国人民的政治觉悟是大大地提高了。我们党对社会主义革命和建设的认识程度，显然超过了建国以来任何一个时期的水平。我们党敢于正视和纠正自己的错误，有决心有能力防止重犯过去那样严重的错误。从历史发展的长远观点看问题，我们党的错误和挫折终究只是一时的现象，而我们党和人民由此得到的锻炼，我们党经过长期斗争形成的骨干队伍的更加成熟，我国社会主义制度优越性的更加显著，要求祖国兴盛起来的党心、军心、民心的更加奋发，则是长远起作用的决定性的因素。我们的社会主义事业有伟大的前途，我国各族亿万人民有伟大的前途。

（38）党的团结，党同人民的团结，是进行社会主义现代化建设、夺取新的胜利的根本保证。只要全党紧密地团结一致，并且同人民群众紧密地团结一致，那么，我们党和党所领导的社会主义事业虽然还会遇到这样那样的困难，但总的趋势必然会日益兴旺发达。

一九四五年党的六届七中全会所一致通过的《关于若干历史问题的决议》，曾经统一了全党的认识，加强了全党的团结，促进了人民革命事业的迅猛前进和伟大胜利。十一届六中全会相信，这次全会一致通过的《关于建国以来党的若干历史问题的决议》，必将起到同样的历史作用。全会号召，在马克思列宁主义、毛泽东思想的伟大旗帜下，全党、全军、全国各族人民紧密团结在党中央周围，继续发扬愚公移山的精神，同心同德，排除万难，为把我们的国家逐步建设成为现代化的、高度民主的、高度文明的社会主义强国而努力奋斗！我们的目的一定要达到！我们的目的一定能达到！

——选自《新华月报》，1981 年 7 期

在武昌、深圳、珠海、上海等地的谈话要点

邓小平 · 1992 年 1 月 18 日 — 2 月 21 日

1989 年东欧剧变、苏联解体，国际共产主义运动遭受挫折，世界形势发生了第二次世界大战以来最深刻、最巨大的变化。从国际上看，世界多极化、经济全球化、文化多元化日益突出，社会主义处于低潮，而西方国家先后出现经济衰退、复苏乏力的状态，中国经济发展的强劲势头更有利于经济的快速发展；国内形势较好，经济、社会、政治稳定，尤其是经济发展逐渐走上健康轨道，综合国力增强，人民群众在改革开放中得到了较多实惠，对于下一步加快经济发展奠定了较为雄厚的物质基础。但是将采取怎样的体制来推进经济的发展？如何正确看待社会主义和资本主义？这些都是需要解决的问题。1992 年 1 月 18 日至 2 月 21 日，年已 88 岁高龄的我国改革开放和现代化建设的总设计师邓小平先后到武昌、深圳、珠海、上海等地进行视察和调研，发表了一系列重要谈话，从理论上深刻回答了长期困扰和束缚人们思想的许多重大认识问题，提出了对整个社会主义现代化建设具有现实和长远指导意义的重要思想，为推动我国改革开放和社会主义现代化建设进入新阶段作出了重大贡献。其核心思想就是要坚持党的基本路线不动摇，解放思想、实事求是、大胆试验、抓住时机、加快发展，把中国特色的社会主义事业继续推向前进。这些讲话为党的十四大确立“社会主义市场经济体制”作了重要铺垫。全文 8000 字，本篇全文选读。

（一）

一九八四年我来过广东。当时，农村改革搞了几年，城市改革刚开始，经济特区才起步。八年过去了，这次来看，深圳、珠海特区和其他一些地方，发展得这么快，我没有想到。看了以后，信心增加了。

革命是解放生产力，改革也是解放生产力。推翻帝国主义、封建主义、官僚资本主义的反动统治，使中国人民的生产力获得解放，这是革命，所以革命是解放生产力。社会主义基本制度确立以后，还要从根本上改变束缚生产力发展的经济体制，建立起充满生机和活力的社会主义经济体制，促进生产力的发展，这是改革，所以改革也是解放生产力。过去，只讲在社会主义条件下发展生产力，没有讲还要通过改革解放生产力，不完全。应该把解放生产力和发展生产力两个讲全了。

要坚持党的十一届三中全会以来的路线、方针、政策，关键是坚持“一个中心、两个基本点”。不坚持社会主义，不改革开放，不发展经济，不改善人民生活，只能是死路一条。基本路线要管一百年，动摇不得。只有坚持这条路线，人民才会相信你，拥护你。谁要改变三中全会以来的路线、方针、政策，老百姓不答应，谁就会被打倒。这一点，我讲过几次。如果没有改革开放的成果，“六 · 四”这个关我们闯不过，闯不过就乱，乱就打内战，“文化大革命”就是内战。为什么“六 · 四”以后我们的国家能够很稳定？就是因为我们搞了改革开放，促进了经济发展，人民生活得到了改善。所以，军队、国家政权，都要维护这

条道路、这个制度、这些政策。

在这短短的十几年内，我们国家发展得这么快，使人民高兴，世界瞩目，这就足以证明三中全会以来路线、方针、政策的正确性，谁想变也变不了。说过去说过来，就是一句话，坚持这个路线、方针、政策不变。改革开放以来，我们立的章程并不少，而且是全方位的。经济、政治、科技、教育、文化、军事、外交等各个方面都有明确的方针和政策，而且有准确的表述语言。这次十三届八中全会开得好，肯定农村家庭联产承包责任制不变。一变就人心不安，人们就会说中央的政策变了。农村改革初期，安徽出了个“傻子瓜子”问题。当时许多人不舒服，说他赚了一百万，主张动他。我说不能动，一动人们就会说政策变了，得不偿失。像这一类的问题还有不少，如果处理不当，就很容易动摇我们的方针，影响改革的全局。城乡改革的基本政策，一定要长期保持稳定。当然，随着实践的发展，该完善的完善，该修补的修补，但总的要坚定不移。即使没有新的主意也可以，就是不要变，不要使人们感到政策变了。有了这一条，中国就大有希望。

（二）

改革开放胆子要大一些，敢于试验，不能像小脚女人一样。看准了的，就大胆地试，大胆地闯。深圳的重要经验就是敢闯。没有一点闯的精神，没有一点“冒”的精神，没有一股气呀、劲呀，就走不出一条好路，走不出一条新路，就干不出新的事业。不冒点风险，办什么事情都有百分之百的把握，万无一失，谁敢说这样的话？一开始就自以为是，认为百分之百正确，没那么回事，我就从来没有那么认为。每年领导层都要总结经验，对的就坚持，不对的赶快改，新问题出来抓紧解决。恐怕再有三十年的时间，我们才会在各方面形成一整套更加成熟、更加定型的制度。在这个制度下的方针、政策，也将更加定型化。现在建设中国式的社会主义，经验一天比一天丰富。经验很多，从各省的报刊材料看，都有自己的特色。这样好嘛，就是要有创造性。

改革开放迈不开步子，不敢闯，说来说去就是怕资本主义的东西多了，走了资本主义道路。要害是姓“资”还是姓“社”的问题。判断的标准，应该主要看是否有利于发展社会主义社会的生产力，是否有利于增强社会主义国家的综合国力，是否有利于提高人民的生活水平。对办特区，从一开始就有不同意见，担心是不是搞资本主义。深圳的建设成就，明确回答了那些有这样那样担心的人。特区姓“社”不姓“资”。从深圳的情况看，公有制是主体，外商投资只占四分之一，就是外资部分，我们还可以从税收、劳务等方面得到益处嘛！多搞点“三资”企业，不要怕。只要我们头脑清醒，就不怕。我们有优势，有国营大中型企业，有乡镇企业，更重要的是政权在我们手里。有的人认为，多一分外资，就多一分资本主义，“三资”企业多了，就是资本主义的东西多了，就是发展了资本主义。这些人连基本常识都没有。我国现阶段的“三资”企业，按照现行的法规政策，外商总是要赚一些钱。但是，国家还要拿回税收，工人还要拿回工资，我们还可以学习技术和管理，还可以得到信息、打开市场。因此，“三资”企业受到我国整个政治、经济条件的制约，是社会主义经济的有益补充，归根到底是有利于社会主义的。

计划多一点还是市场多一点，不是社会主义与资本主义的本质区别。计划经济不等于社会主义，资本主义也有计划；市场经济不等于资本主义，社会主义也有市场。计划和市场都是经济手段。社会主义的本质，是解放生产力，发展生产力，消灭剥削，消除两极分化，最终达到共同富裕。就是要对大家讲这个道理。证券、股市，这些东西究竟好不好，有没有危险，是不是资本主义独有的东西，社会主义能不能用？允许看，但要坚决地试。看对了，搞一两年对了，放开；错了，纠正，关了就是了。关，也可以快关，也可以慢关，也可以留一点尾巴。怕什么，坚持这种态度就不要紧，就不会犯大错误。总之，社会主义要赢得与资本主义相比较的优势，就必须大胆吸收和借鉴人类社会创造的一切文明成果，吸收和借鉴当今世界各国包括资本主义发达国家的一切反映现代社会化生产规律的先进经营方式、管理方法。

走社会主义道路，就是要逐步实现共同富裕。共同富裕的构想是这样提出的：一部分地区有条件先发展起来，一部分地区发展慢点，先发展起来的地区带动后发展的地区，最终达到共同富裕。如果富的愈来愈富，穷的愈来愈穷，两极分化就会产生，而社会主义制度就应该而且能够避免两极分化。解决的办法之一，就是先富起来的地区多交点利税，支持贫困地区的发展。当然，太早这样办也不行，现在不能削弱发达地区的活力，也不能鼓励吃“大锅饭”。什么时候突出地提出和解决这个问题，在什么基础上提出和解决这个问题，要研究。可以设想，在本世纪末达到小康水平的时候，就要突出地提出和解决这个问题。到那个时候，发达地区要继续发展，并通过多交利税和技术转让等方式大力支持不发达地区。不发达地区又大都是拥有丰富资源的地区，发展潜力是很大的。总之，就全国范围来说，我们一定能够逐步顺利解决沿海同内地贫富差距的问题。

对改革开放，一开始就有不同意见，这是正常的。不只是经济特区问题，更大的问题是农村改革，搞农村家庭联产承包，废除人民公社制度。开始的时候只有三分之一的省干起来，第二年超过三分之二，第三年才差不多全部跟上，这是就全国范围讲的。开始搞并不踊跃呀，好多人在看。我们的政策就是允许看。允许看，比强制好得多。我们推行三中全会以来的路线、方针、政策，不搞强迫，不搞运动，愿意干就干，干多少是多少，这样慢慢就跟上来了。不搞争论，是我的一个发明。不争论，是为了争取时间干。一争论就复杂了，把时间都争掉了，什么也干不成。不争论，大胆地试，大胆地闯。农村改革是如此，城市改革也应如此。

现在，有右的东西影响我们，也有“左”的东西影响我们，但根深蒂固的还是“左”的东西。有些理论家、政治家，拿大帽子吓唬人的，不是右，而是“左”。“左”带有革命的色彩，好像越“左”越革命。“左”的东西在我们党的历史上可怕呀！一个好好的东西，一下子被他搞掉了。右可以葬送社会主义，“左”也可以葬送社会主义。中国要警惕右，但主要是防止“左”。右的东西有，动乱就是右的！“左”的东西也有。把改革开放说成是引进和发展资本主义，认为和平演变的主要危险来自经济领域，这些就是“左”。我们必须保持清醒的头脑，这样就不会犯大错误，出现问题也容易纠正和改正。

（三）

抓住时机，发展自己，关键是发展经济。现在，周边一些国家和地区经济发展比我们快，如果我们不发展或发展得太慢，老百姓一比较就有问题了。所以，能发展就不要阻挡，有条件的地方要尽可能搞快点，只要是讲效益，讲质量，搞外向型经济，就没有什么可以担心的。低速度就等于停步，甚至等于后退。要抓住机会，现在就是好机会。我就担心丧失机会。不抓呀，看到的机会就丢掉了，时间一晃就过去了。

我国的经济发展，总要力争隔几年上一个台阶。当然，不是鼓励不切实际的高速度，还是要扎扎实实，讲求效益，稳步协调地发展。比如广东，要上几个台阶，力争用二十年的时间赶上亚洲“四小龙”。比如江苏等发展比较好的地区，就应该比全国平均速度快。又比如上海，目前完全有条件搞得更快一点。上海在人才、技术和管理方面都有明显的优势，辐射面宽。回过头看，我的一个大失误就是搞四个经济特区时没有加上上海。要不然，现在长江三角洲，整个长江流域，乃至全国改革开放的局面，都会不一样。

从我们自己这些年的经验来看，经济发展隔几年上一个台阶，是能够办得到的。我们真正干起来是一九八〇年。一九八一、一九八二、一九八三这三年，改革主要在农村进行。一九八四年重点转入城市改革。经济发展比较快的是一九八四年至一九八八年。这五年，首先是农村改革带来许多新的变化，农作物大幅度增产，农民收入大幅度增加，乡镇企业异军突起。广大农民购买力增加了，不仅盖了大批新房子，而且自行车、缝纫机、收音机、手表“四大件”和一些高档消费品进入普通农民家庭。农副产品的增加，农村市场的扩大，农村剩余劳动力的转移，又强有力地推动了工业的发展。这五年，共创造工业总产值六万多亿元，平均每年增长百分之二十一点七。吃、穿、住、行、用等各方面的工业品，包括彩电、冰箱、洗衣机，都大幅度增长。钢材、水泥等生产资料也大幅度增长。农业和工业，农村和城市，就是这样相互影响、相互促进。这是一个非常生动、非常有说服力的发展过程。可以说，这个期间我国财富有了巨额增加，整个国民经济上了一个新的台阶。一九八九年开始治理整顿。治理整顿，我是赞成的，而且确实需要。经济“过热”，确实带来一些问题。比如，票子发得多了一点，物价波动大了一点，重复建设比较严重，造成了一些浪费。但是，怎样全面地来看那五年的加速发展？那五年的加速发展，也可以称作一种飞跃，但与“大跃进”不同，没有伤害整个发展的机体、机制。那五年的加速发展功劳不小，这是我的评价。治理整顿有成绩，但评价功劳，只算稳的功劳，还是那五年加速发展也算一功？或者至少算是一个方面的功？如果不是那几年跳跃一下，整个经济上了一个台阶，后来三年治理整顿不可能顺利进行。看起来我们的发展，总是要在某一个阶段，抓住时机，加速搞几年，发现问题及时加以治理，尔后继续前进。从根本上说，手头东西多了，我们在处理各种矛盾和问题时就立于主动地位。对于我们这样发展中的大国来说，经济要发展得快一点，不可能总是那么平平静静、稳稳当当。要注意经济稳定、协调地发展，但稳定和协调也是相对的，不是绝对的。发展才是硬道理。这个问题要搞清楚。如果分析不当，造成误解，就会变得谨小慎微，不敢解放思想，不敢放开手脚，结果是丧失时机，犹如逆水行舟，不进则退。

从国际经验来看，一些国家在发展过程中，都曾经有过高速发展时期，或若干高速发展阶段。日本、南朝鲜、东南亚一些国家和地区，就是如此。现在，我们国内条件具备，国际环境有利，再加上发挥社会主义制度能够集中力量办大事的优势，在今后的现代化建设长过程中，出现若干个发展速度比较快、效益比较好的阶段，是必要的，也是能够办到的。我们就是要有这个雄心壮志！

经济发展得快一点，必须依靠科技和教育。我说科学技术是第一生产力。近一二十年来，世界科学技术发展得多快啊！高科技领域的一个突破，带动一批产业的发展。我们自己这几年，离开科学技术能增长得这么快吗？要提倡科学，靠科学才有希望。近十几年来我国科技进步不小，希望在九十年代，进步得更快。每一行都树立一个明确的战略目标，一定要打赢。高科技领域，中国也要在世界占有一席之地。我是个外行，但我要感谢科技工作者为国家作出的贡献和争得的荣誉。大家要记住那个年代，钱学森、李四光、钱三强那一批老科学家，在那么困难的条件下，把两弹一星和好多高科技搞起来。应该说，现在的科学家更幸福，因此对他们的要求会更多。我说过，知识分子是工人阶级的一部分。老科学家、中年科学家很重要，青年科学家也很重要。希望所有出国学习的人回来。不管他们过去的政治态度怎么样，都可以回来，回来后妥善安排。这个政策不能变。告诉他们，要做出贡献，还是回国好。希望大家通力合作，为加快发展我国科技和教育事业多做实事。搞科技，越高越好，越新越好。越高越新，我们也就越高兴。不只我们高兴，人民高兴，国家高兴。对我们的国家要爱，要让我们的国家发达起来。

（四）

要坚持两手抓，一手抓改革开放，一手抓打击各种犯罪活动。这两只手都要硬。打击各种犯罪活动，扫除各种丑恶现象，手软不得。广东二十年赶上亚洲“四小龙”，不仅经济要上去，社会秩序、社会风气也要搞好，两个文明建设都要超过他们，这才是有中国特色的社会主义。新加坡的社会秩序算是好的，他们管得严，我们应当借鉴他们的经验，而且比他们管得更好。开放以后，一些腐朽的东西也跟着进来了，中国的一些地方也出现了丑恶的现象，如吸毒、嫖娼、经济犯罪等。要注意很好地抓，坚决取缔和打击，决不能任其发展。新中国成立以后，只花了三年时间，这些东西就一扫而光。吸鸦片烟、吃白面，世界上谁能消灭得了？国民党办不到，资本主义办不到。事实证明，共产党能够消灭丑恶的东西。在整个改革开放过程中都要反对腐败。对干部和共产党员来说，廉政建设要作为大事来抓。还是要靠法制，搞法制靠得住些。总之，只要我们的生产力发展，保持一定的经济增长速度，坚持两手抓，社会主义精神文明建设就可以搞上去。

在整个改革开放的过程中，必须始终注意坚持四项基本原则。十二届六中全会我提出反对资产阶级自由化还要搞二十年，现在看起来还不止二十年。资产阶级自由化泛滥，后果极其严重。特区搞建设，花了十几年时间才有这个样子，垮起来可是一夜之间啊。垮起来容易，建设就很难。在苗头出现时不注意，就会出事。

依靠无产阶级专政保卫社会主义制度，这是马克思主义的一个基本观点。马克思说过，阶级斗争学说不是他的发明，真正的发明是关于无产阶级专政的理论。历史经验证明，刚刚掌握政权的新兴阶级，一般来说，总是弱于敌对阶级的力量，因此要用专政的手段来巩固政权。对人民实行民主，对敌人实行专政，这就是人民民主专政。运用人民民主专政的力量，巩固人民的政权，是正义的事情，没有什么输理的地方。我们搞社会主义才几十年，还处在初级阶段。巩固和发展社会主义制度，还需要一个很长的历史阶段，需要我们几代人、十几代人，甚至几十代人坚持不懈地努力奋斗，决不能掉以轻心。

（五）

正确的政治路线要靠正确的组织路线来保证。中国的事情能不能办好，社会主义和改革开放能不能坚持，经济能不能快一点发展起来，国家能不能长治久安，从一定意义上说，关键在人。

帝国主义搞和平演变，把希望寄托在我们以后的几代人身上。江泽民同志他们这一代可以算是第三代，还有第四代、第五代。我们这些老一辈的人在，有分量，敌对势力知道变不了。但我们这些老人呜呼哀哉后，谁来保险？所以，要把我们的军队教育好，把我们的专政机构教育好，把共产党员教育好，把人民和青年教育好。中国要出问题，还是出在共产党内部。对这个问题要清醒，要注意培养人，要按照“革命化、年轻化、知识化、专业化”的标准，选拔德才兼备的人进班子。我们说党的基本路线要管一百年，要长治久安，就要靠这一条。真正关系到大局的是这个事。这是眼前的一个问题，并不是已经顺利解决了，希望解决得好。“文化大革命”结束，我出来后，就注意这个问题。我们发现靠我们这老一代解决不了长治久安的问题，于是我们推荐别的人，真正要找第三代。但是没有解决问题，两个人都失败了，而且不是在经济上出问题，都是在反对资产阶级自由化的问题上栽跟头。这就不能让了。我在一九八九年五月底还说过，现在就是要选人民公认是坚持改革开放路线并有政绩的人，大胆地放进新的领导机构里，使人民感到我们真心诚意搞改革开放。人民，是看实践。人民一看，还是社会主义好，还是改革开放好，我们的事业就会万古长青！

要进一步找年轻人进班子。现在中央这个班子年龄还是大了点，六十过一点的就算年轻的了。这些人过十年还可以，再过二十年，就八十多岁了，像我今天这样聊聊天还可以，做工作精力就不够了。现在中央的班子干得不错嘛！问题当然还有很多，什么时候问题都不会少。我们这些老人关键是不管事，让新上来的人放手干，看着现在的同志成熟起来。老年人自觉让位，在旁边可以帮助一下，但不要作障碍人的事。对于办得不妥当的事，也要好心好意地帮，要注意下一代接班人的培养。我坚持退下来，就是不要在老年的时候犯错误。老年人有长处，但也有很大的弱点，老年人容易固执，因此老年人也要有点自觉性。越老越不要最后犯错误，越老越要谦虚一点。现在还要继续选人，选更年轻的同志，帮助培养。不要迷信。我二十几岁就做大官了，不比你们现在懂得多，不是也照样干？要选人，人选好了，帮助培养，让更多的年轻人成长起来。他们成长起来，我们就放心了。现在还不放心啊！说到底，关键是我们共产党内部要搞好，不出事，就可以放心睡大觉。十一届三中全会确立的这条中国的发展路线，是否能够坚持得住，要靠大家努力，特别是要教育后代。

现在有一个问题，就是形式主义多。电视一打开，尽是会议。会议多，文章太长，讲话也太长，而且内容重复，新的语言并不很多。重复的话要讲，但要精简。形式主义也是官僚主义。要腾出时间来多办实事，多做少说。毛主席不开长会，文章短而精，讲话也很精练。周总理四届人大的报告，毛主席指定我负责起草，要求不得超过五千字，我完成了任务。五千字，不是也很管用吗？我建议抓一下这个问题。

学马列要精，要管用的。长篇的东西是少数搞专业的人读的，群众怎么读？要求都读大本子，那是形式主义的，办不到。我的入门老师是《共产党宣言》和《共产主义ＡＢＣ》。最近，有的外国人议论，马克思主义是打不倒的。打不倒，并不是因为大本子多，而是因为马克思主义的真理颠扑不破。实事求是是马克思主义的精髓。要提倡这个，不要提倡本本。我们改革开放的成功，不是靠本本，而是靠实践，靠实事求是。农村搞家庭联产承包，这个发明权是农民的。农村改革中的好多东西，都是基层创造出来，我们把它拿来加工提高作为全国的指导。实践是检验真理的唯一标准。我读的书并不多，就是一条，相信毛主席讲的实事求是。过去我们打仗靠这个，现在搞建设、搞改革也靠这个。我们讲了一辈子马克思主义，其实马克思主义并不玄奥。马克思主义是很朴实的东西，很朴实的道理。

（六）

我坚信，世界上赞成马克思主义的人会多起来的，因为马克思主义是科学。它运用历史唯物主义揭示了人类社会发展的规律。封建社会代替奴隶社会，资本主义代替封建主义，社会主义经历一个长过程发展后必然代替资本主义。这是社会历史发展不可逆转的总趋势，但道路是曲折的。资本主义代替封建主义的几百年间，发生过多少次王朝复辟？所以，从一定意义上说，某种暂时复辟也是难以完全避免的规律性现象。一些国家出现严重曲折，社会主义好像被削弱了，但人民经受锻炼，从中吸收教训，将促使社会主义向着更加健康的方向发展。因此，不要惊慌失措，不要认为马克思主义就消失了，没用了，失败了。哪有这回事！

世界和平与发展这两大问题，至今一个也没有解决。社会主义中国应该用实践向世界表明，中国反对霸权主义、强权政治，永不称霸。中国是维护世界和平的坚定力量。

我们要在建设有中国特色的社会主义道路上继续前进。资本主义发展几百年了，我们干社会主义才多长时间！何况我们自己还耽误了二十年。如果从建国起，用一百年时间把我国建设成中等水平的发达国家，那就很了不起！从现在起到下世纪中叶，将是很要紧的时期，我们要埋头苦干。我们肩膀上的担子重，责任大啊！

——选自《邓小平文选》第三卷，人民出版社1994年版

在庆祝改革开放40周年大会上的讲话

习近平·2018年12月18日

这是中共中央总书记、国家主席、中央军委主席习近平在纪念党的十一届三中全会召开即我国改革开放40周年大会上的讲话。1978年12月18日，党的十一届三中全会召开，这次会议是在党和国家面临何去何从的重大历史关头召开的，果断结束“以阶级斗争为纲”，作出了把党和国家工作中心转移到经济建设上来、实行改革开放的历史性决策，标志着我们党重新确立了马克思主义的思想路线、政治路线、组织路线，标志着我国改革开放拉开了大幕，是我们党的一次伟大觉醒，是中国人民和中华民族发展史上一次伟大革命，实现了新中国成立以来党的历史上具有深远意义的伟大转折，开启了我国改革开放和社会主义现代化的伟大征程，其伟大历史功绩载入了中华民族历史、中国共产党历史、中华人民共和国历史的史册。文章回顾了我国改革开放40年的光辉历程，从10个方面总结阐述了改革开放的伟大成就，总结归纳了9条宝贵经验，并发出了“将改革进行到底”的时代最强音，发出了坚定对马克思主义的信仰、对中国特色社会主义的信念、对实现中华民族伟大复兴中国梦的信心，以及在新时代继续把改革开放推向前进，为实现“两个一百年”奋斗目标、实现中华民族伟大复兴的中国梦不懈奋斗的动员令。全文1.3万余字，本篇全文选读。

同志们，朋友们：

1978年12月18日，在中华民族历史上，在中国共产党历史上，在中华人民共和国历史上，都必将是载入史册的重要日子。这一天，我们党召开十一届三中全会，实现新中国成立以来党的历史上具有深远意义的伟大转折，开启了改革开放和社会主义现代化的伟大征程。

今天，我们在这里隆重集会，回顾改革开放40年的光辉历程，总结改革开放的伟大成就和宝贵经验，动员全党全国各族人民在新时代继续把改革开放推向前进，为实现“两个一百年”奋斗目标、实现中华民族伟大复兴的中国梦不懈奋斗。

同志们、朋友们！

党的十一届三中全会是在党和国家面临何去何从的重大历史关头召开的。当时，世界经济快速发展，科技进步日新月异，而“文化大革命”十年内乱导致我国经济濒临崩溃的边缘，人民温饱都成问题，国家建设百业待兴。党内外强烈要求纠正“文化大革命”的错误，使党和国家从危难中重新奋起。邓小平同志指出：“如果现在再不实行改革，我们的现代化事业和社会主义事业就会被葬送。”

在邓小平同志领导下和老一辈革命家支持下，党的十一届三中全会冲破长期“左”的错误的严重束缚，批评“两个凡是”的错误方针，充分肯定必须完整、准确地掌握毛泽东思想的科学体系，高度评价关于真理标准问题的讨论，果断结束“以阶级斗争为纲”，重新确立马克思主义的思想路线、政治路线、组织路线。从此，我国改革开放拉开了大幕。

我们党作出实行改革开放的历史性决策，是基于对党和国家前途命运的深刻把握，是基于对社会主义革命和建设实践的深刻总结，是基于对时代潮流的深刻洞察，是基于对人民群众期盼和需要的深刻体悟。邓小平同志指出：“贫穷不是社会主义”“我们要赶上时代，这是改革要达到的目的”。

历史发展有其规律，但人在其中不是完全消极被动的。只要把握住历史发展大势，抓住历史变革时机，奋发有为，锐意进取，人类社会就能更好前进。

改革开放是我们党的一次伟大觉醒，正是这个伟大觉醒孕育了我们党从理论到实践的伟大创造。改革开放是中国人民和中华民族发展史上一次伟大革命，正是这个伟大革命推动了中国特色社会主义事业的伟大飞跃！

同志们、朋友们！

建立中国共产党、成立中华人民共和国、推进改革开放和中国特色社会主义事业，是五四运动以来我国发生的三大历史性事件，是近代以来实现中华民族伟大复兴的三大里程碑。

以毛泽东同志为主要代表的中国共产党人，把马克思列宁主义基本原理同中国革命具体实践结合起来，创立了毛泽东思想，团结带领全党全国各族人民，经过长期浴血奋斗，完成了新民主主义革命，建立了中华人民共和国，确立了社会主义基本制度，成功实现了中国历史上最深刻最伟大的社会变革，为当代中国一切发展进步奠定了根本政治前提和制度基础。在探索过程中，虽然经历了严重曲折，但党在社会主义革命和建设中取得的独创性理论成果和巨大成就，为在新的历史时期开创中国特色社会主义提供了宝贵经验、理论准备、物质基础。

党的十一届三中全会以后，以邓小平同志为主要代表的中国共产党人，团结带领全党全国各族人民，深刻总结我国社会主义建设正反两方面经验，借鉴世界社会主义历史经验，创立了邓小平理论，作出把党和国家工作中心转移到经济建设上来、实行改革开放的历史性决策，深刻揭示社会主义本质，确立社会主义初级阶段基本路线，明确提出走自己的路、建设中国特色社会主义，科学回答了建设中国特色社会主义的一系列基本问题，制定了到21世纪中叶分三步走、基本实现社会主义现代化的发展战略，成功开创了中国特色社会主义。

党的十三届四中全会以后，以江泽民同志为主要代表的中国共产党人，团结带领全党全国各族人民，坚持党的基本理论、基本路线，加深了对什么是社会主义、怎样建设社会主义和建设什么样的党、怎样建设党的认识，积累了治党治国新的宝贵经验，形成了“三个代表”重要思想。在国内外形势十分复杂、世界社会主义出现严重曲折的严峻考验面前，捍卫了中国特色社会主义，确立了社会主义市场经济体制的改革目标和基本框架，确立了社会主义初级阶段的基本经济制度和分配制度，开创全面改革开放新局面，推进党的建设新的伟大工程，成功把中国特色社会主义推向21世纪。

党的十六大以后，以胡锦涛同志为主要代表的中国共产党人，团结带领全党全国各族人民，坚持以邓小平理论和“三个代表”重要思想为指导，根据新的发展要求，深刻认识和回答了新形势下实现什么样的发展、怎样发展等重大问题，形成了科学发展观，抓住重要战略机遇期，在全面建设小康社会进程中推进实践创新、理论创新、制度创新，强调坚持以人为本、全面协调可持续发展，形成中国特色社会主义事业总体布局，着力保障和改善民生，促进社会公平正义，推动建设和谐世界，推进党的执政能力建设和先进性建设，成功在新的历史起点上坚持和发展了中国特色社会主义。

党的十八大以来，党中央团结带领全党全国各族人民，全面审视国际国内新的形势，通过总结实践、展望未来，深刻回答了新时代坚持和发展什么样的中国特色社会主义、怎样坚持和发展中国特色社会主义这个重大时代课题，形成了新时代中国特色社会主义思想，坚持统筹推进“五位一体”总体布局、协调推进“四个全面”战略布局，坚持稳中求进工作总基调，对党和国家各方面工作提出一系列新理念新思想新战略，推动党和国家事业发生历史性变革、取得历史性成就，中国特色社会主义进入了新时代。我们以巨大的政治勇气和智慧，提出全面深化改革总目标是完善和发展中国特色社会主义制度、推进国家治理体系和治理能力现代化，着力增强改革系统性、整体性、协同性，着力抓好重大制度创新，着力提升人民群众获得感、幸福感、安全感，推出1600多项改革方案，啃下了不少硬骨头，闯过了不少急流险滩，改革呈现全面发力、多点突破、蹄疾步稳、纵深推进的局面。

艰难困苦，玉汝于成。40年来，我们解放思想、实事求是，大胆地试、勇敢地改，干出了一片新天地。从实行家庭联产承包、乡镇企业异军突起、取消农业税牧业税和特产税到农村承包地“三权”分置、打赢脱贫攻坚战、实施乡村振兴战略，从兴办深圳等经济特区、沿海沿边沿江沿线和内陆中心城市对外开放到加入世界贸易组织、共建“一带一路”、设立自由贸易试验区、谋划中国特色自由贸易港、成功举办首届中国国际进口博览会，从“引进来”到“走出去”，从搞好国营大中小企业、发展个体私营经济到深化国资国企改革、发展混合所有制经济，从单一公有制到公有制为主体、多种所有制经济共同发展和坚持“两个毫不动摇”，从传统的计划经济体制到前无古人的社会主义市场经济体制再到使市场在资源配置中起决定性作用和更好发挥政府作用，从以经济体制改革为主到全面深化经济、政治、文化、社会、生态文明体制和党的建设制度改革，党和国家机构改革、行政管理体制改革、依法治国体制改革、司法体制改革、外事体制改革、社会治理体制改革、生态环境督察体制改革、国家安全体制改革、国防和军队改革、党的领导和党的建设制度改革、纪检监察制度改革等一系列重大改革扎实推进，各项便民、惠民、利民举措持续实施，使改革开放成为当代中国最显著的特征、最壮丽的气象。

同志们、朋友们！

改革开放40年来，从开启新时期到跨入新世纪，从站上新起点到进入新时代，40年风雨同舟，40年披荆斩棘，40年砥砺奋进，我们党引领人民绘就了一幅波澜壮阔、气势恢宏的历史画卷，谱写了一曲感天动地、气壮山河的奋斗赞歌。

——40年来，我们始终坚持解放思想、实事求是、与时俱进、求真务实，坚持马克思主义指导地位不动摇，坚持科学社会主义基本原则不动摇，勇敢推进理论创新、实践创新、制度创新、文化创新以及各方面创新，不断赋予中国特色社会主义以鲜明的实践特色、理论特色、民族特色、时代特色，形成了中国特色社会主义道路、理论、制度、文化，以不可辩驳的事实彰显了科学社会主义的鲜活生命力，社会主义的伟大旗帜始终在中国大地上高高飘扬！

——40年来，我们始终坚持以经济建设为中心，不断解放和发展社会生产力，我国国内生产总值由3679亿元增长到2017年的82.7万亿元，年均实际增长9.5%，远高于同期世界经济2.9%左右的年均增速。我国国内生产总值占世界生产总值的比重由改革开放之初的 1.8% 上升到 15.2%，多年来对世界经济增长贡献率超过 30%。我国货物进出口总额从 206 亿美元增长到超过 4 万亿美元，累计使用外商直接投资超过 2 万亿美元，对外投资总额达到 1.9 万亿美元。我国主要农产品产量跃居世界前列，建立了全世界最完整的现代工业体系，科技创新和重大工程捷报频传。我国基础设施建设成就显著，信息畅通，公路成网，铁路密布，高坝矗立，西气东输，南水北调，高铁飞驰，巨轮远航，飞机翱翔，天堑变通途。现在，我国是世界第二大经济体、制造业第一大国、货物贸易第一大国、商品消费第二大国、外资流入第二大国，我国外汇储备连续多年位居世界第一，中国人民在富起来、强起来的征程上迈出了决定性的步伐！

——40 年来，我们始终坚持中国特色社会主义政治发展道路，不断深化政治体制改革，发展社会主义民主政治，党和国家领导体制日益完善，全面依法治国深入推进，中国特色社会主义法律体系日益健全，人民当家作主的制度保障和法治保障更加有力，人权事业全面发展，爱国统一战线更加巩固，人民依法享有和行使民主权利的内容更加丰富、渠道更加便捷、形式更加多样，掌握着自己命运的中国人民焕发出前所未有的积极性、主动性、创造性，在改革开放和社会主义现代化建设中展现出气吞山河的强大力量！

——40 年来，我们始终坚持发展社会主义先进文化，加强社会主义精神文明建设，培育和践行社会主义核心价值观，传承和弘扬中华优秀传统文化，坚持以科学理论引路指向，以正确舆论凝心聚力，以先进文化塑造灵魂，以优秀作品鼓舞斗志，爱国主义、集体主义、社会主义精神广为弘扬，时代楷模、英雄模范不断涌现，文化艺术日益繁荣，网信事业快速发展，全民族理想信念和文化自信不断增强，国家文化软实力和中华文化影响力大幅提升。改革开放铸就的伟大改革开放精神，极大丰富了民族精神内涵，成为当代中国人民最鲜明的精神标识！

——40 年来，我们始终坚持在发展中保障和改善民生，全面推进幼有所育、学有所教、劳有所得、病有所医、老有所养、住有所居、弱有所扶，不断改善人民生活、增进人民福祉。全国居民人均可支配收入由 171 元增加到 2.6 万元，中等收入群体持续扩大。我国贫困人口累计减少 7.4 亿人，贫困发生率下降 94.4 个百分点，谱写了人类反贫困史上的辉煌篇章。教育事业全面发展，九年义务教育巩固率达 93.8%。我国建成了包括养老、医疗、低保、住房在内的世界最大的社会保障体系，基本养老保险覆盖超过 9 亿人，医疗保险覆盖超过 13 亿人。常住人口城镇化率达到 58.52%，上升 40.6 个百分点。居民预期寿命由 1981 年的 67.8 岁提高到 2017 年的 76.7 岁。我国社会大局保持长期稳定，成为世界上最有安全感的国家之一。粮票、布票、肉票、鱼票、油票、豆腐票、副食本、工业券等百姓生活曾经离不开的票证已经进入了历史博物馆，忍饥挨饿、缺吃少穿、生活困顿这些几千年来困扰我国人民的问题总体上一去不复返了！

——40 年来，我们始终坚持保护环境和节约资源，坚持推进生态文明建设，生态文明制度体系加快形成，主体功能区制度逐步健全，节能减排取得重大进展，重大生态保护和修复工程进展顺利，生态环境治理明显加强，积极参与和引导应对气候变化国际合作，中国人民生于斯、长于斯的家园更加美丽宜人！

——40 年来，我们始终坚持党对军队的绝对领导，不断推进国防和军队现代化，推进人民军队实现革命性重塑，武器装备取得历史性突破，治军方式发生根本性转变，革命化现代化正规化水平显著提高，人民军队维护国家主权、安全、发展利益的能力显著增强，成为保卫人民幸福生活、保卫祖国和世界和平牢不可破的强大力量！

——40 年来，我们始终坚持推进祖国和平统一大业，实施“一国两制”基本方针，相继恢复对香港、澳门行使主权，洗雪了中华民族百年屈辱。我们坚持一个中国原则和“九二共识”，加强两岸经济文化交流合作，推动两岸关系和平发展，坚决反对和遏制“台独”分裂势力，牢牢掌握两岸关系发展主导权和主动权。海内外全体中华儿女的民族认同感、文化认同感大大增强，同心共筑中国梦的意志更加坚强！

——40 年来，我们始终坚持独立自主的和平外交政策，始终不渝走和平发展道路、奉行互利共赢的开放战略，坚定维护国际关系基本准则，维护国际公平正义。我们实现由封闭半封闭到全方位开放的历史转变，积极参与经济全球化进程，为推动人类共同发展作出了应有贡献。我们积极推动建设开放型世界经济、构建人类命运共同体，促进全球治理体系变革，旗帜鲜明反对霸权主义和强权政治，为世界和平与发展不断贡献中国智慧、中国方案、中国力量。我国日益走近世界舞台中央，成为国际社会公认的世界和平的建设者、全球发展的贡献者、国际秩序的维护者！

——40 年来，我们始终坚持加强和改善党的领导，积极应对在长期执政和改革开放条件下党面临的各种风险考验，持续推进党的建设新的伟大工程，保持党的先进性和纯洁性，保持党同人民群众的血肉联系。我们积极探索共产党执政规律、社会主义建设规律、人类社会发展规律，不断开辟马克思主义中国化新境界。我们坚持党要管党、从严治党，净化党内政治生态，持之以恒正风肃纪，大力整治形式主义、官僚主义、享乐主义和奢靡之风，以零容忍态度严厉惩治腐败，反腐败斗争取得压倒性胜利。我们党在革命性锻造中坚定走在时代前列，始终是中国人民和中华民族的主心骨！

40 年春风化雨、春华秋实，改革开放极大改变了中国的面貌、中华民族的面貌、中国人民的面貌、中国共产党的面貌。中华民族迎来了从站起来、富起来到强起来的伟大飞跃！中国特色社会主义迎来了从创立、发展到完善的伟大飞跃！中国人民迎来了从温饱不足到小康富裕的伟大飞跃！中华民族正以崭新姿态屹立于世界的东方！

40 年来取得的成就不是天上掉下来的，更不是别人恩赐施舍的，而是全党全国各族人民用勤劳、智慧、勇气干出来的！我们用几十年时间走完了发达国家几百年走过的工业化历程。在中国人民手中，不可能成为了可能。我们为创造了人间奇迹的中国人民感到无比自豪、无比骄傲！

在这里，我代表党中央，向各条战线为改革开放和社会主义现代化建设贡献了智慧和力量的广大工人、农民、知识分子、干部、解放军指战员、武警部队官兵、公安干警，向各民主党派和无党派人士、各人民团体和各界爱国人士，致以崇高的敬意！向为祖国改革开放和现代化建设作出积极努力的香港特别行政区同胞、澳门特别行政区同胞、台湾同胞和海外侨胞，致以诚挚的问候！向一切关心和支持中国改革开放和现代化建设的外国朋友和世界各国人民，表示衷心的感谢！

同志们、朋友们！

40 年的实践充分证明，党的十一届三中全会以来我们党团结带领全国各族人民开辟的中国特色社会主义道路、理论、制度、文化是完全正确的，形成的党的基本理论、基本路线、基本方略是完全正确的。

40 年的实践充分证明，中国发展为广大发展中国家走向现代化提供了成功经验，展现了光明前景，是促进世界和平与发展的强大力量，是中华民族对人类文明进步作出的重大贡献。

40 年的实践充分证明，改革开放是党和人民大踏步赶上时代的重要法宝，是坚持和发展中国特色社会主义的必由之路，是决定当代中国命运的关键一招，也是决定实现“两个一百年”奋斗目标、实现中华民族伟大复兴的关键一招。

只有顺应历史潮流，积极应变，主动求变，才能与时代同行。“行之力则知愈进，知之深则行愈达。”改革开放 40 年积累的宝贵经验是党和人民弥足珍贵的精神财富，对新时代坚持和发展中国特色社会主义有着极为重要的指导意义，必须倍加珍惜、长期坚持，在实践中不断丰富和发展。

第一，必须坚持党对一切工作的领导，不断加强和改善党的领导。改革开放 40 年的实践启示我们：中国共产党领导是中国特色社会主义最本质的特征，是中国特色社会主义制度的最大优势。党政军民学，东西南北中，党是领导一切的。正是因为始终坚持党的集中统一领导，我们才能实现伟大历史转折、开启改革开放新时期和中华民族伟大复兴新征程，才能成功应对一系列重大风险挑战、克服无数艰难险阻，才能有力应变局、平风波、战洪水、防非典、抗地震、化危机，才能既不走封闭僵化的老路也不走改旗易帜的邪路，而是坚定不移走中国特色社会主义道路。坚持党的领导，必须不断改善党的领导，让党的领导更加适应实践、时代、人民的要求。在坚持党的领导这个决定党和国家前途命运的重大原则问题上，全党全国必须保持高度的思想自觉、政治自觉、行动自觉，丝毫不能动摇。

前进道路上，我们必须增强“四个意识”、坚定“四个自信”，坚决维护党中央权威和集中统一领导，把党的领导贯彻和体现到改革发展稳定、内政外交国防、治党治国治军等各个领域。改革开放每一步都不是轻而易举的，未来必定会面临这样那样的风险挑战，甚至会遇到难以想象的惊涛骇浪。我们党要总揽全局、协调各方，坚持科学执政、民主执政、依法执政，完善党的领导方式和执政方式，提高党的执政能力和领导水平，不断提高党把方向、谋大局、定政策、促改革的能力和定力，确保改革开放这艘航船沿着正确航向破浪前行。

第二，必须坚持以人民为中心，不断实现人民对美好生活的向往。改革开放 40 年的实践启示我们：为中国人民谋幸福，为中华民族谋复兴，是中国共产党人的初心和使命，也是改革开放的初心和使命。我们党来自人民、扎根人民、造福人民，全心全意为人民服务是党的根本宗旨，必须以最广大人民根本利益为我们一切工作的根本出发点和落脚点，坚持把人民拥护不拥护、赞成不赞成、高兴不高兴作为制定政策的依据，顺应民心、尊重民意、关注民情、致力民生，既通过提出并贯彻正确的理论和路线方针政策带领人民前进，又从人民实践创造和发展要求中获得前进动力，让人民共享改革开放成果，激励人民更加自觉地投身改革开放和社会主义现代化建设事业。

前进道路上，我们必须始终把人民对美好生活的向往作为我们的奋斗目标，践行党的根本宗旨，贯彻党的群众路线，尊重人民主体地位，尊重人民群众在实践活动中所表达的意愿、所创造的经验、所拥有的权利、所发挥的作用，充分激发蕴藏在人民群众中的创造伟力。我们要健全民主制度、拓宽民主渠道、丰富民主形式、完善法治保障，确保人民依法享有广泛充分、真实具体、有效管用的民主权利。我们要着力解决人民群众所需所急所盼，让人民共享经济、政治、文化、社会、生态等各方面发展成果，有更多、更直接、更实在的获得感、幸福感、安全感，不断促进人的全面发展、全体人民共同富裕。

第三，必须坚持马克思主义指导地位，不断推进实践基础上的理论创新。改革开放 40 年的实践启示我们：创新是改革开放的生命。实践发展永无止境，解放思想永无止境。恩格斯说："一切社会变迁和政治变革的终极原因，不应当到人们的头脑中，到人们对永恒的真理和正义的日益增进的认识中去寻找，而应当到生产方式和交换方式的变更中去寻找"。我们坚持理论联系实际，及时回答时代之问、人民之问，廓清困扰和束缚实践发展的思想迷雾，不断推进马克思主义中国化时代化大众化，不断开辟马克思主义发展新境界。

前进道路上，我们必须坚持以马克思列宁主义、毛泽东思想、邓小平理论、"三个代表"重要思想、科学发展观、新时代中国特色社会主义思想为指导，坚持解放思想和实事求是有机统一。发展 21 世纪马克思主义、当代中国马克思主义，是当代中国共产党人责无旁贷的历史责任。我们要强化问题意识、时代意识、战略意识，用深邃的历史眼光、宽广的国际视野把握事物发展的本质和内在联系，紧密跟踪亿万人民的创造性实践，借鉴吸收人类一切优秀文明成果，不断回答时代和实践给我们提出的新的重大课题，让当代中国马克思主义放射出更加灿烂的真理光芒。

第四，必须坚持走中国特色社会主义道路，不断坚持和发展中国特色社会主义。改革开放 40 年的实践启示我们：方向决定前途，道路决定命运。我们要把命运掌握在自己手中，就要有志不改、道不变的坚定。改革开放 40 年来，我们党全部理论和实践的主题是坚持和发展中国特色社会主义。在中国这样一个有着 5000 多年文明史、13 亿多人口的大国推进改革发展，没有可以奉为金科玉律的教科书，也没有可以对中国人民颐指气使的教师爷。鲁迅先生说过："什么是路？就是从没路的地方践踏出来的，从只有荆棘的地方开辟出来的。"中国特色社会主义道路是当代中国大踏步赶上时代、引领时代发展的康庄大道，必须毫不动摇走下去。

前进道路上，我们必须坚持以新时代中国特色社会主义思想和党的十九大精神为指导，增强"四个自信"，牢牢把握改革开放的前进方向。改什么、怎么改必须以是否符合完善和发展中国特色社会主义制度、推进国家治理体系和治理能力现代化的总目标为根本尺度，该改的、能改的我们坚决改，不该改的、不能改的坚决不改。我们要坚持党的基本路线，把以经济建设为中心同坚持四项基本原则、坚持改革开放这两个基本点统一于新时代中国特色社会主义伟大实践，长期坚持，决不动摇。

第五，必须坚持完善和发展中国特色社会主义制度，不断发挥和增强我国制度优势。改革开放 40 年的实践启示我们：制度是关系党和国家事业发展的根本性、全局性、稳定性、长期性问题。我们扭住完善和发展中国特色社会主义制度这个关键，为解放和发展社会生产力、解放和增强社会活力、永葆党和国家生机活力提供了有力保证，为保持社会大局稳定、保证人民安居乐业、保障国家安全提供了有力保证，为放手让一切劳动、知识、技术、管理、资本等要素的活力竞相迸发，让一切创造社会财富的源泉充分涌流不断建立了充满活力的体制机制。

前进道路上，我们必须毫不动摇巩固和发展公有制经济，毫不动摇鼓励、支持、引导非公有制经济发展，充分发挥市场在资源配置中的决定性作用，更好发挥政府作用，激发各类市场主体活力。我们要坚持党的领导、人民当家作主、依法治国有机统一，坚持和完善人民代表大会制度、中国共产党领导的多党合作和政治协商制度、民族区域自治制度、基层群众自治制度，全面推进依法治国，巩固和发展最广泛的爱国统一战线，发展社会主义协商民主，用制度体系保证人民当家作主。我们要加强文化领域制度建设，举旗帜、聚民心、育新人、兴文化、展形象，积极培育和践行社会主义核心价值观，推动中华优秀传统文化创造性转化、创新性发展，传承革命文化、发展先进文化，努力创造光耀时代、光耀世界的中华文化。我们要加强社会治理制度建设，不断促进社会公平正义，保持社会安定有序。我们要加强生态文明制度建设，实行最严格的生态环境保护制度。我们要坚决破除一切妨碍发展的体制机制障碍和利益固化藩篱，加快形成系统完备、科学规范、运行有效的制度体系，推动中国特色社会主义制度更加成熟、更加定型。

第六，必须坚持以发展为第一要务，不断增强我国综合国力。改革开放 40 年的实践启示我们：解放和发展社会生产力，增强社会主义国家的综合国力，是社会主义的本质要求和根本任务。只有牢牢扭住经济建设这个中心，毫不动摇坚持发展是硬道理、发展应该是科学发展和高质量发展的战略思想，推动经济社会持续健康发展，才能全面增强我国经济实力、科技实力、国防实力、综合国力，才能为坚持和发展中国特色社会主义、实现中华民族伟大复兴奠定雄厚物质基础。

前进道路上，我们必须围绕解决好人民日益增长的美好生活需要和不平衡不充分的发展之间的矛盾这个社会主要矛盾，坚决贯彻创新、协调、绿色、开放、共享的发展理念，统筹推进"五位一体"总体布局、协调推进"四个全面"战略布局，推动高质量发展，推动新型工业化、信息化、城镇化、农业现代化同步发展，加快建设现代化经济体系，努力实现更高质量、更有效率、更加公平、更可持续的发展。我们要坚持以供给侧结构性改革为主线，积极转变发展方式、优化经济结构、转换增长动力，积极扩大内需，实施区域协调发展战略，实施乡村振兴战略，坚决打好防范化解重大风险、精准脱贫、污染防治的攻坚战。我们要坚持创新是第一动力、人才是第一资源的理念，实施创新驱动发展战略，完善国家创新体系，加快关键核心技术自主创新，为经济社会发展打造新引擎。我们要加强生态文明建设，牢固树立绿水青山就是金山银山的理念，形成绿色发展方式和生活方式，把我们伟大祖国建设得更加美丽，让人民生活在天更蓝、山更绿、水更清的优美环境之中。

第七，必须坚持扩大开放，不断推动共建人类命运共同体。改革开放 40 年的实践启示我们：开放带来进步，封闭必然落后。中国的发展离不开世界，世界的繁荣也需要中国。我们统筹国内国际两个大局，坚持对外开放的基本国策，实行积极主动的开放政策，形成全方位、多层次、宽领域的全面开放新格局，为我国创造了良好国际环境、开拓了广阔发展空间。

前进道路上，我们必须高举和平、发展、合作、共赢的旗帜，恪守维护世界和平、促进共同发展的外交政策宗旨，推动建设相互尊重、公平正义、合作共赢的新型国际关系。我们要尊重各国人民自主选择发展道路的权利，维护国际公平正义，倡导国际关系民主化，反对把自己的意志强加于人，反对干涉别国内政，反对以强凌弱。我们要发挥负责任大国作用，支持广大发展中国家发展，积极参与全球治理体系改革和建设，共同为建设持久和平、普遍安全、共同繁荣、开放包容、清洁美丽的世界而奋斗。我们要支持开放、透明、包容、非歧视性的多边贸易体制，促进贸易投资自由化便利化，推动经济全球化朝着更加开放、包容、普惠、平衡、共赢的方向发展。我们要以共建"一带一路"为重点，同各方一道打造国际合作新平台，为世界共同发展增添新动力。中国决不会以牺牲别国利益为代价来发展自己，也决不放弃自己的正当权益。中国奉行防御性的国防政策，中国发展不对任何国家构成威胁。中国无论发展到什么程度都永远不称霸。

第八，必须坚持全面从严治党，不断提高党的创造力、凝聚力、战斗力。改革开放 40 年的实践启示我们：打铁必须自身硬。办好中国的事情，关键在党，关键在坚持党要管党、全面从严治党。我们党只有在领导改革开放和社会主义现代化建设伟大社会革命的同时，坚定不移推进党的伟大自我革命，敢于清除一切侵蚀党的健康肌体的病毒，使党不断自我净化、自我完善、自我革新、自我提高，不断增强党的政治领导力、思想引领力、群众组织力、社会号召力，才能确保党始终保持同人民群众的血肉联系。

前进道路上，我们必须按照新时代党的建设总要求，以政治建设为统领，不断推进党的建设新的伟大工程，不断增强全党团结统一和创造活力，不断增强全党执政本领，把党建设得更加坚强、更加有力。我们要坚持用时代发展要求审视自己，以强烈忧患意识警醒自己，以改革创新精神加强和完善自己，在应对风险挑战中锻炼提高，在解决党内存在的突出矛盾和问题中净化纯洁，不断提高管党治党水平。我们要坚持德才兼备、以德为先、任人唯贤，着力培养忠诚干净担当的高素质干部队伍和宏大的人才队伍。我们要以反腐败永远在路上的坚韧和执着，深化标本兼治，坚决清除一切腐败分子，保证干部清正、政府清廉、政治清明，为继续推进改革开放营造海晏河清的政治生态。

第九，必须坚持辩证唯物主义和历史唯物主义世界观和方法论，正确处理改革发展稳定关系。改革开放 40 年的实践启示我们：我国是一个大国，决不能在根本性问题上出现颠覆性错误。我们坚持加强党的领导和尊重人民首创精神相结合，坚持“摸着石头过河”和顶层设计相结合，坚持问题导向和目标导向相统一，坚持试点先行和全面推进相促进，既鼓励大胆试、大胆闯，又坚持实事求是、善作善成，确保了改革开放行稳致远。

前进道路上，我们要增强战略思维、辩证思维、创新思维、法治思维、底线思维，加强宏观思考和顶层设计，坚持问题导向，聚焦我国发展面临的突出矛盾和问题，深入调查研究，鼓励基层大胆探索，坚持改革决策和立法决策相衔接，不断提高改革决策的科学性。我们要拿出抓铁有痕、踏石留印的韧劲，以钉钉子精神抓好落实，确保各项重大改革举措落到实处。我们既要敢为天下先、敢闯敢试，又要积极稳妥、蹄疾步稳，把改革发展稳定统一起来，坚持方向不变、道路不偏、力度不减，推动新时代改革开放走得更稳、走得更远。

同志们、朋友们！

坚持富国和强军相统一，建设同我国国际地位相称、同国家安全和发展利益相适应的巩固国防和强大军队，是我国社会主义现代化建设的战略任务。我们要全面贯彻新时代党的强军思想，坚持党对军队的绝对领导，把握世界新军事革命发展大势，坚持走中国特色强军之路，全面深化国防和军队改革，推进政治建军、改革强军、科技兴军、依法治军，建设一支听党指挥、能打胜仗、作风优良的人民军队，努力建设世界一流军队，为维护国家主权、安全、发展利益，为维护世界和平稳定，为实现中华民族伟大复兴提供坚强后盾。

“一国两制”伟大构想具有强大生命力。我们要全面准确贯彻“一国两制”“港人治港”“澳人治澳”、高度自治的方针，严格按照宪法和基本法办事，完善与基本法实施相关的制度和机制，保持香港、澳门长期繁荣稳定，支持和推动香港、澳门更好融入国家发展大局，让香港、澳门同胞同祖国人民共担民族复兴的历史责任、共享祖国繁荣富强的伟大荣光。

实现祖国完全统一，是全体中华儿女共同心愿，是中华民族根本利益所在。我们要坚持一个中国原则和"九二共识"，巩固和发展两岸关系和平发展的基础，深化两岸经济文化交流合作，造福两岸同胞。我们有坚定的政治决心和强大能力维护国家主权和领土完整，祖国的神圣领土一寸都不能分裂出去！

同志们、朋友们！

中国人民具有伟大梦想精神，中华民族充满变革和开放精神。几千年前，中华民族的先民们就秉持"周虽旧邦，其命维新"的精神，开启了缔造中华文明的伟大实践。自古以来，中国大地上发生了无数变法变革图强运动，留下了"治世不一道，便国不法古"等豪迈宣言。自古以来，中华民族就以"天下大同""协和万邦"的宽广胸怀，自信而又大度地开展同域外民族交往和文化交流，曾经谱写了万里驼铃万里波的浩浩丝路长歌，也曾经创造了万国衣冠会长安的盛唐气象。正是这种"天行健，君子以自强不息""地势坤，君子以厚德载物"的变革和开放精神，使中华文明成为人类历史上唯一一个绵延5000多年至今未曾中断的灿烂文明。以数千年大历史观之，变革和开放总体上是中国的历史常态。中华民族以改革开放的姿态继续走向未来，有着深远的历史渊源、深厚的文化根基。

我们这么大一个国家，就应该有雄心壮志。毛泽东同志说："夺取全国胜利，这只是万里长征走完了第一步。如果这一步也值得骄傲，那是比较渺小的，更值得骄傲的还在后头。在过了几十年之后来看中国人民民主革命的胜利，就会使人们感觉那好像只是一出长剧的一个短小的序幕。剧是必须从序幕开始的，但序幕还不是高潮。""我们不但善于破坏一个旧世界，我们还将善于建设一个新世界。"

改革开放之初，虽然我们国家大、人口多、底子薄，面对着重重困难和挑战，但我们对未来充满信心，设计了用70多年、分三步走基本实现社会主义现代化的宏伟蓝图，没有非凡的胆略、坚定的自信是作不出这样宏远的构想和决策的。

40年来，我们咬定青山不放松，风雨无阻朝着这个伟大目标前进。党的十九大对我国发展提出了更高的奋斗目标，形成了从全面建成小康社会到基本实现现代化，再到全面建成社会主义现代化强国的战略安排，发出了实现中华民族伟大复兴中国梦的最强音。

古人说："事者，生于虑，成于务，失于傲。"伟大梦想不是等得来、喊得来的，而是拼出来、干出来的。我们现在所处的，是一个船到中流浪更急、人到半山路更陡的时候，是一个愈进愈难、愈进愈险而又不进则退、非进不可的时候。改革开放已走过千山万水，但仍需跋山涉水，摆在全党全国各族人民面前的使命更光荣、任务更艰巨、挑战更严峻、工作更伟大。在这个千帆竞发、百舸争流的时代，我们绝不能有半点骄傲自满、固步自封，也绝不能有丝毫犹豫不决、徘徊彷徨，必须统揽伟大斗争、伟大工程、伟大事业、伟大梦想，勇立潮头、奋勇搏击。

信仰、信念、信心，任何时候都至关重要。小到一个人、一个集体，大到一个政党、一个民族、一个国家，只要有信仰、信念、信心，就会愈挫愈奋、愈战愈勇，否则就会不战自败、不打自垮。无论过去、现在还是将来，对马克思主义的信仰，对中国特色社会主义的信念，对实现中华民族伟大复兴中国梦的信心，都是指引和支撑中国人民站起来、富起来、强起来的强大精神力量。

同志们、朋友们！

四十载惊涛拍岸，九万里风鹏正举。江河之所以能冲开绝壁夺隘而出，是因其积聚了千里奔涌、万壑归流的洪荒伟力。在近代以来漫长的历史进程中，中国人民经历了太多太多的磨难，付出了太多太多的牺牲，进行了太多太多的拼搏。现在，中国人民和中华民族在历史进程中积累的强大能量已经充分爆发出来了，为实现中华民族伟大复兴提供了势不可挡的磅礴力量。

建成社会主义现代化强国，实现中华民族伟大复兴，是一场接力跑，我们要一棒接着一棒跑下去，每一代人都要为下一代人跑出一个好成绩。全党全国各族人民要更加紧密地团结在党中央周围，高举中国特色社会主义伟大旗帜，不忘初心，牢记使命，将改革开放进行到底，不断实现人民对美好生活的向往，在新时代创造中华民族新的更大奇迹！创造让世界刮目相看的新的更大奇迹！

——选自《人民日报》，2018 年 12 月 19 日

在庆祝中国共产党成立95周年大会上的讲话

习近平 · 2016年7月1日

1921年7月，中国共产党第一次全国代表大会在上海召开，宣告了中国共产党的诞生。中国产生了共产党，是中国历史上开天辟地的“大事变”，深刻改变了近代以后中华民族发展的方向和进程，深刻改变了中国人民和中华民族的前途和命运，深刻改变了世界发展的趋势和格局。从此，中国人民在中国共产党领导下，跨过一道又一道沟坎，取得一个又一个胜利，建立了中华人民共和国，确立了社会主义基本制度，进行了改革开放新的伟大革命，实现了中国人民从站起来到富起来、强起来的伟大飞跃，谱写了一曲曲可歌可泣的史诗，创造了人类社会发展史上惊天动地的发展奇迹，使中华民族焕发出新的蓬勃生机。2016年7月1日，庆祝中国共产党成立95周年大会在北京隆重举行，中共中央总书记、国家主席、中央军委主席习近平在大会上发表讲话。讲话回顾了中国共产党95年波澜壮阔的奋斗历程、伟大贡献和历史启示，用八个“不忘初心、继续前进”告诫全党要永远保持建党时中国共产党人的奋斗精神，永远保持对人民的赤子之心，去面向未来、面对挑战，向全党全国各族人民发出了朝着实现全面建成小康社会奋斗目标、实现中华民族伟大复兴的中国梦胜利前进的动员令。号召全党同志一定要不忘初心、继续前进，永远保持谦虚、谨慎、不骄、不躁的作风，永远保持艰苦奋斗的作风，勇于变革、勇于创新，永不僵化、永不停滞，继续在这场历史性考试中经受考验，努力向历史、向人民交出新的更加优异的答卷。全文约1.17万字，本篇全文选读。

同志们，朋友们：

今天，我们在这里隆重集会，庆祝中国共产党成立95周年，回顾中国共产党团结带领中国人民不懈奋斗的光辉历程，展望党和人民事业发展的光明前景，表彰全国优秀共产党员、优秀党务工作者、先进基层党组织，动员全党全国各族人民更加充满信心朝着实现全面建成小康社会奋斗目标、实现中华民族伟大复兴的中国梦胜利前进。

同志们、朋友们！

在几千年的历史发展中，中华民族创造了悠久灿烂的中华文明，为人类作出了卓越贡献，成为世界上伟大的民族。但是，近代以后，由于西方列强的入侵，由于封建统治的腐败，中国逐渐成为半殖民地半封建社会，山河破碎，生灵涂炭，中华民族遭受了前所未有的苦难。

面对苦难，中国人民没有屈服，而是挺起脊梁、奋起抗争，以百折不挠的精神，进行了一场场气壮山河的斗争，谱写了一曲曲可歌可泣的史诗。

1921年，五四运动之后，在中华民族内忧外患、社会危机空前深重的背景下，在马克思列宁主义同中国工人运动相结合的进程中，中国共产党诞生了。

中国产生了共产党，这是开天辟地的大事变。这一开天辟地的大事变，深刻改变了近代以后中华民族发展的方向和进程，深刻改变了中国人民和中华民族的前途和命运，深刻改变了世界发展的趋势和格局。

在 95 年波澜壮阔的历史进程中，中国共产党紧紧依靠人民，跨过一道又一道沟坎，取得一个又一个胜利，为中华民族作出了伟大历史贡献。

这个伟大历史贡献，就是我们党团结带领中国人民进行 28 年浴血奋战，打败日本帝国主义，推翻国民党反动统治，完成新民主主义革命，建立了中华人民共和国。这一伟大历史贡献的意义在于，彻底结束了旧中国半殖民地半封建社会的历史，彻底结束了旧中国一盘散沙的局面，彻底废除了列强强加给中国的不平等条约和帝国主义在中国的一切特权，实现了中国从几千年封建专制政治向人民民主的伟大飞跃。

这个伟大历史贡献，就是我们党团结带领中国人民完成社会主义革命，确立社会主义基本制度，消灭一切剥削制度，推进了社会主义建设。这一伟大历史贡献的意义在于，完成了中华民族有史以来最为广泛而深刻的社会变革，为当代中国一切发展进步奠定了根本政治前提和制度基础，为中国发展富强、中国人民生活富裕奠定了坚实基础，实现了中华民族由不断衰落到根本扭转命运、持续走向繁荣富强的伟大飞跃。

这个伟大历史贡献，就是我们党团结带领中国人民进行改革开放新的伟大革命，极大激发广大人民群众的创造性，极大解放和发展社会生产力，极大增强社会发展活力，人民生活显著改善，综合国力显著增强，国际地位显著提高。这一伟大历史贡献的意义在于，开辟了中国特色社会主义道路，形成了中国特色社会主义理论体系，确立了中国特色社会主义制度，使中国赶上了时代，实现了中国人民从站起来到富起来、强起来的伟大飞跃。

中国共产党领导中国人民取得的伟大胜利，使具有 5000 多年文明历史的中华民族全面迈向现代化，让中华文明在现代化进程中焕发出新的蓬勃生机；使具有 500 年历史的社会主义主张在世界上人口最多的国家成功开辟出具有高度现实性和可行性的正确道路，让科学社会主义在 21 世纪焕发出新的蓬勃生机；使具有 60 多年历史的新中国建设取得举世瞩目的成就，中国这个世界上最大的发展中国家在短短 30 多年里摆脱贫困并跃升为世界第二大经济体，彻底摆脱被开除球籍的危险，创造了人类社会发展史上惊天动地的发展奇迹，使中华民族焕发出新的蓬勃生机。

历史告诉我们，没有先进理论的指导，没有用先进理论武装起来的先进政党的领导，没有先进政党顺应历史潮流、勇担历史重任、敢于作出巨大牺牲，中国人民就无法打败压在自己头上的各种反动派，中华民族就无法改变被压迫、被奴役的命运，我们的国家就无法团结统一、在社会主义道路上走向繁荣富强。

历史告诉我们，95 年来，中国走过的历程，中国人民和中华民族走过的历程，是中国共产党和中国人民用鲜血、汗水、泪水写就的，充满着苦难和辉煌、曲折和胜利、付出和收获，这是中华民族发展史上不能忘却、不容否定的壮丽篇章，也是中国人民和中华民族继往开来、奋勇前进的现实基础。

历史还告诉我们，历史和人民选择中国共产党领导中华民族伟大复兴的事业是正确的，必须长期坚持、永不动摇；中国共产党领导中国人民开辟的中国特色社会主义道路是正确的，必须长期坚持、永不动摇；中国共产党和中国人民扎根中国大地、吸纳人类文明优秀成果、独立自主实现国家发展的战略是正确的，必须长期坚持、永不动摇。

同志们、朋友们!

95 年来，我们取得的一切成就，是一代又一代中国共产党人同中国人民接续奋斗的结果。以毛泽东同志、邓小平同志、江泽民同志为核心的党的三代中央领导集体，以胡锦涛同志为总书记的党中央，团结带领全党全国各族人民，战胜了一个个难以想象的困难和挑战，使中华民族迎来了实现伟大复兴的光明前景。

在这个庄严而光荣的时刻，我们深切怀念为中国革命、建设、改革，为中国共产党建立、巩固、发展作出重大贡献的毛泽东、周恩来、刘少奇、朱德、邓小平、陈云同志等老一辈革命家，深切怀念为建立、捍卫、建设新中国而英勇牺牲的革命先烈，深切怀念近代以来为中华民族独立和人民解放而顽强奋斗的所有仁人志士。他们为祖国和民族建立的丰功伟绩永垂史册！他们的崇高精神永远铭记在亿万人民心中！

人民是历史的创造者，是真正的英雄。在这里，我代表党中央，向全国广大工人、农民、知识分子，向各民主党派、各人民团体、各界爱国人士，向人民解放军指战员、武警部队官兵、公安民警，致以崇高的敬意！向香港特别行政区同胞、澳门特别行政区同胞和台湾同胞以及广大侨胞，致以诚挚的问候！向一切同中国人民友好相处，关心和支持中国革命、建设、改革事业的各国人民和朋友，致以衷心的谢意！

95 年来，一代又一代优秀中国共产党人，为祖国和人民无私奉献，生动展示了共产党人的为民情怀、高尚情操。这次受到表彰的全国优秀共产党员、优秀党务工作者和先进基层党组织，就是各行各业的杰出代表。我代表党中央，向这次受到表彰的同志们，致以崇高的敬意！

同志们、朋友们！

“明镜所以照形，古事所以知今。”今天，我们回顾历史，不是为了从成功中寻求慰藉，更不是为了躺在功劳簿上、为回避今天面临的困难和问题寻找借口，而是为了总结历史经验、把握历史规律，增强开拓前进的勇气和力量。

党的十八大指出，坚持和发展中国特色社会主义是一项长期而艰巨的历史任务，必须准备进行具有许多新的历史特点的伟大斗争。这就告诫全党，要时刻准备应对重大挑战、抵御重大风险、克服重大阻力、解决重大矛盾，坚持和发展中国特色社会主义，坚持和巩固党的领导地位和执政地位，使我们的党、我们的国家、我们的人民永远立于不败之地。

历史总是要前进的，历史从不等待一切犹豫者、观望者、懈怠者、软弱者。只有与历史同步伐、与时代共命运的人，才能赢得光明的未来。

我们党已经走过了 95 年的历程，但我们要永远保持建党时中国共产党人的奋斗精神，永远保持对人民的赤子之心。一切向前走，都不能忘记走过的路；走得再远、走到再光辉的未来，也不能忘记走过的过去，不能忘记为什么出发。面向未来，面对挑战，全党同志一定要不忘初心、继续前进。

——坚持不忘初心、继续前进，就要坚持马克思主义的指导地位，坚持把马克思主义基本原理同当代中国实际和时代特点紧密结合起来，推进理论创新、实践创新，不断把马克思主义中国化推向前进。

指导思想是一个政党的精神旗帜。95 年来，中国共产党之所以能够完成近代以来各种政治力量不可能完成的艰巨任务，就在于始终把马克思主义这一科学理论作为自己的行动指南，并坚持在实践中不断丰富和发展马克思主义。这使我们党得以摆脱以往一切政治力量追求自身特殊利益的局限，以唯物辩证的科学精神、无私无畏的博大胸怀领导和推动中国革命、建设、改革，不断坚持真理、修正错误。无论是处于顺境还是逆境，我们党从未动摇对马克思主义的信仰。

马克思主义及其在中国的发展，为党和人民事业发展提供了既一脉相承又与时俱进的科学理论指导，为增进全党全国各族人民团结统一提供了坚实思想基础。

马克思主义是我们立党立国的根本指导思想。背离或放弃马克思主义，我们党就会失去灵魂、迷失方向。在坚持马克思主义指导地位这一根本问题上，我们必须坚定不移，任何时候任何情况下都不能有丝毫动摇。

同时，面对新的时代特点和实践要求，马克思主义也面临着进一步中国化、时代化、大众化的问题。马克思主义并没有结束真理，而是开辟了通向真理的道路。恩格斯早就说过："马克思的整个世界观不是教义，而是方法。它提供的不是现成的教条，而是进一步研究的出发点和供这种研究使用的方法。"

时代是思想之母，实践是理论之源。实践发展永无止境，我们认识真理、进行理论创新就永无止境。今天，时代变化和我国发展的广度和深度远远超出了马克思主义经典作家当时的想象。同时，我国社会主义只有几十年实践、还处在初级阶段，事业越发展新情况新问题就越多，也就越需要我们在实践上大胆探索、在理论上不断突破。

理论上不彻底，就难以服人。我们要以更加宽阔的眼界审视马克思主义在当代发展的现实基础和实践需要，坚持问题导向，坚持以我们正在做的事情为中心，聆听时代声音，更加深入地推动马克思主义同当代中国发展的具体实际相结合，不断开辟 21 世纪马克思主义发展新境界，让当代中国马克思主义放射出更加灿烂的真理光芒。

——坚持不忘初心、继续前进，就要牢记我们党从成立起就把为共产主义、社会主义而奋斗确定为自己的纲领，坚定共产主义远大理想和中国特色社会主义共同理想，不断把为崇高理想奋斗的伟大实践推向前进。

革命理想高于天。中国共产党之所以叫共产党，就是因为从成立之日起我们党就把共产主义确立为远大理想。我们党之所以能够经受一次次挫折而又一次次奋起，归根到底是因为我们党有远大理想和崇高追求。

"志不立，天下无可成之事。"理想信念动摇是最危险的动摇，理想信念滑坡是最危险的滑坡。一个政党的衰落，往往从理想信念的丧失或缺失开始。我们党是否坚强有力，既要看全党在理想信念上是否坚定不移，更要看每一位党员在理想信念上是否坚定不移。95 年来，共产主义远大理想激励了一代又一代共产党人英勇奋斗，成千上万的烈士为了这个理想献出了宝贵生命。"砍头不要紧，只要主义真"，"敌人只能砍下我们的头颅，决不能动摇我们的信仰"，这些视死如归、大义凛然的誓言生动表达了共产党人对远大理想的坚贞。理想之光不灭，信念之光不灭。我们一定要铭记烈士们的遗愿，永志不忘他们为之流血牺牲的伟大理想。

理想因其远大而为理想，信念因其执着而为信念。我们要把理想信念教育作为思想建设的战略任务，保持全党在理想追求上的政治定力，自觉做共产主义远大理想和中国特色社会主义共同理想的坚定信仰者、忠实实践者，在全面建成小康社会、实现中华民族伟大复兴中国梦的历史进程中充分发挥先锋模范作用。

理论上清醒，政治上才能坚定。坚定的理想信念，必须建立在对马克思主义的深刻理解之上，建立在对历史规律的深刻把握之上。全党要深入学习马克思列宁主义、毛泽东思想、邓小平理论、"三个代表"重要思想、科学发展观，深入学习党的十八大以来党中央治国理政新理念新思想新战略，不断提高马克思主义思想觉悟和理论水平，保持对远大理想和奋斗目标的清醒认知和执着追求。我们要教育引导广大党员、干部把学习成果转化为提升党性修养、思想境界、道德水平的精神营养，做到真学真懂真信真用，在胜利和顺境时不骄傲不急躁，在困难和逆境时不消沉不动摇，牢牢占据推动人类社会进步、实现人类美好理想的道义制高点。

——坚持不忘初心、继续前进，就要坚持中国特色社会主义道路自信、理论自信、制度自信、文化自信，坚持党的基本路线不动摇，不断把中国特色社会主义伟大事业推向前进。

方向决定道路，道路决定命运。中国特色社会主义不是从天上掉下来的，是党和人民历尽千辛万苦、付出巨大代价取得的根本成就。中国特色社会主义，既是我们必须不断推进的伟大事业，又是我们开辟未来的根本保证。

全党要坚定道路自信、理论自信、制度自信、文化自信。当今世界，要说哪个政党、哪个国家、哪个民族能够自信的话，那中国共产党、中华人民共和国、中华民族是最有理由自信的。有了“自信人生二百年，会当水击三千里”的勇气，我们就能毫无畏惧面对一切困难和挑战，就能坚定不移开辟新天地、创造新奇迹。

我们要坚信，中国特色社会主义道路是实现社会主义现代化的必由之路，是创造人民美好生活的必由之路。我们要坚信，中国特色社会主义理论体系是指导党和人民沿着中国特色社会主义道路实现中华民族伟大复兴的正确理论，是立于时代前沿、与时俱进的科学理论。我们要坚信，中国特色社会主义制度是当代中国发展进步的根本制度保障，是具有鲜明中国特色、明显制度优势、强大自我完善能力的先进制度。

文化自信，是更基础、更广泛、更深厚的自信。在5000多年文明发展中孕育的中华优秀传统文化，在党和人民伟大斗争中孕育的革命文化和社会主义先进文化，积淀着中华民族最深层的精神追求，代表着中华民族独特的精神标识。我们要弘扬社会主义核心价值观，弘扬以爱国主义为核心的民族精神和以改革创新为核心的时代精神，不断增强全党全国各族人民的精神力量。

全党同志必须牢记，我们要建设的是中国特色社会主义，而不是其他什么主义。历史没有终结，也不可能被终结。中国特色社会主义是不是好，要看事实，要看中国人民的判断，而不是看那些戴着有色眼镜的人的主观臆断。中国共产党人和中国人民完全有信心为人类对更好社会制度的探索提供中国方案。

邓小平同志曾经语重心长地说：“基本路线要管一百年，动摇不得。只有坚持这条路线，人民才会相信你，拥护你。谁要改变三中全会以来的路线、方针、政策，老百姓不答应，谁就会被打倒。”党的基本路线是国家的生命线、人民的幸福线，我们要坚持把以经济建设为中心作为兴国之要、把四项基本原则作为立国之本、把改革开放作为强国之路，不能有丝毫动摇。

——坚持不忘初心、继续前进，就要统筹推进“五位一体”总体布局，协调推进“四个全面”战略布局，全力推进全面建成小康社会进程，不断把实现“两个一百年”奋斗目标推向前进。

现阶段，建设中国特色社会主义的主要任务，就是到2020年中国共产党成立100年时实现第一个百年奋斗目标、全面建成小康社会，为进而到本世纪中叶中华人民共和国成立100年时实现第二个百年奋斗目标、建成富强民主文明和谐的社会主义现代化国家打下坚实基础。

全面建成小康社会，是我们党向人民、向历史作出的庄严承诺，是13亿多中国人民的共同期盼。为实现这一目标，党的十八大以来，我们党形成并积极推进经济建设、政治建设、文化建设、社会建设、生态文明建设五位一体的总体布局，形成并积极推进全面建成小康社会、全面深化改革、全面依法治国、全面从严治党的战略布局。“五位一体”和“四个全面”相互促进、统筹联动，要协调贯彻好，在推动经济发展的基础上，建设社会主义市场经济、民主政治、先进文化、生态文明、和谐社会，协同推进人民富裕、国家强盛、中国美丽。

发展是党执政兴国的第一要务，是解决中国所有问题的关键。我国仍处于并将长期处于社会主义初级阶段的基本国情没有变，人民日益增长的物质文化需要同落后的社会生产之间的矛盾这一社会主要矛盾没有变，我国是世界上最大发展中国家的国际地位没有变。这是我们谋划发展的基本依据。

面对中国经济发展进入新常态、世界经济发展进入转型期、世界科技发展酝酿新突破的发展格局，我们要坚持以经济建设为中心，坚持以新发展理念引领经济发展新常态，加快转变经济发展方式、调整经济发展结构、提高发展质量和效益，着力推进供给侧结构性改革，推动经济更有效率、更有质量、更加公平、更可持续地发展，加快形成崇尚创新、注重协调、倡导绿色、厚植开放、推进共享的机制和环境，不断壮大我国经济实力和综合国力。

——坚持不忘初心、继续前进，就要坚定不移高举改革开放旗帜，勇于全面深化改革，进一步解放思想、解放和发展社会生产力、解放和增强社会活力，不断把改革开放推向前进。

改革开放是当代中国最鲜明的特色，是我们党在新的历史时期最鲜明的旗帜。改革开放是决定当代中国命运的关键抉择，是党和人民事业大踏步赶上时代的重要法宝。

改革必须坚持正确方向，既不走封闭僵化的老路，也不走改旗易帜的邪路。我们要把完善和发展中国特色社会主义制度、推进国家治理体系和治理能力现代化作为全面深化改革的总目标，勇于推进理论创新、实践创新、制度创新以及其他各方面创新，让制度更加成熟定型，让发展更有质量，让治理更有水平，让人民更有获得感。

我们要坚持以经济体制改革为重点，坚持社会主义市场经济改革方向，全面深化经济体制、政治体制、文化体制、社会体制、生态文明体制和党的建设制度改革。

改革往往都是从易到难。我们的改革要更加注重系统性、整体性、协同性，敢于涉深水区、啃硬骨头。我们要以勇于自我革命的气魄、坚忍不拔的毅力推进改革，敢于向积存多年的顽瘴痼疾开刀，敢于触及深层次利益关系和矛盾，坚决冲破思想观念束缚，坚决破除利益固化藩篱，坚决清除妨碍社会生产力发展的体制机制障碍。

改革和法治如鸟之两翼、车之两轮。我们要坚持走中国特色社会主义法治道路，加快构建中国特色社会主义法治体系，建设社会主义法治国家。全面依法治国，核心是坚持党的领导、人民当家作主、依法治国有机统一，关键在于坚持党领导立法、保证执法、支持司法、带头守法。要在全社会牢固树立宪法法律权威，弘扬宪法精神，任何组织和个人都必须在宪法法律范围内活动，都不得有超越宪法法律的特权。

——坚持不忘初心、继续前进，就要坚信党的根基在人民、党的力量在人民，坚持一切为了人民、一切依靠人民，充分发挥广大人民群众积极性、主动性、创造性，不断把为人民造福事业推向前进。

人民立场是中国共产党的根本政治立场，是马克思主义政党区别于其他政党的显著标志。党与人民风雨同舟、生死与共，始终保持血肉联系，是党战胜一切困难和风险的根本保证，正所谓“得众则得国，失众则失国”。

全党同志要把人民放在心中最高位置，坚持全心全意为人民服务的根本宗旨，实现好、维护好、发展好最广大人民根本利益，把人民拥护不拥护、赞成不赞成、高兴不高兴、答应不答应作为衡量一切工作得失的根本标准，使我们党始终拥有不竭的力量源泉。

带领人民创造幸福生活，是我们党始终不渝的奋斗目标。我们要顺应人民群众对美好生活的向往，坚持以人民为中心的发展思想，以保障和改善民生为重点，发展各项社会事业，加大收入分配调节力度，打赢脱贫攻坚战，保证人民平等参与、平等发展权利，使改革发展成果更多更公平惠及全体人民，朝着实现全体人民共同富裕的目标稳步迈进。

尊重人民主体地位，保证人民当家作主，是我们党的一贯主张。我们要毫不动摇走中国特色社会主义政治发展道路，长期坚持、全面贯彻、不断发展人民代表大会制度、中国共产党领导的多党合作和政治协商制度、民族区域自治制度、基层群众自治制度，发展社会主义协商民主，巩固和发展最广泛的爱国统一战线，扩大人民群众有序政治参与，保证人民广泛参加国家治理和社会治理，形成生动活泼、安定团结的政治局面。

“功以才成，业由才广。”党和人民事业要不断发展，就要把各方面人才更好使用起来，聚天下英才而用之。我们要以识才的慧眼、爱才的诚意、用才的胆识、容才的雅量、聚才的良方，广开进贤之路，把党内和党外、国内和国外等各方面优秀人才吸引过来、凝聚起来，努力形成人人渴望成才、人人努力成才、人人皆可成才、人人尽展其才的良好局面。

——坚持不忘初心、继续前进，就要始终不渝走和平发展道路，始终不渝奉行互利共赢的开放战略，加强同各国的友好往来，同各国人民一道，不断把人类和平与发展的崇高事业推向前进。

为人类不断作出新的更大的贡献，是中国共产党和中国人民早就作出的庄严承诺。中国共产党和中国人民从苦难中走过来，深知和平的珍贵、发展的价值，把促进世界和平与发展视为自己的神圣职责。

今天的人类比以往任何时候都更有条件共同朝着和平与发展的目标迈进。中国主张各国人民同心协力，变压力为动力，化危机为生机，以合作取代对抗，以共赢取代独占。什么样的国际秩序和全球治理体系对世界好、对世界各国人民好，要由各国人民商量，不能由一家说了算，不能由少数人说了算。中国将积极参与全球治理体系建设，努力为完善全球治理贡献中国智慧，同世界各国人民一道，推动国际秩序和全球治理体系朝着更加公正合理方向发展。

中国外交政策的宗旨是维护世界和平、促进共同发展。中国始终是世界和平的建设者、全球发展的贡献者、国际秩序的维护者，愿扩大同各国的利益交汇点，推动构建以合作共赢为核心的新型国际关系，推动形成人类命运共同体和利益共同体。

中国坚持独立自主的和平外交政策，在和平共处五项原则的基础上同所有国家发展友好合作。中国坚定不移实行对外开放的基本国策，坚持打开国门搞建设，在“一带一路”等重大国际合作项目中创造更全面、更深入、更多元的对外开放格局。

中国人民深知，中国发展得益于国际社会，愿意以自己的发展为国际发展作出贡献。中国对外开放，不是要一家唱独角戏，而是要欢迎各方共同参与；不是要谋求势力范围，而是要支持各国共同发展；不是要营造自己的后花园，而是要建设各国共享的百花园。

中国倡导人类命运共同体意识，反对冷战思维和零和博弈。中国坚持国家不分大小、强弱、贫富一律平等，尊重各国人民自主选择发展道路的权利，维护国际公平正义，反对把自己的意志强加于人，反对干涉别国内政，反对以强凌弱。中国不觊觎他国权益，不嫉妒他国发展，但决不放弃我们的正当权益。中国人民不信邪也不怕邪，不惹事也不怕事，任何外国不要指望我们会拿自己的核心利益做交易，不要指望我们会吞下损害我国主权、安全、发展利益的苦果。

中国共产党将在独立自主、完全平等、相互尊重、互不干涉内部事务原则的基础上，同各国各地区政党和政治组织发展交流合作，促进国家关系发展。

——坚持不忘初心、继续前进，就要保持党的先进性和纯洁性，着力提高执政能力和领导水平，着力增强抵御风险和拒腐防变能力，不断把党的建设新的伟大工程推向前进。

办好中国的事情，关键在党。中国特色社会主义最本质的特征是中国共产党领导，中国特色社会主义制度的最大优势是中国共产党领导。坚持和完善党的领导，是党和国家的根本所在、命脉所在，是全国各族人民的利益所在、幸福所在。

我们党作为一个有 8800 多万名党员、440 多万个党组织的党，作为一个在有着 13 亿多人口的大国长期执政的党，党的建设关系重大、牵动全局。党和人民事业发展到什么阶段，党的建设就要推进到什么阶段。这是加强党的建设必须把握的基本规律。

先进性和纯洁性是马克思主义政党的本质属性，我们加强党的建设，就是要同一切弱化先进性、损害纯洁性的问题作斗争，祛病疗伤，激浊扬清。全党要以自我革命的政治勇气，着力解决党自身存在的突出问题，不断增强党自我净化、自我完善、自我革新、自我提高能力，经受“四大考验”、克服“四种危险”，确保党始终成为中国特色社会主义事业的坚强领导核心。

治国必先治党，治党务必从严。如果管党不力、治党不严，人民群众反映强烈的党内突出问题得不到解决，那我们党迟早会失去执政资格，不可避免被历史淘汰。管党治党，必须严字当头，把严的要求贯彻全过程，做到真管真严、敢管敢严、长管长严。

严肃党内政治生活是全面从严治党的基础。党要管党，首先要从党内政治生活管起；从严治党，首先要从党内政治生活严起。我们要加强和规范党内政治生活，严肃党的政治纪律和政治规矩，增强党内政治生活的政治性、时代性、原则性、战斗性，全面净化党内政治生态。全党同志要增强政治意识、大局意识、核心意识、看齐意识，切实做到对党忠诚、为党分忧、为党担责、为党尽责。

党的作风是党的形象，是观察党群干群关系、人心向背的晴雨表。党的作风正，人民的心气顺，党和人民就能同甘共苦。实践证明，只要真管真严、敢管敢严，党风建设就没有什么解决不了的问题。作风建设永远在路上。“己不正，焉能正人。”我们要从中央政治局常委会、中央政治局、中央委员会抓起，从高级干部抓起，持之以恒加强作风建设，坚持和发扬党的优良传统和作风，坚持抓常、抓细、抓长，使党的作风全面好起来，确保党始终同人民同呼吸、共命运、心连心。

我们党作为执政党，面临的最大威胁就是腐败。党的十八大以来，我们党坚持“老虎”、“苍蝇”一起打，使不敢腐的震慑作用得到发挥，不能腐、不想腐的效应初步显现，反腐败斗争压倒性态势正在形成。反腐倡廉、拒腐防变必须警钟长鸣。各级领导干部要牢固树立正确权力观，保持高尚精神追求，敬畏人民、敬畏组织、敬畏法纪，做到公正用权、依法用权、为民用权、廉洁用权，永葆共产党人拒腐蚀、永不沾的政治本色。我们要以顽强的意志品质，坚持零容忍的态度不变，做到有案必查、有腐必惩，让腐败分子在党内没有任何藏身之地！

伟大的斗争，宏伟的事业，需要高素质干部。我们要坚持德才兼备、以德为先，坚持五湖四海、任人唯贤，坚持事业为上、公道正派，坚决防止和纠正选人用人上的不正之风，把党和人民需要的好干部精心培养起来、及时发现出来、合理使用起来。

以德修身、以德立威、以德服众，是干部成长成才的重要因素。每一名党员干部都要坚守“三严三实”，拧紧世界观、人生观、价值观这个“总开关”，做到心中有党、心中有民、心中有责、心中有戒，把为党和人民事业无私奉献作为人生的最高追求。各级领导干部要加快知识更新、加强实践锻炼，使专业素养和工作能力跟上时代节拍，避免少知而迷、无知而乱，努力成为做好工作的行家里手。

同志们、朋友们！

建设同我国国际地位相称、同国家安全和发展利益相适应的巩固国防和强大军队，是我国社会主义现代化建设的战略任务。我们要统筹经济建设和国防建设，全面加强军队革命化、现代化、正规化建设。要坚持党对军队的绝对领导，牢牢把握党在新形势下的强军目标，全面实施政治建军、改革强军、依法治军，拓展和深化军事斗争准备，着力培养有灵魂、有本事、有血性、有品德的新一代革命军人，努力建设一支听党指挥、能打胜仗、作风优良的人民军队。中国奉行积极防御的军事战略方针，不会动辄以武力相威胁，也不会动不动到别人家门口炫耀武力。到处炫耀武力不是有力量的表现，也吓唬不了谁。要深入贯彻军民融合发展战略，加快建设现代化武装警察力量，加强国防动员和后备力量建设，巩固和发展军政军民团结。

推进祖国和平统一进程、完成祖国统一大业，是实现中华民族伟大复兴的必然要求。“一国两制”在实践中已经取得举世公认的成功，具有强大生命力。无论遇到什么样的困难和挑战，我们对“一国两制”的信心和决心都绝不会动摇。我们将全面贯彻“一国两制”、“港人治港”、“澳人治澳”、高度自治的方针，严格按照宪法和基本法办事，支持行政长官和特别行政区政府依法施政、履行职责，支持香港、澳门发展经济、改善民生、推进民主、促进和谐。

两岸关系和平发展是维护两岸和平、促进共同发展、造福两岸同胞的正确道路，也是通向和平统一的光明大道。坚持“九二共识”、反对“台独”是两岸关系和平发展的政治基础。我们坚决反对“台独”分裂势力。对任何人、任何时候、以任何形式进行的分裂国家活动，13 亿多中国人民、整个中华民族都决不会答应！两岸同胞是命运与共的骨肉兄弟，是血浓于水的一家人。民族强盛，是同胞共同之福；民族弱乱，是同胞共同之祸。两岸双方应该胸怀民族整体利益，携手为实现中华民族伟大复兴的中国梦共同打拼。

同志们、朋友们！

青年是祖国的未来、民族的希望，也是我们党的未来和希望。中国共产党的创始人之一李大钊同志说过，青年要“为世界进文明，为人类造幸福，以青春之我，创建青春之家庭，青春之国家，青春之民族，青春之人类，青春之地球，青春之宇宙，资以乐其无涯之生”。95 年来，我们党取得的所有成就都凝聚着青年的热情和奉献。全党要关注青年、关心青年、关爱青年，倾听青年心声，做青年朋友的知心人、青年工作的热心人、青年群众的引路人。

全国广大青年要深刻了解近代以来中国人民和中华民族不懈奋斗的光荣历史和伟大历

程，坚定不移跟着中国共产党走，勇做走在时代前列的奋进者、开拓者、奉献者，让青春在为祖国、为人民、为民族的奉献中焕发出绚丽光彩！

同志们、朋友们！

95 年前，中国人民对争取民族独立和人民解放、实现国家富强和人民幸福的渴望是多么强烈，但前途又是多么渺茫。今天，我们比历史上任何时期都更接近中华民族伟大复兴的目标，比历史上任何时期都更有信心、有能力实现这个目标。我们完全可以说，中华民族伟大复兴的中国梦一定要实现，也一定能够实现。

1949 年 3 月 23 日上午，党中央从西柏坡动身前往北京时，毛泽东同志说："今天是进京赶考的日子。"60 多年的实践证明，我们党在这场历史性考试中取得了优异成绩。同时，这场考试还没有结束，还在继续。今天，我们党团结带领人民所做的一切工作，就是这场考试的继续。

"路漫漫其修远兮，吾将上下而求索。"全党同志一定要不忘初心、继续前进，永远保持谦虚、谨慎、不骄、不躁的作风，永远保持艰苦奋斗的作风，勇于变革、勇于创新，永不僵化、永不停滞，继续在这场历史性考试中经受考验，努力向历史、向人民交出新的更加优异的答卷！

——选自习近平《在庆祝中国共产党成立 95 周年大会上的讲话》（单行本），人民出版社 2016 年版

在同各界优秀青年代表座谈时的讲话

习近平·2013 年 5 月 4 日

在五四运动 94 周年之际，中共中央总书记、国家主席、中央军委主席习近平来到航天城，参加"实现中国梦、青春勇担当"主题团日活动，与各条战线的优秀代表一起座谈交流。在听取了不同领域的优秀代表发言后，习近平发表了讲话。讲话紧紧围绕"中国梦"，希望广大青年"坚定理想信念、练就过硬本领、勇于创新创造、矢志艰苦奋斗、锤炼高尚品格"，深入开展"我的中国梦"主题教育实践活动，为每个青少年播种梦想、点燃梦想，让更多青少年敢于有梦、勇于追梦、勤于圆梦，让每个青少年都为实现中国梦增添强大青春能量。他谆谆告诫广大青年："人的一生只有一次青春。现在，青春是用来奋斗的；将来，青春是用来回忆的。人生之路，有坦途也有陡坡，有平川也有险滩，有直道也有弯路。青年面临的选择很多，关键是要以正确的世界观、人生观、价值观来指导自己的选择。无数人生成功的事实表明，青年时代，选择吃苦也就选择了收获，选择奉献也就选择了高尚。……只有进行了激情奋斗的青春，只有进行了顽强拼搏的青春，只有为人民作出了奉献的青春，才会留下充实、温暖、持久、无悔的青春回忆。"全文约 4200 字，本篇全文选读。

青年朋友们，同志们：

今天是五四青年节。在这个属于青春的日子里，很高兴来参加"实现中国梦、青春勇担当"主题团日活动，同各条战线的优秀青年代表一起交流，聆听大家抒发与祖国共奋进、与时代齐发展的青春感受。

首先，我代表党中央，向全国各族各界青年，致以节日的问候！向荣获中国青年五四奖章的青年朋友们，向中国大学生和全国高校辅导员年度人物、中国青年创业奖获得者、全国农村青年致富带头人标兵、"西部计划"优秀志愿者等优秀青年代表，表示热烈的祝贺！向各行各业的先进青年典型，表示由衷的敬意！

我们同青年朋友们到航天城来，就是要实地感受载人航天精神，激励包括广大青年在内的全国各族人民为实现中华民族伟大复兴的中国梦而奋斗。

刚才，不同领域的优秀青年代表作了很好的发言。在你们身上，充分体现了当代青年报效祖国的远大志向、朝气蓬勃的精神风貌、自强不息的意志品格、甘于奉献的思想境界，也充分体现了广大青年对中国特色社会主义的坚定信念、对实现中华民族伟大复兴的必胜信心。

青年最富有朝气、最富有梦想。近代以来，我国青年不懈追求的美好梦想，始终与振兴中华的历史进程紧密相联。在革命战争年代，广大青年满怀革命理想，为争取民族独立、人民解放冲锋陷阵、抛洒热血。在社会主义革命和建设时期，广大青年响应党的号召，向困难进军，向荒原进军，保卫祖国，建设祖国，在新中国的广阔天地忘我劳动、艰苦创业。在改革开放历史新时期，广大青年发出团结起来、振兴中华的时代强音，为祖国繁荣富强开拓奋进、锐意创新。在最近的芦山抗震救灾中，大批青年临危不惧、顽强拼搏，广大青年心系灾区、无私奉献，为抗震救灾作出了重要贡献。

历史和现实都告诉我们，青年一代有理想、有担当，国家就有前途，民族就有希望，实现我们的发展目标就有源源不断的强大力量。

党的十八大描绘了全面建成小康社会、加快推进社会主义现代化的宏伟蓝图，发出了向实现“两个一百年”奋斗目标进军的时代号召。根据党的十八大精神，我们明确提出要实现中华民族伟大复兴的中国梦。现在，大家都在谈论中国梦，都在思考中国梦与自己的关系、自己为实现中国梦应尽的责任。

——中国梦是历史的、现实的，也是未来的。中国梦凝结着无数仁人志士的不懈努力，承载着全体中华儿女的共同向往，昭示着国家富强、民族振兴、人民幸福的美好前景。

——中国梦是国家的、民族的，也是每一个中国人的。国家好、民族好，大家才会好。只有每个人都为美好梦想而奋斗，才能汇聚起实现中国梦的磅礴力量。

——中国梦是我们的，更是你们青年一代的。中华民族伟大复兴终将在广大青年的接力奋斗中变为现实。

在革命、建设、改革各个历史时期，中国共产党始终高度重视青年、关怀青年、信任青年，对青年一代寄予殷切期望。中国共产党从来都把青年看作是祖国的未来、民族的希望，从来都把青年作为党和人民事业发展的生力军，从来都支持青年在人民的伟大奋斗中实现自己的人生理想。

现在，我们比历史上任何时期都更接近实现中华民族伟大复兴的目标，比历史上任何时期都更有信心、更有能力实现这个目标。行百里者半九十。距离实现中华民族伟大复兴的目标越近，我们越不能懈怠，越要加倍努力，越要动员广大青年为之奋斗。

展望未来，我国青年一代必将大有可为，也必将大有作为。这是“长江后浪推前浪”的历史规律，也是“一代更比一代强”的青春责任。广大青年要勇敢肩负起时代赋予的重任，志存高远，脚踏实地，努力在实现中华民族伟大复兴的中国梦的生动实践中放飞青春梦想。

第一，广大青年一定要坚定理想信念。“功崇惟志，业广惟勤。”理想指引人生方向，信念决定事业成败。没有理想信念，就会导致精神上“缺钙”。中国梦是全国各族人民的共同理想，也是青年一代应该牢固树立的远大理想。中国特色社会主义是我们党带领人民历经千辛万苦找到的实现中国梦的正确道路，也是广大青年应该牢固确立的人生信念。

广大青年要坚持用邓小平理论、“三个代表”重要思想、科学发展观武装头脑，把理想信念建立在对科学理论的理性认同上，建立在对历史规律的正确认识上，建立在对基本国情的准确把握上，不断增强道路自信、理论自信、制度自信，增强对坚持党的领导的信念，永远紧跟党，高高举起中国特色社会主义伟大旗帜。

第二，广大青年一定要练就过硬本领。学习是成长进步的阶梯，实践是提高本领的途径。青年的素质和本领直接影响着实现中国梦的进程。古人说：“学如弓弩，才如箭镞。”说的是学问的根基好比弓弩，才能好比箭头，只要依靠厚实的见识来引导，就可以让才能很好发挥作用。青年人正处于学习的黄金时期，应该把学习作为首要任务，作为一种责任、一种精神追求、一种生活方式，树立梦想从学习开始、事业靠本领成就的观念，让勤奋学习成为青春远航的动力，让增长本领成为青春搏击的能量。

广大青年要坚持面向现代化、面向世界、面向未来，增强知识更新的紧迫感，如饥似渴学习，既扎实打牢基础知识又及时更新知识，既刻苦钻研理论又积极掌握技能，不断提高与时代发展和事业要求相适应的素质和能力。要坚持学以致用，深入基层、深入群众，在改革开放和社会主义现代化建设的大熔炉中，在社会的大学校里，掌握真才实学，增益其所不能，努力成为可堪大用、能担重任的栋梁之材。

第三，广大青年一定要勇于创新创造。创新是民族进步的灵魂，是一个国家兴旺发达的不竭源泉，也是中华民族最深沉的民族禀赋，正所谓“苟日新，日日新，又日新”。生活从不眷顾因循守旧、满足现状者，从不等待不思进取、坐享其成者，而是将更多机遇留给善于和勇于创新的人们。青年是社会上最富活力、最具创造性的群体，理应走在创新创造前列。

广大青年要有敢为人先的锐气，勇于解放思想、与时俱进，敢于上下求索、开拓进取，树立在继承前人的基础上超越前人的雄心壮志，“以青春之我……，创建青春之国家，青春之民族”。要有逢山开路、遇河架桥的意志，为了创新创造而百折不挠、勇往直前。要有探索真知、求真务实的态度，在立足本职的创新创造中不断积累经验、取得成果。

第四，广大青年一定要矢志艰苦奋斗。“宝剑锋从磨砺出，梅花香自苦寒来。”人类的美好理想，都不可能唾手可得，都离不开筚路蓝缕、手胼足胝的艰苦奋斗。我们的国家，我们的民族，从积贫积弱一步一步走到今天的发展繁荣，靠的就是一代又一代人的顽强拼搏，靠的就是中华民族自强不息的奋斗精神。当前，我们既面临着重要发展机遇，也面临着前所未有的困难和挑战。梦在前方，路在脚下。自胜者强，自强者胜。实现我们的发展目标，需要广大青年锲而不舍、驰而不息的奋斗。

广大青年要牢记“空谈误国、实干兴邦”，立足本职、埋头苦干，从自身做起，从点滴做起，用勤劳的双手、一流的业绩成就属于自己的人生精彩。要不怕困难、攻坚克难，勇于到条件艰苦的基层、国家建设的一线、项目攻关的前沿，经受锻炼，增长才干。要勇于创业、敢闯敢干，努力在改革开放中闯新路、创新业，不断开辟事业发展新天地。

第五，广大青年一定要锤炼高尚品格。中国特色社会主义是物质文明和精神文明全面发展的社会主义。一个没有精神力量的民族难以自立自强，一项没有文化支撑的事业难以持续长久。青年是引风气之先的社会力量。一个民族的文明素养很大程度上体现在青年一代的道德水准和精神风貌上。

广大青年要把正确的道德认知、自觉的道德养成、积极的道德实践紧密结合起来，自觉树立和践行社会主义核心价值观，带头倡导良好社会风气。要加强思想道德修养，自觉弘扬爱国主义、集体主义、社会主义思想，积极倡导社会公德、职业道德、家庭美德。要牢记“从善如登，从恶如崩”的道理，始终保持积极的人生态度、良好的道德品质、健康的生活情趣。要倡导社会文明新风，带头学雷锋，积极参加志愿服务，主动承担社会责任，热诚关爱他人，多做扶贫济困、扶弱助残的实事好事，以实际行动促进社会进步。

为实现中华民族伟大复兴的中国梦而奋斗，是中国青年运动的时代主题。共青团要在广大青少年中深入开展“我的中国梦”主题教育实践活动，为每个青少年播种梦想、点燃梦想，让更多青少年敢于有梦、勇于追梦、勤于圆梦，让每个青少年都为实现中国梦增添强大青春能量。要用中国梦打牢广大青少年的共同思想基础，教育和帮助青少年树立正确的世界观、人生观、价值观，永远热爱我们伟大的祖国，永远热爱我们伟大的人民，永远热爱我们伟大的中华民族，坚定跟着党走中国道路。要用中国梦激发广大青少年的历史责任感，发扬“党有号召、团有行动”的光荣传统，在党和国家工作大局中找准自身工作的切入点和结合点，组织动员广大青少年支持改革、促进发展、维护稳定。要积极为广大青少年实现梦想提供服务，切实改进作风，深入基层、走进青年，想青年之所想，急青年之所急，代表和维护青少年普遍性利益诉求，努力为广大青少年成长成才创造良好环境。

青年模范人物是广大青少年学习的榜样，肩负着更多社会责任和公众期望，在青少年中乃至全社会都有着很强的示范带动作用。希望青年模范们再接再厉、严于律己、锐意进取，用自身的成长历程、精神追求、模范行动为广大青少年作好表率。

青年兴则国家兴，青年强则国家强。我们党自成立之日起，就始终代表广大青年、赢得广大青年、依靠广大青年。各级党委和政府要充分信任青年、热情关心青年、严格要求青年，为青年驰骋思想打开更浩瀚的天空，为青年实践创新搭建更广阔的舞台，为青年塑造人生提供更丰富的机会，为青年建功立业创造更有利的条件。各级领导干部要关注青年愿望、帮助青年发展、支持青年创业，做青年朋友的知心人，做青年工作的热心人。

青年朋友们，人的一生只有一次青春。现在，青春是用来奋斗的；将来，青春是用来回忆的。人生之路，有坦途也有陡坡，有平川也有险滩，有直道也有弯路。青年面临的选择很多，关键是要以正确的世界观、人生观、价值观来指导自己的选择。无数人生成功的事实表明，青年时代，选择吃苦也就选择了收获，选择奉献也就选择了高尚。青年时期多经历一点摔打、挫折、考验，有利于走好一生的路。要历练宠辱不惊的心理素质，坚定百折不挠的进取意志，保持乐观向上的精神状态，变挫折为动力，用从挫折中吸取的教训启迪人生，使人生获得升华和超越。总之，只有进行了激情奋斗的青春，只有进行了顽强拼搏的青春，只有为人民作出了奉献的青春，才会留下充实、温暖、持久、无悔的青春回忆。

青年朋友们，我坚信，在党的领导下，只要全国各族人民紧密团结，脚踏实地、开拓进取，到本世纪中叶，我们必将建成富强民主文明和谐的社会主义现代化国家，我国广大青年必将同全国各族人民一道共同见证、共同享有中国梦的实现！

——选自《人民日报》，2013年5月5日

青年要自觉践行社会主义核心价值观

习近平·2014 年 5 月 4 日

社会主义核心价值观是社会主义核心价值体系的内核，体现社会主义核心价值体系的根本性质和基本特征，反映社会主义核心价值体系的丰富内涵和实践要求，是社会主义核心价值体系的高度凝练和集中表达。2013 年 12 月，中共中央办公厅印发了《关于培育和践行社会主义核心价值观的意见》，将社会主义核心价值观的基本内容概括为 24 个字，即“富强、民主、文明、和谐”——国家层面的价值目标，“自由、平等、公正、法治”——社会层面的价值取向，“爱国、敬业、诚信、友善”——个人层面的价值准则，要求把培育和践行社会主义核心价值观融入国民教育全过程，落实到经济发展实践和社会治理中，同时加强社会主义核心价值观宣传教育，开展涵养社会主义核心价值观的实践活动。之后，全社会掀起了学习和践行社会主义核心价值观的良好氛围。2014 年 5 月 4 日，中共中央总书记、国家主席、中央军委主席习近平到北京大学视察，在北京大学师生座谈会上发表讲话，对社会主义核心价值观作了深入阐释，希望广大青年要从“勤学、修德、明辨、笃学”上下功夫，树立和培育社会主义核心价值观，努力把核心价值观的要求变成日常的行为准则，形成自觉奉行的信念理念。全文 6000 余字，本篇全文选读。

各位同学，各位老师，同志们：

今天是五四青年节，很高兴来到北京大学同大家见面，共同纪念五四运动 95 周年。首先，我代表党中央，向北京大学全体师生员工，向全国各族青年，致以节日的问候！向全国广大教育工作者和青年工作者，致以崇高的敬意！

刚才，朱善璐同志汇报了学校工作情况，几位同学、青年教师分别作了发言，大家讲得都很好，听后很受启发。这是我到中央工作以后第五次到北大，每次来都有新的体会。在洋溢着青春活力的校园里一路走来，触景生情，颇多感慨。我感到，当代大学生是可爱、可信、可贵、可为的。

五四运动形成了爱国、进步、民主、科学的五四精神，拉开了中国新民主主义革命的序幕，促进了马克思主义在中国的传播，推动了中国共产党的建立。五四运动以来，在中国共产党领导下，一代又一代有志青年“以青春之我，创建青春之家庭，青春之国家，青春之民族，青春之人类，青春之地球，青春之宇宙”，在救亡图存、振兴中华的历史洪流中谱写了一曲曲感天动地的青春乐章。

北京大学是新文化运动的中心和五四运动的策源地，是这段光荣历史的见证者。长期以来，北京大学广大师生始终与祖国和人民共命运、与时代和社会同前进，在各条战线上为我国革命、建设、改革事业作出了重要贡献。

党的十八大提出“两个一百年”奋斗目标。我说过，现在，我们比历史上任何时期都更接近实现中华民族伟大复兴的目标，比历史上任何时期都更有信心、更有能力实现这个目标。

行百里者半九十。距离实现中华民族伟大复兴的目标越近，我们越不能懈怠、越要加倍努力，越要动员广大青年为之奋斗。

光阴荏苒，物换星移。时间之河川流不息，每一代青年都有自己的际遇和机缘，都要在自己所处的时代条件下谋划人生、创造历史。青年是标志时代的最灵敏的晴雨表，时代的责任赋予青年，时代的光荣属于青年。

广大青年对五四运动的最好纪念，就是在党的领导下，勇做走在时代前列的奋进者、开拓者、奉献者，以执着的信念、优良的品德、丰富的知识、过硬的本领，同全国各族人民一道，担负起历史重任，让五四精神放射出更加夺目的时代光芒。

同学们、老师们！

大学是一个研究学问、探索真理的地方，借此机会，我想就社会主义核心价值观问题，同各位同学和老师交流交流想法。

我想讲这个问题，是从弘扬五四精神联想到的。五四精神体现了中国人民和中华民族近代以来追求的先进价值观。爱国、进步、民主、科学，都是我们今天依然应该坚守和践行的核心价值，不仅广大青年要坚守和践行，全社会都要坚守和践行。

人类社会发展的历史表明，对一个民族、一个国家来说，最持久、最深层的力量是全社会共同认可的核心价值观。核心价值观，承载着一个民族、一个国家的精神追求，体现着一个社会评判是非曲直的价值标准。

古人说："大学之道，在明明德，在亲民，在止于至善。"核心价值观，其实就是一种德，既是个人的德，也是一种大德，就是国家的德、社会的德。国无德不兴，人无德不立。如果一个民族、一个国家没有共同的核心价值观，莫衷一是，行无依归，那这个民族、这个国家就无法前进。这样的情形，在我国历史上，在当今世界上，都屡见不鲜。

我国是一个有着 13 亿多人口、56 个民族的大国，确立反映全国各族人民共同认同的价值观"最大公约数"，使全体人民同心同德、团结奋进，关乎国家前途命运，关乎人民幸福安康。

每个时代都有每个时代的精神，每个时代都有每个时代的价值观念。国有四维，礼义廉耻，"四维不张，国乃灭亡"。这是中国先人对当时核心价值观的认识。在当代中国，我们的民族、我们的国家应该坚守什么样的核心价值观？这个问题，是一个理论问题，也是一个实践问题。经过反复征求意见，综合各方面认识，我们提出要倡导富强、民主、文明、和谐，倡导自由、平等、公正、法治，倡导爱国、敬业、诚信、友善，积极培育和践行社会主义核心价值观。富强、民主、文明、和谐是国家层面的价值要求，自由、平等、公正、法治是社会层面的价值要求，爱国、敬业、诚信、友善是公民层面的价值要求。这个概括，实际上回答了我们要建设什么样的国家、建设什么样的社会、培育什么样的公民的重大问题。

中国古代历来讲格物致知、诚意正心、修身齐家、治国平天下。从某种角度看，格物致知、诚意正心、修身是个人层面的要求，齐家是社会层面的要求，治国平天下是国家层面的要求。我们提出的社会主义核心价值观，把涉及国家、社会、公民的价值要求融为一体，既体现了社会主义本质要求，继承了中华优秀传统文化，也吸收了世界文明有益成果，体现了时代精神。

富强、民主、文明、和谐，自由、平等、公正、法治，爱国、敬业、诚信、友善，传承着中国优秀传统文化的基因，寄托着近代以来中国人民上下求索、历经千辛万苦确立的理想和信念，也承载着我们每个人的美好愿景。我们要在全社会牢固树立社会主义核心价值观，全体人民一起努力，通过持之以恒的奋斗，把我们的国家建设得更加富强、更加民主、更加文明、更加和谐、更加美丽，让中华民族以更加自信、更加自强的姿态屹立于世界民族之林。

建设富强民主文明和谐的社会主义现代化国家，实现中华民族伟大复兴，是鸦片战争以来中国人民最伟大的梦想，是中华民族的最高利益和根本利益。今天，我们 13 亿多人的一切奋斗归根到底都是为了实现这一伟大目标。中国曾经是世界上的经济强国，后来在世界工业革命如火如荼、人类社会发生深刻变革的时期，中国丧失了与世界同进步的历史机遇，落到了被动挨打的境地。尤其是鸦片战争之后，中华民族更是陷入积贫积弱、任人宰割的悲惨状况。这段历史悲剧决不能重演！建设富强民主文明和谐的社会主义现代化国家，是我们的目标，也是我们的责任，是我们对中华民族的责任，对前人的责任，对后人的责任。我们要保持战略定力和坚定信念，坚定不移走自己的路，朝着自己的目标前进。

中国已经发展起来了，我们不认可“国强必霸”的逻辑，坚持走和平发展道路，但中华民族被外族任意欺凌的时代已经一去不复返了！为什么我们现在有这样的底气？就是因为我们的国家发展起来了。现在，中国的国际地位不断提高、国际影响力不断扩大，这是中国人民用自己的百年奋斗赢得的尊敬。想想近代以来中国丧权辱国、外国人在中国横行霸道的悲惨历史，真是形成了鲜明对照！

中华文明绵延数千年，有其独特的价值体系。中华优秀传统文化已经成为中华民族的基因，植根在中国人内心，潜移默化影响着中国人的思想方式和行为方式。今天，我们提倡和弘扬社会主义核心价值观，必须从中汲取丰富营养，否则就不会有生命力和影响力。比如，中华文化强调“民惟邦本”“天人合一”“和而不同”，强调“天行健，君子以自强不息”、“大道之行也，天下为公”；强调“天下兴亡，匹夫有责”，主张以德治国、以文化人；强调“君子喻于义”“君子坦荡荡”“君子义以为质”；强调“言必信，行必果”“人而无信，不知其可也”；强调“德不孤，必有邻”“仁者爱人”“与人为善”“己所不欲，勿施于人”“出入相友，守望相助”“老吾老以及人之老，幼吾幼以及人之幼”“扶贫济困”“不患寡而患不均”，等等。像这样的思想和理念，不论过去还是现在，都有其鲜明的民族特色，都有其永不褪色的时代价值。这些思想和理念，既随着时间推移和时代变迁而不断与时俱进，又有其自身的连续性和稳定性。我们生而为中国人，最根本的是我们有中国人的独特精神世界，有百姓日用而不觉的价值观。我们提倡的社会主义核心价值观，就充分体现了对中华优秀传统文化的传承和升华。

价值观是人类在认识、改造自然和社会的过程中产生与发挥作用的。不同民族、不同国家由于其自然条件和发展历程不同，产生和形成的核心价值观也各有特点。一个民族、一个国家的核心价值观必须同这个民族、这个国家的历史文化相契合，同这个民族、这个国家的人民正在进行的奋斗相结合，同这个民族、这个国家需要解决的时代问题相适应。世界上没有两片完全相同的树叶。一个民族、一个国家，必须知道自己是谁，是从哪里来的，要到哪里去，想明白了、想对了，就要坚定不移朝着目标前进。

去年 12 月 26 日，我在纪念毛泽东同志诞辰 120 周年座谈会上讲话时说：站立在 960 万平方公里的广袤土地上，吸吮着中华民族漫长奋斗积累的文化养分，拥有 13 亿中国人民聚合的磅礴之力，我们走自己的路，具有无比广阔的舞台，具有无比深厚的历史底蕴，具有无比强大的前进定力。中国人民应该有这个信心，每一个中国人都应该有这个信心。我们要虚心学习借鉴人类社会创造的一切文明成果，但我们不能数典忘祖，不能照抄照搬别国的发展模式，也绝不会接受任何外国颐指气使的说教。

我说这话的意思是，实现我们的发展目标，实现中国梦，必须增强道路自信、理论自信、制度自信，“千磨万击还坚劲，任尔东南西北风”。而这“三个自信”需要我们对核心价值观的认定作支撑。

我为什么要对青年讲讲社会主义核心价值观这个问题？是因为青年的价值取向决定了未来整个社会的价值取向，而青年又处在价值观形成和确立的时期，抓好这一时期的价值观养成十分重要。这就像穿衣服扣扣子一样，如果第一粒扣子扣错了，剩余的扣子都会扣错。人生的扣子从一开始就要扣好。“凿井者，起于三寸之坎，以就万仞之深。”青年要从现在做起、从自己做起，使社会主义核心价值观成为自己的基本遵循，并身体力行大力将其推广到全社会去。

广大青年树立和培育社会主义核心价值观，要在以下几点上下功夫。

一是要勤学，下得苦功夫，求得真学问。知识是树立核心价值观的重要基础。古希腊哲学家说，知识即美德。我国古人说：“非学无以广才，非志无以成学。”大学的青春时光，人生只有一次，应该好好珍惜。为学之要贵在勤奋、贵在钻研、贵在有恒。鲁迅先生说过：“哪里有天才，我是把别人喝咖啡的工夫都用在工作上的。”大学阶段，“恰同学少年，风华正茂”，有老师指点，有同学切磋，有浩瀚的书籍引路，可以心无旁骛求知问学。此时不努力，更待何时？要勤于学习、敏于求知，注重把所学知识内化于心，形成自己的见解，既要专攻博览，又要关心国家、关心人民、关心世界，学会担当社会责任。

二是要修德，加强道德修养，注重道德实践。“德者，本也。”蔡元培先生说过：“若无德，则虽体魄智力发达，适足助其为恶。”道德之于个人、之于社会，都具有基础性意义，做人做事第一位的是崇德修身。这就是我们的用人标准为什么是德才兼备、以德为先，因为德是首要、是方向，一个人只有明大德、守公德、严私德，其才方能用得其所。修德，既要立意高远，又要立足平实。要立志报效祖国、服务人民，这是大德，养大德者方可成大业。同时，还得从做好小事、管好小节开始起步，“见善则迁，有过则改”，踏踏实实修好公德、私德，学会劳动、学会勤俭，学会感恩、学会助人，学会谦让、学会宽容，学会自省、学会自律。

三是要明辨，善于明辨是非，善于决断选择。“学而不思则罔，思而不学则殆。”是非明，方向清，路子正，人们付出的辛劳才能结出果实。面对世界的深刻复杂变化，面对信息时代各种思潮的相互激荡，面对纷繁多变、鱼龙混杂、泥沙俱下的社会现象，面对学业、情感、职业选择等多方面的考量，一时有些疑惑、彷徨、失落，是正常的人生经历。关键是要学会思考、善于分析、正确抉择，做到稳重自持、从容自信、坚定自励。要树立正确的世界观、人生观、价值观，掌握了这把总钥匙，再来看看社会万象、人生历程，一切是非、正误、主次，一切真假、善恶、美丑，自然就洞若观火、清澈明了，自然就能作出正确判断、作出正确选择。正所谓“千淘万漉虽辛苦，吹尽狂沙始到金”。

四是要笃实，扎扎实实干事，踏踏实实做人。道不可坐论，德不能空谈。于实处用力，从知行合一上下功夫，核心价值观才能内化为人们的精神追求，外化为人们的自觉行动。《礼记》中说：“博学之，审问之，慎思之，明辨之，笃行之。”有人说：“圣人是肯做工夫的庸人，庸人是不肯做工夫的圣人。”青年有着大好机遇，关键是要迈稳步子、夯实根基、久久为功。心浮气躁，朝三暮四，学一门丢一门，干一行弃一行，无论为学还是创业，都是最忌讳的。“天下难事，必作于易；天下大事，必作于细。”成功的背后，永远是艰辛努力。青年要把艰苦环境作为磨炼自己的机遇，把小事当作大事干，一步一个脚印往前走。滴水可以穿石。只要坚韧不拔、百折不挠，成功就一定在前方等你。

核心价值观的养成绝非一日之功，要坚持由易到难、由近及远，努力把核心价值观的要求变成日常的行为准则，进而形成自觉奉行的信念理念。不要顺利的时候，看山是山、看水是水，一遇挫折，就怀疑动摇，看山不是山、看水不是水了。无论什么时候，我们都要坚守在中国大地上形成和发展起来的社会主义核心价值观，在时代大潮中建功立业，成就自己的宝贵人生。

同学们、老师们！

党中央作出了建设世界一流大学的战略决策，我们要朝着这个目标坚定不移前进。办好中国的世界一流大学，必须有中国特色。没有特色，跟在他人后面亦步亦趋，依样画葫芦，是不可能办成功的。这里可以套用一句话，越是民族的越是世界的。世界上不会有第二个哈佛、牛津、斯坦福、麻省理工、剑桥，但会有第一个北大、清华、浙大、复旦、南大等中国著名学府。我们要认真吸收世界上先进的办学治学经验，更要遵循教育规律，扎根中国大地办大学。

鲁迅先生说："北大是常为新的，改进的运动的先锋，要使中国向着好的，往上的道路走。"党的十八届三中全会吹响了全面深化改革的号角，也对深化我国高等教育改革提出了明确要求。现在，关键是把蓝图一步步变为现实。全国高等院校要走在教育改革前列，紧紧围绕立德树人的根本任务，加快构建充满活力、富有效率、更加开放、有利于学校科学发展的体制机制，当好教育改革排头兵。我也希望北京大学通过埋头苦干和改革创新，早日实现几代北大人创建世界一流大学的梦想。

教师承担着最庄严、最神圣的使命。梅贻琦先生说："所谓大学者，非谓有大楼之谓也，有大师之谓也。"我体会，这样的大师，既是学问之师，又是品行之师。教师要时刻铭记教书育人的使命，甘当人梯，甘当铺路石，以人格魅力引导学生心灵，以学术造诣开启学生的智慧之门。

各级党委和政府要高度重视高校工作，始终关心和爱护学生成长，为他们放飞青春梦想、实现人生出彩搭建舞台。要全面深化改革，营造公平公正的社会环境，促进社会流动，不断激发广大青年的活力和创造力。要强化就业创业服务体系建设，支持帮助学生们迈好走向社会的第一步。各级领导干部要经常到学生们中去、同他们交朋友，听取他们的意见和建议。

现在在高校学习的大学生都是 20 岁左右，到 2020 年全面建成小康社会时，很多人还不到 30 岁；到本世纪中叶基本实现现代化时，很多人还不到 60 岁。也就是说，实现"两个一百年"奋斗目标，你们和千千万万青年将全过程参与。有信念、有梦想、有奋斗、有奉献的人生，才是有意义的人生。当代青年建功立业的舞台空前广阔、梦想成真的前景空前光明，希望大家努力在实现中国梦的伟大实践中创造自己的精彩人生。

我相信，当代中国青年一定能够担当起党和人民赋予的历史重任，在激扬青春、开拓人生、奉献社会的进程中书写无愧于时代的壮丽篇章！

——选自《习近平谈治国理政》，外文出版社 2014 年版

后记

习近平总书记在 2013 年 6 月 25 日中共中央政治局第七次集体学习会上指出："历史是最好的教科书。学习党史、国史，是坚持和发展中国特色社会主义、把党和国家各项事业继续推向前进的必修课。这门功课不仅必修，而且必须修好。"这一重要论述对于我们正确对待历史、深入学习历史、认真总结历史经验教训无疑具有重要意义。"中国近现代史纲要"作为高校思想政治理论课四门新课程之一，作为全国高等院校本科专业必修的一门思想政治理论课，对大学生进行必要的中国近现代历史的教育，让大学生正确认识中国近现代社会的基本国情、历史进程及其内在规律性，有助于他们更加深刻领会中国人民选择马克思主义、选择中国共产党、选择社会主义、选择改革开放的历史必然性，自觉承担起实现"两个一百年"的奋斗目标、实现中华民族伟大复兴的中国梦的历史责任。

为了深化教学改革，不断提高课堂教学质量，2011 年 6 月，我们成功申报了重庆市高等教育教学改革研究项目——"'中国近现代史纲要'课程教学改革与建设研究"，并被立项为重点教改课题。该课题由重庆师范大学、西南政法大学、重庆医科大学、长江师范学院、重庆三峡学院等五所高校承担"中国近现代史纲要"课程的教师共同开展研究。在广泛调研的基础上，大家一致认为，除了整合课程内容开展专题讲授、制作课件形成资源库外，还必须增加大学生知识的深度和厚度，而根据教材提供的阅读文献编写一本"中国近现代史纲要阅读文献汇编"显得尤其重要和必要。对当前大学生而言，文献尤其是经典著作的学习是他们的薄弱环节，既要增强他们重视经典著作学习的意识，又要加强他们对经典著作学习的引导。因此，我们决定编写一部《"中国近现代史纲要"阅读文献汇编与导读》作为大学生学习"中国近现代史纲要"课程的辅助教材，同时也是我们开展该课程教学改革和建设课题研究的一项重要内容。需要特别指出的是，目前还没有同类的辅助教材，从这个意义上讲，该辅助教材是具有创新性的。

本书由重庆师范大学陈洪教授主持编写，参加人员有重庆师范大学李茂蓉、周绍英、兰桂萍、孔庆茵、张诗波，西南政法大学邓斌教授，重庆医科大学伍林生教授，长江师范学院刘旭东副教授，重庆三峡学院唐世刚教授。课题组成员对文献进行了精心筛选，对布局进行了精心策划，对导读进行了精心编写。在本书编撰过程中，陈洪撰写了各专题介绍及各篇目的导读，李茂蓉、周绍英、孔庆茵、张诗波和部分学生对书稿进行了认真仔细校对，为本书付出了许多辛劳。最后由陈洪对本书进行统稿、定稿。

本书得到了重庆师范大学教务处的大力支持，被列入 2013 年重庆师范大学教材建设基金资助项目予以资助，提供了专项经费支持；重庆大学出版社为本书的顺利出版也付出了许多辛劳，给予了许多支持。在此一并致谢。本书的编写依然还有许多不足，希望得到高校教师、大学生以及读者的批评指正。

我们编写的过程其实也是我们自身受教育和自身理论水平提高的过程。重温这些经典文献和著作，让我们更加深切地感受到，中国革命和建设的胜利的确来之不易，中国共产党团结带领人民完成和推进的新民主主义革命、社会主义革命、改革开放新的伟大革命这三件大事，书写了人类发展史上惊天地、泣鬼神的壮丽史诗，从根本上改变了中国人民和中华民族的前途命运，不可逆转地结束了近代以后中国内忧外患、积贫积弱的悲惨命运，不可逆转地开启了中华民族不断发展壮大、走向伟大复兴的历史进程；是人民和历史选择了中国共产党，选择了马克思主义，选择了社会主义道路，选择了改革开放。这些辉煌的成就和历史发展规律给我们的重要昭示就是，必须坚定不移地坚持中国共产党的领导和中国特色社会主义，必须坚持和拓展中国特色社会主义道路，坚持和丰富中国特色社会主义理论体系，坚持和完善中国特色社会主义制度，坚持和发展中国特色社会主义文化，更加坚定中国特色社会主义道路自信、理论自信、制度自信和文化自信。

让我们走进经典，品读经典，感受经典的深厚底蕴和无限魅力！

编　者

2019年1月修订（第三版）